여자 Life 사전

여자 Life 사전

여자를 위한 TOTAL 실용 백서

|이재은 지음|

책

Contents

프롤로그 08

Chapter 1 우먼'S 커리어

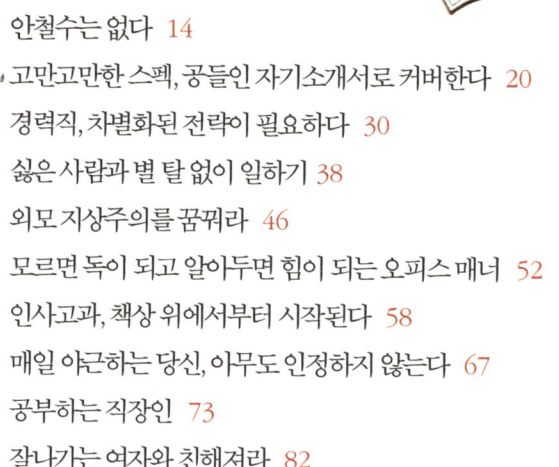

안철수는 없다 14
고만고만한 스펙, 공들인 자기소개서로 커버한다 20
경력직, 차별화된 전략이 필요하다 30
싫은 사람과 별 탈 없이 일하기 38
외모 지상주의를 꿈꿔라 46
모르면 독이 되고 알아두면 힘이 되는 오피스 매너 52
인사고과, 책상 위에서부터 시작된다 58
매일 야근하는 당신, 아무도 인정하지 않는다 67
공부하는 직장인 73
잘나가는 여자와 친해져라 82

Chapter 2 우먼'S 스타일 & 뷰티

성공을 좌우하는 첫인상 90
누구도 따라잡을 수 없는 포인트 스타일링 97

스타일 망치는 주범, 스키니 진 사이로 삐져나온 똥배 103
쇼핑, 지능 게임이다 110
부담 백배 명품 가방 제대로 장만하기 118
저가 화장품 속에 숨은 진주를 찾아라 128
뷰티와 관련된 속설 점검, '진실과 거짓' 139
치명적인 결함을 부르는 엉성한 보디 케어 145
피부 미인 따라잡기 152

Chapter 3 우먼's 사랑 & 결혼

산전수전 겪어봐야 시집도 잘 간다 160
나쁜 남자만 꼬이는 공식이 있다 165
찌질이 건어물녀를 사랑하는 초식남은 없다 172
애프터, 받는 여자만 또 받는다 178
내 운명의 짝은 내가 정한다 184
이별에 대처하는 우리의 자세 191
사랑보다 깊은 사랑, 섹스 197
고르고 고르고 또 골라라! 그러나 사랑만큼 좋은 조건은 없다 204
실속형 혼수가 뜬다 211
남편 사용 설명서 219

Chapter 4 우먼's 헬스

예쁜 몸매를 위한 화장실 200% 활용법　228
캐러멜 마끼아또와 보리차　233
절대 하지 말아야 할 다이어트에 관하여　239
사람마다 체질이 다른걸　246
별별 피곤한 상황에서 몸을 위해 할 수 있는 일들　253
쉽고 간편한 비타민 샤워　259
산부인과 가는 것을 두려워 말라　267
쉬운 디톡스 요법, '덩굴덩굴'　272
에너지 충전소가 되어줄 사람들과 어울려라　278

Chapter 5 우먼's 재테크

재테크 첫걸음, 어렵지 않아!　286
카드는 아무나 쓰나　297
연봉별 포트폴리오 전략　303
서른 살의 노후 대책　309
나, 집 있는 여자예요　315
세상에서 가장 쉬운 일상 재테크　324

Chapter 6 우먼's 에티켓 & 매너

술 한 잔, 나쁜 추억 세 조각 334
오늘은 내가 살게요 340
점심 메뉴를 남에게 알리지 말라 345
와인, 제대로 알고 즐겨라 351
걸음걸이에도 룰이 있다 360
공연 매너를 아십니까? 366
모르면 망신당하기 딱 좋은 에티켓과 매너 372

Chapter 7 우먼's 스킬

혼자 살기, 그 달콤한 로망 380
마음을 사로잡는 '맛있는' 선물 386
여행에 목숨 걸지 말자 392
내 사람, 수다로 지킨다 397
나 요리하는 여자야! 404
서른, 관계의 필터링이 필요할 때 412
책 읽는 여자 VS 책 안 읽는 여자 417
블링블링 다이어리 고수 되기 423

Prologue

처음 여성을 위한 자기 계발서 제안을 받았을 때 마음이 조금 복잡했다. 자기 계발서가 안고 있는 태생적 한계를 누구보다 잘 알고 있었기 때문이다. '이렇게 살아라', '이런 인생을 그려라' 라는 명령조의 말들을 한참 쏟아내고 나면 며칠 동안 마음을 앓기도 했다. 과연 이것이 정답인가 싶어서, 과연 나는 제대로 살아왔나 싶어서 말이다.

내 나이 스물아홉이던 해, 서른 무렵이면 뭔가 번듯하고 근사한 삶이 펼쳐질 거라 기대했건만 현실은 남루했다. 당시 나는 이직과 전직을 고

민하고 있었으며, 나쁜 남자들과의 연애에 치여 초라하기 그
지없었다. 작은 일상마저 제대로 살아내지 못하는 나는
꿈을 꿀 여력이 없었다. 아니, 정확히 말하면 내 꿈이
무엇인지조차 몰랐다.
　서점에 있는 수많은 책들로부터 내 인생의 정답을 찾을 수 있을까 싶었지만 하나같이 원대한 꿈을 꾸라고 강요할 뿐 정작 내가 원하는 일, 내 마음이 시키는 일, 열정을 쏟아 투자하고 싶은 것을 찾는 방법에 대해서는 알려주지 않았다. 너처럼 방황하는 게 당연한 거라고, 거창한 꿈을 꾸지 않아도 지금 최선을 다해 살고 있다면 충분하다고, 머지않은 미래에 네 가슴을 뛰게 할 꿈을 찾게 될 거라고 다독여줬더라면 덜 외로웠을 텐데……. 당시 내겐 백 마디의 훌륭한 명언보다 따뜻한 한마디의 동조가 필요했다.
　그래서 결정했다. 그 시절의 나처럼 방황하고 있을 여자들에게 '경쾌한 위로'를 선물하기로 말이다. 위로라는 것이 굳이 경건하고 무거울 필요는

없으니까. 나의 치부를 드러내고 부끄러운 과거사를 고백하고 '나도 너랑 똑같았다'고 맞장구를 치면서 따듯한 위로를 안겨주고 싶었다. 따라서 이번 책의 콘셉트는 성장통을 앓고 있는 여자들을 위한 자기 계발서인 동시에 위로서이다. 우스꽝스런 코미디를 연상시키는 내 지난날을 고백하면서 '그러니 당신도 괜찮다'고 격려하는 것이다. 더불어 알아두면 힘이 되는 이야기들과 갖가지 정보 또한 함께 담았다. 아직도 내가 내뱉은 이 말과 글이 과연 최선일지 의문스럽지만, 끝나지 않을 것만 같던 긴 터널을 빠져 나와 이제는 제법 편안한 들숨과 날숨을 내쉬고 있는 언니의 입장에서 들려주고픈 말들을 꾹꾹 눌러 담았다.

  무능한 데다 무식하고 못생긴 부장 때문에 직장 생활이 힘겹다면, 언제 헤어질지 모르는 애인과의 연애로 심란하다면, 알 수 없는 짜증과 우울에 신선한 자극이 필요하다면, 친한 친구와의 말다툼으로 마음이 무겁다면 이 '경쾌한 위로서'가 작은 반창고 역할을 해주길 바란다. 책 속의 나와 함께 울고 웃고 떠들다 마지막엔 스스로 용기 낼 수 있기를 진심으로 희망한다.

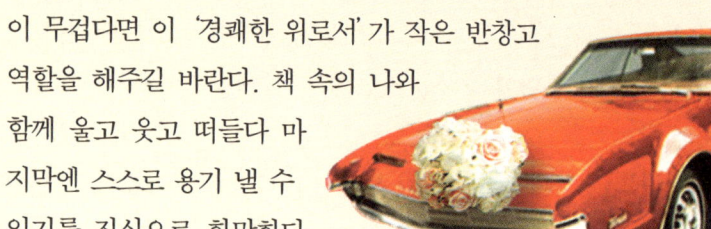

"아! 이 여자 진짜 웃긴다. 그래도 잘 먹고 잘 살고 있네. 나도 잘 되겠지?" 하고 말이다.

 서른을 코앞에 두고 막연한 두려움에 밤잠을 설치고 있다면, 뒤늦은 성장통으로 일상이 혼란스럽다면, 그리하여 통쾌한 대화 한판이 절실하다면 수다스런 이 언니에게 연락하시라. 책에서 미처 다하지 못한 이야기를 함께 나눠줄 테니까. 분위기 좋은 야외 테라스가 있는 카페에서 와인과 치즈가 곁들여진 만남이라면 금상첨화겠다! 참고로 나는 스파클링 화이트 와인을 좋아한다.

Chapter 1

우먼's 커리어
Career Woman

안철수는 없다

며칠 전 친한 친구에게 전화가 왔다.
"요즘 어떻게 지내? 난 미국으로 떠날 준비에 정신이 하나도 없어. 미국 대학에서 MBA를 시작할 계획이거든. 늦었다고 생각할 때가 가장 빠르다는 말도 있고, 이렇게 한국에서 평범한 샐러리맨으로 살다 죽는 건 너무 아깝다는 생각이 들더라. 더 큰 무대로 나갈 거야."

친구는 잘 다니던 회사를 그만두고 새로운 공부를 시작할 계획이라고 했다. 서른 넘어 새로운 일을 시작한다는 것이 얼마나 많은 용기와 인내를 필요로 하는 것인지 누구보다 잘 알기에 호들갑을 떨며 응원해야 했지만, 나는 그러지 못했다. 이제는 좀 지겨웠던 탓이다.

그녀로 말할 것 같으면, 대학 내내 변리사 시험에 몰두하다 시험 실패 후 계약직 은행원, 교직원, 학원 강사, 홍보 회사 직원, 샵 매니저, 병원 코디네이터 등 이력서 세 장은 족히 채우고도 남을 이력을 소유한 여자다. 이

제는 MBA를 하러 먼 곳으로 떠나신다니 이력서에 한 줄이 더 추가될 예정이다. 남들은 어느 한 군데 취업하기도 힘들어 쩔쩔매는데, 그녀는 나이 서른셋에 열 곳이 넘는 직장을 다녀봤으니 뛰어난 능력의 소유자이거나 다재다능한 재능을 겸비한 '멀티형 인간'으로 설명할 수 있겠다.

하지만 서른이 넘고 보니 이제는 그런 유형의 사람들이 부럽기는커녕 안타깝다. '지금까지 뭘 한 거지? 대체 언제까지 시시때때로 바뀌는 꿈에 장단 맞추려는 거야?' 하는 답답한 생각이 절로 들기 때문이다.

주변을 돌아보면 서른 무렵에 접어들고 있음에도, 혹은 서른을 넘겼음에도 여전히 무엇을 해야 할지 몰라 방황을 거듭하는 여자들이 많다. 〈꽃보다 남자〉처럼 신데렐라 콤플렉스를 자극하는 TV 드라마를 보면 어떻게든 시집을 잘 가는 것이 여자 인생 최고의 축복인 것 같고, 얼마 전 임용고시에 붙은 친구를 보면 지금이라도 공무원 시험에 도전해 안정적인 일을 가져야 할 것 같고, 취미 생활로 시작한 바리스타 과정을 듣고 있노라면 카페 사장이 되어야겠다는 생각도 든다. 하루에도 몇 번씩 꿈이 바뀌고 하고 싶은 일이 변하다 보니 이제는 뭘 해도 잘할 것 같은 착각마저 드는 것이다.

이들은 말한다. 세상엔 하고 싶은 일, 배우고 싶은 일이 너무 많다고. 하긴 바람의 딸 한비야 씨도 '지도 밖으로 행군하라'며 정말 하고 싶은 일을 하기 위해서는 든든한 백그라운드를 미련 없이 버릴 수 있어야 한다고 조언했고, 인기가수 빅뱅도 이 세상에 무모한 도전은 없다며 '세상에 너를 소리쳐'라고 외쳤으니, 많은 일을 경험하고 실제로 도전해보는 것은 청춘의 한복판에 있는 여성들에게 가치 있는 일임이 분명하다.

하지만, 여기서 강조하고 싶은 것은 현실에 안주하지 않고 자신의 가슴을 뜨겁게 하는 일을 찾아 헤매는 것과 무엇을 해야 할지 몰라 불안해하며 방황하는 것은 엄연히 다르다는 사실이다.

20대엔 조금 느긋하게 시간을 소비해도 괜찮다. 어렵게 준비해서 들어간 직장이라도 적성에 맞지 않다고 판단되면 미련 없이 떠나 새로운 일을 시작하면 된다. 당분간 여행을 다니며 생각을 정리해도 좋고, 평소 관심 있던 단체에서 활동하거나 관심 있던 분야를 탐독하는 데 몰입해도 좋다. 그 과정을 통해 정말 자신이 하고 싶은 일을 깨닫고 스스로를 제대로 파악할 수 있을 테니까. 그런 과정이 없다면 삶의 방향키를 쉽게 찾을 수 없다. 부딪치고 깨지고 번뇌하고 좌절하는 과정을 통해 자신의 가슴을 뜨겁게 달구고 에너지를 쏟고 싶은 일이 무엇인지 깨닫는 기회를 만날 수 있으니 20대의 방황은 아름답기까지 하다.

그러나 30대가 되면 이야기는 좀 달라진다. 개인적 차이가 존재하기 때문에 일반화하긴 어렵지만, 적어도 30대엔 자신이 원하는 삶을 위한 길목에 진입해 있어야 한다. 여전히 철없는 꿈을 좇으며 이것저것 찔러보기엔 '3'이란 숫자가 주는 압박감이 만만치 않다.

내가 가장 존경하는 인물 중 한 분인 안철수 교수가 한 토크쇼에 출연해서 이런 말을 했다.

"자기에게 정말로 맞는 분야를 찾기 위해 쓰는 시간은 자신에게 줄 수 있는 가장 큰 선물입니다. 스스로에게 기회를 주는 일처럼 값진 것은 없습니다."

실제로 그는 나이와 상관없이 자신에게 여러 번의 기회를 주었다. 전도유망한 의사에서 인터넷 정보보안업체 대표, 학생, 대학교수로 전직했고,

지금은 또 다른 꿈을 꾸고 있다. 마흔이 넘은 나이지만 10년 후 그의 모습을 짐작하기는 쉽지 않다. 전문가가 되기도 어려운 분야에서 그는 일찌감치 성공을 이뤘고, 그때마다 자신이 더 몰두할 수 있는 일, 행복할 수 있는 일을 찾아 이동했다.

우리는 TV, 신문 등의 매체를 통해 안철수 교수처럼 여러 분야에서 한꺼번에 성공을 이룬 사람들의 사연을 종종 듣는다. 그런 사연들을 접하고 나면 괜스레 자극을 받아 그렇게 살아봐야 할 것 같은 기분에 사로잡힌다. 하지만 그 전에 왜 이들이 이런 매체에 등장하고 대문짝만 한 인터뷰가 실렸는지 생각해볼 필요가 있다. 웬만해선 접하기 힘든 케이스이기 때문이다. 게다가 이들은 나태하게 '뭘 해보지?'를 궁리하며 이것저것 찔러보다 우연찮게 성공한 것이 아니라, 끈질기게 한 우물을 파고 그것을 발판으로 또 다른 발전을 모색하였다는 특징이 있다. 못 먹는 감 찔러나 보자는 식으로 이것저것 쑤셔보다가 소 뒷걸음질 치다 쥐 잡는 격으로 성공을 이룬 사람은 아무도 없다는 얘기다.

나 역시 짧지 않은 방황의 시간을 보낸 뒤 30대에 진입할 수 있었다. 20대엔 뭐 하나 결정된 것이 없었고, 모두 해결해야 할 과제들만 산적해 있는 것 같았다. 무엇보다 평생 열정을 쏟을 수 있는 일을 찾는 것이 가장 시급했다. 하지만 정작 내가 무엇을 원하는지, 무엇에 가슴이 뛰는지, 어떤 꿈을 이루고 싶은지 쉽게 발견할 수 없었다. 매순간 새로운 욕심과 욕망이 꿈이란 이름으로 나를 자극했지만 어느 곳으로 가야 할지 갈피를 잡지 못했던 것이다.

그러던 어느 날, 우연히 발레리나 강수진이 쓴 문구가 가슴속을 헤집고 들어왔다.

어떤 분야든 정상에 오른 사람들은
규칙적이고 지루한 인생을 가지고 있다.

"그래! 우선 지금 하고 있는 일에서 비전을 찾아보는 거야!"

기자라는 직업이 맞지 않았던 것은 아니다. 다만, 평생 입을 옷이라 생각하니 왠지 모를 허전함과 불안감이 엄습해올 때가 많았다. 하지만 매일 반복되는 지루한 일과 속에 숨겨진 비전과 희망을 찾겠다고 마음먹고 나니 일을 대하는 태도가 백팔십도 달라졌다. 매일 만나는 사람들과 접하는 사건들을 통해서 내 마음이 가장 몽글몽글해지는 순간을 기록하고자 노력했고, 매일 일기를 쓰며 하루 중 가장 아쉬웠던 시간, 성취감으로 가득 찼던 시간들도 기억하고자 했다. 그렇게 시간이 지나자 예상치 못했던 새로운 기회들이 주어지기 시작했다.

조금 색다른 도전은 책을 쓰면서 시작됐다. 취재원들을 만나며 느낀 생각과 감정을 기록한 개인 블로그의 글을 보고 한 출판사에서 연락이 왔다. 성공한 사람들의 이력서를 분석해 그들만의 특징을 요약해보자는 것이 골자였다.

그렇게 나는 책을 집필하는 기회를 통해 각계각층의 사람들을 좀 더 깊이 있게 만날 수 있었다. 진심을 다해 만난 사람들은 내게 또 다른 사람들을 소개해주었고, 나는 그 인연을 발판으로 다양한 방송 프로그램들을 맡아 진행하는 기회까지 얻었다. 한 케이블 방송국에서는 직접 6mm 카메라를 들고 취재 현장을 담아 편집한 뒤 리포터까지 맡아 하기도 했고, 다른 공중파 방송에서는 고정 패널을 맡아 한 주간의 여성 이슈에 대한 평을 하기도 했다. 그렇게 나는 새로운 도전을 경험하면서 보다 전문적으로 여성 문제에 대해 공부하고 싶은 의욕도 생겼다. 세계 여성들이 부닞히는 현안

과 고민에 대해 공부하고 싶은 욕심은 국제 NGO 단체에서 활동하는 끈을 만들어주었고, 그곳의 활동을 통해 세계 각국의 다양한 여성들과 교류하는 짜릿한 경험 또한 맛보았다.

하나의 일을 잘해내고 나면 누군가 나를 기억하고 있다가 또 다른 기회를 만들어준다. 그 뒤로 나는 지인의 추천에 의해 대학에서 강의를 하는 기회도 얻었고, 또 다른 유형의 책을 집필하게 됐다. 앞이 보이지 않는 반복되는 건조한 삶 속에서 오아시스를 찾겠다는 생각의 변화는 결국, 나를 '멀티형 인간'으로 성장시켰다. 끓는점을 유지하며 또 다른 꿈을 그리는 진취적인 여자로 변신시킨 것이다.

20대의 많은 여성들은 현재의 규칙적이고 지루한 삶을 불안해한다. '이렇게 끝나버리는 것은 아닌가', '더 큰 무대가 이 지루한 세상 밖에 존재하는 것은 아닐까', '영원히 내게 어울리는 진짜 일을 찾지 못하면 어쩌나' 하는 걱정으로 발을 동동 구른다. 가장 한심하고 안타까운 모습은 현재 자신의 일은 등한시한 채 보다 멋진 일, 다른 '폼 나는' 일을 막연히 염원하며 신세타령만 하는 것이다.

남들은 다 잘 사는 것 같은데 자신만 별 볼일 없이 구질구질하게 살아가는 것 같아 억울하다면, 지금의 규칙적이고 지루한 인생부터 잘 살아보자. 그 안에 전혀 생각지 못한 기회들이 어느 순간 툭 하고 떨어질 수도 있다. 아직 뚜렷한 커리어 맵도 그리지 못하고 구체적인 꿈도 설정하지 못했다고 해서 겁먹을 필요는 없다. 가슴 저 밑바닥에서 옹알옹알 들려오는 내면의 소리에 귀 기울여 그것을 이해하려고 노력하는 것만으로 충분하다. 당신에게도 언젠가 지금의 새장 밖으로 나가 세상을 행군할 기회가 찾아올 것이다. 지금은 그때를 위해 숨을 고르고, 작은 일상에도 최선을 다해야 함을 잊지 말아라.

고만고만한 스펙,
공들인 자기소개서로 커버한다

커리어 관리의 첫걸음은 잘 쓴 이력서와 자기소개서에서 시작된다.

아무리 훌륭한 스펙을 자랑하더라도 공들인 자기소개서 없이는 고만고만한 사람들과의 경쟁에서 승리할 수 없다. 대학을 갓 졸업하고 사회에 첫발을 내딛는 사회 초년생은 물론, 어느 정도 사회 물을 먹은 경력직 여성 역시 피 튀기는 취업 전쟁에서 살아남으려면 '엣지' 있는 자기소개서는 필수다.

벌써 오래전 일이다. 수십 개의 이력서를 밤새 끙끙거리며 쓰고, 다음 날 간절한 마음을 담아 하나씩 발송하던 기억이. 대학 졸업반 시절, 막연하게

광고 홍보 업계에서 일하겠노라고 마음먹었다. 구체적인 목표가 있었던 것은 아니다. 단지 폼 나고 좋아 보여서 선택한 결정이었다. 당시에는 멘토의 개념도 없었고, 어떻게 하면 현명하게 20대를 살아갈 수 있는지 자상하게 설명해주는 자기 계발서도 드물었기에 어떠한 조언이나 정보도 없이 관련 업체에 입사 지원서를 들이밀기 시작했다.

결과는 참패였다. 수십 개의 입사 지원서를 넣었건만, 연락이 오는 곳은 드물었다. 대학 내내 연애하느라 바빠 학점 관리를 소홀히 한 탓이요, 관련 업계에서 일해본 경력도 없는 탓이요, 성실히만 쓴 '착한' 입사 지원서 탓이었다. 하지만 이미 성적표에 소수점 둘째 자리까지 찍혀 나온 학점을 어찌할 수 있겠는가. 어느 순간 뒷방 노인으로 전락한 졸업반 여학생이 과연 인턴 경력이나 쌓을 수 있을지 의문이 들었다. 결국 할 수 있는 노력은 단 하나였다. 제대로 공들여 자기소개서 쓰기!

패배의 쓴맛을 제대로 본 이후 내 머릿속은 기발한 자기소개서에 대한 생각으로 가득 찼다. 잠을 잘 때도, 밥을 먹을 때도, 심지어 남자 친구와 데이트를 할 때도 어떻게 하면 한심한 내 스펙을 커버할 수 있는 '그것'을 마련할 수 있을까에 몰두했다. 그렇게 나는 다시 용기를 내 관련 업계에 지원서를 넣기 시작했고, 신기하게도 50%가 넘는 업체로부터 서류 전형이 통과됐다는 소식을 전해 들었다. 내 스펙은 변함이 없는데 나를 원하는 기업은 늘어난 셈이었다. 어찌 된 영문일까?

정답은 몇 날 며칠 고민하며 작성한 자기소개서에 있었다. 대학을 갓 졸업하고 중견 광고 회사에 취업했을 때 엘리베이터 안에서 우연히 인사 담당자를 만난 적이 있다. 이름을 밝히며 인사를 건네자 그는 "아! 무라카미 하루키?"라는 알 수 없는 말을 건넸다. 그러고는 엘리베이터 안에서 내리기 전에 이 한마디를 남겼다.

"자기소개서 대단히 독특하던데요?"

그는 나를 기억하고 있었다. 대체 수많은 지원자들 중 어떻게 날 기억할 수 있었던 것일까?

당시 나는 무라카미 하루키의 단편소설에 빠져 있었다. 장편소설과는 호흡과 문체가 판이하게 다른 단편 작품들의 매력 속에서 헤어나지 못하던 그 시절, 취업 준비를 밤낮으로 해도 모자를 판국에 새벽녘이면 무라카미 하루키 동호회 회원들과 그의 작품을 토론했고, A4 용지에 그의 문체를 그대로 베껴 써보기도 했다. 그러다 문득, 이토록 그의 작품에 열광하고 빠져 있는 이 모습이 나만의 개성과 장점이 될 수 있겠다는 생각이 들었다. 행간에 숨어 있는 의미를 읽어내는 상상력, 감수성, 문학적 기질 그리고 단단히 그것에 미쳐 있는 뜨거운 열정, 이것을 세일즈 해야겠다고 마음먹었던 것이다.

그 뒤로 자기소개서를 쓸 때면 무라카미 하루키의 작품에 등장하는 인물과 배경을 이용해 나의 성장 배경, 장점과 단점, 지원 동기 등을 풀어나갔다. 그의 단편 작품인 〈코끼리의 소멸〉, 〈빵가게 재습격〉, 〈100% 여자 아이를 만나는 일〉 등은 나의 자기소개서의 각 항목마다 유기적인 관계를 맺으며 새롭게 재탄생됐다. 예를 들어, 지원 동기를 쓰는 란에 〈코끼리의 소멸〉에 등장하는 늙은 사육사와 동물원 코끼리를 등장시켜 작품 속 등장인물과 취업을 준비하는 나와의 연관성을 이끌어냈다. 그동안 쌓아온 경험과 대학 시절의 활동이 얼마나 특별한지도 작품의 줄거리를 인용해 충분히 어필했다. 현재 회사가 진행 중인 중요한 프로젝트 정보를 바탕으로 나는 어떠한 아이디어를 가지고 있는지, 채용을 한다면 그 프로젝트를 해결하기 위해 어떤 업무를 할 것인지도 구체적으로 제시했다. 마지막 단락엔 '귀사가 나를 채용하지 않을 경우, 작품 속 코끼리처럼 나 역시 소멸해버

릴 수밖에 없는 운명'임을 강조했다. 한 장의 자기소개서가 무라카미 하루키의 작품을 요약한 미니 문집인 동시에 나의 일대기가 녹아든 자서전이었던 셈이다.

이 전략은 독특한 개성과 풍부한 기획력을 높이 사는 광고 업계와 홍보 업계 인사 담당자들의 호기심을 자극했고, 내가 그 분야에 입사하겠다고 열을 올리는 동안 톡톡히 효자 노릇을 했다. 삼일천하로 끝난 커리어였긴 하지만 말이다.

공들인 그리고 잘 쓴 자기소개서가 취업에서 중요한 이유는 간단하다. 취업을 희망하는 사람들은 많고, 인사 담당자는 넘치는 자기소개서로 지루하기 짝이 없기 때문이다. 밋밋하고 뻔한 자기소개서는 어떻게 하면 이 많은 이력서의 범람 속에서 불합격자를 추려낼까를 고민하는 이들에게 좋은 소스를 제공한다. 물론, 남들과는 차별화된 학력, 경력, 이력의 삼종 세트를 갖추어 잘 쓴 자기소개서가 굳이 필요 없는 취업 준비생들도 있다. 하지만, 특별히 차별점이 없는 비슷비슷한 스펙의 준비생들에게 자기소개서란 평범하기 짝이 없는 이력서를 보완할 수 있는 강력한 무기다.

그러나 반드시 기억해야 할 기본적인 원칙이 있다. 자기소개서를 쓸 때는 철저히 인사 담당자의 눈높이에서 작성해야 한다는 점이다. 대부분의 지원자들이 자신이 어떤 환경에서 어떻게 자랐는지를 설명하는 데 많은 분량을 소비한다. 하지만 얼굴 한 번 보지 못한 지원자의 구구절절한 신상을 읊는 자기소개서가 과연 눈길을 끌 수 있을까? 그들은 '당신이 어떤 사람인지 나는 아무 관심이 없습니다'라는 표정으로 수많은 서류들을 대할 뿐이다. 따라서 5초 안에 이들의 눈길을 사로잡을 수 있는 획기적이고 참신한 아이템이 필요하다. '나를 놓치면 후회할 거다!'라는 느낌이 팍팍 묻어나게끔 자신을 어필해야 하는 것이다. 이 회사에 입사하기 위해 어떤 준비를 구체적으로 해왔는지, 다른 지원자들과의 차별점은 무엇인지 지원 업무와 연관된 경력들을 강조하며 설득해야 한다. 단, 설득의 시간이 30초를 넘기면 아웃! 그렇다 보니 그 설득을 보다 맛있게 할 수 있는 양념들이 필요한 셈이다. 내가 무라카미 하루키의 작품들로 자기소개서를 재구성한 것처럼.

 인사 담당자도 사람이다 보니 술술 읽히는 글에는 자신도 모르게 빠져들게 마련이다. 마치 트렌디한 소설처럼 그들의 마음을 흔들어라. 성장 배경, 장점과 단점, 입사 후 포부를 설명할 때 하나의 단편소설을 쓰듯 유기적인 흐름이 있어야 그들의 눈길을 사로잡을 수 있다. 이 회사에 입사할 수밖에 없는, 당신들이 선택할 수밖에 없는 인재라는 메시지를 탄탄한 기승전결을 이용해 하나의 스토리로 만드는 것이 요령이다. 따로국밥처럼 유기적 연계가 없는 '재미없는 자기소개서'는 탈락을 부르는 지름길임을 명심해야 한다.

 실제로 인사 담당자들은 '재미없는 자기소개서'를 가장 싫어한다. 한 온라인 취업 포털 사이트가 국내외 기업에 재직 중인 인사 담당자 2백여 명을 대상으로 '자기소개서 만족도'에 관해 설문 조사한 결과 최악의 자기소개서로 '너도나도 비슷한 내용의 자기소개서(31%)'를 꼽았다. 다음으로 '맞춤법이 엉망인 성의 없는 자소서(22%)', '다른 회사 입사 지원 시 작성한 것을 그대로 제출한 복사형 자소서(18%)', '태어난 날짜부터 시작해 성장 배경을 구구절절 적은 지루한 자소서(13%)', '입사 후 포부 및 열정 등의 내용이

없는 형식적인 자소서(12%)', '자기 자랑 일색인 과장형 자소서(3%)', '개성이 강하다 못해 너무 튀는 파격적인 자소서(1%)' 순으로 최악의 자기소개서 유형을 꼽았다.

한 가지 명심할 점은 무조건 튀고 재미있는 자기소개서만이 능사가 아니라는 것이다. 반드시 알맹이가 있어야 한다. 당신이 하고 싶은 말이 아니라 인사 담당자가 듣고 싶은 이야기를 포함해야 한다. 인사 담당자들이 꼭 점검하는 포인트는 지원 분야에 맞는 실력을 갖추고 있는가, 업무에 쉽게 적응할 수 있는가, 성격은 원만한가, 소신과 주관이 있는가, 사고력·창의력·개성이 있는가 등이다. 따라서 재미있는 이야기보따리로 가득한 당신의 자기소개서엔 그들이 찾는 이 문제들에 대한 답이 숨어 있어야 한다.

지피지기면 백전백승이라고 했다. 상대의 눈높이와 의도를 파악하고, 그들의 마음을 흔들 수 있는 매력적인 자기소개서를 만들어라. 당신이 그 기업의 인사 담당자라면 어떤 자기소개서에 흥미를 느낄까 상상하면서 말이다.

| Tip 1. 산뜻한 커리어 출발을 위해 꼭 알아둬야 할 시크릿 |

때로는 사진이 더 강렬하다

이력서에서 가장 먼저 눈에 띄는 것은 '사진'이다. 최근엔 많은 취업 컨설팅 업체들이 취업 사진만을 따로 컨설팅할 만큼 이력서 첨부 사진에 각별한 신경을 쓰는 추세다. 하지만 취업을 위해 절세미녀가 될 필요는 없다. 인사 담당자가 선호하는 외모는 남자 직원들의 마음을 흔들 여직원이 아니라 깔끔하고 호감 가는 스타일이다. 자신의 얼굴색을 돋보이게 하는 컬러의 의상을 골라 세련되고 단정한 헤어스타일과 함께 연출하라. 눈빛에는 총명한 기운을, 얼굴에는 기분 좋은 미소를 가득 담자. 이왕이면 다홍치마라고, 온라인으로 제출하는 경우 포토샵 등의 이미지 편집 프로그램을 이용하여 정해진 크기와 파일 사이즈로 편집해 마무리하자.

기업의 숨은 의도를 파악해야 하는 국문 자소서

요즘 기업의 자기소개서 형식을 보면 성장 배경, 성격의 장단점, 학창 시절 경험, 지원 동기 및 포부를 묻는 항목을 기본으로 많게는 스무 개의 질문이 포함돼 있다. 수많은 지원자들 중 기업에 맞는 인재를 걸러내기 위해서다. 기업은 인재 채용을 기획하는 시점부터 뽑고 싶은 사람을 이미 그려놓고 있다. 즉, 그들이 만들어놓은 자소서의 질문 한 줄, 한 줄에는 지원자로부터 듣고 싶은 답변이 정해져 있다는 뜻이다. 그러므로 당신이 하고 싶은 이야기를 무작정 써서는 안 된다. 기업에 대한, 지원하는 직무에 대한 내용을 반드시 포함해야 한다. 예를 들어, 성장 배경을 묻는 항목엔 당신의 집안 이야기를 나열할 게 아니라 집안 분위기를 통해 어떤 직무에 대한 관심을 쌓았고, 지원 기업과 맞는 어떤 자질을 기를 수 있었는지를 어필해야 한다.

실적 위주로 작성해야 하는 영문 자소서

영문 자소서의 경우 업체별로 접근하는 방식이 달라야 한다. 글로벌 기업의 경우 지원

자의 개성, 업무 성과, 직위에서의 구체적인 수치와 수량 표현이 요구된다. 따라서 지원자의 사진, 종교, 결혼 여부, 가족, 취미, 정치 성향 등은 표현하지 않는 것을 원칙으로 한다. 반면 국내 기업의 경우에는 한글 자소서와 유사한 방식으로 성장 배경, 지원 동기, 성격의 장단점 등을 포함해도 무방하다. 그러나 영문 자소서에서는 반드시 자소서를 쓰는 목적이 글 가장 앞쪽에 나타나야 한다. 예를 들어 자신의 경력이 지금 지원하는 업체가 추진하는 프로젝트나 사업과 어떠한 연관성이 있는지, 어떠한 일을 실질적으로 할 수 있는지 먼저 기술한 뒤 부가적인 정보와 이야기들을 나열하는 것이 포인트다.

사소한 오타가 부른 치명적인 결과

가장 괘씸죄를 사는 자기소개서는 계속된 붙여넣기 기능으로 다른 회사 입사 지원 시 작성한 것을 그대로 제출하는 복사형 자소서. 수백 개의 자기소개서를 써야 하는 지원자의 고충을 이해한다 하더라도 A 기업에 B 기업을 거론한 자기소개서는 용서 받기 힘들다. 맞춤법이 틀렸거나 축약어가 사용된 자기소개서 역시 격이 떨어져 보인다.

때로는 솔직함이 가장 큰 무기

인사 담당자는 수천, 수만 명의 지원자들을 상대한 고수이다. 아무리 그럴싸한 답변을 만들어냈다 한들 그것이 고의로 꾸며낸 이야기라면 금방 들통나고 만다. 지원자의 솔직하고 인간적인 답변에 마음이 움직이는 면접관들이 많다. 면접시험에서 가장 중요한 포인트는 능숙한 말솜씨가 아니라 조직 생활에 필요한 지원자의 됨됨이와 태도다. 억지로 꾸미고 과장하려 하지 말고 진솔하고 진실하게 대답하라. 진심은 반드시 통하는 법이다.

온라인 커뮤니티를 적극 활용하라

비슷한 처지에 있는 취업 준비생들과 고민을 나누고 취업 정보를 공유하라. 적극적인 취업 온라인 커뮤니티에서의 활동은 구직 활동의 효율성을 높일 뿐만 아니라 비슷한 처지의 회원들과 소통함으로써 움츠러들었던 마음을 다독일 수도 있다. 취업 시 도움을 받을 수 있는 취업 온라인 커뮤니티를 특징별로 정리해보았다.

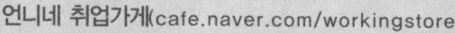

언니네 취업가게(cafe.naver.com/workingstore)
취업 포털 사이트 홍보팀장 출신이 운영하는 블로그로 여학생들의 취업 전략에 초점이 맞춰져 있다. 다양한 취업 정보는 물론, 취업을 준비하면서 겪는 크고 작은 고민들을 무료로 상담해준다. 등급별로 정보가 차등 제공되기 때문에 꾸준한 활동을 통해 등급을 업그레이드할 경우 기업 채용 정보부터 합격자 자소서 샘플까지 받아볼 수 있다. 단, 취업 상담을 원한다면 호칭은 '언니~'로 통일해야 하는 규칙 아닌 규칙이 있다.

독취사(cafe.naver.com/dokchi)
'독하게 취업을 준비하는 사람들의 모임'이란 뜻의 독취사 카페는 대기업 위주의 취업 정보가 가장 많은 곳 중 하나다. 기업별 공채 일정이 차트별로 정리되어 있고, 업종별, 직군별 잘 쓴 이력서와 자기소개서도 쉽게 검색할 수 있다. 인·적성 검사에 대한 회원들의 후기도 자세히 정리돼 있어 희망하는 회사에 대한 모든 정보를 구체적으로 얻을 수 있다는 것이 큰 장점이다. 또한 회원 간의 스펙에 대한 객관적인 평가와 자기소개서에 대한 조언도 활발하게 이뤄지고 있다. 취업을 준비하는 사람이라면 꼭 즐겨찾기 해야 할 카페! 단, 성실한 멤버가 되어야만 알짜배기 정보들에 접근할 수 있다.

위민넷(www.women.go.kr)
여성부에서 운영하는 사이트로 여성 취업을 위한 모든 정보가 담겨 있다. 특히 경력 단절자와 주부 취업자를 위한 정보가 많은 것이 특징이지만, 신입 지원자들에게도 유용한 취업 정보들이 많다. 자신의 이력서와 자기소개서를 올리고 취업 컨설팅을 의뢰하면, 위민넷에 소속된 취업 컨설턴트들이 맞춤형 무료 컨설팅을 해준다.

닥치고 취업(cafe.daum.net/4toeic)
이 커뮤니티의 특징은 취업에 성공한 합격자들의 자기소개서 샘플이 방대하게 구비돼 있다는 것이다. 따라서 자신이 원하는 기업에 입사한 합격자들의 자기소개서를 분석하며 인사 담당자들의 기호를 파악할 수 있다.

이우곤의 취업전망대(leewoogon.cyworld.com)
유명 취업 컨설턴트가 운영하는 커뮤니티로 현재 취업 시장에 대한 동향과 취업 시 알아둬야 할 정보 등을 쉽게 찾을 수 있다. 눈에 띄는 특징으로는 면접 시 제출할 사진 컨설팅을 받을 수 있고, 회원끼리 서로의 이력서에 대해 토론함으로써 취약점과 미흡한 점을 보완할 수 있다.

미래를 여는 지혜(cafe.daum.net/gointern)

이 카페는 자체적으로 유형별 면접 대비를 위한 다양한 프로그램을 운영한다. 현직 책임 인사 담당자들과 관련 업체 전문가들로 구성된 커리큘럼을 통해 서류 전형에 통과하는 방법부터 면접 이미지 컨설팅, 면접관이 감동하는 PT 방법, 실전 면접 대비하기, 모의 토론 면접 등에 대비할 수 있다. 이밖에도 국내 기업, 공공 기관, 외국계 기업 등 기업과 기관별로 선발하는 인턴 정보와 공모전 정보를 별도로 수록하여 인턴십과 공모전에 관심 있는 취업 준비생에게 유용하다.

마이샘플(www.mysample.co.kr)

유료이긴 하지만 중소기업 입사를 준비하는 학생들에게 유용한 사이트. 자유 형식의 성공적인 자기소개서 샘플들이 풍부하다. 중소기업은 자유 형식의 이력서와 자기소개서를 요구하는 경우가 많기 때문에 어떻게 구성했느냐, 얼마나 참신한가 등에 따라 합격이 좌우될 수 있다. 대기업 위주의 사이트들에 반해 중견 기업과 중소기업 정보가 많다는 것이 특징이다.

| Tip 2. 그밖에 알아두면 힘이 되는 취업 관련 사이트 |

★ 백수들의 희망놀이터 cafe.daum.net/cleanjob
★ 스펙업 cafe.naver.com/specup
★ 공기업을 준비하는 사람들 cafe.daum.net/publiccom
★ 이미지메이킹센터 cafe.daum.net/goldimage
★ 여성인력개발센터 www.vocation.or.kr
★ HOW WRITING www.howwriting.com
★ English Interview www.englishinterview.com
★ 직업정보 http://know.work.go.kr
★ 면접 의상 렌탈숍, '인스타인' www.stylerent.co.kr
★ 잡영 jobyoung.work.go.kr

경력직, 차별화된 전략이 필요하다

이력서와 자기소개서 공들이기에 열을 올려야 하는 예비 사회 초년생과 달리 경력자들의 재취업 혹은 이직은 다른 각도에서 접근할 필요가 있다. 일자리를 구하는 동기와 이유가 다를 뿐만 아니라 경력직 취업자를 대하는 기업의 눈높이에도 차이가 있기 때문이다.

경력직 취업자들이 다시금 구직 활동을 시작하는 이유는 크게 세 가지로 요약할 수 있다.

첫째, 더 좋은 연봉과 근무 환경을 위해서다. 이들은 웬만큼 몸값을 높여 놨으니 이제 더 나은 대우를 받을 때가 됐다는 판단으로 움직인다. 둘째, 기존에 하던 일이 적성과 맞지 않다고 판단, 새로운 분야에 도전하고자 이동한다. 이들은 경력직임에도 불구하고 신입직도 마다하지 않는다. 자신과 맞는 일만 찾을 수 있다면 찬밥 더운밥 가리지 않는 것이 이 유형의 특

징. 마지막 유형은 갑작스런 정리 해고나 회사의 부도로 실업자가 된 경우다. 이 유형은 자신의 의지와 상관없이 갑작스레 일자리를 잃었기 때문에 당장 생활비를 충당해야 하는 고민에 시달린다는 특징이 있다.

이처럼 경력직의 경우 자신이 어떤 유형에 속하느냐에 따라 구직 활동을 펴는 전략과 기술이 달라진다.

첫 번째 유형의 경우, 이직 준비에서 핵심은 이동을 고려하고 있는 회사와 현재 몸담고 있는 회사와의 정확한 비교다. 단순히 연봉 차이만 비교할 것이 아니라 기업의 재무 상태와 비전, 복지 환경까지 꼼꼼히 분석하는 것이 필요하다. 현재 직장에서 충분히 경력을 쌓고 몸값을 올려놓은 상태라면, 특히 이직이 잦은 홍보, 광고, 출판, IT, 마케팅 분야라면 몸을 낮출 필요가 없다. 당신만 아쉬운 것이 아니라 수시로 경력자 채용을 희망하는 기업 역시 무척이나 아쉬운 상태이기 때문이다. 갑과 을의 관계가 아니라 갑과 갑의 관계로 이직을 바라보는 자세가 필요한 셈이다.

하지만 얼마 되지 않은 사회 경력을 바탕으로 정확한 판단을 내리기란 쉽지 않다. 현재 일하고 있는 직장과 이직을 고려하고 있는 직장 모두 각각의 장단점이 존재하기 때문이다. 이때는 전문가에게 도움을 구하는 것이 균형 잡힌 이직 손익계산서를 작성하는 좋은 방법이다. 지금까지의 경력을 성과 위주로 꼼꼼히 정리하여 헤드헌터에게 보내 구체적인 컨설팅을 받아보거나, 이직을 고려하는 업계에 몸담고 있는 지인을 찾아가 직접 상담 받는 것도 좋다.

그러나 상담이나 조언을 구하기 전에 스스로 이직에 대한 분석을 일정 부분 정리해놓아야 한다. 이직을 고려하는 회사의 규모는 어느 정도인지, 연봉은 얼마나 많은지, 이직률이 많지는 않은지, 불황에 접어든 업계는 아닌지, 같은 직급으로 이동할 수 있는지, 사내 분위기는 어떠한지 등을 미리 입수한 뒤 1차적으로 마음의 정리를 해 둬야 한다. 1차적인 자신의 생각과 판단을 근거로 전문가나 관련 업계 선배들과 자리를 마련해 미처 생각지 못한 부분을 체크하는 것이 현명하다.

두 번째 유형인 기존에 하던 일과는 전혀 다른 일을 구상 중인 경력자의 경우, 하고 싶은 일에 대한 근본적인 고민과 점검이 필요하다. 더 좋은 대우나 복지를 위해 직장을 옮기는 것이 아니라 새로운 진로 설정을 위해 경력을 포기하는 만큼 자신의 니즈(needs)를 정확히 파악하는 사전 준비가 필수이다. 특히 많은 20대 후반 여성들이 기존의 영역에서 전혀 다른 영역으로의 '터닝(turning)'을 고민한다. 몇 년 직장 생활을 해보니 '이건 아니올시다' 라는 생각이 들기 때문이다.

대학 친구 중 한 명은 졸업과 동시에 잘나가는 S 기업에 취업해 친구들의 부러움을 한 몸에 샀다. 하지만 그 친구는 얼마 전 사직서를 내고 교육대학원에 진학했다. 남들은 못 들어가서 안달인 국내 굴지의 대기업에 입사한 지 몇 년 되지 않아 그만두었으니, 친구들은 모두 의아해했다. 하지만 친구는 사람들의 수많은 궁금증을 한마디로 일축했다.

"다닐 만한 곳이 아니더라고. 적성에 맞지 않았어."

'터닝족'들이 터닝을 결정하는 이유는 바로 '적성' 탓이다. 점수 맞춰 대학에 들어가고, 연봉 맞춰 진로를 결정하고 나니 막상 자신의 일에 성취감이나 보람을 느끼지 못하는 것이다. 남들 보기에 좋은 허울만 있을 뿐

막상 자신은 비전도 꿈도 찾을 수 없다. 그래서 사직서를 쓰고, 다시금 총대를 멘다. 그러나 적성에 맞는, 하고 싶은 일을 찾기란 말처럼 쉽지 않다. '이 일은 나랑 맞지 않는 것 같다'는 생각은 쉽게 들지만, '그래서 어떤 일을 하고 싶은데?'라는 질문에 적절한 대답을 하는 것은 어렵다. 때문에 무엇보다 이직을 결정하기 전 '하고 싶은 일', '할 수 있는 일', '해야 할 일' 중에서 무게중심을 찾는 것이 급선무다. 어렵사리 들어간 직장에서 도저히 비전을 찾을 수도, 즐거움을 느낄 수도 없다면 '해야 할 일'에 대한 비중이 월등하게 큰 상태일 수 있다. 자신이 하고 싶은 일에 대한 분명한 진단과 그 일에 대한 정확한 이해가 필요하다.

무게중심을 찾는 일이 쉽지 않다면 '무게중심 발견 시트(sheet)'를 작성해보는 것도 한 방법이다. 작성 요령은 간단하다. 먼저 A4 용지에 '하고 싶은 일' 항목을 만들어 우선순위 다섯 개를 정하고 각각의 상세 내용을 기재한다. 다음으로 '잘할 수 있는 일' 항목을 만든 후 지식, 경험, 자격, 스킬 정도를 묻는 세부 항목 란을 만든다. 각각의 세부 항목에는 자신의 '현재 할 수 있는 일'에 대한 상태를 상·중·하로 분석한다. 마지막으로 '해야 할 일'란을 만들고, 지금 꼭 해야 하는 일들에 대한 우선순위와 함께 완료해야 하는 시점을 작성해본다. 이 '무게중심 발견 시트'를 이용하면 추상적이고 막연했던 적성 찾기가 현실적인 관점에서 보이기 시작할 것이다. 혼자 힘으로는 도저히 숨어 있는 적성을 찾기 힘들다면 관련 기관이나 전문가의 도움을 받는 것도 좋은 방법이다.

마지막 유형은 하루아침에 실직자가 된 가엾은 영혼들이다. 자의든 타의든 실직을 맞게 된 사람들은 생계를 유지하기 위해서라도 새로운 일자리 마련이 시급하다.

"선배, 저희 회사 구조조정한대요. 정말 우리는 피해갈 줄 알았는데……. 이제 어떡하죠?"

친한 후배가 당황한 목소리로 전화를 했다. 구조조정 대상자에 포함됐다는 것이었다. 이제 사회에 나온 지 2년. 대학 4년, 대학원 2년을 마치고 겨우 사회생활에 발을 붙이나 했더니 구조조정이란다. 아직 서른도 안 된 앳된 사회 초년생에게 인생의 첫 번째 위기가 온 셈이다.

"이제 어쩔 생각이니? 갈 만한 곳은 있어?"

잔인하지만 향후 행보를 묻는 질문에 후배는 쉬면서 천천히 생각해보겠다고 했다.

갑작스런 해고 통지를 받아 실업자가 된 사람들은 크게 두 가지 유형으로 나뉜다. 잘린 김에 휴식을 취하면서 진로를 모색하는 유형과 당장 구멍 난 카드 값을 메우기 위해 어디라도 서둘러 취직을 해야 하는 유형이다.

단기간에 성공적인 재취업을 하기 위해서는 몇 가지 단계적인 액션이 필요하다. 우선 언제든지 구두 면접이 가능하도록 과거 이력서 파일을 열어 그간의 경력을 꼼꼼히 기재해야 한다. 소위 이력서 리모델링 작업이 필요한 것이다. 그동안 어떤 일을 했고, 어떤 성과를 올렸는지 한눈에 확인할 수 있도록 이력서를 리모델링 한 뒤 전쟁터에 뛰어들어야 한다. 경력자는 철저히 '경력'으로 평가 받는 만큼 한눈에 알아볼 수 있는 '알찬 이력서'는 필수이다. 자기소개서는 덤이란 사실을 기억하자.

그다음 단계는 구체적인 구직 활동과 구직 기간 동안 필요한 재정 계획을 세우는 것이다. 통상 실업 급여는 6개월 동안 지급되므로 실업 급여를 받는 기간 내에 재취업을 하는 것이 좋다. 자신이 평소 이직을 희망했던

업체의 채용 시기, 규모 등을 확인한 뒤 자신의 재정 계획과 꼼꼼히 비교해봐야 한다. 채용 일정이 없는데도 실업 급여만 믿고 수개월 동안 준비를 하거나, 실업 급여를 받을 수 있는 개월 수를 훨씬 넘어선 시점에 채용 일정이 잡혀 있다면 이직 계획을 수정해야 한다.

한편, 공채가 아닌 수시 채용에 중점을 두고 있다면 적극적으로 주변 사람들에게 당신의 실직 상태를 알리는 것이 좋다. 수시 채용의 경우 인맥으로 적임자를 추천 받는 경우가 많기 때문에 의외의 도움을 받을 수 있다. 실직 상태는 일시적인 것이므로 절대 부끄러워할 필요가 없다. 당신의 잘못이 아닌 회사의 부도나 경기 악화로 인한 실직이라면 더더욱 그렇다. 이제 막 자리가 난 따끈따끈한 일자리가 당신을 기다리고 있을지 모른다. 물론, 평소 좋은 평판과 좋은 동료애를 자랑하는 사람에 한해서 가능한 일이다.

| Tip 1. 성공적인 이직을 위한 똑똑한 노하우 |

헤드헌팅 업체의 문을 두들겨 자신의 경쟁력을 어필한다

국내 기업이라면 '인크루트', '스카우트'를 활용하고, 외국계 기업 희망자라면 '피플앤잡'에 등록하라. 인사 담당자들이 가장 많이 이용하는 업체들이다.

이력서 '수정' 버튼을 자주 눌러 상단에 검색되게 하라

이력서를 작성한 뒤 하루만 지나도 수백 개의 이력서들이 추가 등록된다. 수많은 이력서들을 모두 검토하기엔 인사 담당자들은 그다지 인내심이 없다. 전문가들이 귀띔하는 취업에 다가가는 비밀 중 하나는 이력서 수정 버튼을 자주 눌러 상단에 검색되도록 하라는 것!

이직을 생각한 시점부터 회사 생활을 더욱 열심히 한다

- 최고의 평가물이 있어야 이직에 유리하다. 주어진 자리에서 좋은 성과를 낸 뒤 그것을 발판으로 이직을 시도한다.
- 세부적 목표부터 설정하라. 현재 다니는 회사가 단순히 마음에 안 들어서 이직을 결정하는 것은 금물. 목표를 정하고 구체적인 계획을 수립한 뒤, 그 계획들이 어느 정도 완성됐을 때가 이직을 시도할 적기다.
- 이미지와 인맥이 반이다. 경력직의 이직은 그동안 만들어온 이미지와 인맥을 통해 이뤄지는 경우가 상당하다.
- 대리급은 상종가다. 실무 투입이 가능하면서도 상대적 인건비가 적은 직급이기 때문. 이직을 준비하고 있다면 대리급에서 이동하자.
- 현재 직장에서 이직을 준비하라. 장기간 미취업자로 있는 것보다 재직 중인 것이 이직에 유리하니 경력 단절을 최소화하라.
- 평판 조회가 막판 변수다. 최근 많은 기업들이 경력직 채용을 위해 평판 조회를 진행

한다. 최종 합격자를 가리는 기준으로 활용되는 만큼 근무 태도, 대인 관계, 조직 적응력 등에 관한 평판 관리에 신경 쓰자.

| Tip 2. 취업 공백이 두려운 경력자들을 위한 정보 |

직무 관련 성향 & 적성검사 제공
- 한국고용정보원 www.keis.or.kr
- 한국직업능력개발원 커리어넷 www.careernet.re.kr
- 노동부 워크넷 www.work.go.kr
- 한국심리검사연구소 www.kpti.com

재취업을 위한 교육 및 정보 제공
- 여성가족부 여성새로일하기센터 www.mogef.go.kr, 1544-1199
- 노동부 고용안전센터 1588-1919
- 위민넷 www.women.go.kr

실전을 위한 면접 대비
- 잡이룸 www.joberum.com
- 인쿠르트 면접 준비 people.incruit.com/interview

기업 분석 정보 제공
- 전자공시시스템 dart.fss.or.kr
- 중소기업중앙회 www.kbiz.or.kr
- 한국기업데이터 www.kedkorea.com

싫은 사람과 별 탈 없이 일하기

어딜 가나, 어느 조직에나 싫은 사람은 존재하기 마련이다. 특별히 그 사람의 무엇이 죽도록 싫은지, 무엇이 나를 미치게 만드는지 콕 집어 설명하긴 어렵지만 한 번 시작된 증오와 미움은 그의 숨소리, 목소리, 발소리, 재채기 소리까지도 싫게 만든다. 그런 인물과 같은 조직 내에서 별 탈 없이 일한다는 것은 몸에 사리가 열두 개는 더 쌓이고도 남을 만큼 엄청난 인내를 요구하는 일이다. 그나마 싫은 사람이 자신보다 직급이 낮은 직원이라면 다행이지만, 직속 상사이거나 함께 프로젝트를 진행해야 하는 동료라면 이직을 고려하게 될 만큼 직장 생활 자체가 흔들릴 수 있다.

얼마 전 한 헤드헌팅 포털 사이트가 20대 직장인을 대상으로 이직과 관련한 설문 조사를 실시한 결과 응답자의 76%가 직장 상사 때문에 이직을 결심한 적이 있다고 답했다. 한편 직장 상사에게 받는 스트레스로는 '성격 차이(20%)', '하인 부리듯 대하는 태도(18%)', '능력을 인정받지 못해서(16%)', '상사의 업무 태만으로 인한 의욕 상실(15%)' 등의 순으로 나타

나 20대 직장인들이 매우 다양한 이유로 직장 상사에게 시달리고 있음을 시사했다.

하지만 어렵게 들어간 직장을 싫은 사람 때문에 박차고 나오는 것은 너무나도 안타깝다. 물론 싫은 사람과 한 공간에서 지내는 일은 무척이나 힘이 들고 피가 마르겠지만, 요즘처럼 불안정한 경기 동향을 고려할 때 무작정 사표를 쓰는 것은 무모한 행동이 아닐 수 없다.

처음 대학을 졸업하고 잠시 몸을 담았던 회사에서 만난 직장 상사. 그 남자로 말할 것 같으면, 자신을 사수로 잘 모셔야 조직 생활이 편하다는 내용의 연설로 환영사를 마친 뒤 첫날부터  커피 심부름은 물론이고 잡다한 개인 심부름까지 시킨 이른바 '나쁜 상사'였다. 어쩌다 작은 실수라도 하는 날엔 '개념이 있는지'를 묻는 독한 발언들로 하루에도 열두 번씩 눈물을 쏙 빼게 만들었다. 게다가 그에게서는 특별한 능력이나 리더십이라고는 찾아보기 힘들었다.

"이렇게 당하고 있을 수만은 없어! 나도 복수를 감행하겠어!"

지렁이도 밟으면 꿈틀한다는 걸 보여주겠다며 어린 사회 초년생이었던 나는 살 떨리는 복수를 계획했다. 그 복수라는 것은 그가 사무실에서 입는 조끼에 바닥 먼지 묻히기, 아끼는 화초에 자판기 커피 부어 말라 죽게 하기, 회식 자리에서 노래 부를 때 딴 짓 하기, 그의 가족이나 친구에게 전화가 오면 실수를 가장해 끊어버리기 등 소심하기 짝이 없는 것들이었다. 결국 야심 차게 계획했던 복수혈전은 아무도 눈치 채지 못하고 마무리됐고,

사표를 쓰는 일로 나와 '그놈'과의 인연도 끝이 났다.
　그때는 이직을 하는 방법밖에 다른 선택은 없다고 믿었는데, 지금 돌아보니 그 시시하고 별 볼일 없는 남자 하나 전략적으로 내 편으로 만들지 못한 데 아쉬움과 후회가 밀려온다.

　싫은 사람일수록, 중요한 직장 상사일수록 내 편으로 만드는 기술이 필요하다. 진심으로 내 편으로 만들고 싶은 상사를 만났다면 천만다행이지만 그와 반대되는 사람을 만났다고 해서 좌절할 필요는 없다. 모든 사람을 꼭 진심으로 대할 필요는 없으니까!
　상대하기 싫은 상사 유형을 정리해보면 대략 이렇다.

- 이유 없이 아랫사람을 괴롭히고 힘들게 하는 사람
- 시도 때도 없이 잘난 척하거나 부담스럽게 들이대는 사람
- 직장 내 지위를 이용해 억울하게 부려먹는 사람
- 남성 우월 의식으로 성차별이 몸에 밴 사람
- 괴변을 늘어놓기 일쑤이며 업무 지시가 부정확한 사람

　유형은 다양하지만, 싫은 상사로 군림하는 이들에게는 몇 가지 공통점이 있다. 이들은 대체로 자신의 능력보다 스스로를 과대평가하기 때문에 남들에게 인정받고자 하는 욕구가 강하다. 따라서 무조건적인 충성을 바치는 직원에게 약하다. 또한 이들 중 상당수는 내면에 자리 잡은 자격지심이나 콤플렉스로 인해 자신의 약점을 들추려고 하는 사람들을 재빨리 제거하고자 하는 성향이 강하다. 즉, 이들에게 '당신은 사실 별 볼일 없는 인간'이란 사실을 상기시키는 행동을 하는 건 열 받은 사자의 코털을 잡아당

기는 것과 같다. 여직원들을 함부로 대하거나 성적인 발언을 해대고 고의적으로 모욕적인 언사를 즐기는 사람들 역시 강자에게 약하고 약자에게 강한 스타일로, 약자라고 판단되는 여직원 앞에서 자신의 바닥을 드러내는 일을 꺼리지 않는다.

일단 이런 유형의 상사들은 자극하면 안 된다. 한 번 찍히면 회생이 어렵기 때문이다. 이미 찍혔다 하더라도 능력만 인정받으면 된다는 생각으로 행동반경을 넓힐수록 그들은 눈엣가시 같은 직원을 내치기 위해 온갖 방법을 동원하기 시작한다. 예를 들어 회의 시간에 당신이 건의한 의견을 보기 좋게 묵살한다든가, 다른 부서와 협력 하에 프로젝트를 진행해야 하는 상황에서 다른 부서 팀원들과의 사전 모의를 통해 당신을 낙동강 오리알로 만들 수도 있다. 바위로 계란 치는 격이니, 결국 그를 내 편으로 만들지 못한다면 절이 싫은 중이 떠나는 극단적인 선택밖에 남는 것이 없다.

물론 싫은 사람을 내 편으로 포섭하는 것은 쉬운 일이 아니다. 나는 이때 두 가지 방법을 이용해 감정을 다스린다. 한 가지는 연민과 동정의 마음을 극대화하는 방법이고, 다른 하나는 모든 상황을 연극이라고 상상하고 상대방을 대하는 것이다.

함께 일하던 선배 중 틈만 나면 내 자리로 와서 간섭을 하고 중요하지도 않은 질문들을 하며 친분을 쌓고자 하는 사람이 있었다. 다른 사람들과 대화를 하고 있으면 자연스레 끼어들어 아는 척을 하고 점심시간마다 함께 식사를 하자고 달라붙기도 했다. 처음엔 조금 귀찮고 불편한 감정이 드는 정도였는데 시간이 갈수록 시도 때도 없이 짜증이 솟구치고 일에 대한 집중도 떨어질 지경이었다. 싫은 감정은 극에 달했지만, 특별히 악행을 저지르는 것도 아니고 대놓고 지적할 수 있는 '문제 있는 행위'를 한 것도 아니니 별다른 도리가 없었다. 그때 한 친구가 이런 말을 했다.

"그 사람, 학교 다닐 때 분명 왕따였을 거야. 말 붙일 사람도 없고, 친한 친구 한 명 없었을 거야. 그러니 이제라도 얼마나 잘 살아보고 싶겠어? 잘 해줘라."

그 말을 듣자 갑자기 그 사람에게 측은지심이 들었다. 싫은 감정은 가라앉고 억지로라도 따뜻하게 대해주고 싶은 묘한 연민도 생겼다. 꼴도 보기 싫었던 선배에게 친절한 말투와 태도를 보이게 되면서 내 삶은 많이 편해졌다. 컴퓨터에 능했던 그는 내가 문서를 날리거나 컴퓨터 바이러스로 고생하고 있을 때면 쪼르르 달려와 도와주었고 필요한 문서나 자료들을 아무 조건 없이 제공해주기 시작했다. 동정과 연민의 마음으로 말 한마디 따뜻하게 던진 것뿐인데, 덤으로 얻는 것들이 많아졌다.

반면 비상식적인 상사를 만났을 때는 후자의 방법이 더 효과적이다. 아무리 이해하려고 노력하고, 역지사지의 입장으로 바라봐도 욕만 입에 맴돌 때는 일단 그 상황을 피하는 것이 상책이다. 그와 대화를 할 때는 마치 연극배우가 된 것처럼 대본에 적힌 대사 읊듯 하는 게 요령이다. "왜죠?", "싫거든요" 식의 돌발 발언은 연극에서 통용되지 않는다. 대본을 잘 외운 성실한 배우처럼 상사가 바라는 스타일로 연기하고, 그에 대한 감정은 일단 접어둔다. 구차하고 비겁하다고 생각할 필요 없다. 어차피 연기니까 연극이 막을 내리면 모든 상황은 종료되지 않겠는가!

그런데 참 신기한 것이, 영원할 것만 같았던 높은 갈등의 벽도 작은 구멍 하나로 '와르르' 무너지는 경우들이 많다. 죽도록 싫던 상사에게서 먼지만큼 작은 인간적인 모습을 발견할 때도 있고, 개념을 안드로메다로 보내버린 줄 알았던 상사가 때때로 지극히 이성적인 모습을 보일 때도 있다. 그 순간을 놓치지 말고 표현하자. 로미오와 줄리엣 가문처럼, 영원한 원수로 살아갈 수밖에 없는 악연의 저주가 풀릴 절호의 기회다. 회식 자

리, 생일 혹은 크리스마스와 같은 특별한 날 그때 받은 느낌을 솔직하게, 아니 조금은 과장해서 고백한다면 예상치 못한 관계의 반전이 나타날 수 있다.

"과장님은 늘 냉정하신 분인 줄 알았는데 그날 뵈니까 로맨티시스트시더라고요. 감동 받았어요."

아부면 어떻고 닭살스러우면 또 어떤가. 그날 새로운 면모를 발견한 것도 사실이고, 그와 좀 잘 지내보고 싶은 마음도 사실인 것을. 죽도록 싫은 상사가 있다면, 그래서 이직을 고려할 만큼 직장 생활이 고달프다면 그와 멀리할 때 멀리하고, 가까이해야 할 때 가까이할 줄 아는 지혜와 용기가 필요하다. 사람과 사람 사이에 존재하는 섬을 인정하고 이해하기 시작하면 의외로 쉽게 섬을 건너는 다리가 나타나기도 하니까 말이다.

| Tip. 남자 상사 공략법 VS 여자 상사 공략법 |

◐◑ 대화법에 차별을 두어라

남자 상사에게는 결과부터 말하고, 여자 상사에게는 과정을 설명한 후 결과를 보고하라. 예를 들어 몸이 아파 결근을 해야 하는 상황이라면, 남자 상사에게는 "오늘 결근을 하게 됐습니다. 몸이 아파 도저히 출근을 할 수 없는 상황입니다"라고 보고하는 것이 좋다. 반면 여자 상사에게는 "독감으로 몸을 일으켜 세울 수도 없는 상황이라 출근하기 힘들 것 같습니다"라고 말하는 것이 좋다. 남성은 명확하고 핵심적인 발언을 선호하는 반면 여성은 결과보다는 '왜'라는 과정을 중시하는 동시에 공적인 대화보다 사적인 토크 스타일을 선호하기 때문이다.

◐◑ 거짓말도 각기 다른 스타일로 하라

남자 상사는 과장이 섞였더라도 자신에게 충성을 맹세하는 부하를 좋아한다. 비록 다음 날 발표할 프레젠테이션이 완성되지 않았다 하더라도 문제없다고 큰소리치는 부하를 신뢰하는 편이다. 반면 여자 상사는 큰소리를 먼저 치기보다 일의 진행 정도를 정확히 보고하는 부하에게 믿음을 갖는다.

◐◑ 문자 보내는 법도 달리하라

여자 상사는 사소한 것에 마음이 동한다. 간략한 업무 보고를 문자로 하게 될 경우 적당한 구어체와 함께 예쁜 하트나 웃는 얼굴과 같은 이모티콘을 보내면 자신에게 마음을 열고 따르는 직원으로 인지한다. 반면 남자 상사의 경우 이런 스타일의 문자를 보낼 경우 어색할 뿐만 아니라 업무 정확도가 떨어지는 직원으로 오해하기 쉽다.

공감 영역의 차이를 파악하라

여자 상사에게 육아, 건강, 가족 등에게 일어난 문제는 상대적으로 많은 이해와 공감을 불러일으킨다. 그래서 가족 구성원이 아파 조퇴를 요청할 경우 배려의 폭이 크다. 그러나 남자 상사의 경우 공과 사를 구분하지 못하는 사람으로 생각할 위험이 있다. 개인적인 사유로 조퇴를 해야 할 경우, 차라리 거래처를 팔아라. 남성과 여성은 서로가 가치를 두고 있는 문제가 다르기 때문이다.

각기 다른 부분을 칭찬하라

여자 상사는 아무리 한참 어린 후배라 하더라도 뛰어난 외모와 몸매를 과시할 경우 시기와 질투의 감정을 느낀다. 나이가 들어도 여자는 여자다. '예쁘다', '아름답다' 라는 말은 연령과 상관없이 여자 상사에게 최고의 칭찬이다. 자신을 낮추고 상대방을 띄워라. 남자 상사는 외모보다는 업무 능력을 타인들에게 과시해줄 때 기분이 우쭐해진다. 거래처 혹은 타 부서 사람을 만났을 때 회사 내 가장 파워 있는 인물처럼 칭찬하라. 직장 생활이 한결 편해질 것이다.

외모 지상주의를 꿈꾸거라

한때 나는 '페미니스트'였다. 맹렬히 여성운동을 펼치는 여성주의자는 아니었지만 여성들이 겪는 수많은 차별과 편견에 열을 올리며 성 평등을 꿈꾸는, 페미니스트라고 불리기를 꺼리지 않는 여자였다.

"여자라서 행복해요."

아름다운 여배우가 냉장고 문을 여닫으며 속삭이던 이 CF 멘트에도 나는 "부엌살림이나 하는 게 여자냐?", "예쁜 냉장고가 여자의 행복 요소란 말이야?" 하고 쉽게 흥분했다. 성형한 여배우가 토크쇼에 나와 자신의 성형 사실을 고백했을 때, 신문과 방송이 '당당한 고백'이라고 포장하는 것 역시 껄끄러웠다. '성형한 게 자랑이냐? 있는 그대로 가꿀 줄 알아야지. 한심하다!'라는 한탄 섞인 감정이 뭉글뭉글 올라왔다. 그뿐인가! 취업 지원서에 공개해야 하는 지원자의 키, 몸무게, 사진 등도 성차별적 요소가 있다며 국가인권위원회에 제소하겠다고 난리를 피우기도 했다. 유난히 여성에게만 강조되는 천박한 외모 지상주의가 너무나도 짜증스러웠기 때문

이다.

하지만 시간이 지나면서 나는 달라졌다. '여자라서 행복해요'를 외치던 TV 광고 문구도 아무렇지 않게 받아들이게 됐고, 성형을 해서라도 미인이 되고 싶어 하는 친구와 대화를 나누면서 아무런 불편함을 느끼지 않게 됐다. 나이가 들면 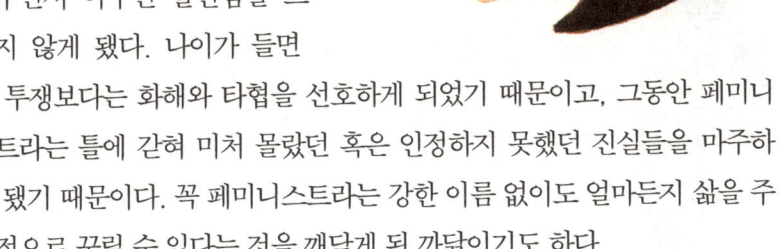 서 투쟁보다는 화해와 타협을 선호하게 되었기 때문이고, 그동안 페미니스트라는 틀에 갇혀 미처 몰랐던 혹은 인정하지 못했던 진실들을 마주하게 됐기 때문이다. 꼭 페미니스트라는 강한 이름 없이도 얼마든지 삶을 주체적으로 꾸릴 수 있다는 것을 깨닫게 된 까닭이기도 하다.

어쨌든 페미니스트로 살아가고 싶어 했던 시절 인정하지 못한 진실은 '모든 여자들은 더 아름다워지고픈 욕망을 가지고 있다'는 것, 그리고 남녀노소 할 것 없이 이왕이면 '예쁘고 근사한 것에 끌린다'는 사실이었다. 어찌할 수 없는 본능적 끌림에 의해서 말이다.

누구에게나 외모 지상주의 유전자가 내재돼 있다. 분위기 좋은 고급 레스토랑에 가면 고급스러운 이미지의 매니저가 서빙을 도와주기를 원하고, 모처럼 큰맘 먹고 비싼 헤어숍에 가면 세련된 이미지의 스텝이 머리를 만져주기를 원한다. 아무도 볼품없는 외모의 소유자에게 자신을 맡기고 싶어 하지 않는다. 그 사람의 외모와 하는 일 사이에 커다란 연관성이 있는 것은 아니나 이왕이면 다홍치마라는 생각이 드는 것이다. 그것이 바로 잠재의식 속에 숨겨진 외모 지상주의다.

물론 사람을 외모만으로 판단하는 일은 어리석고 무식한 행위이지만,

사람을 판단할 때 외모를 중요한 요소로 여기는 것은 합리적이고 마땅하다. 그러므로 비즈니스에서 일과 어울리는 외모를 가꾸는 것은 무척이나 중요하다. 외모를 통해 커리어에 대한 열정과 숙련도까지 가늠해볼 수 있기 때문이다.

예를 들어 명동 한복판에 있는 유명 은행의 PB가 촌스러운 정장에 어색한 메이크업을 하고 헤어스타일도 엉망이라고 가정해보자. 반면 옆자리의 PB는 최신 유행하는 말끔한 슈트 차림에 세련된 메이크업을 하고 있다. 구두도 반짝반짝 윤이 나고 귀밑으로 보이는 볼드한 스타일의 이어링도 고급스럽다. 수천만 원이 넘는 재산을 둘 중 누군가에게 맡겨야 한다면 당신은 어느 PB를 선택할 것인가? 특별한 반전이 없는 한 후자에게 마음이 더 끌리는 것이 당연하다. 훨씬 프로다워 보일 뿐만 아니라 자기 관리에도 부지런한 사람이라는 생각이 들기 때문이다.

이처럼 외모는 분명한 경쟁력이다. 하지만 반드시 절세미녀가 되라는 뜻은 아니다. 지금 우리에게 필요한 것은 자신의 일에 맞는 외모를 설계하고 장점을 부각시킬 수 있는 스타일 연출법이다. 업무에 어울리는 이미지를 찾고 숨겨진 아름다움을 이끌어낼 때 사람들은 당신의 외모에 반한다. 매력적인 외모를 가진 당신에게 좀 더 가까이 다가오려 할 것이고, 좀 더 많은 기회를 주고 싶어 할 것이다. 매력적인 외모를 가진 여자라면 자신의 일이나 사람을 상대하는 데에도 매력적인 스킬을 발휘할 거라고 기대하기 때문이다.

 좀 더 예뻐지고 좀 더 세련되고자 하는 욕망이 당신에게 예쁜 날개를 달아줄지 모른다. 누구 못지않게 멀리 그리고 높게 날고 싶다면, 이왕이면 다홍치마가 되자.

| Tip. '이왕이면 다홍치마' 되는 직업별 외모 설계법 |

○○ 공무원·공기업 종사자

공적 영역에서 근무하는 여성의 경우 너무 화려하거나 부담스러운 스타일을 연출하지 않는 것이 키포인트다. '민소매 불가', '발가락 노출 금지', '청바지와 레깅스 사절'을 외치는 보수적 조직에서는 무채색 포멀 슈트와 6cm가 넘지 않고 앞이 막힌 스타일의 구두가 제격이다. 심심한 슈트는 볼드한 브로치나 골드 컬러의 귀고리, 진주 목걸이 등을 레이어드 해 포인트를 주면 단정하면서도 세련된 이미지가 완성된다. 롱티셔츠 스타일의 원피스, 컬러풀한 원피스, 셔츠형 원피스, 보헤미안 스타일의 팬츠와 셔츠 등은 절대 피해야 할 아이템.

○○ 홍보·마케팅·영업직 종사자

많은 사람들과 잦은 미팅을 해야 하는 업종에 종사한다면 트렌디하면서도 세련된 스타일을 연출하는 것이 호감 가는 이미지를 완성하는 비결이다. 예를 들어 언제 어디에서든 세련미를 풍길 수 있는 V 넥 저지 랩 원피스에 정중함을 더해주는 블랙 기본 재킷을 코디하는 것. 요즘 유행하는 어깨가 높이 솟은 발맹 재킷은 청바지와 코디해도 세련되고 트렌디한 오피스룩으로 안성맞춤이다. 여기에 유행하는 컬러와 무늬의 머플러로 포인트를 주면 시크한 외모가 완성된다. 고급스런 원단의 블랙 테일러링 팬츠, 화이트 실크 셔츠, 블랙 펌프스 등은 활동성과 전문성을 모두 살려주는 머스트 해브 아이템이

다. 헤어스타일은 올백이나 볼륨감 있는 단발 등이 좋다. 대학 동아리 멤버 같은 긴 생머리만은 피하자.

●● 작가 · 피디 · 방송 분야 프리랜서

시간과 공간 제약이 상대적으로 적은 이 직군의 종사자들은 외모 연출법도 자유롭다. 공기업이나 금융사에서 금기시하는 청바지와 레깅스 코디가 가능하고, 보헤미안 스타일의 티셔츠나 원피스도 잘 어울린다. 실용성과 스위트한 디자인 모두를 동시에 아우르는 의상 연출이 핵심. 빈티지한 느낌의 뱅글이나 매니시한 시계 등과 코디하면 방송 직군에 종사하는 사람들에게서 느껴지는 프리하면서도 트렌디한 이미지를 쉽게 만들 수 있다. 까만 생머리보다는 컬러감과 볼륨감이 있는 헤어스타일이 더 어울린다. 단, 달랑거리는 귀고리를 뜻하는 이어드롭, 여성스럽기 그지없는 핑크 립스틱, 섹시한 스트랩 힐 등은 활동적이고 공격적인 일이 많은 이 직군에는 NG 아이템.

●● 금융권 종사자

금융권 종사자의 외모 연출에서 가장 중요한 포인트는 깔끔하면서도 럭셔리해 보이는 이미지다. 다른 업종보다 더욱 디테일한 부분에 신경을 써야 상대방으로부터 신뢰감을 얻을 수 있다. 컬러는 화려해도 좋지만 포멀한 느낌의 슈트를 기본으로 한다. 브랜드 제품의 포인트 링, 안경, 벨트, 시계, 펜 등으로 고급스런 이미지를 연출하는 것이 관건이다.

모르면 독이 되고
알아두면 힘이 되는 오피스 매너

직장 생활은 참 힘들다. 특히 이제 막 사회생활을 시작한 신참 직장인들에게 직장이란 양파처럼 맵고 눈물 나는 곳이다. 내 경우 입사를 하고 처음 6개월간은 업무를 익히느라 무척 힘들었다. 어떻게든 조직에서 필요한 존재로 자리 잡고자 주말도 반납한 채 사무실을 지키기 일쑤였고, 시어머니보다 무서운 상사의 꾸지람을 밥 먹듯 들어야 했다.

그렇게 1년쯤 지났을 무렵 드디어 평화가 도래하는 듯했다. 막막하기만 하던 업무들이 눈에 익기 시작했고, 일을 통한 성취감도 조금씩 맛볼 수 있었다. 그러나 의외의 복병이 숨어 있었으니, 바로 직장인에게 요구되는 오피스 매너였다. 커리어 우먼으로서의 욕심이 있는 한 '센스 있는 오피스 매너'는 필수이다. 아무리 뛰어난 능력과 화려한 스펙을 갖추었더라도 제대로 된 오피스 매너를 갖추지 못하면 한순간에 미운털이 박히거나 상내

하기 싫은 인간으로 낙인찍히기 십상이다.

다음은 알아두면 힘이 되는 오피스 매너이다.

1. 눈만 마주치면 인사한다

학창 시절에도 그랬다. 좀 전에 분명히 인사했던 선생님인데 복도에서 또 마주치면 인사를 해야 하나 말아야 하나 고민스럽다. 한 번 더 하기도 어색하고 그냥 지나치자니 무례한 것 같아 늘 난처했다. 하지만 직장에서 사랑 받는 사원이 되려면 인사는 무조건 잘하고 봐야 한다. 두 번이고 세 번이고 눈만 마주치면 인사하자. 인사 잘하는 사람치고 미운털 박힐 사람은 없다. 기분 좋은 목소리와 귀여운 미소까지 곁들인다면 금상첨화. 방금 전 인사 나눴던 사람과 다시 마주칠 때는 가벼운 목례로 대신해도 좋다.

2. 문자가 아니라 전화로 보고한다

신입 사원 시절, 나는 부득이하게 지각을 해야 하거나 외근 후 바로 퇴근해야 하는 상황이 오면 문자로 상사에게 보고하곤 했다. 예를 들면 이런 식이었다.

「일이 늦어져서 바로 퇴근합니다. 내일 뵐게요. ^^」

내 딴에는 애교스런 이모티콘까지 곁들인 상냥스런 보고였지만 다음 날이면 언짢은 상사의 심기가 감지되곤 했다. 상사에게 뭔가 보고를 해야 하거나 급히 전할 말이 있을 때는 반드시 전화를 하는 것이 매너다. 문자는 일방적인 통보의 성격을 띠기 때문에 자칫하면 무례하고 건방져 보일 수 있다. 때론 개념 상실한 직원처럼 보이기도 한다. 직장은 동아리가 아니라는 사실, 기억하자.

3. 문자나 이메일 답장은 바로바로

직장에서 일하다 보면 상당한 시간을 이메일을 읽고 쓰는 데 소비한다. 거래처 직원에게 받은 이메일부터 직장 동료나 상사에게 받은 이메일을 읽고 답하다 보면 어느덧 오전 시간이 훌쩍 지나간다. 그러다 보니 일일이 피드백을 전하기 어려운 것도 사실이고 급한 일부터 처리하다 보면 이메일에 답장 보낼 일을 까맣게 잊기도 한다. 하지만 상대방은 당신의 답장만을 기다리고 있을 수도 있고, 이메일을 확인했는지 궁금해할 수도 있다. 아직 일처리가 진행 중인 프로젝트와 관련된 이메일을 받았다 하더라도 바로 답을 해줘야 한다. 진행 상태는 어떠한지, 어려운 점은 없는지 답해줘야 상대방이 불안하지 않다. 소심한 사람의 경우 바로 답이 없으면 자신이 무시당했다고 생각할 수도 있다. 이메일과 문자는 늦어도 하루를 넘기기 전에 답하는 것이 기본 에티켓이다.

4. 이메일 제목에 내용을 압축하라

될성부른 나무는 떡잎부터 알아본다는 속담이 있다. 이 말처럼 될 성싶은 신입 사원은 이메일 제목 쓰는 감각부터 남다르다. 제목만 보더라도 어떤 내용을 담고 있는지 가늠할 수 있도록 기재해야 하루에도 수십 통씩 쏟아지는 이메일 속에서도 경쟁력을 갖출 수 있다. 반면 평범하기 그지없는 '안녕하세요?', '과장님께' 라는 식의 제목은 스팸 메일로 간주되기 십상일 뿐만 아니라 전문성이 부재한 직원이라는 이미지까지 심을 수 있다. 이메일의 서명 기능

을 활용하여 자신의 소속과 연락처, 팩스 번호 등을 이메일 하단에 정리하는 것도 매너 중 하나이다.

5. 전화 목소리가 당신의 얼굴이다

전화 잘 받는 여자가 일도 잘한다. 전화 받는 폼만 보더라도 어떤 사람인지 알 수 있다는 말은 전화 받는 태도, 목소리 톤, 말투만으로 상대방을 대강 가늠할 수 있음을 의미한다. 목소리만으로 정확한 내용을 전달해야 하는 만큼 전화 통화를 할 때는 세심한 주의가 필요하다. 전화를 받을 때는 먼저 자신의 소속과 이름을 밝혀야 한다. 또한 중요한 전화를 받을 때는 틈틈이 메모를 해 상대방의 이야기를 중간 중간 확인하는 것이 좋다. 동료나 상사의 전화를 대신 받았을 경우 전화 받은 시간, 전화한 사람의 이름과 연락처, 전화를 건 목적 등을 짧게 메모해 전달해야 한다. 따라서 미리 전화 메모를 위한 용지를 만들어두는 것이 편리하다. 당신이 먼저 전화를 걸 경우에는 상대방이 통화가 가능한 상태인지를 확인한 뒤 대화를 시도해야 한다. 물론 또렷한 목소리와 상냥한 말투는 기본 중의 기본이다.

6. 명함 교환에도 룰이 있다

사회 초년병이던 시절, 나는 명함이 갖는 상징적 의미에 대해 무지했다. 상대방이 준 명함을 손으로 주물거리다 괘씸죄를 산 적도 있다. 따라서 첫 인상을 망치지 않으려면 명함 교환하는 방법부터 제대로 알아야 한다. 우선 명함은 아랫사람이 윗사람에게, 방문자가 방문한 사람에게 먼저 건네는 것이 룰이다. 이때 자신의 소속과 이름을 말하며 눈을 마주친 뒤 두 손으로 전달한다. 명함을 받은 뒤에는 명함 내용을 눈으로 확인한 다음 명함 지갑에 넣거나 책상 위에 올려둔다. 여러 사람을 한꺼번에 만나 인사를 나눌 경우 명함을 주고받은 순서대로 나열한다. 상대방에 대한 간단한 인상 착의를 명함에 기록해 다음번 미팅 시 헷갈리지 않도록 하는 것도 좋은 방법이다. 명함이 떨어졌다며 미소로 때우는 여자만큼 최악의 오피스 걸도 없다는 사실, 잊지 말자.

7. 생수통은 혼자 힘으로 옮긴다

회식 자리에서 남자 직원들이 직장 생활에 대한 불만을 성토하는 걸 들어보면 의외로 별것 아닌 게 많다. 그중 하나가 바로 '생수통을 남자만 들어야 하느냐'는 것이다. 그깟 물통 대신 좀 들어주면 어떤가 싶지만 생수통 옮길 때만 찾아오는 여직원이 그리 미울 수가 없다고 한다. 머슴이나 하인 부리듯 하는 느낌이 들기 때문이라고. 스스로 생수통을 옮길 수 있는 근력을 키우는 것이 상책인 셈이다. 만약 정 도움이 필요하다면 정중하게 부탁하도록 하자. '생수통 옮기기 = 남자 직원 일'이라는 식의 생각, 이제는 시대착오적인 발상이다.

8. 사적인 통화는 간단하게

무료하고 답답한 오후에 걸려온 친구의 전화는 자칫 긴 수다로 이어지기 십상이다. 하지만 당신이 방심하는 그 순간에도 동료와 상사들은 당신의 일거수일투족을 지켜보고 있다는 걸 명심하자. 현재 진행 중인 연애가 어떤 상태인지, 퇴근 후 친구들과 뭘 할 예정인지, 가족과 언제 외식을 할지 주변 사람들까지 다 알아차리도록 떠든다면 직장을 놀이터로 아는 철없는 여자로 인식되기 쉽다. 모두가 한창 바쁜 월요일 아침부터 메신저로 대화를 나누는 것도

'워스트 오피스 걸'의 모습 중 하나다. 사적인 대화는 점심시간을 이용하도록 하자.

9. 직장 내에서 단짝 친구는 금물

다시 한 번 강조하지만, 직장은 동아리 모임이나 학교가 아니다. 아무리 마음에 맞는 동료를 발견했다 하더라도 떼를 지어 밥을 먹으러 다닌다거나 팔짱을 끼고 몰려다니면 공과 사를 구분 못하는 여직원으로 찍히기 쉽다. 몇몇의 특정 멤버와 지나치게 친하게 지낼 경우 사내에 적이 금방 생길 뿐 아니라 뒷담화를 조장하는 세력으로 찍힐 수도 있다.

10. 떠나는 모습도 아름답게

회사를 떠나는 순간이 오더라도 볼 장 다 봤다며 함부로 행동하지 말 것. 본인의 의지와 상관없이 회사를 떠나게 됐다 하더라도 마무리는 깔끔하게 매듭지어야 한다. 함께 지낸 동료와 상사들에게 일일이 인사를 건네고 감사의 말을 전하는 것도 잊지 말자. 이직, 전직 등 개인적인 사유로 급하게 퇴사를 해야 하는 상황이라면 적어도 한 달 전에는 퇴직 계획을 알리는 것이 예의. 후임자에게 인수인계를 확실히 하는 것도 기억해야 할 중요한 오피스 매너다. 요즘처럼 경력직 채용에서 평판 조회가 중요한 요소로 작용하는 때 떠나는 뒷모습을 잘 관리하는 것은 절대 간과하지 말아야 할 처사다.

인사고과, 책상 위에서부터 시작된다

어린 시절, 엄마는 내 방 문만 열고 들어오면 책상 정리 좀 하라며 성화를 부리셨다. 그토록 너저분하게 늘어놓고 '뭔 놈의 공부'가 되냐는 것이었다. 하지만 내 생각은 좀 달랐다. 어지러운 책상 위에도 나름의 질서가 있고 고유의 정리 패턴이 있었으니 산만할 것도 어지러울 것도 없었다. 필요한 문제집이 생각나면 나올 때까지 책상 위를 뒤지면 되는 일이었고, 아무리 찾아도 안 보이면 핑계 김에 대청소 한번 해주면 되는 것이었으니까. 반짝반짝 깨끗한 책상을 원하는 엄마의 잔소리를 들을 때마다 나는 정리를 하는 것보단 필요할 때마다 한 번씩 해주는 청소가 훨씬 합리적이라며 투덜거렸다.

부모 말 들어서 해로울 게 없다고 했던가! 얼마 지나지 않아 나는 바득바득 기를 쓰며 책상 정리를 하지 않던 청소 습관을 후회하기 시작했다. 책상 정리 상태까지도 인사고과에 반영하는 무섭고 잔혹한 사회생활을 시작하면서부터다.

"재은 씨, 책상 좀 정리해봐. 귀신 나오겠다."

"곧 할게요. 뭐, 지금도 불편하진 않지만……."

그때는 선배의 책상 정리 요구가 무엇을 뜻하는지 몰랐다. 그저 지저분하니 청소를 좀 하라는 애정 어린 관심이요, 주제 넘는 간섭이라고만 생각했다. 실은 다분히 사적인 공간인 내 책상에 자기가 뭔데 왈가왈부하는가 하는 불쾌한 감정이 더 컸다. 하지만 직장 생활에 이력이 날 때쯤, 그러니까 이곳저곳의 사무실에서 담당자와 미팅을 해본 뒤에야 비로소 책상 정리가 단순히 청소의 한 영역이 아니란 사실을 깨닫게 됐다.

사람의 이미지는 옷차림, 인상, 말투, 표정, 몸짓 등 한눈에 알아볼 수 있는 다양한 것들을 통해 형성된다. 업무 상 중요한 미팅이 있을 때 특별히 의상과 메이크업 등에 신경을 쓰는 이유도 이 때문이다. 하지만 직장 상사나 동료를 비롯해 사무실 안에서 만나는 수많은 사람들은 당신의 책상을 주목한다. 책상 정리 상태, 책장에 꽂힌 책 몇 권, 책상 위 소품, 모니터에 붙어 있는 포스트잇 몇 장으로 당신을 속속들이 알 수 있기 때문이다. 포스트잇에 굵은 글씨로 쓰인 몇 개의 문장만으로도 지금 당신이 몰두하고 있는 일이 무엇인지 알 수 있으며, 가지런히 꽂힌 몇 권의 책으로 당신의 관심사와 지적 수준을 가늠할 수 있다. 또한 책상 위의 크고 작은 소품들은 업무를 대하는 당신의 태도를 반영한다.

전날 '큰맘 먹고 지른' 고급스런 옷과 값비싼 액세서리로 겉모양은 한 단계 업그레이드할 수 있을지 모르나 긴 시간 함께해온 책상은 하루아침에 변신할 수 없으니, '책상을 보면 사람이 보인다'는 말은 제법 과학적이고도 논리적인 이론이 아닌가 싶다.

　어렵사리 굴지의 외국계 은행 비서로 취업한 후배 J. 늘 연애만 하는가 싶더니 용케 좋은 곳에 취업해 기특하다 싶었다. 그런데 6개월이 지난 어느 날 그녀와 같은 회사 동료에게서 그녀가 '잘렸다'는 소식을 전해 들었다.

　"언니, 걔는 아직 직장 생활을 할 준비가 되어 있지 않은 것 같아요. 근무 중에도 연신 인터넷으로 쇼핑을 해서 얼마나 사무실로 택배가 많이 오는지 경비 아저씨 보기 민망할 정도예요. 사무실 책상은 어떻고요? 난장판이 따로 없어요. 인사 부장님이 인상을 찌푸리는 것도 모르고 말이죠."

　대학 시절 그녀에 대한 기억을 떠올려보면 아마도 책상은 이러했을 것이다. 여기저기 순서 없이 쌓여 있는 서류, 뽀얀 먼지가 쌓인 모니터, 커다

란 애인 사진이 든 액자, 책상 위를 굴러다니는 립스틱과 핸드크림, 키덜트 취향이 그대로 반영된 털 날리는 키티 인형들······. 보기만 해도 정신이 쏙 빠지는 J의 책상은 업무에는 관심 없는, 대충 시간만 때우다 퇴근하려는 한심한 어린 여자처럼 보이기 십상이었을 것이다.

물론 책상을 어지르는 습관만으로 인사고과가 엉망이 되진 않겠지만, 이미 미운털이 박혔고 미숙한 업무 능력으로 눈 밖에 난 상태라면 퇴출 1순위를 확고히 다지는 요소로 작용할 수 있다. 무조건 깨끗한 책상이 최고라는 말은 아니다. 또 무조건 지저분한 책상이 무능력함을 상징한다는 것도 아니다. 다만 사무실 책상은 미처 드러내지 않았던 그 사람의 '숨은 성향'을 훔쳐볼 수 있는 위험한 장소라는 사실을 기억하란 뜻이다.

취재 기자로 일하던 시절, 적잖은 업체를 방문하며 여러 사람들을 '그들의 책상 옆'에서 만나왔다. 시간이 흐르면서 나는 사무실 밖에서 사람을 만나는 것과 사무실 안에서 만나는 것엔 큰 차이가 있다는 사실을 발견할 수 있었다. 사무실 내 책상 배치 구조, 책상 크기, 책상 위 오피스 용품들은 그들의 직급이나 파워와 무관하지 않았고, 업무에 대한 열정과 비례하였다. 또한 외모에서는 미처 발견하지 못했던 수많은 비밀 스토리가 책상 위 크고 작은 소품들에 숨어 있었다.

직원 한 명, 책상 하나로 국내 최대 홍보 회사를 일군 PCG 그룹의 여준영 대표. 그의 책상은 자신의 개성을 백분 발휘하면서도 업무 효율성을 극대화시킨 대표적인 케이스로 손꼽을 수 있다. 취재 차 몇 번 그의 사무실을 방문했는데 갈 때마다 탄성이 절로 새어나왔다. 그의 사무실을 잠시 묘사하자면, 사무실 한가운데에 회의 책상이 놓여 있고 그 위 천장 한복판에 피규어 아톰이 날아다니고 있다. 책상 왼쪽 수납장엔 수십 개의 로봇과 캐릭터 피규어가 전시되어 있고, 최근에는 직원들에게서 선물 받은 드럼도 한 대 놓았다. 책상 위엔 달랑 최신 모델의 노트북과 전화기만 놓여 있다. CEO의 사무실이라고는 믿을 수 없을 만큼 아기자기하고 트렌디한 느낌이다. 그가 늘 강조하는 상상력과 창의력이 탄생하기 딱 좋은 공간 구조 속에 업무에만 집중할 수 있는 책상 형태를 만들어놓은 셈이다. 그의 책상이 놓인 사무실로 들어서는 순간, '나는 어떤 사람이다' 라고 줄줄이 설명하지 않아도 그를 짐작할 수 있었다.

반면 A 고등학교에 근무할 당시 알게 된 K 선생님의 책상은 깨끗하다 못해 텅텅 비어 있었다. 개인용 머그 컵 하나 없었고, 책장에도 관련 교과 서적만 있을 뿐 개인적인 관심사를 찾아볼 수 있는 책 한 권 없었다. 나무랄 데 없이 깔끔하게 정리된 책상이긴 했으나 뭔가 아쉽고 차가운 이미지가 풍겨났다. 마치 언제라도 떠날 준비가 된 사람처럼, 더 좋은 자리가 생기면 짐 챙길 필요 없이 뜰 사람 같았던 K의 책상에서는 일에 대한 어떠한 애정이나 열정도 느껴지지 않았다.

회사 사무실의 책상은 심심하면 뒹굴다 잠을 청하는 '내 방 책상'과는 다르다. 드러내고 싶은 것은 책상 앞쪽에 전략적으로 늘어놓고, 감춰야 할 것은 서랍 속이나 수납 상자 안으로 꽁꽁 숨겨놓을 줄 알아야 한다.

어린 시절, 바득바득 책상 정리를 하지 않겠다고 고집을 부리던 내게 엄마는 말씀하셨다.

"그래, 네 멋대로 살아라."

'좀 깨끗하게 해놓고 살면 좋으련만, 그게 네 스타일이라면 원하는 대로 살아라'는 일종의 포기였다. 하지만 조직은 다르다. 한마디 꾸지람 없이, 한마디 확인 없이 책상 위 애인 사진 한 장, 요란한 캐릭터 방석 한 장, 카페테리아를 방불케 하는 간식 더미와 수많은 차 종류를 보고 '넌 싹수가 노랗다'라고 당신에 대한 정의를 내릴 수 있다.

'그깟 책상이 뭐가 중요하느냐'며 제멋대로 살 것인지, 전략적으로 스타일링한 책상으로 성공을 향해 한 발짝 다가설 것인지는 오로지 당신에게 달렸다.

| Tip. 책상, 아는 만큼 보인다 |

"Never Do It!"

◯◯ 알록달록 캐릭터 방석

방석, 쿠션, 담요, 심지어 볼펜까지 모조리 알록달록한 캐릭터 세트로 스타일링한 책상을 보면 큐트한 느낌은 날지 몰라도 성숙한 정신세계를 가진 것으로 보이지는 않는다. 남자 상사들은 특히나 이런 취향을 가진 여직원들을 딱 질색한다.

◯◯ 액자에 넣은 애인 사진

본인의 눈은 즐거울지 모르나 공과 사를 구분할 줄 모르는 여자로 보이기 쉽다. 자신의 다이어리나 지갑에 살짝 꽂아두고 혼자만 보도록 하자.

◯◯ 잡다한 화초

제대로 가꿀 줄도 모르면서 책상 위를 점령하다시피 놓은 화초는 업무에 방해될 뿐만 아니라 아줌마스러워 보인다. 전자파 차단을 목적으로 한 한두 개의 미니 화분이면 충분하다. 말라비틀어진 화초는 최악임을 명심할 것.

◯◯ 모니터를 가득 메운 포스트잇

오늘 할 일부터 야식집 전화번호까지 써놓은 포스트잇들은 모니터를 정신없게 만든다. 업무 집중을 흐트러뜨릴 뿐 아니라 산만한 여자로 보이기 쉽다.

◯◯ 인형 & 커다란 거울

'공주는 외로워'를 연상시킨다. 회사는 유치원도 아니고 궁전도 아니다. 큼지막한 인형

만큼 눈꼴사나운 소품도 없다. 거울은 반사 기능으로 인해 뒷자리에 앉은 직원들에게도 불편을 줄 수 있는 무례한 소품이다.

"Do It!"

●● 미니 가습기
작은 생수 한 통이 쏙 들어가는 미니 가습기는 건조한 사무실에서 피부를 보호해줄 뿐만 아니라 주변 사람들까지 습기 보너스를 얻게 하는 착한 아이템.

●● 투명 박스
책상 밑에 투명 박스를 한두 개쯤 두면 폐지, 보관해야 할 서류 등을 용이하게 수납할 수 있다. 폐지와 서류들이 한데 섞인 책상만큼 복잡하고 짜증나는 것은 없다.

●● 컬러 집게 & 컬러 바구니
영수증, 우편물 등은 바구니에 수납하면 간편하다. 이때 바구니 컬러별로 날짜, 항목 등을 설정해 보관하면 더욱 유용하다. 예를 들어 월별로 다른 컬러 집게를 이용해 영수증을 보관하거나 보낼 우편물은 노란색 바구니, 받은 우편물은 파란색 바구니로 분류하면 깔끔하다. 같은 바구니 안에 두되 컬러 클립이나 집게의 컬러를 달리해서 보관해도 좋다.

●● 물티슈 & 거칠어진 브러시
꼬질꼬질한 손가락 때와 먼지가 쌓인 키보드만큼 공들여 쌓은 이미지를 망치는 것도 없다. 낡은 메이크업 브러시와 물티슈를 키보드 옆에 구비해놓고 일주일에 두 번씩 쓸고 닦아주자. '깔끔녀'로 어필하기에 좋다.

○● 비닐 파일
업무와 관련된 신문이나 잡지 기사를 발견하면 잔뜩 쌓아두지 말고 바로바로 스크랩하여 비닐 파일에 따로 보관한다. 글자가 그대로 보이기 때문에 필요할 때 찾기 쉽다.

○● 반투명한 소재의 수납함
책상 위를 굴러다니다가 어느 순간 자취를 감춰버리는 각종 펜과 자, 가위, 풀 등의 사무용품은 노란 고무줄을 이용해 종류별로 묶어 반투명한 소재의 수납함에 넣어두자. 보기에도 깔끔하고 공간 활용도도 높아진다.

○● 미니 칠판
하루의 중요한 일정을 메모할 수 있을 뿐 아니라 업무와 관련된 소식, 정보들을 자석을 이용해 붙여 넣을 수도 있다. 업무에 충실하고 프로다운 이미지로 어필하기에 좋다.

매일 야근하는 당신, 아무도 인정하지 않는다

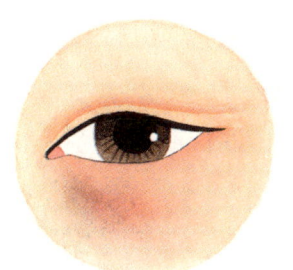

나는 야근이 싫다. 땀과 피지로 번들번들한 얼굴을 하고는 뜨거운 열을 내뿜으며 앉아 있는 추레한 모습도 싫고, 조미료 듬뿍 들어간 식당밥으로 끼니를 때우는 것도 싫고, 아픈 허리를 붙잡고 전자파를 쏴대는 모니터와 씨름하는 것도 정말이지 싫다. 나뿐만 아니라 모든 직장인들도 야근이 끔찍이 싫을 것이다. 그럼에도 불구하고 주변엔 지긋지긋한 야근 인생을 살아가는 이들이 넘쳐난다.

한 취업 포털 사이트가 조사한 바에 따르면 직장인의 절반이 일주일에 3~4일 이상 야근을 한다고 한다. 51.4%가 일주일에 3~4회(27.4%) 또는 거의 매일(24.0%) 야근을 하고 있다고 응답한 것. '황금 같은 주말'이라는

Chapter 1. 우먼's 커리어

말이 가슴 시리게 와 닿는 수치다.

그런데 다들 왜 이렇게 야근을 하는 것일까? 이 설문 조사에 따르면(복수 응답 포함) '시간 내에 처리하기가 불가능하기 때문에(55.8%)', '갑자기 발생한 급한 업무 때문에(44.4%)', '늦게 퇴근하는 상사 때문에(22.1%)', '부서원들의 야근 분위기 때문에(17.6%)'로 나타났다. 설문 조사 결과를 토대로 볼 때 야근의 주범은 '시간 부족'과 '상사와 동료의 눈치'인 셈이다.

하지만 하루 24시간이야 누구에게나 똑같이 주어진 환경이니 '시간 부족'이라는 문제는 시간 운영을 얼마만큼 잘하느냐에 따라 해결될 수 있고, '상사와 동료 눈치 보기' 문제 역시 따지고 보면 자신의 마음가짐과 의지에 따라 얼마든지 풀어갈 수 있는 사안이다. 즉, 설문 조사 결과를 역으로 해석해보면 야근 탈출은 '효율적인 시간 활용'과 '마음먹기'에 따라 얼마든지 가능하다는 말로 풀이할 수 있다.

전 직장에서 함께 일했던 선배 한 명은 '야근 여왕'이었다. 회사 일은 혼자 도맡아 하는지 하루도 빠짐없이 야근을 했다. 남편과 아기가 있는 그녀이건만 사생활은 포기했다는 듯 매일같이 열 시가 넘어 퇴근하기 일쑤였다. 기러기 아빠였던 부장님은 '저녁밥 친구'가 된 그녀에게 후한 점수를 줬을지 모르지만, 나는 특별히 남들보다 일이 많은 것 같지도 않은데 늘 야근을 자처하는 그녀가 무능하고 미련해 보였다. 마치 공부 못하는 애들이 방과 후 나머지 공부를 하는 것처럼.

그녀가 야근할 수밖에 없는 이유는 그녀의 하루 일과 속에 숨어 있다. 아침 아홉 시, 느지막이 출근한다. 한 시간가량 매일 확인을 하고 인터넷 서핑을 시작한다. 전화 업무를 빙자해 쓸데없는 수다를 한참 떤다. 오전 열한 시, 오후에 있을 회의를 준비한다며 부산을 떨다가 점심시간이 다가오

자 재빨리 자리에서 일어난다. 인적 네트워크도 중요한 비즈니스의 한 부분이라면서 점심시간에 만난 사람들과 커피까지 마시고 들어온다. 시간은 벌써 오후 두 시. 갑자기 마음이 급해지자 후배들을 하나씩 불러 업무 진행 상태를 파악한다. 오후 세 시, 미리 잡혀 있던 회의가 시작된다. 오후 네 시 반, 이제부터 본격적인 업무를 시작한다. 오후 네 시가 넘어서야 본인의 업무를 시작하는 그녀에게 야근은 당연한 일이다. 퇴근 시간인 여섯 시까지 고작 한 시간 남짓 남았으니, 밤 열 시까지는 일을 해야 어느 정도 스케줄이 마무리될 수 있을 터이다.

그녀처럼 야근을 밥 먹듯 하는 사람들 중 상당수는 시간 활용에 실패한 경우다. 출근 후 가장 먼저 해결해야 할 일, 가장 급하게 처리해야 할 일 등의 우선순위 없이 시간을 펑펑 소비하다 보니 늘 시간이 부족할 수밖에 없다. 물론 갑자기 발생한 급한 업무 때문에 부득이하게 해야 하는 야근은 예외이지만 습관적 야근을 즐기는(?) 사람들에겐 문제점이 있게 마련이다.

습관적 야근에 시달리는 사람들의 특징을 요약해보면 다음과 같다.

- 일의 목표가 없다.
- 일의 우선순위가 없고, 목표 달성을 위한 세부적인 계획도 없다.
- 불필요한 약속이 많다.
- 스케줄 표를 따로 만들지 않는다.
- 즉각적인 응답이 느리다.
- '나중에'라는 말이 입에 붙어 있다.
- 업무를 미루다가 마감이 임박해서야 일을 시작한다.
- 업무 중에 잡담을 하는 등 집중을 흩뜨리는 행동이 잦다.
- 자주 몸이 아프다.

● 야근을 해야만 성취감을 느낀다.

하루, 일주일, 한 달 단위로 완성해야 하는 일들을 메모한 스케줄 표가 없으니 일의 우선순위가 있을 리 만무하고, 일의 강약이 없으니 불필요한 약속도 쉽게 만들 수밖에 없다. 잡다한 약속이 많을수록 시간을 생산적으로 쓸 수 있는 확률은 줄어들고, 시간 부족으로 인해 언제나 마감 시간이 임박해서야 일을 몰아서 하게 된다. 야근이 잦으니 몸은 쉽게 피로해지고 정신적 스트레스는 늘어난다. 직장 생활 전반에 걸쳐 회의감이 들고, 가족과 친구들과는 점점 멀어진다.

야근 인생을 살아가는 사람들은 피곤함에 찌든 표정으로 울부짖는다.
"하지만 별다른 방법이 없지 않습니까. 조직에서 살아남으려면 말이에요."

원치 않는 야근이지만, 그래도 야근만이 살길이라는 주장이다. 하지만 이는 중요한 사실 하나를 간과한 말이다. 일정한 노동 시간을 넘기면 생산성은 오히려 떨어지게 마련이다. 과도한 야근이 지속되면 정신적 스트레스가 증가하고, 업무 몰입도가 저하될 뿐 아니라 쉽게 피로해져서 효율성이 떨어진다. 창의적이고 혁신적인 사고를 위한 맑은 정신 상태를 유지할 수 있는 시간도 줄어든다. 결국 몸은 몸대로 축나고 업무 성과도 나지 않는 야근 생활에서 하루빨리 탈출해야 한다는 결론에 도달하게 된다.

야근 탈출을 위한 방법은 의외로 간단하다. 현재 자신의 업무 시간표를 면밀히 따져보는 것이다. 어떤 식으로 하루 일과를 보내고 있는지, 어떤 방법으로 업무를 처

리하고 있는지 가계부를 적듯 꼼꼼히 확인해보자. 현재 자신이 취하고 있는 업무 프로세스를 점검해 쓸데없는 일은 없애거나 줄이고, 꼭 해야 할 일에는 효율적인 업무 방식을 도입하며, 스스로 집중 업무 시간제를 정해 가장 중요한 업무부터 순차적으로 해결한다. 이 방법을 통한다면 시간 효율성을 증대시켜 효과적으로 업무를 해결할 수 있을 것이다.

그러나 성실성을 인정받는 방법으로 야근을 자청하는 케이스라면 접근 방법이 달라진다. '야근의 목적'이 다르기 때문이다. 늦은 시간까지 일하는 모습을 상사와 동료들에게 보여줌으로써 승진이나 각종 대우에서 이로운 위치를 차지하고 싶다면 야근 인생에서 탈출할 방법은 없다. 자신이 좋아서 하는 일이니 원하는 목적을 달성할 때까지 전진할 수밖에.

하지만 이 경우에도 곰곰이 생각해봐야 할 것이 있다. 야근의 원칙이 '자신의 이익'에 준하는 것인지, 아니면 오히려 반하는 것인지 분명히 따져봐야 한다. 좀 더 많은 수당을 벌거나, 상사와 동료의 신뢰를 얻거나, '일의 노하우를 쌓는 것들이 자신에게 이익을 가져다준다면 기꺼이 야근을 할 수 있다. 하지만 수당에 별 관심이 없거나, 현재 회사에 별다른 비전을 느끼지도 못하면서 '남들이 하니까', '안 하면 눈치 보이니까' 등의 이유로 시간을 죽이고 있다면 지금 당장 야근 인생에서 탈출해야 한다. 그 시간에 원하는 취미 생활을 하거나 이직을 위한 자기 계발을 하는 것이 열배는 똑똑한 처사다.

야근을 하든 안 하든 '야근' 자체가 문제 되는 것은 아니다. 자신의 이익에 맞는 것을 선택하여 행하고 있다면 그걸로 충분하다. 스스로 원하는 야근이라면 보다 생산적으로 기꺼이 응하고, 원치 않는 야근이라면 과감히 자리에서 일어나 새로운 일을 설계할 때 '지루한 야근 인생'과 결별할 수 있다. 선택은 당신의 몫이다.

| Tip. 야근 인생 탈출 처방전 |

◎◎ 한 시간 일찍 출근한다

남들보다 한 시간 일찍 하루를 시작하면 한 시간 일찍 일과를 마무리할 수 있다. 더욱이 바쁜 출근 시간에 정신없이 허둥거리는 대신 차분히 오늘 할 일을 점검해볼 수 있을 뿐 아니라 심리적인 여유 또한 가질 수 있다. 아침 시간을 공략하라.

◎◎ 스스로 집중 업무 시간제를 도입한다

일부 대기업에서 도입하고 있는 집중 업무 시간 제도(특정 시간 동안 잡무를 배제함으로써 업무의 집중도를 높이는 시간 선정)를 정해 집약적으로 업무에 매진하는 습관을 기른다. 잡담, 전화 통화, 메신저 등을 차단하면 업무 집중도를 높일 수 있다.

◎◎ 근무 중 외도는 금물

근무 중 딴 짓을 하는 직장인들이 생각보다 많다. 친구와 메신저로 수다를 떨고, 인터넷으로 가십거리를 찾고, 출렁이는 주식 시세도 점검한다. 딴 짓에 시간을 쏟다 보면 업무와 주객이 전도되어 제시간에 일을 끝낼 수 없다. 근무 중 틈틈이 딴 짓 하던 습관으로부터 벗어나자!

◎◎ 피로여, 안녕!

습관적인 야근은 야근의 악순환을 불러일으킨다. 습관적으로 야근을 반복하다 보면 피로감이 누적되어 다음 날 아침 근무를 효과적으로 할 수 없다. 결국 오전 시간에는 멍하니 있다가 오후부터 업무를 시작하니 야근을 또 할 수밖에 없는 상황이 반복되는 것이다. 일찍 자고 일찍 일어나는 습관으로 효과적인 근무 패턴을 익혀나가자.

공부하는 직장인

"지난해부터 대학원에 진학해 공부하고 있어요. 회사 다니랴 공부하랴 쉽지 않은 일정이지만 잘한 선택이라고 생각해요. 수많은 홍보 일 중 어떤 분야에서 전문성을 쌓고 싶은지 깨달았을 뿐만 아니라, 업무와 관계된 사람들과의 인적 네트워크도 확대하게 되었거든요." (PR 컨설턴트, 28)

"비즈니스 영어 회화 수업을 6개월째 듣고 있어요. 새벽마다 일찍 일어나는 일이 고역이긴 하지만 나날이 느는 영어 실력을 확인할 때면 뿌듯해요. 단순히 어학 능력을 향상한다기보다 더 많은 기회와 세상을 접하는 통로라고 생각해요." (은행원, 27)

매일 쏟아지는 업무를 소화해내기도 바쁠 텐데 '샐러던트(saladent=salaried man+student)'가 점점 넘쳐난다. 대학원에 진학하거나 자격증과 어학 공부를 병행하는 '공부하는 직장인'이 날로 늘어나고 있으니, 치열한 경쟁 사회를 살아가는 직장인들에게 '공부'는 이제 선택이 아닌 필수 과정인 듯하다. 실제로 한 취업 포털 사이트가 직장인을 대상으로 설문 조사를 실시한 결과 62.3%의 직장인들이 '공부를 하고 있다'고 답했다. 그 이유나 목적에 대해서는 이직(44.1%), 업무 능력 향상(28.2%), 지적 욕구 해소(15.7%), 승진(4.2%), 유학(1.5%), 기타(6.3%) 순으로 답했다.

일하고 연애하기에도 하루가 빠듯한데 전체 직장인의 50%가 넘는 사람들이 일과 공부를 병행하고 있다고 하니 혼자서만 편히 지낼 수도 없는 노릇이다. 연차가 올라갈수록 공부라는 것을 하긴 해야겠는데 도대체 어떤 공부를 해야 할지, 어떤 방법으로 시작해야 할지 머리가 지끈지끈 아프다. 한숨을 푹푹 내쉬다 문득, 스스로에게 진지하게 묻는다.

'그런데 공부는 꼭 해야 하는 거야?'

괜히 공부한답시고 무턱대고 덤볐다가 뭐 하나 제대로 일궈내지 못하는 사람들이 주변에 많다. 업무도 대충, 공부도 대충 하는데 늘 분주하고 정신이 없다.

함께 근무하던 동료 중 한 명이 어느 날 느닷없이 언론대학원에 입학했다며 음료수를 돌렸다. 여성지 편집 기자로 일하면서 별다른 장래성을 찾지 못한 그녀는 학위라도 업그레이드해볼까 하는 심정으로 공부를 시작한 것이었다.

"아무래도 석사 학위가 있으면 이직할 때 유리할 것 같고, 친구들 상당수가 대학원에 진학했거든. 나도 잘해보고 싶어, 내 꿈을 위해서."

하지만 그로부터 한 학기 뒤 그녀는 학업을 포기했다. 꼭 맞는 공부인지도 모르겠고, 생각보다 바쁜 일정을 소화하기 힘들다고 했다. 상심해 있는 그녀에게 심심한 위로를 건네긴 했지만 사실 난 이렇게 묻고 싶었다.

"돈 많으세요? 그렇게 쉽게 때려치울 공부였으면 시작을 하지 말았어야죠!"

그녀의 문제점은 자신의 커리어에 위기의식을 느끼기는 했지만 무엇을 어떻게 해야 할지 몰라 갈피를 잡지 못한 데 있다. 거창한 꿈 타령만 했을 뿐 결과는 못 먹는 감 찔러보듯 대학원 문턱만 찔러본 꼴이었다.

직장 생활 후 다시 시작하는 공부는 10~20대에 하던 공부와는 달라야 한다. '그냥 하는 공부'는 안 된다. '남들도 다들 하니까', '그냥 뭐라도 배우면 도움이 되겠지' 하는 생각으로 무턱대고 덤빈다면 엄청난 시간과 돈만 낭비하고 실패할 수 있다. 20대 후반 무렵에 공부를 다시 시작하려 한다면 자신의 현주소를 분명히 파악해야 한다. 자신이 앞으로 전문성을 쌓고 싶은 분야에 대해 정확히 알고 있어야 미래를 위한 투자에 적합한 공부를 정할 수 있다. 가장 바람직한 것은 현재 자신이 하는 일이나 간절히 원하던 일 가운데 하나를 선택하는 것이다. 자신의 방향성과 동기부여는 무시한 채 스펙을 포장하기 위해서, 혹은 뭐라도 해야 할 것 같아서 시작하는 공부는 아무런 의미가 없다. 나이 들어서 시작하는 고생스런 공부인 만큼 자신의 커리어에 정확한 이득이 되는 목표를 먼저 세워야 한다.

40대 초반의 나이에 자동차 업계 최초의 여성 CEO가 된 이향림 대표. 그녀는 자기 계발에 욕심 많기로 유명한 여성 사업가인 동시에 성공적인 학업 재테크를 이룬 인물로 평가 받는다. 이 대표는 외국계 회사에 입사한 이후 '고급스런 영어 구사'와 '재무 공부'가 자신의 커리어를 발전시킬 것이라고 판단했다. 때문에 사원 시절에는 영국 문화원에 등록해 실용 영어를 꾸준히 공부했고, 대리 진급 후에는 재무 전문가가 되기 위해 회계학을 공부하고 MBA 코스를 밟았다. 이후 재무 관련 커리어를 쌓으며 학업으로 다진 실무 능력을 발전시켜나갔다. 목표를 세우고 일찌감치 관련 학업을 병행한 것, 그것이 바로 볼보 코리아에 입사한 수많은 여성 사원들 중 그녀가 유독 두각을 나타내 리더로 성공할 수 있었던 비결이다.

분명 학업은 새로운 진로를 위한 돌파구가 될 수 있다. 특히 대학원 진학은 커리어의 터닝 포인트를 만들어주는 중요한 역할을 하기도 한다. 바로 내 경우가 그렇다.

여성지 취재 기자로 3년쯤 일할 무렵 종종 불안감이 밀려왔다. 이 일을 얼마나 더 할 수 있을지 늘 의문이었고, 출판 시장 전반에 불어 닥친 경기 불황과 산업 침체는 끊임없이 전직을 고려하게 만들었다. 무엇보다 5년 뒤의 나의 모습이 그려지지 않았다. 편집장 자리에 욕심이 있는 것도 아니었고, 연속 특종을 터뜨리며 살아남을 자신도 없었다. 그렇다고 적당히 일하며 적당히 만족을 느끼는 평범한 여자로 살아갈 생각을 하니 죽을 만큼 숨이 막혔다.

결국 내가 선택한 것은 대학원 입학이었다. 당시 하고 있는 일과 전혀 상관없는 교육대학원. 틈틈이 해온 어학 공부와 주말 스터디를 통해 쌓아온 교육학에 대한 애정이 새로운 공부를 시작할 동기를 부여했다. 결국 3년간 직장 일과 학교 공부를 병행한 덕에 대학원 졸업 무렵 계획했던 진로로 '터닝' 할 수 있었다. 학업을 통해 스스로 내 인생의 전환점을 만든 셈이다.

하지만 새로운 진로를 모색한다는 이유로 학업을 업무와 병행하는 것은

정말로 어려운 일이다. 죽도록 고생할 각오 없이는 낙동강 오리알이 될 수도 있다. 자기 공부하느라 업무에 소홀한 직원을 봐주는 회사는 어디에도 없기 때문이다. 모든 조직은 당장의 업무에 열중해 눈에 보이는 성과를 더 많이 쏟아내기 바란다. 따라서 업무는 업무대로 완벽해야 하고, 공부는 공부대로 성과를 내야 한다. 두 마리 토끼를 모두 잡아야 원하는 목표를 이룰 수 있는 것이다. 조직과 상관없이 온전히 자신의 미래를 위한 공부라면 몸담고 있는 회사의 동료나 상사가 눈치 채지 못하도록 비밀리에 학업을 병행하는 것도 하나의 방법이다.

일과 학업을 병행하던 한 친구가 얼마 전 정리 해고를 당했다. 대학원 때문이었다. 근무시간에도 종종 학업과 관련된 공부를 하고, 수업이 있는 날이면 총알같이 퇴근하던 모습이 상사에게 미움을 사 결국 정리 해고 대상 1순위에 포함됐다. 아무리 인심 좋고 포근할 것 같은 동료나 상사라 하더라도 '나 요즘 공부해요'라고 떠벌리는 것은 그다지 현명하지 못한 처사다. 예상치 못한 어느 순간 뒤통수를 맞을 수도 있다.

그렇다고 학업에 매진할 기회가 영영 없는 것은 아니다. 모든 일에는 다 때가 있는 법! 조직 내에서 어느 정도 장악력이 생기고 업무 능력을 인정받기 시작하는 연차에 원하는 공부를 시작하는 것이 눈치 덜 보며 학업과 업무를 병행할 수 있는 방법이다. 《30대, 다시 공부에 미쳐라》의 저자 니시야마 아키히코는 "회사 내 투자할 만한 전문 분야를 찾아내고 그 부분에서 프로가 되려면 최소 9년은 걸린다"며 "처음 적응기를 거쳐 주어진 업무에 전문성을 갖추고 자신의 입지를 다지는 기간이 입사 후 3년 차"라고 설명한다. 즉, 이 시기가 희망하는 학업을 시작할 적기다.

가끔 입사하자마자 공부한답시고 학원 공부 혹은 대학원 진학에 욕심을 보이는 후배들이 있는데, 솔직히 밉상이다. 본인은 자기 계발을 게을리

하지 않는 인텔리라고 생각할지 모르지만 지켜보는 선배들의 속마음은 다르다.

'일이나 좀 똑바로 하고 공부를 하든지 말든지 할래?'

모두들 살아남기 위해 공부하고 자기 계발도 게을리 하지 않는다. 자격증 시험을 위해 등록한 새벽반 학원 수업 후 회사로 출근하고, 퇴근 후엔 야간 수업을 위해 대학원으로 향한다. 파김치가 돼 돌아와 잠자리에 들며 혼자 중얼거린다.

"오늘 하루도 열심히 살았어. 잘 살고 있다는 증거라고."

그런데 정말 열심히 잘 살고 있는 걸까? 무조건 공부를 했다는 사실로 위로가 되는 삶을 살아서는 곤란하다. 기꺼이 즐길 수 있는 공부를 해야 한다. 당신의 커리어에 피가 되고 살이 될 즐거운 공부를 하자. 뚜렷한 목표를 설정하고, 그 목표물에 한 발짝씩 다가가는 의미 있는 공부 말이다. 몸 축내고 돈 축내면서 단지 공부를 했다는 사실 하나로 위안 받는 삶을 사느니, 새로 나온 신상 가방과 신발로 지친 삶을 위로하는 것이 훨씬 낫다. 명심하자! 연애나 공부나 '곰' 처럼 하면 망한다.

| Tip. 대학원 진학, 무엇을 따져봐야 할까? |

6개월 이상의 준비 기간을 가져라

목표로 하는 학교와 전공을 결정했다면 6개월 이상의 준비 기간이 필요하다. 특히 직장인들에게 인기가 높은 특수대학원(교육대학원, 언론홍보대학원), 전문대학원(법학전문대학원, 의학전문대학원, 경영전문대학원, 사회복지대학원) 등은 경쟁률이 높아 어학 점수는 물론이고 입학시험 준비를 위한 별도의 스터디가 필요한 실정이다. 별도의 사전 준비 없이는 서류 시험은 물론 심층 면접을 통과하기가 여간 어려운 일이 아니다. 중도 하차 없이 학업을 완성하기 위해서는 충분한 준비 기간을 통해 구체적인 학업 계획을 세워보는 것이 무엇보다 중요하다. 교수진과 동문 취업 현황 등을 사전에 조사해 자신의 커리어 플랜과 맞는지 확인하는 작업도 필요하다. 현재 목표하고 있는 대학원의 수업을 듣는 재학생을 만나 강의 만족도, 과제물 정도, 수업 구성 등에 대해 체크해보는 것이 가장 확실하다. 대학원 접수는 통상 6월과 11월, 1년에 두 번 이뤄진다.

학비 마련을 위한 세부 계획을 세워라

대학원 등록금은 평균적으로 한 학기에 5~7백만 원을 육박한다. 따라서 학비 마련을 위한 별도의 계획이 필요하다. 대학원 진학을 고려하고 있다면 적어도 1년 전에 학자금 마련을 위한 적금이나 펀드를 들어 목돈을 마련해두는 것이 좋다. 시중 은행과 저축은행에서 학자금 대출 업무를 하고 있지만 대출 금리가 7~8%로 높은 수준. 한편 노동부 직업능력개발훈련정보망(www.hrd.go.kr)의 '학자금 대부 길라잡이'의 경우 연 1%의 이율로 학자금 대출을 받을 수 있다. 신청은 직업능력개발훈련정보망에서 신청서를 다운 받아 증빙 서류(서약서, 등록금 납입 고지서, 영수증 사본)와 함께 온라인으로 제출하면 된다. 단, 희망 신청자가 많아 대출 여부는 발표를 통해 확인해야 한다. 특히 근로자는 보증 부담 없이 근로복지공단의 근로자신용보증지원제도를 통해 보증료(대부금의 연 0.3%)만 지불하면 손쉽게 신용보증대출을 받을 수 있는 장점이 있다. 고객센터 1644-8000로 문의하면 보다 자세한 내용을 안내 받을 수 있다.

◉◉ 국내 대학, 외국 대학의 장단점을 꼼꼼히 분석하라

MBA는 몸값을 올리려 하는 직장인에게 더없이 매력적인 유혹이다. MBA 학위를 취득할 수 있는 방법은 해외 MBA, 국내 MBA, 온라인 MBA 세 가지로 나뉜다. 먼저 가장 시간 활용이 쉽고 상대적으로 입학과 졸업이 용이한 온라인 MBA는 성균관대, 외국어대, 아주대, 세종대 등에서 운영하는 경영학 석사 과정이 있고 EBS, 휴넷(hunet.co.kr), 크레듀(www.credu.com) 등에서 운영하는 6~12개월짜리 단기 과정이 있다. 저렴하게 실무 지식을 배우고 관련 커리어를 만들 수 있다는 것이 강점이다. 국내 MBA로는 서울대 MBA, 고려대 MBA, 연세대 MBA, 성균관대 MBA(SKK GSB), 카이스트 MBA가 유명하다. 학교마다 수업 방식, 교환학생 및 국제 인턴십 프로그램, 장학금 제도, 영어 강의, 외국인 학생 비율이 달라 사전에 꼼꼼히 비교·분석하는 작업이 필요하다. 휴직이나 퇴사 없이 업무와 학업을 유지할 수 있다는 점과 해외 MBA에 비해 절반 이상 저렴한 수업료가 국내 MBA의 가장 큰 장점이다. 세미나와 사례 분석 토론식으로 구성된 수업이 많다. 하지만 여전히 가장 선호도가 높은 것은 해외 MBA. 듀크, MIT, IVY LEAGUE 8개 대학에서 운영하는 MBA 과정은 인사 담당자들이 선호하는 1순위 학교들이다. 국제 비즈니스를 위한 글로벌 네트워크와 유수의 교수진이 포진되어 있다는 게 강점이다. 하지만 입학과 졸업 모두 엄청난 에너지와 준비를 필요로 한다는 점과 억 소리 나는 학비, 현재 커리어를 중단해야 하는 희생을 모두 감당해야 한다는 단점이 있다.

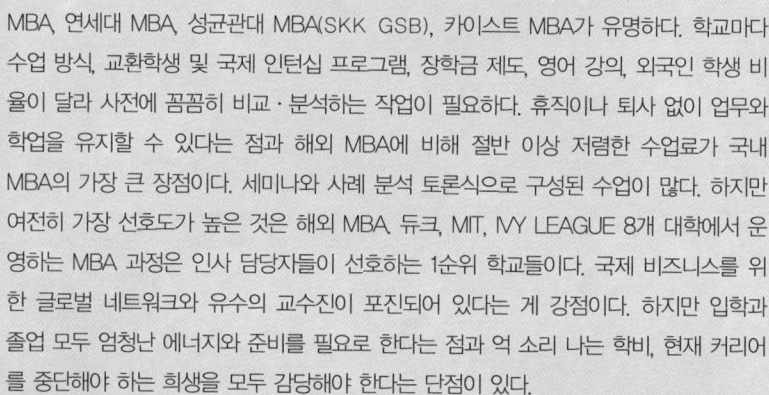

●● 법학·의학전문대학원, 전형 요소부터 챙겨라

법학전문대학원, 치·의학전문대학원, 한의학전문대학원, 그리고 곧 도입될 약학전문대학원까지 전문대학원의 신설이 강세를 보이고 있다. 전문직으로의 전직을 고민 중인 직장인들에게는 고려해볼 만한 학업이다. 하지만 전문대학원의 경우 높은 경쟁률과 등록금 등 해결해야 할 과제가 많아 별도의 준비 기간과 체계적인 시험 준비가 요구된다. 법학전문대학원 1차 전형 요소는 LEET(Legal Education Eligibility Test, 법학적성시험)와 학부 성적, 영어 성적 등이며 2차 전형으로는 대부분의 학교가 심층 면접을 실시한다. 학부 성적과 영어 성적은 배점이 적어 LEET가 관건이라 할 수 있다. 치·의학전문대학원은 1단계 전형에서 MEET(Medical Education Eligibility Test, 의학교육입문검사)와 DEET(Dental Education Eligibility Test, 치의학교육입문검사)를 실시하고 시험 점수와 학부 성적, 영어 성적을 반영하며, 2차는 인성 면접으로 진행한다. MEET와 DEET 시험의 경우 언어 추론을 제외하고 자연과학 추론으로 이뤄져 있어 자연계 학생에게 유리한 측면이 있다. 자격 요건으로 기초 필수 과목인 생물학 계열, 화학 계열, 물리 계열, 수학 혹은 통계 계열의 선 수강이 요구된다. 한의학전문대학원의 경우 한자능력시험 2급 이상을 취득해야 지원이 가능하며 시험은 MEET로 대체하고 있는 추세다.

잘나가는 여자와 친해져라

요즘은 정말 빵빵한 스펙을 자랑하는 취업 준비생들이 참 많다. 잡지사에서 근무할 때 인턴 기자들의 이력서를 보면 '10년 뒤엔 동굴로 들어가서 살아야겠다'는 생각이 절로 들곤 했다. 외국어 구사력은 물론이고 다양한 취업·봉사 활동, 공모전 입상 등의 커리어를 자랑하는 어린 후배들이 넘쳐나니 생존을 위해서는 동굴밖엔 갈 곳이 없어 보였다. 그런데 참 아이러니한 것은 일명 '빵빵 스펙'과 실전 업무 능력이 반드시 정비례하는 것은 아니라는 사실이다.

스펙과 실전 업무는 별개라는 데 동의를 표하는 선배들이 많다. 한 모임에서 친분을 쌓게 된 이충걸 GQ 편집장으로부터 언젠가 이런 이야기를 들은 적이 있다.

"요즘 잡지 기자 선발 경쟁률이 얼마나 되는지 아니? 800:1이 훌쩍 넘어가고 있어. 해외 명문대 출신부터 국내 유명 대학 석사 출신 지원자들까지 잡지 기자가 되겠다고 줄을 서. 하지만 막상 공채해보잖아? 뽑을 사람이 없어서 몇 날 며칠을 허비할 때가 많아."

하긴 '빵빵 스펙'만으로 세상을 다 가질 수 있다면 서울대 출신들은 다 성공해야 하고 해외 명문 대학 출신들로만 대한민국이 움직여야겠지만, 가까운 지인들만 살펴보더라도 은근 '띨띨이'들이 많다. 내가 '띨띨이'라고 무시하는 '빵빵 스펙'의 사람들은 다음과 같은 공통점이 있다. 눈치 없고 게으르되 거만할 것.

눈치 없고 게으른 것까진 어떻게든 참아볼 수 있겠는데 '천상천하 유아독존'을 외치며 거드름을 피우고 잘난 척하는 꼴은 어떤 선배라도 참기 힘들다. 이런 신입은 막상 일을 시켜보면 제대로 된 기획안 하나 작성하지 못하고 실수를 연발한다. 선배 입장에서 가장 꼴 보기 싫은, 빈 수레만 요란한 스타일이다. 계속 묻고 도움을 청하는 후배에게는 그동안 쌓아온 업무 처리 비결을 밥솥 누룽지처럼 박박 긁어 알려주고 싶지만, 고고한 표정을 하고 잘난 척하는 후배에겐 라면 국물 한 방울도 남겨주고 싶지 않다.

예쁨 받는 후배, 모두가 도와주고 싶은 직장녀가 되고 싶다면 초심으로 돌아가 몸을 낮추고 선배들의 비위를 맞춰라. 보다 현실적이고 구체적인 도움을 원한다면 자기만의 멘토를 구하는 것이 현명하다. 힘들 때 기대고, 위기 때 조언을 구하고, 슬플 때 위로를 청할 수 있는 친근하고 든든한 멘토 말이다. 단, 이런 멘토를 정할 때는 몇 가지 따져볼 기준이 있다.

첫째, 좋은 에너지를 가진 사람이어야 할 것.
둘째, 그 분야 혹은 조직 내에서 인정받는 사람이어야 할 것.

셋째, 마음이 따뜻한 사람이어야 할 것.

  서른 무렵이 되면 사람이 재산이라는 것을 실감하게 된다. 반대로 사람이 삶을 깎아 먹는 부채가 될 수도 있음을 배우게 된다. 긍정적인 마인드로 모든 일에 적극적인 자세를 취하는 좋은 에너지를 가진 사람들은 함께 차 한 잔 하는 것만으로, 전화 한 통화 하는 것만으로 기분 좋은 에너지를 충전시켜준다.
  나는 언젠가부터 사람들을 그룹핑(grouping) 해놓고 관리(?)하는 버릇이 생겼다. 각각의 그룹 명칭은 '보물', '아는 사람', '마이너스'다. 말 그대로 만나면 만날수록 보물이라는 생각이 드는 사람들은 '보물', 친구라고 부르기엔 애매한 동료나 지인들은 '아는 사람'이라고 칭하고 각각의 그룹에 넣는다. 가능한 한 거리를 두고 만남을 자제하고자 하는 사람들은 '마이너스' 그룹에 포함시킨다. 이 그룹의 사람들은 이상하게도 만나기만 하면 기운이 빠지고 자꾸만 갈등 상황으로 치닫게 되는 공통점이 있다.
  반면 '보물' 그룹의 사람들과는 어떤 핑계를 만들어서라도 주기적으로 만나고픈 욕심이 생긴다. 내 경우에는 이 보물 그룹들과 함께 토요일 오전에 독서 모임, 요리, 과외 등과 같은 활동을 하며 함께 시간을 보낸다. 이 중 독서 모임 그룹의 멤버들을 잠시 소개하자면 방송사 기자를 하고 있는 스물여덟 살 후배, 다큐멘터리 감독을 하고 있는 서른네 살의 언니, 푸드 스타일링을 하고 있는 서른아홉의 언니, 대학원에서 미래를 설계하고 있는 스물여덟의 후배 등이다. 하는 일도 다르고 색깔도 제각각이지만 함께 모여 책을 읽고 난 뒤의 느낌, 세상 사는 이야기, 직장에서의 고민, 연애사 등 잡다한 수다를 떨다 보면 한 달 동안의 스트레스가 확 풀린다. 그리고 가슴이 넉넉해지고 따뜻한 기운으로 충만해지는 느낌을 받는다. 다시 열

심히 살아갈 동기와 힘을 얻는 것이다. 서로의 입장을 이해해주는 말 한마디와 세상을 긍정의 시선으로 대하고자 하는 태도, 그리고 오늘보다 더 행복한 내일을 꿈꾸는 에너지가 모두에게 전달되기 때문이다. 이렇게 우리는 나이, 직업, 결혼 유무와 상관없이 서로에게 멘토가 된다.

두 번째 기준으로 언급한 '그 분야 혹은 조직 내에서 인정받는 사람'을 멘토로 삼는 것 역시 중요하다. 아무리 사람이 좋아도 무능하다는 소리를 듣는다면 머지않아 잔심부름을 돕거나 잡담만 늘어놓는 사이로 변질될 수도 있다. 소위 '잘나가는 사람들'을 관찰해보자. 성공한 사람들에게는 무언가 특별한 점들이 내재돼 있다. 가만히 그들의 일거수일투족을 살펴보면, 그들이 왜 동경의 대상이 됐는지 알 수 있다.

한창 잡지사에서 일을 배우던 시절 하늘과 같은 선배가 있었다. 여성 월간지에서 기자 생활을 시작한 그녀는 한 중앙 언론사의 외국 주간지 한국판 편집장으로 승진한 뒤, 언론사에 길이 남을 만한 '특종'으로 다섯 개의 주요 언론 상을 휩쓴 '가까이하기엔 너무 센(!) 당신'이었다. 아침저녁으로 인사를 하는 것 외엔 마주칠 일조차 없는 먼 사이였지만, 나는 언젠가 그녀와 사담을 주고받으며 크고 작은 일상을 나누는 사이가 되기를 꿈꿨다. 배울 점이 많은 선배였기 때문이다.

그녀는 항상 아침 이슬을 머금은 과일처럼 상쾌한 표정을 지었고, 여전사와 같은 당당한 걸음걸이로 걷곤 했다. 취재원과 통화를 할 때면 군더더기 없는 메시지를 전달하되 정감이 묻어나는 말투를 유지했고, 후배들에게 업무를 지시할 때면 늘 명료하고 정확했다. 조미료 하나 넣지 않은 음식처럼 담백하고 깔끔한 스타일이었다. 그뿐인가. 자신의 라이프 설계에 관해 3년 뒤, 5년 뒤, 10년 뒤까지 목표가 뚜렷했다. 그런 그녀를 보고 있노라면 나태했던 정신이 번쩍 들곤 했다.

그녀를 마음속 멘토로 삼은 뒤 내게 일어난 변화는 두 배로 커진 긴장감이었다. 멘토인 그녀에게 잘 보이기 위해 나 역시 당당한 워킹과 깔끔한 옷차림을 고수하게 됐고, 기사를 작성할 때도 실수를 최소화하고 좀 더 완성도 있는 글을 쓰기 위해 노력했다. 그녀를 멘토로 삼는 후배라면 그 정도의 노력은 선행되어야 한다고 생각했기 때문이다. 그 결과 나는 단기간 내에 빠른 성장을 이룰 수 있었고, 우리의 관계 역시 서로 도움을 주고받는 사적인 관계로 발전했다.

누구에게나 인정받는 멘토가 곁에 있다면 삶의 근육들이 하나하나 살아나 탄력적인 일상을 만들어낼 수 있다. 언젠가 그들을 닮은 삶을 살 수 있을 거라는 희망으로 좀 더 진취적이고 역동적인 삶의 자세를 취하게 되는 것이다.

마지막으로, 내가 멘토로 삼고자 하는 그들이 따뜻한 사람인지 확인하는 작업이 필요하다. 제아무리 잘나고 유명한 사람이라 할지라도 자기밖에 모르는 이기적인 사람이라면 언젠가 뒤통수를 맞거나 배신감으로 힘든 시간을 보낼 가능성이 높다. 성공 지향적인 차가운 사람들은 도움을 받기를 원하되 주는 것은 달갑지 않게 여긴다. 모든 만남에 목적과 이유를 부여하려 하고, 만남 그 자체를 즐길 줄 모른다. 그런 이들에게 괜한 욕심으로 손을 내밀었다간 세상의 쓴맛만 일찍 볼 수 있다.

상대방을 좋아하고 따르고자 하는 마음을 주었을 때, 그 마음을 기꺼이 받을 줄 아는 사람을 인생의 멘토로 삼아라. 그리고 상대방을 진심을 다해 섬기고 존중하라. 서로 마음을 주고받는 그 시간 동안 당신의 커리어도 그 마음의 크기만큼 성장할 것이다.

| Tip. 나만의 '엔젤' 멘토를 찾는 비결 |

◐◑ 여러 명의 멘토를 찾아라

업무적인 고민을 토로할 멘토, 인간관계에서 갈등을 느낄 때 상담해줄 멘토, 자기 관리 노하우를 전수 받고 싶은 멘토 등 다양한 멘토를 구한다면 어떤 상황에서도 도움을 받을 수 있다. 한 사람이 모든 걸 다 잘할 수는 없는 법이니 말이다.

◐◑ 아는 만큼 보인다

자신이 원하는 분야를 정확히 알고 그 분야에 대한 충분한 정보가 있을 때 비로소 꼭 맞는 멘토를 구할 수 있다. 단순히 이름만 유명한 사람이 아니라 자신의 처지와 상황에 맞는 사람을 찾기 위해 관련 서적을 읽거나 인터넷을 서핑하고 인맥을 동원하는 것은 기본이다.

◐◑ 가까운 주변부터 샅샅이 찾아본다

멘토를 굳이 멀리서 찾을 필요는 없다. 직장, 학교, 동아리, 헬스클럽 등 자주 만나는 모임에서 내 인생의 멘토를 찾을 수 있다. 당신의 시선에 들어온 그들과 수시로 인사하고 대화를 나누며 어떤 태도로 삶을 살아가는 여자인지 관찰하라.

◐◑ 좋아하는 만큼 관심을 표현하라

마음이 따뜻한 멘토라면 작은 것에 감동하고 기뻐할 가능성이 높다. 무더운 여름 시원한 아이스커피와 파이팅을 외치는 작은 카드를 그녀의 책상에 몰래 놓아둔다면 둘 사이의 간극을 좁힐 수 있을 것이다. 단, 그녀가 논(non) 카페인 음료만 고집하는 사람일 수도 있으니 사전에 확인해둘 것.

◐◑ 멘토가 모든 것을 해결해주지는 않는다

훌륭한 조언자이자 조력자가 되어줄 멘토를 찾았다고 해서 그간 쌓아둔 모든 문제가 해결되는 것은 아니다. 지금 처한 상황과 문제에 대해 가장 잘 아는 사람은 바로 자신이다. 멘토의 매력에 현혹돼 모든 것을 의존하거나 조언을 무조건 따르는 것은 위험하다. 진짜 정답은 오로지 자신만이 알고 있음을 명심할 것.

Chapter 2

우먼's 스타일 & 뷰티
Style & Beauty

성공을 좌우하는 첫인상

"첫인상? 내면을 볼 줄 알아야지. 사람 처음 봐서 뭘 알겠어!"

사내에서 실시한 이미지 메이킹 특강을 들은 한 직원이 말했다. 사람이 진국인지 아닌지는 함께 생활하면서 알게 되는 것이지 외모와 이미지로 파악할 수 있는 것이 아니라고 말이다. 하지만 오스카 와일드는 어리석은 사람만이 외모를 무시한다고 했다. 오스카 와일드에 따르면 그는 어리석은 사람이었다.

당신은 새로운 사람을 처음 만났을 때 상대방의 무엇을 보는가? 최근에 어떤 책을 읽었는지, 어떤 철학을 지닌 사람인지, 정치적 성향은 어떠한지를 파악하느라 진땀을 빼는가? 아니면 그의 패션 감각, 표정, 말투를 쭉 훑어보는가? 대부분 후자일 것이다. 한눈에 보이는 이미지, 첫눈에 느껴지는 분위기, 전체적으로 풍기는 오라(aura)를 통해 상대방을 가늠하고 파악한다. 그것이 바로 우리가 흔히 말하는 '첫인상'이다.

얼마 전 결혼한 현모양(26) 씨는 지금의 남편과 첫눈에 반해 결혼에 골

인했다. 그녀는 남편을 처음 본 순간 '내 사람' 임을 느낄 수 있었다고 한다.

"말로 똑 부러지게 설명하긴 힘들어요. 그냥 느낌이 왔다고나 할까요? 선량해 보이는 눈빛, 믿음직스러운 넓은 가슴과 어깨, 인자한 웃음과 나긋나긋한 목소리. 한눈에 완벽한 남자라는 걸 알 수 있었어요."

솔직히 말해서 현모양 씨의 남편은 객관적인 꽃미남은 아니다. 어디서나 흔히 볼 수 있는 전형적인 '평범남' 이다. 그럼에도 불구하고 그녀의 눈에 남편은 어느 내놔도 빠지지 않는 호남이다. 그가 처음 선사한 훌륭한 첫인상 덕분이다.

첫인상에는 세 가지 법칙이 작용한다고 한다. 첫째, 일명 '5초의 법칙' 으로, 누군가를 처음 만났을 때 첫 5초 동안 느낀 이미지가 평생 그 사람을 평가하는 기준으로 작용한다는 것이다. 둘째, 일명 '콘크리트 법칙' 으로, 첫인상은 콘크리트처럼 쉽게 굳어지는 특징이 있어 처음 형성된 인상은 쉽게 바꿀 수 없다는 것이다. 마지막으로 세 번째 법칙은 '부정성의 법칙' 으로, 한 번 나쁘게 박인 인상은 회복하기 쉽지 않다는 것을 뜻한다. 정리해보면 처음 만나 느낀 5초 동안의 감정은 평생 가기 때문에 한 번 찍히면 나중에 아무리 노력해도 만회하기 힘들다는 내용이 된다.

첫인상의 법칙에 따르면 현모양 씨는 첫째, 둘째 법칙에 의거해 평범한 외모의 남편을 여전히 완벽남이라고 믿으며 깨 볶는 신혼 생활을 할 수 있는 것이다. 그러나 첫인상이 진짜 무서운 이유는 마지막 법칙에 있다. 한 번 찍히면 영원히 미운털로 존재할 수밖에 없는 '부정성의 법칙'.

부모님이 하숙집을 운영하는 친구가 있다. 하숙집엔 고시생 분위기를 물씬 풍기는 복학생부터 여러 여자 울릴 것 같은 꽃미남 스타일의 신입생까지 다양한 부류의 남자들이 드나든다. 여러 오빠(?)들과 오래 동고동락한 탓인지 친구는 유독 남자의 첫인상에 민감하다.

"첫인상만 봐도 모든 걸 알 수 있어. 나 이런 사람이다, 라고 얼굴에 써 있거든."

그런데 어느 날 친구의 하숙집 변기가 막히는 사고가 발생했다. 변기 교체까지 해야 하는 심각한 상황이었지만 한밤중에 발생한 사건인지라 범인의 정체는 오리무중이었다.

"끝 방 곱슬머리 남자의 짓이 틀림없어. 음흉한 첫인상도 그렇고 하고 다니는 꼴도 구질구질한 게 범인이 확실해. 몰래 야식 먹고 음식물 쓰레기를 변기에 부었겠지, 뭐! 그 녀석이 틀림없다고."

물증도 없는 상태였지만 친구의 마음속엔 확실한 심증이 있었으니, 그것은 바로 그의 첫인상이었다. 언제 이발했는지도 모를 부스스한 헤어와 초점 없는 눈빛 때문에 처음 하숙집에 들어온 날부터 친구의 이유 없는 미움과 편견은 시작됐다.

사람들은 흔히 '첫인상' 하면 외모가 전부라고 생각한다. 하지만 첫인상은 외모 이외에도 표정, 말투, 자세, 발걸음, 분위기 등 많은 요소에 의해 좌우된다. 외모는 수수하지만 누구나 빠져들 수밖에 없는 함박웃음을 짓는 사람이라면 화려한 이미지로 기억될 확률이 크다. 반면 엄청난 고가의 액세서리와 명품 옷으로 치장했지만 경박한 말투와 찌푸린 인상을 한 사람이라면 천박한 이미지를 남길 수 있다. 첫인상에 적잖은 투자와 노력을 기울여야 하는 이유도 바로 여기에 있다. 아무 생각

없이 짓고 있는 표정, 습관적으로 해온 손동작, 의식하지 않았던 말투로 상대방은 당신을 판단하고 있기 때문이다.

특히 표정은 아무런 비용 투자 없이 매력적인 첫인상을 좌우하는 키포인트이다. 성형외과 전문의조차 사람의 인상은 부분적인 이목구비에 의해 결정되는 것이 아니라 표정근이라 불리는 뺨이나 눈가, 입가 등의 '얼굴 여백'의 영향을 더 많이 받는다고 한다. 얼굴 여백에는 30여 개의 미세한 근육이 서로 밀고 당기며 다양한 감정을 연출하는데, 이 여백에 따라 인상이 좌우된다는 것이다. 밝은 표정을 지으면 표정근이 움직이면서 혈액순환이 활발해지고 온도도 높아져 발그레한 혈색이 돈다. 활기 넘치고 생동감 있는 얼굴로 보이는 것이다.

이미지메이킹 컨설턴트로 활약 중인 정영심 씨는 표정만 잘 관리해도 매력 지수가 한층 상승된다며 중요한 미팅이나 새로운 사람을 만나기 전 항상 화장실에 들러 표정을 확인하라고 조언한다.

"대부분의 여자들이 화장실에 가면 화장품 케이스를 꺼내 화장을 고치고 머리를 매만져요. 하지만 진짜 중요한 건 지금 자신이 어떤 표정을 짓고 있는가를 확인하는 일이에요. 한 10분 정도 자신이 가장 생기 있어 보일 표정을 상상하면서 얼굴을 움직여보세요. 입가에 엄지손가락을 가져다 대고 '스마일' 하며 입꼬리 쪽으로 올려보기도 하고, '아에이오우' 하고 경직된 입 근육을 풀어보세요. 처음으로 만나게 될 사람 앞에서 가장 훌륭하고 근사한 미소를 지을 수 있도록 말이죠."

그녀의 조언을 들은 이후 나는 꼭 중요한 미팅이나 모임에 갈 때면 꼭 화장실에 들러 표정 연습을 한다. 어제 TV에서 본 재미있는 대사, 오늘 거리에서 본 감동적인 장면, 내일 일어났으면 좋을 기분 좋은 상상을 하면서 예쁜 표정들을 얼굴에 입히다 보면 훨씬 생기 있는 분위기가 완성된다.

실제로 공들여 만든 첫인상은 취업, 비즈니스에서도 중요한 역할을 한다. 첫 만남에서 상대방이 5초 만에 반할 첫인상으로 리모델링한 사람들은 인생 역전을 맛보기도 한다. 단지 첫인상 하나 변했을 뿐인데 인간관계와 일 모두 달라지는 경험을 하게 되는 것이다.

금융회사 부지점장이자 자타가 공인하는 첫인상 전문가인 한 경 씨. 그는 입사 초창기의 기억을 떠올리며 첫인상의 중요성에 대해 강조한다.

"처음에는 다듬어지지 않은 외모, 세련미 없는 옷차림, 어눌한 말투 때문에 영업을 하는 데 어려움이 많았어요. 2천여 명의 고객을 방문 상담했는데 계약 성사는 고작 3백 건밖에 되지 않았죠. 수많은 거절과 상담 실패를 경험해야 했어요."

하지만 그는 승무원 출신 아내의 도움을 받아 첫인상 리모델링을 한 뒤 IMF 환경에서도 일주일에 3건 이상 50주 연속 계약을 체결하는 놀라운 성과를 거두었다.

옛 속담에 겉모습만으로 사람을 판단하지 말라는 말이 있다. 하지만 첫인상에는 많은 비밀들이 숨겨져 있으니, 첫인상만으로 사람을 판단한다고 해서 무조건 성급한 판단의 오류라고 비난할 수만은 없는 노릇이다. 내면이 아름답게 잘 가꿔진 사람은 첫눈에 매력적인 사람을 알아볼 수 있다. 늘 당당함과 자신감이 넘치는 여자, 어떤 상황에서도 상대방을 배려할 줄 아는 여자, 매 순간 진취적이고 깨어 있는 여자, 해박한 지식과 겸손의 미덕을 갖춘 여자는 화려한 의상과 메이크업 없이도 매력적인 분위기를 풍긴다. 하루하루를 살아가는 삶의 태도들이 외모 전반에 녹아들어 고유의 분위기와 이미지를 만드는 것이다. 이처럼 첫인상만으로 상대방을 가늠할 수 있는 까닭은 그동안 살아온 과정이 얼굴에 그대로 기록되기 때문이다.

혹시 첫인상 때문에 줄줄이 입사 면접시험에서 낙방하고 있지는 않은가? 소개팅마다 번번이 퇴짜를 맞고 있지는 않은가? 만일 그렇다면 자신의 첫인상을 자세히 관찰해보자. 상대방을 안절부절못하게 하는 불편함을 주는 인상은 아닌지, 뭔가 까다롭고 인색한, 이를테면 스크루지 같은 인상을 주지는 않는지, 말 한마디 걸기 겁나는 깍쟁이 스타일은 아닌지 곰곰이 따져보는 것이다. 첫인상을 매력적으로 스타일링하기 위해서는 무엇보다 자기 자신을 제대로 알아야 할 필요가 있다.

| Tip. 첫인상 체크법 |

○● 롤링페이퍼 활용하기

취업을 함께 준비하는 사람이나 친한 친구들과 '나의 첫인상', '지금의 이미지', '나를 떠올릴 때 생각나는 표정'에 대해 묻는 롤링페이퍼를 한다. 그림으로 그려도 좋고, 단어나 문장으로 간단히 정리해도 좋다. 이 작업으로 타인의 시선을 통한 자신의 인상과 이미지에 대해 파악할 수 있다. 마음에 들지 않는 지적이나 설명이 있다면 표정 연습을 통해 이미지를 수정할 것!

○● 수시로 자신의 모습을 촬영한다

자신도 모르게 짓는 표정이 카메라를 통해 나타날 수 있다. 수시로 자신의 모습을 사진 찍어 살펴보자. 1년 전, 3년 전, 5년 전 모습과 비교해 분위기가 어떻게 바뀌고 있는지, 어떤 변화들이 얼굴에 일어나고 있는지 체크해보도록.

○● 첫 만남에서 자주 건네는 인사말을 정리해본다

첫인상은 외모뿐만 아니라 표정, 말투, 대화법 등에 영향을 받는다. 평소 자신이 첫 만남에서 즐겨 사용하는 인사말을 정리해 체크해보자. 처음 건네는 말은 첫인상에서 매우 큰 역할을 차지한다. 시각적인 부분 다음으로 언어가 사람의 생각과 감정을 움직이는 데 중요한 역할을 하기 때문이다. 첫 만남에서는 "만나서 반갑습니다" 혹은 "시간 내주셔서 감사합니다", "친절하게 대해주셔서 감사합니다", "첫인상이 참 좋으시군요" 등등 상대를 기분 좋게 할 수 있는 말로 시작해야 긍정적인 이미지를 만들 수 있다. 단점을 꼬집거나 상대를 놀리는 듯한 우스갯소리는 절대 금물이다.

○● 자신의 목소리를 녹음해본다

매력적인 목소리나 억양으로 대화를 구사한다면 상대방에게 호감을 살 확률은 훨씬 더 높아진다. 전화 받을 때, 사람들과 평소 대화할 때, 프레젠테이션 할 때 등 여러 상황에 노출된 자신의 목소리를 녹음해 들어보자. 말끝을 흐리지는 않는지, 억양은 자연스러운지, 편안한 톤의 목소리를 구사하는지 등을 체크해 부족한 부분을 보완하도록 노력한다.

누구도 따라잡을 수 없는
포인트 스타일링

국내 1호 쇼핑 칼럼니스트인 배정현 씨는 옷 잘 입기로 유명한 '엣지녀'다. 호피무늬 애니멀룩 마니아인 그녀는 오랜 생활 패션지 기자로 활동한 덕분인지 평범한 듯하면서도 강렬한 인상을 남기는 남다른 패션 감각을 선보인다. 그녀에게 '쉽게 따라잡을 수 없는 스타일링'에 대한 비밀을 물으니 간단한 답이 돌아왔다.

"포인트 있는 스타일을 구사하라."

패셔니스타로 불리는 사람들의 패션을 가만히 살펴보면 보디 전반에 리듬감이 흐른다. 온몸을 명품으로 치장하거나 의상과 구두 모두 컬러풀한 아이템으로 선택하지 않는다. 현란한 액세서리로 시선을 분산시키지도 않는다. 한마디로 머리부터 발끝까지 강약이 살아 있는 것이다. '한 패션' 하는 사람일수록 주연과 조연이 뚜렷하다. 예를 들어볼까?

스타일링의 절대 고수로 불리는 김혜수와 이효리. 김혜수는 〈스타일〉이라는 드라마에서 능력 있는 편집장 역할을 맡아 세련되고 도시적인 스타일을 연출했다. 그 스타일의 중심에는 커스텀 주얼리가 자리 잡고 있는데, 소재와 디테일이 살아 있는 기본형의 의상에 큼직하고 개성 있는 액세서리로 포인트를 주는 방식을 취한다. 기본형의 의상은 절제 있는 세련미를 풍기기 때문에 포인트를 준 액세서리와 궁합이 잘 맞는다. 빈티지 스타일링의 지존으로 불리는 이효리 역시 강약을 살리는 스타일링으로 엣지 있는 분위기를 완성한다. 평소 박시한 빈티지 의상을 선호하는 그녀는 편안하게 즐길 수 있는 룩에 유행하는 선글라스나 반짝이는 주얼리를 매치해 포인트를 준다.

하지만 연예인들의 감각을 따라잡기란 쉽지 않다. 유명 스타일리스트의 도움을 받으며 몸값 유지를 위해 엄청난 노력과 투자를 쏟아 붓는 그들은 작은 주얼리 하나라도 보통 안목으로 고르지 않을 것이다. 따라서 빠듯한 월급으로 살아가는 평범한 여성들에게 연예인 같은 감각을 요구하기란 무리다.

우선, 포인트 스타일링을 완성하기 전에 마음부터 비워야 한다. 연예인처럼 고가의 의상과 액세서리로 코디할 수는 없으므로 자신의 상황과 눈높이에 맞는 포인트 스타일링을 설계하는 것이 가장 '나다운' 스타일링을 만드는 첫걸음.

"엣지 있는 스타일을 완성하는 방법은 간단해요. 예쁘고 근사한 것들을

많이 구입하면 되죠. 그러나 늘 주머니 사정이 문제잖아요. 그래서 스타일링 스킬에 따라 달리 보이는 아이템을 잘 고르는 게 중요해요. 고효율 스타일링을 위해서 말이죠."

프리랜서 작가로 일하고 있는 왕빛나(26) 씨. 그녀는 자신의 스타일 노하우를 블로그에 연재해 큰 인기를 얻고 있는 스타일리스트다. 큰돈 들이지 않고 핫 스타일을 완성하는 탁월한 능력 때문에 주변 사람들의 부러움을 한 몸에 받는다. 그녀는 쇼핑할 때 다음의 세 가지 원칙을 고수한다.

첫째, 소품을 구입할 때는 스타일링에 따라 달리 보일 수 있는 것을 구매할 것.
둘째, 의상은 베이직한 스타일에 충실할 것.
셋째, 구두와 백은 캐주얼부터 정장까지 모두 소화할 수 있는 스타일로 고를 것.

빛나 씨의 옷장엔 블랙, 화이트, 그레이 등과 같은 무채색의 의상들이 가득하다. 디자인도 크게 유행을 타지 않는 기본형 위주다. 프린트와 디테일이 화려한 의상은 수명이 짧을 뿐만 아니라 가격 대비 활용도가 낮기 때문이다. 대신 기본 스타일의 의상은 브랜드 제품으로 장만해 오래도록 활용한다.

"옷의 가짓수는 적어도 디테일한 장식이나 질감만 살아 있다면 포인트를 줄 수 있는 소품들로 얼마든지 다채로운 느낌을 연출할 수 있어요. 예를 들어 블랙의 미니 원피스에 큐빅으로 장식된 얇은 뱅글을 겹쳐 코디하고, 빅 사이즈의 가죽 클러치, 큐빅으로 장식된 선글라스, 골드 컬러의 뒤굽이 포인트인 블랙 펌프스로 코디하면 멋스러우면서도 여성스런 느낌이 들어요. 반면 같은 원피스에 여러 개를 한꺼번에 끼는 실버 컬러의 포인트 링과 차가운 화이트골드 느낌의 볼드한 목걸이로 통일감을 준 뒤 호피 무늬 클러치를 들면 섹시하면서 도시적인 느낌을 연출할 수 있어요."

투자 가치가 있는 아이템과 큰돈 들이지 않고 구입할 아이템을 구분해 장만한 뒤 이 둘을 적절히 믹스해 코디하는 것도 요령 중 하나다. 포인트를 줄 액세서리를 구입할 때는 어떤 용도로 착용할 것인지 사전에 고려해야 한다. 평소 캐주얼 복장에 코디할 아이템인지, 연말 파티에 활용할 아이템인지, 중요한 미팅에 착용할 아이템인지 생각한 뒤 용도별로 장만하는 것이 고효율의 포인트 스타일링을 완성할 수 있는 비결이다.

하지만 타고난 감각과 출중한 안목이 없다면 아무리 설명해도 흉내 내는 것조차 어렵다. 개인적으로 나는 쉽고 간편한 포인트 스타일링을 좋아한다. 액세서리와 의상의 컬러나 재질에 통일감을 주는 방식을 말하는데, 세 가지 이상의 아이템에 컬러 통일감을 주면 촌스러울 수 있으니 피해야 한다. 예를 들어, 가죽 소재로 된 브라운 컬러의 두꺼운 헤어밴드와 비슷한 컬러와 재질의 귀고리를 청바지나 셔츠와 함께 코디하면 금세 엣지가 산다. 때로는 가방과 구두의 컬러를 일부분 통일해 손과 발에 포인트를 주기도 한다. 이런 방식을 활용하면 원래 있는 아이템에 작은 소품 한두 가지만을 더해 얼마든지 강약 있는 스타일을 만들 수 있다.

센스 넘치는 포인트 스타일링은 누구나 관심을 갖고 조금만 노력하면 가능하다. 우선 만만하고 연출하기 쉬운 것부터 시도해보자!

| Tip. 상황에 따라 달라지는 포인트 스타일링 |

◐◉ 면접에 어울리는 '원 포인트' 스타일링

인사 담당자들에 따르면 지원자의 첫인상이 면접 접수의 30~50%를 차지한다고 한다. 이때 가장 선호하는 스타일은 깔끔한 의상에 스카프, 구두, 액세서리 등으로 하나만 포인트를 준 스타일링이다. 산뜻하고 세련된 스카프, 메탈 소재의 시계, 무채색 정장 룩에 포인트를 줄 수 있는 레드 힐 등이 바로 면접 시 심플하면서도 세련된 첫인상을 제공할 수 있는 포인트 스타일링. 반면 너무 화려한 액세서리는 면접관들이 당신의 말에 집중할 기회를 빼앗는다. 면접 스타일링은 지나치게 화려해도, 지나치게 단정해도 마이너스라는 사실을 기억할 것.

◐◉ 데이트 기분 '업' 시키는 '통일감 포인트' 스타일링

의상, 액세서리의 디자인 혹은 컬러에 통일감을 주면 여성스러우면서도 사랑스러운 느낌을 쉽게 연출할 수 있다. 블랙 의상에 레드 컬러의 구두와 레드 클러치 백을 매치하면 여성스러우면서도 세련된 포인트가 완성된다. 단, 부피감이 큰 액세서리나 의상의 컬러를 통일할 경우 나머지 의상과 구두 등은 튀지 않는 디자인과 컬러로 매치하는 것이 기본이다. 한 개 이상의 아이템에 포인트를 줄 때는 자칫 현란하거나 요란해 보일 수 있으니 전체적인 조화에 주의를 기울여야 한다.

◐◉ 세련된 느낌을 살리는 '믹스 매치 아이템 포인트' 스타일링

일명 '고소영 공항 패션' 이야말로 믹스 매치를 통해 포인트를 준 대표적인 케이스! 믹스 매치의 기본은 서로 대조되는 아이템끼리 조화를 이룰 수 있게 코디하는 것을 말한다. 그녀는 눈에 띄는 럭셔리 아우터에 캐주얼한 스키니 데님을 매치하여 심플한 하의에서

Chapter 2. 우먼's 스타일 & 뷰티

오는 밋밋함을 강렬한 아우터로 커버했다. 또한 시크한 스타일의 보잉 선글라스와 오리엔탈 느낌이 나는 팔찌를 착용함으로써 자연스러우면서 도시적인 느낌을 강조했다. 하지만 믹스 매치 포인트 스타일링은 패션 고수가 아니면 함부로 시도하기 부담스러운 스타일이니 특별히 주의를 기울여야 한다.

●● 갑작스런 파티엔 '블링블링 포인트' 스타일링

갑작스러운 파티엔 블링블링한 액세서리만큼 효과적인 것이 없다. 파티 복장의 머스트 해브 아이템인 미니 블랙 원피스만 있다면 블링블링한 귀고리, 구두, 클러치 백을 활용해 포인트 스타일링을 완성할 수 있다. 어깨까지 길게 내려오는 크리스탈 소재의 귀고리, 메탈 팔찌, 스터드 장식의 클러치 백으로 마무리 하면 블링블링한 콘셉의 화려한 파티 룩 완성! 색깔 있는 큰 반지, 볼륨감 있게 길게 늘어진 귀고리, 화려한 스팽글 클러치 등은 얌전한 기본 원피스도 파티 의상으로 변신시키는 신통방통한 아이템들이다.

●● 캐주얼 모임엔 '컬러, 소재로 차별화하는 포인트' 스타일링

꼭 액세서리나 가방 등의 아이템으로만 포인트 스타일링이 가능한 것은 아니다. 아우터 컬러와 차별화된 머플러나 상의와 하의의 컬러 매치를 통해서도 포인트를 줄 수 있다. 더욱이 최근에는 흰색·베이지·브라운 계열의 자연색이 편안하면서도 부드러운 매력을 주기 때문에 젊은 세대에서 인기를 끌고 있다. 여기에 블루, 레드와 같은 선명한 컬러의 의상을 매치하면 패션의 완성도를 높일 수 있다. 예를 들어 베이지 색의 원피스와 갈색 계열의 바바리에 레드 컬러의 레깅스로 포인트를 주면 밋밋한 의상에 생기를 불어넣는 연출이 가능하다.

스타일 망치는 주범, 스키니 진 사이로 삐져나온 똥배

"내가 제일 싫어하는 스타일은 배가 남산만큼 나온 주제에 쫄티나 배꼽티를 입는 여자야. 운전하다가도 그런 여자들을 발견하면 내려서 똥배를 싹둑 잘라주고 싶어."

"나는 살짝 살집이 있는 여자가 좋거든. 그래야 가슴과 히프가 적당히 있으니까. 그런데 배가 통통한 여자는 정말 싫더라고. 특히 밥 먹을 때 아랫배가 몇 겹으로 겹치는 여자를 보면 정말 밥맛이 뚝 떨어져."

오랜만에 만난 대학 동기 녀석들이 목에 핏대를 세우며 떠든다. 못생긴 여자랑은 사귀어도 똥배 나온 여자랑은 도저히 만날 수가 없다며 '똥배녀'들을 안주 삼아 질근질근 씹어댄다.

그 꼴을 보고 있자니 조금씩 화가 치밀어 오른다.

"나이 먹으면 다 똥배 나와! 너희도 곧 배 나오고 머리도 벗겨질걸?"

30대에 진입하고부터 내 똥배도 서서히 육감적으로 변해가고 있다. 조금만 방심하고 허리에 긴장을 풀면 바로 묵직한 배가 한 움큼 잡힌다. 나도 그러할진대 같은 처지의 여자들이 모욕당한다고 생각하니 화가 나기도 하고 왠지 부끄럽기도 했다.

사실 '똥배' 만큼 여성적 매력을 반감시키고 스타일을 망치는 주범도 없다. 상상해보라! 코르셋이나 올인원으로도 가려지지 않는 똥배를 가진 여자가 어떻게 잘빠진 스키니 진에 몸에 딱 붙는 가죽 재킷으로 멋을 낼 수 있을까? 정중하면서도 여성스러운 느낌이 물씬 나는 하이웨이스트 스타일을 입고 중요한 미팅에 참석할 수 있을까? '똥배녀'가 할 수 있는 거라고는 루스한 셔츠나 에이라인 원피스로 어떻게든 보디라인을 감추고 조금이라도 날씬해 보이기 위한 스타일에 열을 올리는 것뿐이다. 몸매 감추는 데 급급하니 맵시 나는 의상을 코디하기란 불가능하다. 그놈의 똥배 때문에 점점 촌스러워지고 엉성한 스타일을 연출하게 되는 것이다.

단지 스타일뿐인가. 임신 5개월은 된 것처럼 볼록한 아랫배를 가진 '똥배녀' 들은 게으르고 미련해 보인다. 섹시함이나 세련됨은 전혀 느낄 수가 없다. 아무리 완벽한 메이크업을 하고 멋을 부리더라도 하루 종일 집에서 뒹굴다가 급하게 꾸미고 나온 아줌마처럼 보이기 일쑤다.

그런데 참 재미있는 사실은 개미허리를 자랑하는 날씬한 여자도 똥배는 나온다는 것이다. 특히 서른이 넘으면 나잇살이 찌기 시작하기 때문에 세심하게 관리하지 않으면 금세 뱃살이 늘어진다. 기초대사량과 호르몬 분비량이 감소하면서 몸의 지방을 소모하는 비율이 낮아지기 때문이다. 여성의 경우 아랫배, 엉덩이, 허벅지 등의 특정 부위에 지방이 쌓이기 때

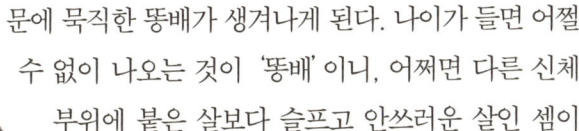

문에 묵직한 똥배가 생겨나게 된다. 나이가 들면 어쩔 수 없이 나오는 것이 '똥배' 이니, 어쩌면 다른 신체 부위에 붙은 살보다 슬프고 안쓰러운 살인 셈이다.

하지만 희망은 있다. 아무리 나이 앞에 장사 없다 해도 철저한 자기 관리와 규칙적인 생활 습관을 지키면 지긋지긋한 똥배와 얼마든지 이별할 수 있다.

뱃살을 빼는 데 가장 효과적인 것은 유산소운동. 파워워킹, 조깅, 에어로빅댄스 같은 유산소운동을 매일 45분씩 꾸준히 세 달 넘게 하면 '똥배녀'에서 탈출할 수 있다. 특히 빨리 걸으며 팔을 크게 움직이는 파워워킹은 똥배뿐만 아니라 전체적인 다이어트에도 효과 만점이다.

단기간에 홀쭉한 배를 만들기 위해서는 훌라후프와 윗몸일으키기를 병행하면 눈에 띄는 효과를 볼 수 있다. 뱃살은 복근과 지방층으로 구성되어 있는데, 윗몸일으키기는 복근을 발달시키고 훌라후프는 지방층을 분해하기 때문에 이 둘을 병행하면 배가 홀쭉해지는 경험을 할 수 있다. 단, 30분 이상 지속적으로 해야 한다.

그러나 체질적으로 아랫배가 볼록 나온 여자들도 있다. 이들은 유산소운동도 열심히 하고 단백질 위주의 식단을 유지하는 '날씬녀' 임에도 아랫배가 볼록하다. 자궁이 차고 약하면 아랫배가 냉하여 볼록 나오는데, 따뜻한 물을 자주 마시고 찜질팩을 수시로 배 위에 올려놓으면 혈액순환이 원활해져서 아랫배의 부피감이 줄어든다. 소화 기능이 약한 여성들도 똥배 때문에 고생할 수 있다. 대장 기능이 떨어지면 장에 가스가 자주 차기 때문에 배가 더부룩하고 볼록 나오는 것이다. 이 경우 배변 활동을 활발하게 해주는 것이 날씬한 배를 만드는 첫 번째 포인트다. 평소 배변 활동을 돕는 음식을 꾸준히 섭취하는 것이 비결인데, 섬유질이 많은 당근이나 셀러리, 과일, 채소를 자주 먹고 유산균이 가득한 유제품을 아침마다 섭취하는 것이 좋다. 하루 한두 잔 정도 커피를 마시는 것 역시 배변 작용을 돕고 몸을 가볍게 하는 데 도움이 된다.

지금 이 순간도 허리띠를 압박하는 묵직한 똥배 때문에 고민이라면 일상 속에서 틈틈이 뱃살 빼는 방법들을 실천해보자. 그간 쳐다보기만 했던 스키니 진을 맵시 나게 입는 날을 꿈꾸며!

똥배와 이별하는 쉽고 간단한 노하우 몇 가지를 소개한다.

척추를 쭉 펴고 다닌다
등을 곧게 편 자세를 항시 유지하면 등과 배의 근육이 강화되어 배가 들어가는 효과가 있다.

의자에 구부정하게 기대앉지 않는다
의자에 앉을 때 허리를 곧게 펴고 앉는 습관을 키운다. 등받이 부분에다 베개나 쿠션을 대고 앉는 것도 하나의 방법. 앉아 있을 때에도 배에 힘을 주어 긴장 상태를 유지해야 내장 비만을 막을 수 있다.

따뜻한 물을 자주 마신다
따뜻한 물은 혈액순환을 돕고 변비를 없애는 효과가 있다. 아침 공복에 한 컵, 매끼 식사 전에 한 컵씩 마셔보자.

복식호흡을 한다

잠자기 전 30분 정도 편하게 누워서 배를 의식하며 호흡하면 지방 분해에 필요한 산소가 배 속 깊이 전달된다.

목욕 중에 복부 마사지를 한다

목욕 중에 하는 마사지는 뭉쳐 있는 어혈을 풀어주고 혈액순환을 촉진시킨다. 마사지를 할 때는 배꼽을 중심으로 하여 시계 방향으로 원을 그리듯 문지르는 것이 요령. 볼록하게 흘러나온 양쪽의 뱃살들을 아플 정도로 강하게 꼬집으며 주무르는 것도 지방 분해에 효과적이다.

| Tip. 똥배 못지않게 스타일 망치는 주범들 |

●● 통굽 구두

간혹 앞뒤가 거의 동일한 굽으로 디자인돼 있는 통굽 구두를 신는 여자들이 있다. 10cm 높이의 무시무시한 검정 고무가 붙어 있는 통굽 구두는 할머니들이 사랑하는 효도 신발보다 훨씬 촌스럽고 투박하다. 그런 구두를 신은 여자는 용감하다 못해 무식하고 드세 보인다. 아무리 발이 편하다 하더라도 통굽의 신발만큼 '나는 멋부릴 줄 몰라요. 그런데 관심도 없답니다' 라고 표출하는 것도 드물다.

●● 진한 패티큐어

언젠가 화투 그림의 패티큐어를 한 여자를 본 적이 있다. 과감한 컬러와 큐빅 장식이 믹스된 화려한 패티큐어였지만 전혀 멋스럽지 않았다. 30대 여성이었음에도 훨씬 노숙해 보이고 경박한 느낌까지 풍겼다. 세련된 패티큐어는 의상은 물론 구두의 컬러와 디자인과도 매치를 이룬다. 따라서 구두와 패티큐어 간의 궁합을 따져 코디해야 한다. 특히 일에 욕심내는 커리어 우먼이라면 샌들 사이로 보이는 발톱을 화투 그림으로 물들이는 우를 범하지는 말자. 승진에 지장이 있을지 누가 알겠는가.

●● 구두 속 두꺼운 양말

한창 추운 어느 겨울날 코트를 하나 장만하고자 백화점으로 향했다. 내복은 물론 두꺼운 양말, 털목도리까지 칭칭 동여매고서 말이다. 마음에 드는 코트를 발견하고 입어보던 중 거울에 비친 내 모습에 갑자기 얼굴이 화끈거렸다. 두꺼운 양말을 구두 속에 밀어 넣어 구두가 터지기 일보 직전이었다! 제법 값비싼 코트를 걸치고 있었음에도 스타일 망치는 양말과 구두 때문에 전혀 느낌이 나지 않았다. 두꺼운 양말과 구두는 둔탁하고 촌스러운 느낌을 극대화시키는 상극의 코디임을 잊지 말자.

◐◯ 몸에 맞지 않는 속옷

몸에 맞지 않는 속옷을 착용해본 사람은 안다. 자신의 체형보다 큰 치수의 브라를 했을 때나 작은 팬티를 입었을 때 무척이나 볼썽사납다는 것을! 속옷은 체형을 가지런히 정리하는 역할을 한다. 체형보다 큰 브라를 했을 경우 가슴 위로 와이어가 올라와 가슴 중간에 브래지어가 걸려 있는 꼴이 연출되기도 하고, 일명 '뽕'이 구겨져서는 가슴이 푹 꺼져 보이기도 한다. 체형보다 작은 팬티를 입었을 경우에도 엉덩이와 허리 라인의 살들이 삐져나와 울퉁불퉁한 보디라인이 드러난다. 아무리 근사한 겉옷을 입더라도 체형이 잘 정리되지 않으면 스타일은 절대 살아나지 않는다.

◐◯ 짝퉁 가방 & 구두

나는 명품의 진품과 모조품을 확실히 구분하지 못한다. 더욱이 남의 가방이나 신발을 들추며 로고며 디테일 등을 확인할 수는 없으니 그저 '좋은 물건 장만했구나' 라고 믿는 수밖에 없다. 그럼에도 불구하고 가끔씩 '짝퉁'을 알아볼 때가 있다. 질 낮은 가죽과 엉성한 마무리 상태 등이 고스란히 드러나기 때문이다. 그런 짝퉁 가방이나 신발을 착용한 사람을 보면 머리부터 발끝까지 저렴해 보인다. 값비싼 모피를 두르고 있어도 인조 털이 아닐까 의심되고, 커다란 보석을 하고 있어도 가짜가 아닐까 생각하게 된다. 수많은 여자들이 부담스러운 가격임에도 불구하고 진짜 명품을 착용하려고 애쓰는 이유가 바로 여기에 있다. 커다란 가짜 로고로 가득한 모조품만큼 당신의 고유한 스타일을 단박에 물거품으로 만드는 요소는 없다.

쇼핑, 지능 게임이다

쇼핑은 늘 즐겁고 신난다. 아니, 정확히 말하면 즐겁고 신나는 일이었다. 새벽 한 시에도 친구들과 동대문 야시장을 펄펄 날며 '쇼핑질'에 몰두했고, 주말이면 싸고 좋은 물건이 많다는 서초동 벼룩시장에서 하루 종일 시간을 보내기도 했다. 나를 좀 더 예쁘게 치장할 수 있는 물건들을 사는 일은 가격, 장소, 상황을 막론하고 늘 신나는 일이었다.

하지만 여자가 20대 후반에 접어들면 새로운 쇼핑 고민이 시작된다. 문제는 바로 '높아질 대로 높아진 눈'이다. 젊고 어린 시절에는 쇼핑 자체가 그저 즐겁다. 뭘 입어도 귀엽고 예쁜 나이니까. 하지만 나이가 들면서부터

주변을 의식하게 되고, 내 가치를 치장해줄 브랜드에 현혹되게 마련이다.

친구 중 한 명은 이른바 '쇼핑 우울증'에 시달린다. 쇼핑만 하면 우울한 기분이 드는 증세다. 사고 싶은 건 많은데 지갑은 얇고, 눈은 있는 대로 높아졌는데 살 수 있는 물건은 한정되어 있으니 쇼핑만 나가면 머리가 아프고 기분이 울적해진다는 것이다.

"오래전부터 꿈꿔왔던 실크 소재의 블랙 미니 원피스를 장만하고 나면 원피스와 어울리는 백이 눈에 들어오고, 어렵사리 백을 구입하면 백과 함께 맵시를 뽐낼 구두가 눈에 아른거려서 잠을 잘 수가 없어!"

"아이고, 이 한심아!"라고 구박을 하기엔 십분 공감이 가는 말이다. 빠듯한 월급으로 한 달을 살아가는 샐러리맨에게 쇼핑은 때론 참기 힘든 인내와 고통을 안겨주는 것이다. 쇼핑에도 전략이 필요한 이유가 바로 여기에 있다. 적은 돈으로도 명품족 버금가는 럭셔리한 분위기를 낼 수 있다면, 짧은 시간 안에 내게 딱 맞는 물건들을 골라낼 수 있다면 엄청난 비용을 쇼핑하는 데 쓰고도 엣지 없는 여자보다 몇 배의 이득을 챙길 수 있다. 따라서 실속과 멋을 동시에 얻고 싶다면 지금 당장 지능적인 쇼핑법에 주목해야 한다. 20대 여성에게 '의테크'는 일종의 '재테크'와도 같기 때문이다.

그렇다면 대체 어떻게 해야 쇼핑을 제대로 하는 걸까? 똑똑한 쇼핑의 핵심은 '어디서 그리고 어떻게 잘 구입하느냐'다. '있어 보이기' 좋아하는 일부 여자들은 '쇼핑은 무조건 백화점에서'라고 외친다. 하지만 진짜 쇼핑의 고수들은 쇼핑할 아이템에 따라, 쇼핑의 목적에 따라, 트렌드에 따라 쇼핑의 방법과 장소가 달라진다고 입을 모은다.

예를 들어 오랫동안 클래식한 스타일로 연출할 코트, 재킷, 실크 블라우스, 슈트, 가방, 시계와 같은 아이템이라면 백화점이나 아웃렛 매장을 통해 브랜드 제품을 구매하는 것이 스마트한 쇼핑법이다. 하지만 트렌디하고 시크한 스타일의 티셔츠, 진, 가방, 모자와 같은 아이템이라면 SPA(**S**pecialty store retailer of **P**rivate label **A**pparel) 브랜드 매장이나 온라인 쇼핑몰, 도매시장 등을 이용하는 것이 현명하다. SPA 브랜드는 일주일에 한 번씩 신상품을 내놓아 저렴한 가격에 핫한 아이템을 구입할 수 있는 곳으로, ZARA, Mango, H&M 등의 브랜드가 여기에 속한다. 한철 유행 따라 입고 말 의상과 액세서리들은 동대문 제일평화시장이나 G마켓, 옥션 등 대형 이마켓 플레이스를 이용해 최저가로 구입하는 것이 스마트 쇼핑의 기본이다.

독특한 프린트의 스카프나 원피스 등 포인트를 줄 만한 아이템을 쇼핑하고자 한다면 패셔니스타들이 모이는 신사동 가로수길, 홍대, 압구정동 등의 보세숍을 공략하는 것도 하나의 방법이다. 의상은 화려할수록 활용 수명이 단축되기 때문에 고가에 구입하는 것은 좀 안타깝다. 참고로, 주말에 열리는 홍대 프리마켓에서는 디테일이 화려한 독특한 수공예 제품들과 빈티지 제품들을 만 원 미만에 구입할 수 있다.

하지만 간과하고 있는 사실이 하나 있으니, 그것은 연령에 따라 쇼핑 스타일이 달라진다는 것이다. 30대 여성에게 똑똑한 쇼핑이란 자신의 체형과 스타일을 정확히 파악하는 일이 아닐까 싶다. 아무리 근사한 쇼핑 천국이 있다 해도 일일이 방문하고 쇼핑하는 일 자체가 어느 순간부터는 스트레스로 다가오기 마련이다. 하지만 자신의 체형과 스타일을 정확

히 알아두면 동네 옷가게에서도 자신에게 꼭 맞는 물건을 쉽게 구입할 수 있고, 인터넷 쇼핑몰을 통해서도 다양한 혜택을 누릴 수 있다. 요즘 인터넷 쇼핑몰은 체형별 맞춤 정장을 제작해주기도 하고, 체형에 맞는 스타일링까지 조언해주기도 한다. 게다가 이 같은 쇼핑몰들은 고객 체형과 기호에 대한 정보를 DB로 정리하여 스타일을 코디할 때 참고할 수 있도록 도움을 준다.

체형에 따라 옷을 선택하는 데는 간단한 공식이 있다. 먼저, 유난히 키가 작은 체형이라면 시선을 위로 끌어올리는 하이웨이스트 스타일의 원피스나 투피스가 제격이다. 하이웨이스트 스타일은 다리가 길어 보일 뿐만 아니라 키가 커 보이는 효과도 있다. 의상 컬러와 통일감을 주는 하이힐까지 코디한다면 5cm는 더 커 보일 수 있다.

하체가 튼실한 통통족, 특히 아랫배가 나오고 허벅지가 굵은 체형이라면 절개선이 없는 루스한 타입의 원피스가 좋다. 다소 풍성해 보이는 느낌은 큼직한 목걸이와 귀고리 등으로 커버할 수 있다. 상체에 비해 하체가 날씬한 통통족이라면 무조건 헐렁한 옷보다는 몸에 딱 맞는 옷으로 코디한 뒤 단점을 보완할 수 있는 스카프, 벨트, 숄 등을 이용하는 것이 날씬해 보이는 비결이다.

반면 어깨가 넓고 하체가 빈약한 체형이라면 하의는 몸에 딱 붙게 입고, V 네크라인이나 어두운 컬러의 윗옷을 선택해 어깨에 쏠린 시선을 분산시키는 것이 요령!

힙이나 가슴이 큰 여성의 경우 H 라인의 의상을 활용하는 게 좋다. H 라

인의 의상은 미니멀해 보일 뿐만 아니라 몸매를 퍼져 보이지 않게 하기 때문에 글래머 타입의 체형을 보완하는 데 효과적이다.

S 라인은 흔적조차 없는 마르고 통짜 체형이라면 볼륨감과 타이트함의 대비를 만드는 것이 포인트이다. 마른 상체가 드러나지 않도록 몸에 딱 붙는 스타일은 피하고 루스하고 큼직한 패턴으로 디자인된 윗옷을 입는다. 거기에 몸에 달라붙는 레깅스나 스커트를 코디하면 날씬하면서도 볼륨감 있어 보이는 몸매 연출이 가능하다.

"체형을 잘 파악하고 있으면 뭐 해요? 입을 수 있는 옷은 정해져 있는데."

공사(公社)에서 비서로 근무하고 있는 전단정(29) 씨. 그녀는 아담한 키에 큰 가슴과 잘록한 허리를 지닌, 일명 '마돈나 체형'이다. 체형에 중점을 둬 코디하기 위해서는 잘록한 허리를 강조하는 하이웨이스트 원피스나 투피스가 제격이지만, 그런 스타일을 허용하지 않는 회사의 비서라는 사실이 문제이다.

"언니, 우리 회사는요, 예쁘고 화사한 옷 입으면 완전 찍혀요. 특히 비서에게는 무채색의 바지 정장을 요구해요."

체형만큼이나 지능적인 쇼핑에서 고려해야 할 사항은 자신이 하고 있는 일과 직장에 대한 이해다. 일부 공기업과 대기업은 아예 드레스 코드를 정해주고 있으니, 아무리 뛰어난 패션 감각과 근사한 몸매를 지니고 있어도

삼가야 한다. 회사는 자신의 개성과 소비 성향을 자랑하는 패션쇼장이 아니기 때문이다. 눈에 띄는 옷차림으로 고객, 상사, 동료에게 튀어봐야 좋을 게 하나 없는 냉정한 정글이 바로 '회사'라는 사실을 기억하자.

하지만 맡은 업무나 직위에 따라서 옷차림은 달라질 수 있다. 예를 들어 활동성이 많은 홍보직의 경우 자신이 맡은 브랜드의 스타일로 코디가 가능하다. 만일 스포츠 제품의 홍보를 맡았다면 포멀한 슈트 차림보다는 밝고 경쾌한 캐주얼 차림이 업무와 잘 맞아떨어진다.

반면에 직급이 올라갈수록 패셔너블하고 트렌디한 옷차림보다는 포멀하고 시크한 스타일로 이미지를 어필하는 것이 좋다. 즉, 커리어에 욕심을 부리는 여성이라면 T.O.P.(Time, Occasion, Place)에 맞는 의상을 선택하는 것이 무엇보다 중요한 포인트이다.

스마트 쇼핑은 쇼핑에 대한 정확한 이해와 열정에서 비롯된다는 사실을 기억하자.

| Tip. 꿩도 먹고 알도 먹는 쌈박한 벼룩시장 |

◐◑ 홍대 희망시장

신진 작가들의 독특하고 아기자기한 물품들을 저렴한 가격에 구입할 수 있다. 수첩, 티셔츠, 양말, 다양한 액세서리와 그림 등이 주력 상품. 희망시장의 판매자로 등록하려면 프리마켓(www.freemarket.or.kr)에서 작가 신청을 해야 한다. 누구나 구입 가능하며 사이트를 통해 현장을 둘러볼 수 있다. 5천 원 미만의 상품이 대다수다.
- 장소: 홍대 정문에서 대각선 방면의 놀이터
- 시간: 매주 일요일 오후 1시부터 6시까지

◐◑ 홍대 예술시장

예술시장은 일상과 예술이 만나는 프리마켓 시장으로 생활 창작 아티스트들의 작품 전시와 교환 판매가 이뤄지는 곳이다. 다양한 장르의 즉흥 공연도 관람할 수 있다. 주 상품은 핸드메이드 제품으로, 머리끈이나 각종 액세서리, 스타킹, 스카프 등이다.
- 장소: 프리마켓을 통해 공지
- 시간: 매주 토요일 오후 1시부터 6시까지

◐◑ 신촌 미니섬

매달 신촌에서 열리는 벼룩시장 미니섬은 온·오프라인이 모두 활성화되어 있다. 여대생과 직장 여성들의 참여가 많은 것이 특징. 젊은 감각의 중고 의류와 액세서리를 싼 가격에 구입할 수 있다.
- 장소: 장소는 늘 다르기 때문에 미니섬 사이트(www.minisum.co.kr)를 참고할 것
- 시간: 매주 토요일 오후 1시부터 6시까지

◐◐ 블링 벼룩시장

최근 젊은이들 사이에서 큰 인기를 얻고 있는 블링 벼룩시장은 클럽 파티의 흥거운 분위기 속에서 열린다. 중고품 판매는 물론 아이템 경매 등이 시원한 맥주와 간식이 곁들여진 공간 속에서 이뤄진다. 판매자와 구매자 모두 뛰어난 센스와 스타일을 자랑해 구경하는 것만으로도 기분 전환이 된다. 판매자가 되기 위해서는 더블링(www.thebling.co.kr)을 통해 신청 접수를 한 뒤 합격 공지를 받아야 참여가 가능하다.

- 장소: 도산공원 플래툰 쿤스트할레 건물 내
- 시간: 매달 첫째 주 토요일 밤 8시부터 12시까지

◐◐ 데일리 프로젝트의 선데이 플리(flea)마켓

학동사거리를 지나 복합 문화 공간인 데일리 프로젝트에 들어서면 작은 정원이 있다. 일요일 한산한 오후에 이곳에 가면 모델, 디자이너, 예술학도 등 패션 피플들을 한자리에서 만날 수 있다. 소란한 흥정 없이 서로 커피 한 잔을 나누며 물건을 사고파는 것이 이곳의 특징. 예술가들의 작품답게 독창적이고 기발한 옷가지와 물품들이 다양하다.

- 장소: 학동사거리 데일리 프로젝트 건물 내
- 시간: 매달 셋째 주 일요일 12시부터 6시까지

◐◐ 광화문 루프 플리마켓

시원한 바람을 맞으며 공연과 쇼핑을 함께 맛보고 싶다면 도심 한복판에 자리한 이곳으로 가보자. 최근 문을 연 광화문 루프 플리마켓은 주말 저녁을 신나게 보내고픈 직장인들로 가득하다. 퇴근 후 모인 직장인들의 보따리 속에서 쏟아지는 각종 중고 물품과 핸드메이드 상품들을 만나는 재미가 쏠쏠하다. 도심 속 작은 공원의 분위기를 미리 엿보고 싶다면 매거진프로젝트(www.magazineprojects.com)에 접속할 것.

- 장소: 광화문 가든 스페이스 빌딩 3층 옥상
- 시간: 매주 금요일과 토요일 밤 5시부터 10시까지

부담 백배 명품 가방 제대로 장만하기

나는 가방을 좋아한다. 언제부터인지는 정확히 기억나지 않지만 20대 후반부터 다양한 스타일의 가방을 수집하고 있다. 해외여행 중에도 가방은 쇼핑 목록 1호다. 브랜드 가방이 아니더라도 한국에서 좀처럼 구할 수 없는 스타일이라면 꼭 장만을 해야 직성이 풀리고, 가끔씩 온갖 쇼핑몰과 백화점을 뒤지며 명품 가방을 저렴하게 구입하는 데 몰두하기도 한다. 이렇게 저렇게 매년 가방을 사들이고 수집하다 보니 어느 순간 가방에 일가견이 있는 사람처럼 보이게 됐다. 유명 스타일리스트나 연예인만큼은 아니지만, 평범한 삶을 살아가는 여자치고는 상대적으로 가방이 많은 편에 속하는 까닭에 가끔씩 내게 가방 컨설팅

을 의뢰하는 경우가 생기기도 한다.

"제가 이번에 명품 가방을 큰맘 먹고 지를 예정인데요, 어떤 브랜드를 사야 할지 모르겠어요. 요즘 대세는 뭐예요?"

한 직장 동료가 쉬는 시간에 내 자리에 찾아와 쑥스러워하며 물었다. 자신도 이제 20대 후반에 접어들었으니 제대로 된 명품 가방 하나는 있어야 할 것 같은데, 가격이 만만치 않다 보니 고민이 많이 되고 도통 어떻게 장만해야 할지 모르겠다는 것이었다. 그녀는 어느 매장을 돌아보면 좋을지, 어떤 스타일이 무난할지, 처음 명품 가방을 장만할 때는 비용을 얼마나 들이면 좋을지 등도 덧붙여 물었다. 그녀의 이야기를 듣고 있자니 가방에 얽힌 내 첫 추억이 떠올랐다.

남들 다 들고 다니는 명품 가방, 나도 하나쯤은 장만하고 싶다는 욕심에 몇 날 며칠을 고심하다 루이비통 매장을 방문했다. 왜 하필 그 브랜드였느냐고 묻는다면, 특별한 이유는 없다. 단지 많은 사람들이 선호하고 자주 봐온 제품이었기 때문이라고 설명할 수 있겠다. 왜 그 가방을 마련해야 하는지, 크기는 어느 정도가 좋을지, 어떤 스타일을 원하는지 등의 구체적인 계획 없이 무턱대고 매장에 들어서던 그날의 긴장과 떨림을 아직도 기억한다. 고급스런 정장 유니폼을 차려입은 매장 직원들과 수백만 원을 호가하는 가방들이 '너 오늘 처음 왔지? 명품이 뭔지도 모르지?'라고 말을 거는 것 같아 주눅이 들었다. 워낙 비싼 백들이다 보니 어떻게 착용해야 할지도 고민스러웠다. 동의 없이 그냥 둘러봐도 되는 것인지, 매장 직원에게 허락을 받고 착용해봐야 하는 건 아닌지 의아한 데다 종류는 또 어찌나 다양하던지 뭐부터 봐야 할지 난감했다. 모노그램 캔버스부터 다미에 캔버스, 모노그램 멀티 컬러, 모노그램 데님, 베르니, 글라세 등 라인별로 각각의 고유한 명칭이 있었으니, 처음 명품 매장을 찾은 나로서는 가격에 한 번, 매장 분위기에 한 번, 어려운 용어들에 또 한 번 압도되고 말았다. 가방이 나를 메는 건지 내가 가방을 메는 건지 헷갈리는 상황이었는지라 마음에 드는 백을 편안하게 고르는 게 가능할 리 없었다.

무조건 많이 구경하고 많이 들어보고 많이 조사해야 본전 쪽 빼는 명품 가방을 장만할 수 있다. 유행을 선도하는 '잇 백(It Bag, 분기별 유행을 선도하는 핫 아이템)' 이라는 이유로 장만했다가는 두고두고 본전 생각이 나게 마련! 명품 가방이라고 다 엣지 있는 것은 아니기 때문이다. 더욱이 요즘에는 '국민 가방' 이라고 불릴 만큼 흔해 빠진 명품 가방이 넘쳐나고 진품과도 맞먹는 특A급 짝퉁을 쉽게 만날 수 있기 때문에 명품 가방에 대한 메리트가 많이 떨어지는 것도 사실이다.

그럼에도 불구하고 샤넬, 루이비통, 에르메스, 구찌 등의 명품 브랜드를 찾는 여자들은 점점 더 늘어나고 있고, 'Sold Out!' 이라는 즐거운 비명을 지르며 순식간에 완판되는 제품들도 적지 않다. 명품 가방을 향한 여자들의 무조건적인 열망과 로망이 시공을 초월해 이어지고 있기 때문이다. 하긴, 강남고속버스터미널 지하상가에서 산 만 원짜리 원피스도 멋스러운 명품 가방과 코디되는 순간 강한 카리스마를 뿜어내기 시작하니, 명품 가방을 향한 여자들의 열정과 사랑도 당연한 것이리라.

어차피 충족되어야 할 욕망이라면, 손에 넣는 그날까지 꿈꿀 수밖에 없는 '명품 가방' 이라면, 하나를 사더라도 제대로 장만하는 것이 중요하다.

한 달 치 월급과 맞먹는 목돈을 탈탈 털어 마련한 가방인데 금세 질리거나 자신의 스타일과 따로 논다면 큰 낭패이기 때문이다. 더욱이 최근에는 수시로 '잇 백'이 변하기 때문에 유행만 좇다가는 몇 개월이 지나지 않아 유행에서 밀린 제품을 사용해야 하는 부작용이 발생할 수도 있다.

만일 명품 가방을 구입할 계획이 있다면 가방에 안목이 있는 친구와 함께 자주 윈도쇼핑을 다닐 것을 권한다. 위에서도 언급했지만 고가의 백들이 죽 전시돼 있는 매장을 드나드는 것은 생각보다 진땀 나는 일이기 때문이다. 직접 수많은 가방들을 보면서 어떤 브랜드의 제품에 마음이 끌리는지, 어떤 디자인이 실용적일지 확인하는 작업이 필요하다. 이른바 가방에 대한 감을 익히는 시간이다. 브랜드마다 추구하는 이미지와 스타일이 다르기 때문에 자신에게 적합한 가방을 찾기 위해서는 어쩔 수 없이 발품을 팔며 많이 들어보는 수밖에 없다. 예를 들어 구찌, 루이비통, 샤넬 등은 단정하고 고급스러운 이미지를 추구하는 반면, 할리우드 스타들의 잇 백인 발렌티노는 화려하고 여성스러운 스타일이다. 또한 에트로, 프라다, 보테가 베네타 등은 이국적이고 에스닉한 이미지를 강조한다.

대충 낙점해놓은 가방이 있다면 인터넷을 통해 가격, 상품 후기, 의상과의 매치 등을 꼼꼼히 확인해야 한다. 매장을 실제로 방문해 다양한 스타일의 가방을 들어보며 자신과 어울리는 가방을 찾는 것도 중요하지만, 아무래도 이것저것 비교하며 장시간 매장에 머물기에는 눈치가 보이기 때문이다. 이때 유명 쇼핑몰을 참고하는 것도 큰 도움이 된다. 요즘 쇼핑몰들은 판매 의상을 돋보이게 하기 위하여 다양한 명품 가방과 액세서리를 함께 코디해 여러 장의 사진들을 전시해놓기 때문이다. 이 같은 쇼핑몰을 참고하면 자신이 즐겨 착용하는 의상과 찰떡궁합을 자랑할 만한 가방을 손쉽게 파악할 수 있다. 명품 가방을 처음 장만하고자 하는 여성이라면 꼭 귀띔해주고 싶은 방법이다.

하지만 무엇보다 중요한 것은 '어떤 가방'을 구입하는가에 대한 고민이다. 비슷한 가격의 명품이라도 어떤 가방은 몇 년 안에 수명을 다하기도 하고, 어떤 가방은 대를 물려서 쓰고 싶을 만큼 시간이 지날수록 빛이 나기도 한다. 시간의 흐름과 함께 변하지 않는 가치를 발휘하는 가방, 그것이 바로 진정한 명품인 것이다.

싫증나지 않고 오랫동안 사용할 가방을 찾는다면 뭐니 뭐니 해도 좋은 가죽을 쓴 가방이 최고다. 좋은 가죽을 쓴 가방일수록 디자인은 심플하고 실용적인 기능성에 초점을 맞춘 경우가 많다. 예를 들면, 샤넬 양가죽 클래식 백은 수백만 원에 육박하는 부담스러운 가격이지만, 최고급 양가죽에서 비롯되는 균일한 쿠션감의 퀼팅은 거부할 수 없는 유혹이다. 엄마가 딸에게 물려주는 가방이라는 말도 최고의 가죽이 선사하는 매력에서 비롯된 것이다. 커리어 우먼들의 영원한 로망인 에르메스 버킨 백의 최고급 가죽이 발하는 매력 역시 시간이 갈수록 짙어진다. 영국 황실에서 사용했다는 토즈와 모피와 가죽으로 유명한 펜디는 가죽의 질만으로도 고품격의 분위기를 선사한다. 가죽으로 승부를 내는 이런 유형의 수제 가방들은 오래 사용할수록, 색감과 질감이 고급스럽게 변해갈수록 빛이 나는 제품들이다. 일반적으로 가죽은 악어, 타조, 뱀 등이 가격대가 높으며, 그 뒤를

이어 사슴, 양, 송아지, 소, 말, 돼지 순으로 낮아진다.

그러나 최고의 가죽을 자랑하는 제품들은 어마어마한 가격을 자랑하고 있으니 아무리 변하지 않는 가치를 추구한다 한들 2030 여성들에게는 부담스러울 수밖에 없다. 하지만 상대적으로 저렴한 가격에 만족스러운 질감과 색상을 선보이는 제품들이 늘어나고 있다. 내가 개인적으로 좋아하는 브랜드는 코치(Coach)인데, 최근에는 컬러풀한 패브릭 백에 집중하고 있지만 본래 두꺼운 소가죽이나 물소가죽 가방으로 유명한 브랜드다. 가죽 제품들 위주로 전시된 매장 한편으로 가면 아메리칸 스타일의 실용적이면서도 멋스러운 제품들을 만날 수 있다. 더욱이 코치 제품은 상대적으로 저렴한 가격에 구입할 수도 있을 뿐만 아니라 다양한 분위기와 스타일의 가방이 많아 각 연령대에 맞는 선택이 가능하다.

최근엔 명품 브랜드마다 자신들의 자리를 대신할 세컨드 명품 브랜드를 출시하고 있어 오리지널 제품의 절반에 미치지 않는 가격으로도 명품 수준의 품질을 보장 받을 수 있다. 프라다의 '미우미우', 마크제이콥스의 '마크바이마크제이콥스', 랑방의 '랑방컬렉션', 돌체앤가바나의 'D&G' 등이 대표적인 세컨드 브랜드다. 이들 세컨드 브랜드는 젊은 연령에 초점을 맞추고 있기 때문에 오리지널 명품보다 발랄하고 경쾌한 스타일을 맛볼 수 있다는 장점이 있다.

그러나 명품 가방 구입에서 가장 심사숙고해야 할 것은 '구입의 목적'이다. 한마디로 이 가방이 어떤 용도로 쓰일지, 왜 필요한지를 제대로 알아야 한다는 얘기다. 아무런 목적이나 이유도 없이, 친구 따라 강남 가다시피 장만한 가방은 오히려 자신을 초라하게 만들 뿐이다.

한창 클러치 백에 빠져 있던 시기가 있었다. 평소 꿈꾸던 외모를 갖춘 매력적인 여자를 한 사교 모임에서 만났을 때다. 그녀의 오른손에는 큼직한

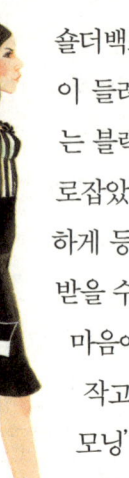
숄더백도 귀여운 토트백도 아닌 끈 없는 작은 클러치 백이 들려 있었다. 블랙 미니 원피스와 환상적으로 어울리는 블랙 가죽의 은장식 클러치 백은 강렬하게 내 눈을 사로잡았다. 급기야 그 백만 손에 쥐면 어떤 파티에도 우아하게 등장할 수 있을 것 같았고, 사람들의 시선을 한 몸에 받을 수 있을 것만 같은 착각에 빠지기도 했다. 결국 나는 마음에 쏙 드는 클러치 백을 장만했고, 바로 다음 날 그 작고 귀여운 클러치 백을 오른손에 들고 출근했다. '굿모닝'을 외치는 순간 모든 직원들의 시선이 내게 쏠릴 거라는 흐뭇한 상상을 하면서.

하지만 결과는 참담했다. 작은 클러치 백에 지갑이며 화장품, 수첩, 펜 등을 쑤셔 넣었는지라 애를 먹으며 백을 뒤지기 일쑤였고, 주말 데이트에나 어울릴 법한 백을 들고 오피스 걸들로 북적이는 광화문 한복판에 서 있으려니 앞뒤 분간 못하는 사회 초년생이 돼버린 듯했다. 커리어에 맞지 않는 백 하나 들었을 뿐인데 말이다. 그 아찔한 상황을 경험한 뒤로, 클러치 백으로 기분을 내고 싶은 날에는 반드시 큼직한 숄더백이나 톱 핸들(Top Handle) 스타일의 가방 안에 클러치 백을 넣고 출근한다. 그리고 점심시간에 살짝 그 작고 귀여운 클러치 백을 꺼내 기분 전환을 시도한다.

나의 커리어와 어울리는 가방, 나만의 스타일과 조화를 이루는 가방, 평소의 소지품 양을 거뜬히 소화해낼 수 있는 크기의 가방, 고급스런 하드웨어(잠금장치, 체인 등의 금속 부품)를 갖춘 가방, 한정판으로 생산돼 희소성이 있는 가방, 딸에게도 물

려주고 싶을 만큼 고급스럽고 클래식한 가방……. 진정한 '잇 백'은 금방 불타오르는 폭죽 같은 사랑이 아니라 오랫동안 은은하게 타오르는 모닥불 같은 사랑일지 모른다. 그리고 그런 모닥불 같은 '잇 백'은 언제나 아름답고 환상적인, 영원한 로망이어도 좋다.

| Tip. 명품 가방 싸게 사는 비법 |

●● 공항 면세점

인천공항 면세점은 웬만한 나라의 면세점과 견주어도 부족함이 없다. 샤넬, 루이비통 등 절대 세일하지 않는 브랜드를 저렴하게 살 수 있는 유일한 쇼핑 창구가 바로 이곳 공항 면세점이다. 여기서는 백화점 매장가의 15~20% 정도 할인 가격으로 구매할 수 있다. 하지만 출국 시 US 400$ 이상의 물품을 구매하여 입국할 때 다시 가지고 들어오면 세관 신고를 해야 하는데, 400$를 제외한 금액에 대해 과세가 부여된다. 명품 가방의 경우 통상 세율이 20%이므로 결과적으로 백화점에서 구입하는 것과 큰 차이는 없다. 하지만 외국에 체류하는 가족, 친구 등에게 맡겨놓았다가 (출국 시 구입한 제품은 선물용으로 인식되어 세금이 적용되지 않으므로) 그들이 한국에 입국할 때 다시 받을 수 있다면 면세점만큼 저렴하고 안전하게 구입할 수 있는 곳도 없다.

●● 호텔 면세점 & 백화점 면세점

공항 면세점은 시간에 쫓겨 쇼핑을 해야 하는 부담감 때문에 충동구매를 할 가능성이 높다. 따라서 해외여행 계획이 있다면 사전에 호텔과 백화점 등의 면세점을 이용하는 것이 좋다. 각 면세점마다 멤버스 카드를 발급해주는데, 롯데 면세점의 경우 누적 금액에 따라 실버 회원과 골드 회원 카드를 발급해준다. 이 회원이 되면 세일 기간에도 5~15%의 추가 할인 혜택을 받을 수 있다. 동아 면세점은 구매 금액에 상관없이 그날 바로 멤버스 카드를 발급받을 수 있고 5%의 추가 할인 혜택까지 누릴 수 있다. 또한 호텔 면세점의 경우 상대적으로 인적이 드물기 때문에 최상의 서비스를 받을 수 있는 장점이 있다. 손님을 끌어모으기 위한 할인 행사와 사은품 행사 등이 많아 의외의 보너스를 맛볼 수 있으니 참고하자.

🍊 프랑스 여행 중 정기 세일

프랑스는 연간 두 번의 세일을 법으로 정해놓고 있다. 지역별로 차이가 있긴 하지만 보통 4주에서 6주간으로 겨울에 한 번, 여름에 한 번 한다. 여름 세일은 6월 말이나 7월 초에 시작해서 8월 중순에 끝나고, 겨울 세일은 1~2월 사이에 진행된다. 가격 할인율은 매장과 브랜드에 따라 차이가 있지만 30~50%를 할인 받을 수 있다. 따라서 이 기간 중 프랑스를 여행하는 사람이라면 놓치지 말아야 할 빅 찬스! 하지만 세일 기간 동안에는 늦은 밤까지 매장 밖에 줄 서 있는 사람들이 많으니, 매장 진입을 위해 몇 시간가량 줄을 서야 하는 수고는 감당해야 한다.

🍊 중고 명품 숍

압구정 로데오 거리, 명동 번화가, 분당 정자동 카페 골목 일대에 중고 명품 숍이 밀집되어 있다. 말이 중고지 한 번도 사용하지 않은 가방들이 제법 있을 뿐 아니라 흠집 없이 사용한 제품들도 상당수다. 가격은 백화점에서 판매되는 가격의 50~70% 정도. 제품의 상태와 브랜드에 따라 가격이 다양하다. 중고 숍에서 제품을 구입하는 경우 반드시 정품 인증서를 확인하자. 온라인상에서도 중고 명품을 거래하는 사이트들이 제법 있지만, 직접 방문하여 가방 상태를 꼼꼼히 점검하는 것이 안전하다.

🍊 국내 백화점의 해외 명품 세일 기간

해외 명품 브랜드는 매년 6월과 12월에 정기 할인 행사를 한다. 해당 시즌의 신상품을 소진하기 위해 할인 판매하는 만큼 유행에 뒤처지지 않은 제품을 20~50% 싸게 구입할 수 있는 절호의 찬스다. 페라가모, 버버리, 테스토니, 구찌, 펜디, 프라다, 크리스찬 디올, YSL, 토즈 등의 브랜드가 이 할인 행사에 참여한다. 세일 초반 2~3일 안에 인기 상품은 모두 소진되므로 서둘러 움직여야 원하는 제품을 구입할 수 있다. 단, 브랜드나 백화점 사정에 따라 할인율과 세일 기간이 달라질 수 있으니 사전 확인은 필수이다.

저가 화장품 속에 숨은 진주를 찾아라

여자에게 좋은 피부란 세상을 살아가는 강력한 무기와도 같다. 깨끗하고 맑은 피부를 가진 여자는 청바지와 흰 티셔츠만 걸쳐도 예쁘지만, 피부 트러블이 잔뜩 오른 여자는 어떻게 꾸며 놔도 빛이 나지 않는다. 아무리 값비싼 명품들로 치장하더라도 피부가 엉망이면 내심 '피부부터 관리하시지' 라는 생각이 절로 든다.

좋은 피부는 대부분 타고나는 편이지만 후천적인 관리를 통해서도 어느 정도 가능하다. 더욱이 요즘은 피부과와 성형외과 등에서 '도자기 피부'를 위한 여러 가지 시술이 진행되고 있으니, 피부 트러블로 마음고생하는 사

람들에게 좋은 기회가 늘어나고 있는 추세다. 그러나 뭐니 뭐니 해도 탱탱하고 깨끗한 피부를 유지하기 위한 기본은 일상 속에서의 철저한 관리다. 잘 씻고(확실한 클렌징), 잘 바르고(피부에 적합한 화장품 사용), 잘 마사지(피부 재생을 돕는 마사지)하는 것만으로도 건강한 피부를 가질 수 있다는 것. 즉, '괜찮은 화장품'을 제대로 골라서 사용하는 것이 건강한 피부를 위한 시발점인 셈이다.

하지만 넘쳐나는 수많은 화장품들 중 어떻게 '괜찮은 화장품'을 고를 수 있을까? 각종 화장품 회사들은 저마다의 마케팅 방법으로 한 살, 한 살 나이를 먹어가는 여자들에게 겁을 준다. 제대로 투자하지 않으면, 자신들이 제안하는 화장품 라인과 고가의 기능성 제품을 사용하지 않으면 금세 주름살이 늘어날 거라고 말이다.

다급한 마음에 뷰티 전문가들의 의견에 귀를 기울여보아도 혼란만 가중될 뿐이다. 유명 연예인들의 후기가 포함된 잡지 기사는 화장품 업체와 홍보 업체가 '짜고 치는 고스톱'인 경우가 대부분이기 때문이다. 기사 내용과는 달리 별도의 제품을 쓰는 경우가 상당수이니, 칭찬 일색으로 가득한 잡지 기사는 이제 더 이상 좋은 나침반이 되어주지 못한다. 결국 입소문이 난 제품의 샘플을 사용해가며 자신의 피부에 맞는 화장품을 직접 찾아내는 수밖에 없다. 이런저런 시행착오를 거치면서 찰떡궁합을 자랑하는 '그분'을 발견해야 하는 것이다.

여기서 꼭 기억해야 할 한 가지가 있다. 고가의 화장품이라고 해서 무조건 다 좋은 건 아니라는 사실이다. 재료와 기술력의 차이는 분명 존재하지만, 저가 화장품과 고가 화장품의 차이는 생각만큼 크지 않다. 아무리 고가의 제품이라도 별다른 효과가 없을 수도 있고, 반대로 저가 화장품이라도 고가 화장품 못지않은 효과를 나타내기도 한다. 따라서 유명 고가 화장

품을 무조건 구입하기보다 브랜드 별로 입소문이 난 베스트 제품들을 골라 사용하는 게 효과적이다.

　최근 화장품 사용 후기를 공유하는 카페와 블로그 등이 활발히 운영되고 있으므로 입소문 제품들에 대한 정보를 손쉽게 모을 수 있다. 특히 자신의 피부 타입과 잘 맞는 제품들만을 따로 정리해두면 관련 라인 제품을 구매할 때 매우 유용하다. 입소문과 지인들의 추천을 통해 '위시 리스트'를 완성한 뒤 이를 토대로 기회가 될 때마다 사용해보자. 본인이 직접 써본 다음 최고의 제품만을 추려 '나만의 베스트 오브 베스트 리스트'를 완성한다면 자신의 피부와 찰떡궁합을 자랑하는 제품들만을 선별해 사용할 수 있다.

　직접 '위시 리스트'를 작성하는 것이 번거롭다면 사용해보고 싶은 제품들이 생각날 때마다 휴대폰 메시지로 저장해두었다가 화장품 매장 방문 시 샘플을 받아오는 것도 좋은 방법이다. 특히 로드숍 중심으로 활성화되어 있는 국내 중저가 브랜드 화장품의 경우 다양한 이벤트를 진행하고 있기 때문에 여러 가지 샘플을 손쉽게 구할 수 있다. 관심 있는 제품의 샘플을 당당하게 요구해보자. 미래의 잠재 고객인 당신의 말을 딱 잘라 거절할 매장은 없을 것이다.

　중저가 브랜드 이야기가 나왔으니 짚고 넘어가도록 하자. 최근 국내 중저가 화장품 브랜드들은 아시아의 여심을 사로잡을 만큼 탄탄한 기술력과 우수한 품질을 자랑한다. 싸다고 깔봤다가는 큰코다칠 제품들이 적지 않다는 것이다. 더욱이 싱가포르, 말레이시아, 인도네시아 등에서는 국내 중저가 제품들이 고가의 화장품으로 판매되며 큰 인기를 끌고 있으니 '저가 화장품'으로 치부하는 인식도 버려야 한다.

국내에서 생산되는 중저가 브랜드 화장품으로는 스킨푸드, 에뛰드하우스, 더페이스샵, 미샤, 이니스프리, 보브, 뷰티크레딧 등이 있다. 이 중 기초 화장품 쪽은 스킨푸드, 이니스프리가 우수하다는 평가를 받고 있고, 색조 화장품 쪽은 미샤, 에뛰드하우스, 보브가 강세를 나타내고 있다.

그러나 기초 라인과 색조 라인을 나눠 각각의 브랜드를 서열화하기는 어렵다. 저가 브랜드라 하더라도 고가의 제품을 능가하는 대표 상품들이 있기 때문이다. 1만 원 미만의 제품들 중에도 기대 이상의 효과를 안겨주는 인기 제품이 브랜드 별로 숨어 있다. 예를 들면, 스킨푸드의 블랙 슈가, 미샤의 피팅 젤, 뷰티크레딧의 바닐라핑크 치크, 더페이스샵의 아쿠아 튜브, 이니스프리의 올리브 리얼 스킨과 그린티 수분 크림 등이 대표적인 베스트셀러이다.

유명 화장품 블로그와 사이트 등을 통해 입소문 난 제품 중에는 예상외로 중저가 제품들이 상당하다. 중저가 브랜드를 포함해 최고의 제품으로 명성을 날리고 있는 화장품을 기초 라인과 색조 라인 별로 정리해보았다.

기초 라인	브랜드	제품명	효능·효과 및 특징
스킨	이니스프리	올리브 리얼 스킨	스킨 하나로 에센스 효과
	라네즈	파워 에센셜 스킨	각질 제거 & 피부 톤 개선
로션	크리니크	클래리파잉 로션	각질 제거 효과
에센스	라네즈	하이드라 솔루션 에센스	수분 공급력 우수
	라 프레리	스킨 캐비어 크리스탈린 콘센트레	즉각적인 개선 효과

기초 라인	브랜드	제품명	효능·효과 및 특징
에센스	비오템	수르스 테라피 에센스	끈적임 없는 촉촉함
	이니스프리	에코 레시피 에센스	유기농 추출물로 민감하고 연약한 피부 보호
수분 크림	에뛰드	수분 가득 크림	고가 제품에 뒤지지 않는 수분감
	마몽드	토탈 솔루션 스마트 모이스처 크림	고보습과 지속력으로 피부 건조 예방 우수
보습 크림	키엘	울트라 페이셜 크림	부드러운 발림성
	베네피트	두잇 데일리	산뜻한 발림성
	아모레퍼시픽	모이스처 바운드 틴티드 트리트먼트 모이스처라이저	우수한 보습 효과
	아모레퍼시픽	모이스처 바운드 리프레싱 크림	향이 좋고 촉촉함
	참존	뉴콘 크림	컨트롤 크림의 지존 (특히 건성 피부에 탁월)
	마몽드	플라워 비타민 마사지	마무리감이 산뜻하고 번들거림 없이 보습 효과 뛰어남
재생 크림	에스티로더	어드밴스드 나이트 리페어(일명 '갈색병')	피부에 잘 스며들고 즉각적인 개선 효과
	설화수	자음생 크림	바르는 인삼
	이자녹스	MX-2, 화이트 X-2	피부 탄력, 미백 효과
마스크 팩	크리니크	모이스처 써지 마스크	강력한 보습 효과
	스킨푸드	라이스 팩	보습 & 브라이트닝 효과
선크림	시세이도	아넷사 마일드 선크림	민감한 피부에도 잘 맞음
	랑콤	UV 엑스퍼트	커버력과 수분 공급 우수
	라네즈	선블록 하이래스팅 SPF 50	민감한 피부에 인기 만점

기초 라인	브랜드	제품명	효능·효과 및 특징
각질 제거	스킨푸드	블랙 슈가	각질 제거 효과 탁월
클렌징	이니스프리	애플 쥬이시 리퀴드 포밍 클렌저	풍성한 거품으로 피부에 자극을 주지 않음
	슈에무라	클렌징 오일	순한 사용감
	참존	징코 내추럴 폼 클렌징	은행잎 추출물로 피부를 매끄럽게 함

색조 라인	브랜드	제품명	효능·효과 및 특징
메이크업 베이스	MAC	스트롭 크림	피부 톤 보정 우수
	에뛰드	에뛰드하우스 진주알 수분 메이크업 에센스	메이크업의 밀착력 높임
프라이머	바닐라코	프라임 프라이머	피지 조절 & 촉촉함 유지
파운데이션	에스티로더	더블웨어 파운데이션	매트한 사용감으로 지성 피부에 특히 적합함
	미샤	M. 퍼펙트 커비 B.B.	커버력 우수
	슈에무라	프로 컨실러	상처까지도 커버 가능
컨실러	헤라	다크 서클 브라이트너	눈 밑의 칙칙한 피부 톤을 환하게 보정
파우더 & 팩트	마몽드	파우더 팩트	밀착력 & 지속력 우수
아이섀도	바비펫	바비걸즈 듀얼 아이섀도	'핑크 브라운' 강세
	아리따움	아이 퍼펙션	'새틴 베이지' 베이스로 활용 만점
	아멜리	스윗 다이아몬드 섀도	'웨딩 부케' 선호도 높음
아이라이너	스킨푸드	블랙라이스 펜 아이라이너	디테일한 아이라인 표현 & 워터 프루프 기능

색조 라인	브랜드	제품명	효능·효과 및 특징
아이라이너	바닐라코	아이 러브 젤 아이라이너	부드럽고 자연스러운 표현 가능
마스카라	키스미	키스미 마스카라	뭉침 없이 길고 풍성하게 표현 가능
	에뛰드	볼륨업 마스카라	컬 하나하나까지 살려줌
속눈썹 에센스	에뛰드	닥터 래쉬 앰플	힘없는 속눈썹에 탄력 부여
립밤 & 립스틱	키스마이페이스	키스마이페이스 립밤	수분·영양 공급
	에뛰드	55 베이비 립 프로젝트	강한 끈적임으로 각질 일어난 입술에 특효
	헤라	루즈 홀릭	밀착감이 뛰어남
미스트	이니스프리	모이스처 미스트	산뜻한 허브 향 & 수분 공급
	아모레퍼시픽	모이스처 바운드 스킨 에너지 미스트	대나무 수액 향 & 생기 부여
트러블 전문 제품	비쉬	놀마덤 안티 트러블 응급 스틱	메이크업 후에도 몇 번씩 덧바를 수 있어 편리함

자신의 피부에 딱 맞는 화장품을 찾았다면, 이제는 제대로 알고 피부에 적용할 차례다. 여러 라인의 제품을 무조건 많이 바른다고 해서 피부에 좋은 건 아니다. 과하게 화장품을 덧바르면 오히려 피부가 숨을 쉴 수 없어 땀, 피지, 노폐물의 배출을 방해한다. 따라서 각 단계마다 과하지도 부족하지도 않은 적당한 관리가 중요하다.

피부 관리의 기본은 클렌징, 자외선 차단, 보습, 피부 자체의 재생력 확보다. 이 네 가지 원칙을 단계별로 잘 지키면 남부럽지 않은 피부를 만들 수 있다. 우선 피부 관리의 생명인 클렌징부터 살펴보자. 메이크업 잔여물이 남지 않도록 꼼꼼하게 씻어내는 것이 중요한데, 일부 매체에서는 3중,

4중 세안까지 권하며 완벽한 클렌징을 강조한다. 하지만 무리하게 세안할 경우 피부에 꼭 필요한 유분까지 빼앗길 수 있으므로 이는 잘못된 방법이다. 클렌징에서 기억해야 할 것은 자신의 피부 타입에 맞는 클렌징 스타일을 선택하되 순하고 자극 없는 제품을 이용하는 것이다. 3중, 4중 세안보다는 해면 등을 이용해 한 번의 세안만으로 완벽한 클렌징을 하는 것이 좋다. 약산성이되 물에 잘 헹궈지는 순한 제품을 선택하여 피부 밸런스를 유지하는 것이 키포인트. 특히 민감한 눈과 입술에는 전용 제품을 사용하고, 예민한 피부라면 아기들이 사용하는 무향, 무색소의 베이비 클렌저를 사용해도 좋다.

두 번째로 중요한 것은 바로 자외선 차단이다. 자외선이 제대로 차단되지 않으면 색소 침착은 물론 잡티와 피부 트러블로 고생할 수밖에 없다. 주름도 쉽게 생기고 피부 탄력도 떨어진다. 자외선은 새로운 세포를 생성하고 촉진하는 레티놀 생성을 억제하고, 피부의 신진대사를 돕는 비타민 C 등을 파괴하기 때문이다. 자외선 앞에서 바로 꼬리를 내리는 레티놀의 특성상 피부 재생과 탄력에 도움이 되는 고가의 레티놀 제품을 사용한들 자외선이 제대로 차단되지 않으면 효과를 기대할 수 없다.

자외선 차단제를 선택할 때의 포인트는 SPF 지수와 PA 지수다. 흔히 SPF 지수가 높은 제품을 선호하는데, 사실 두 가지 지수가 모두 표기된 제품을 사용해야만 자외선을 제대로 차단할 수 있다. SPF는 UVB 차단 효과를 수치로 나타낸 것이고, PA는 기미, 주근깨, 색소 침착, 주름 등을 유발해 직접적인 피부 노화를 일으키는 UVA의 차단 정도를 나타낸 수치다. SPF는 25~50 등 숫자로 차단 정도를 표기하고, PA는 PA＋, PA＋＋,

PA+++ 등으로 표기한다. 물론 숫자가 높거나 + 표기가 많을수록 차단 정도가 우수함을 의미하지만 정작 중요한 것은 이런 지수가 아니다.

자외선 차단제 사용에서 가장 중요한 것은 '자주 덧바르는 것'이다. 기초 화장품만 바른 '민낯'이라면 물티슈 등을 이용해 땀과 피지 등을 닦아내고 두세 시간에 한 번씩 덧발라주면 된다. 비비크림, 파운데이션, 파우더 등으로 메이크업을 마무리한 상황이라면 기름종이로 유분기를 잡아주고 자외선 차단제를 덧바른 뒤 전체적으로 얼굴의 뭉침과 얼룩을 수정하는 작업이 필요하다. 메이크업 위에 덧바르기가 겁난다면 팩트 형태의 자외선 차단제를 활용해도 좋다. 뭉침이나 번짐을 염려하지 않아도 된다는 것이 장점이다. 뭉침이 많거나 땀을 많이 흘린 경우라면 클렌징 티슈를 이용해 피부를 어느 정도 정리한 다음 덧발라야 무리가 없다. 자외선 차단제는 물이나 땀이 묻은 상태에서 바르면 차단 효과가 떨어지기 때문에 세안 후 완전히 건조된 상태에서 바르는 것이 가장 좋다. 또한 외출하기 30분 전에 미리 발라놓아야 자외선으로부터 피부를 보호하는 막이 형성된다.

자외선 차단이 완성됐다면, 다음 단계는 보습이다. 이는 아무리 강조해도 지나치지 않는 가장 중요한 단계이기도 하고, 개인적으로 가장 애착을 갖고 공을 들이는 단계이기도 하다. 보습을 모이스처라이징 단계라고도 부르는데, 피부의 보습을 주는 모든 제품을 모이스처라이저라고 부른다.

모이스처라이저는 피부에 얇은 유분막을 씌워 수분을 잡아주는 역할을 한다. 수분 크림, 보습 크림, 에센스 등이 모두 이 모이스처라이저에 해당된다. 수분 크림은 피부에 수분을 공급하는 제품으로 푸딩과 같은 질감에 바르는 즉시 수분이 감도는 효과가 있다. 한편 보습 크림은 피부의 수분을 보호하고 유분기를 공급함으로써 장기간 유·수분 밸런스를 유지시킨다. 하지만 요즘은 수분 크림에도 보습 기능이 첨가되어 수분 크림과 보습 크

림의 구분이 모호해졌다.

 보습 단계에서 가장 유념해야 할 것은 보습 라인들을 효과적으로 사용하는 방법이다. 일반적으로 수분 함량이 높고 묽은 제품부터 유분 함량이 많은 걸쭉한 제품 순으로 바르면 흡수력을 높일 수 있다. 예를 들어, 토너로 피부 결을 정리한 후 액체 타입의 에센스를 바르고 보습 및 재생 크림의 순으로 마무리하면 된다. 이때 피부의 탄력을 높일 수 있도록 적당한 마사지와 병행하면 효과가 배가된다. 단시간에 집중적으로 보습 효과를 높이고 싶다면 마스크 시트 팩을 이용해보자. 샤워 후 일명 '아줌마 크림'으로 불리는 컨트롤 크림을 충분히 발라 마사지와 병행하는 것도 피부에 보습을 듬뿍 주는 좋은 방법이다.

| Tip 1. 저가 화장품을 더욱 저렴하게 구입하는 노하우 |

중저가의 국내 화장품 브랜드들은 특정한 날 큰 폭의 세일을 단행한다. 날짜에 맞춰 상품을 구입하면 20~50%까지 할인받을 수 있다.

- 미샤: 매달 10일은 '미샤 데이'로 20% 할인
- 이니스프리: 매달 둘째 주 수요일은 '이니스프리 데이'로 30% 할인(단, 이니스프리 홈페이지를 통해 일련번호를 부여받아야 함)
- 뷰티크레딧: 매달 마지막 주 주말은 '뷰티크레딧 데이'로 50% 할인
- 에뛰드: 회원 가입 시 10% 할인 혜택, VIP 회원은 30% 할인 혜택

| Tip 2. 솔직 담백한 사용 후기가 가득한 사이트 |

어떤 제품을 사용해야 할지 망설여진다면, 화려한 광고에 더 이상 현혹되고 싶지 않다면 네티즌들의 리얼한 사용 후기가 가득한 사이트를 방문해보자. 제품 별, 브랜드 별로 자세한 정보를 얻을 수 있다. 만장일치 베스트로 손꼽히는 제품들도 있지만, 피부 타입에 따라 상이한 평가가 이어지는 제품들도 있으니 자신의 피부 타입부터 숙지한 뒤 깐깐하고 꼼꼼한 네티즌들의 평가에 귀를 기울여보자.

- 파우더룸: cafe.naver.com/cosmania
- 페이스 메이커: www.ifacemaker.com
- 쁘띠씨엘의 작은 세상: blog.naver.com/azrael000
- 매거진 파파: cafe.naver.com/magazinepapa
- 문데렐라의 발칙한 하루: www.cyworld.com/mjh860503

뷰티와 관련된 속설 점검, '진실과 거짓'

더욱 예뻐지기를 희망하는 여자의 마음은 동서고금을 막론하고 같았나 보다. 클레오파트라와 양귀비는 투명하고 하얀 피부를 갖기 위해 그 옛날 진주를 이용한 천연 비누를 만들어 사용했고, 조선시대 절세미인으로 손꼽히는 황진이는 부드러운 피부를 위해 사포닌 성분이 들어 있는 인삼 잎을 늘 달여 마셨다고 하니, 예나 지금이나 예뻐지기 위한 여자들의 끊임없는 노력은 감격스럽기까지 하다.

이처럼 역사적인 스캔들과 함께 세기의 미인으로 기억되고 있는 그녀들에게는 자신만의 뷰티 노하우가 있었다. 이제 그 노하우들은 하나의 전설이 되어 아름다움을 탐하는 후대 여성들에게로 전해지고 있다. 문제는 아무런 근거도 없는 이른바 거짓 속설들 역시 넘쳐나고 있다는 것이다. 내가 어렸을 때 우리 할머니는 '불을 끄고 천도복숭아를 먹으면 예뻐진다'는 말도 안 되는 이야기로 시큼한 복숭아를 먹이셨으니, 어쩌면 우리가 진실처럼 믿어온 수많은 '예뻐지는 비결' 속에는 말도 안 되는 가짜가 상당할지도 모른다. 그렇다면 이제 진리처럼 믿어왔던 그 속설들을 점검해볼 때다. 예뻐진다는 주변 사람들의 말에 무작정 시도해왔던 그 속설들, 과연 진실일까 거짓일까?

사우나를 자주 하면 피부가 좋아진다? (X)

운동, 스파, 사우나 등을 하고 나면 피부가 좋아진다고 느끼는 사람이 많다. 체내 독소를 배출하는 데 도움을 주기 때문이다. 몸 밖으로 독소가 배출되면서 피부 트러블도 줄어들고 개운한 느낌이 드는 것. 하지만 지나치게 땀을 빼면 오히려 몸속 수분을 빼앗겨 천연 보습막까지 파괴되는 부작용을 낳는다. 잦은 사우나는 피부를 건조하게 하고 탄력을 잃게 만드는 주범이기 때문이다. 따라서 장시간의 사우나로 많은 땀을 빼는 것은 삼가자. 횟수도 2주에 한 번이면 족하다. 입욕은 10분을 넘기지 않는 것을 원칙으로 하고, 찬물과 더운물에 번갈아 입욕하는 것이 피부 탄력을 유지하는 데 이롭다. 사우나 후 물기가 마르기 전에 보디 로션을 발라주면 빼앗긴 유·수분을 보충할 수 있다.

연어는 다크 서클을 없애는 일등 공신이다? (X)

팬더처럼 눈 밑이 거무스레하게 변하는 다크 서클은 실제 나이보다 서너 살은 많아 보이게 하는 여성 최대의 적이다. 일부 매체와 사람들은 연

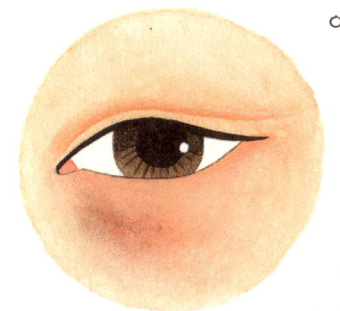
어가 다크 서클에 효과 만점이라고 하지만 한 달 동안 연어만 먹어보면 별다른 소용이 없음을 알게 될 것이다. 다크 서클이 생기는 이유는 스트레스, 피로와 자외선 등에 의한 색소 침착 때문이다. 일부 여성들의 경우 노화가 일찍 진행되면서 눈 밑 지방이 중력 방향으로 처져 진한 다크 서클이 생기기도 한다. 다크 서클을 예방하는 근본적인 처방은 눈가의 보습을 유지하고 탄력을 강화하는 것밖에 없다. 연어가 다크 서클 예방에 좋다고 하는 이유는 비타민과 무기질이 혈액순환을 돕기 때문인데, 혈액순환을 개선하는 것만으로는 큰 효과를 볼 수 없으며 눈 밑의 지방 재배치나 필러 등의 레이저 치료를 통해서만 근본적인 문제를 해결할 수 있다. 아직 심각한 정도가 아니라면 연어뿐만 아니라 해바라기 씨, 호도 같은 견과류와 브로콜리, 양배추 등의 섭취를 통해 어느 정도 예방할 수 있다.

성난 여드름엔 채소와 야채즙이 효과적이다? (O)

여드름이 마구 솟아나는 것은 오장육부에서 열이 나는 증거일 확률이 높다. 무를 강판에 갈아 즙을 낸 뒤 약한 불에 농축시키고 화장솜에 묻혀 여드름 부위에 올려놓거나 오이즙을 바르면 상당한 진정 효과를 볼 수 있다. 또 시금치를 7분 정도 삶아 식힌 뒤 그 물로 세안을 하면 한결 피부가 깨끗해진다. 알로에는 피부 진정 효과는 물론이고 열을 낮추는 기능이 있으니, 일시적으로 트러블이 심해진다면 알로에를 조각내어 차게 만든 뒤 트러블 부위에 올려두면 좋다. 하지만 뭐니 뭐니 해도 여드름의 근본적인 치료는 전문가와의 상담을 통한 것이 가장 확실하다는 점을 기억하자.

각질 제거는 자주 하는 것이 좋다? (×)

모든 화장품 회사들은 다양한 각질 제거제를 선보이며 일주일에 한두 번은 꼭 각질 제거를 해야 한다고 말한다. 묵은 각질이 얼굴을 뒤덮고 있으면 수분 흡수도 더디고 보들보들한 피부로의 재생 또한 쉽지 않다는 것이다. 하지만 각질을 심하게 깎아내면 피부 보습막이 파괴되어 건조해지고 잦은 트러블을 호소하게 될 수 있다. 노폐물을 제거하기 위한 각질 제거는 일주일에 한 번이면 충분하다. 더구나 클렌징 제품에 각질 제거 성분이 들어 있다면 따로 할 필요가 없다. 오래된 각질들은 수면 중에 스스로 피부 바깥쪽으로 떨어져나가 새로운 세포가 생성되기 때문이다. 각질 제거제를 사용한 후에는 에센스, 수분 크림 등으로 수분을 충분히 공급해주는 것이 중요하다. 잦은 각질 제거로 피부가 민감성으로 바뀌어버리는 것이야말로 진짜 속상한 일이 아닌가.

화장품은 듬뿍 발라야 보습에 좋다? (×)

간만에 피부에 신경 쓰는 날이면 각종 화장품을 듬뿍 찍어 얼굴에 바른다. 왠지 많이 발라야 피부에 영양분을 듬뿍 공급할 수 있을 것 같기 때문이다. 하지만 화장품 전문가들은 아무리 좋은 화장품이라도 피부가 흡수할 수 있는 양에는 한계가 있다며 적당량을 권한다. 어떤 화장품이든 바르고 난 뒤 건조함을 느끼지 않을 정도가 적당한 사용량이다. 특히 화이트닝이나 주름 개선 같은 기능성 화장품의 경우 최적의 효과를 낼 수 있는 성분들의 양인 '한계 농도'라는 것이 있기 때문에 많이 바른다고 해서 더 좋은 효과가 나타나는 것은 아니다. 오히려 스킨케어 제품이 피부에 제대로 흡수되지

않으면 색조 화장 시 때처럼 밀려 나오거나 뭉칠 수 있으니 주의하자.

촉촉한 피부를 위해 하루 2L 이상의 물을 꼭 마셔야 한다? (×)

많은 사람들이 하루에 2L 이상의 물을 마셔야 체내 수분을 유지하고 변비를 방지해 촉촉한 피부를 만들 수 있다고 믿는다. 그러나 사실 이 이야기는 과학적 근거가 없는 말이다. 물 이외에도 차, 수분 함량이 많은 과일과 채소 등 다양한 음식을 통해 수분을 보충할 수 있기 때문이다. 몸에 열이 많은 사람은 갈증을 자주 느끼고 수분을 많이 필요로 하므로 하루에 2L 이상의 물을 마시는 것이 좋지만, 사람마다 수분 대사 능력과 필요한 물의 양이 다르므로 하루 수분 섭취량을 일률적으로 적용할 수는 없다. 오히려 지나치게 많은 물을 섭취하면 소화 기능이 떨어져 피부 트러블이 일어나는 사람도 있다. 다만, 하루 2L의 물을 마실 정도의 열의가 있는 여자라면 피부와 건강을 위해 다른 소소한 부분에도 신경을 쓸 확률이 높기 때문에 피부가 좋은 경우가 많다는 게 전문가들의 귀띔이다.

사랑니를 발치하면 얼굴이 작아진다? (△)

사랑니가 자랄 때마다 욱신욱신 쑤시는 통증에서 벗어나기 위해 치과를 찾았다. 하지만 막상 요란한 드릴 소리를 들으니 사랑니 발치를 포기하고 싶은 마음이 굴뚝같았다. 그런 날 달래준답시고 한 간호사가 말했다. "사랑니 발치하면 얼굴이 갸름해져요." 사랑니를 발치하면 얼굴형이 갸름해진다는 말도 있고 실제로 효과를 봤다는 사람들도 있다. 과연 정말 그럴까? 전문가들은 사랑니의 위치에 따라 발치한 뒤 얼굴이 다소 갸름해 보이기도 하지만 모두에게 적용되는 것은 아니라고 말한다. 다만 하관이 넓은 사각턱 소유자의 경우 사랑니가 반듯하게 자랄 여지가 상대적으로 높기 때문에 커다란 양쪽의 사랑니를 모두 발치하고 나면 갸름해 보일 수도 있다. 그러나 이 경우 사랑니 발치뿐만 아니라 각진 턱 근육의 부피를 줄여주는 보톡스 시술까지 해주어야 확실히 얼굴이 갸름해지는 효과를 느낄 수 있다.

여자는 결혼하면 여드름이 싹 사라진다? (×)

울긋불긋 솟아나는 여드름 때문에 고민하던 시절 선배 언니가 말했다. "괜찮아! 결혼하면 자동으로 다 사라져." 주기적인 성생활을 통해 왕성한 성욕이 해소되면 여드름이 사라진다는 것이다. 하지만 전문가들의 실험에 따르면 성생활과 여드름에는 별다른 연관성이 없다. 오히려 일부 여성들의 경우 주기적인 성생활을 시작한 뒤에 여드름이 발생하기도 한다. 생리학적으로는 성호르몬이 여드름 발생에 직접적인 영향을 끼치기는 하지만 성욕 자체가 여드름 발생의 직접적인 원인은 아니다.

치명적인 결함을 부르는
엉성한 보디 케어

매력적인 외모는 사소한 디테일에서 완성된다. 아무리 값비싼 옷가지와 액세서리로 치장하고 도자기 피부를 자랑한다 한들 아찔한 킬힐 사이로 하얀 각질이 일어난 끔찍한 발뒤꿈치가 보인다면, 해맑은 웃음 뒤에 누런 이가 반짝반짝 빛난다면 매력 지수는 한순간에 곤두박질칠 것이다.

완벽한 미모와 몸매를 과시하던 지인에게서 사소한 결점을 발견하고는 큰 실망을 한 바 있다. 연예인 뺨치는 외모의 그녀와 길거리를 함께 걷노라면 뭇 사람들의 시선이 일제히 쏟아졌다. 인형 같은 외모의 그녀에게 나는 늘 질투와 시기 어린 감정들을 느끼곤 했다. 그러던 어느 날 그녀와 차를 마시고 있는데 이상하게 그녀의 두피 쪽으로 눈길이 갔다. 자세히 살펴보니 비듬으로 간주되는 흰 가루들이 그녀의 두피 곳곳에서 눈에 띄었다. 그뿐만이 아니었다. 찻잔을 들고 있는 그녀의 손가락에는 큐티클이 지저분하게 일어나 당장이라도 뜯어내주고 싶은 마음이 들었다. 두피와 손가락에 일어난 각질들을 보고 있자니, 백조처럼 우아한 그 자태 뒤에 지저분하고 엉망인 그녀의 진짜 모습이 숨어 있을 것만 같았다.

 나이가 들수록 얼굴뿐만 아니라 보디 전체에 세심한 주의를 기울여야 하는 이유가 여기에 있다. 어느 정도 사회생활을 한 남자들은 상대방을 관찰할 때 옷차림새는 물론이고 표정, 말투, 사소한 신체 디테일까지 포함해 점수를 매긴다. 타고난 미모가 뛰어나더라도 옷맵시가 촌스러우면 가차 없이 낮은 점수를 주고, 아무리 근사한 몸매를 자랑하더라도 얼굴 가득 어색한 메이크업이 뒤덮여 있으면 매력적인 여자라고 생각하지 않는다.

 별것 아니라 치부하고 그간 소홀했을지 모를 보디 케어 전반을 돌아보자. 두 눈에 하트를 그리며 호감을 표명하던 소개팅 남이 갑자기 차가운 모습으로 돌변한 이유가 황금색을 띠는 당신의 누런 이 때문은 아니었는지, 미처 제거하지 못한 겨드랑이 사이로 삐져나온 털 때문은 아니었는지 곰곰이 떠올려보면서 말이다.

갑자기 손이 푸석푸석해졌다면

 따뜻한 물에 레몬즙을 섞은 뒤 5분 정도 손을 담그고 나면 훨씬 화사하고 보송보송해진 느낌을 받을 수 있다. 또한 스팀 타월을 이용해 손을 감싼 뒤 핸드 전용 크림을 충분히 발라 마사지하고 랩으로 5분 정도 감싸놓으면 몰라보게 매끈해진다. 핸드크림으로는 록시땅 '시어버터'와 '로즈 핸드크림'이 입소문 제품들로 손꼽힌다. 환절기에 갑자기 손이나 입 주변에 허연 각질이 일어났을 때는 바셀린이나 페이스 오일을 발라주면 응급 처방을 할 수 있다.

윤기 있는 손톱을 위해 립밤을 애용하자

입술이 건조해졌을 때 바르는 립밤은 윤기 있는 손톱을 만드는 데 일등 공신이다. 끈적임이 없는 립밤 타입이나 투명한 립 케어 제품을 손톱 위에 얹은 다음 손톱과 큐티클에 골고루 문지르면 윤기 있는 손톱을 만들 수 있다. 생각보다 빨리 흡수되고 끈적임도 적어 손쉽게 이용할 수 있는 방법이다. 핸드크림을 바를 때 손은 물론 손톱까지 꼼꼼히 발라주는 것도 큐티클을 예방하는 방법 중 하나다. 손톱 전용 제품 중 올리브 영에서 판매하는 밤 타입의 '버츠비 레몬 큐티클 크림'이 좋은 평가를 받고 있다.

족욕 후 풋 크림, 매끈한 발을 완성하는 비결

발은 쉽게 피로해지고 자주 혹사당하는 부위이기 때문에 발 상태에 따른 적절한 관리가 필요하다. 각질이 일어났다면 족욕 후 풋 스크럽제를 발라 각질을 제거해주자. 각질 제거 후에는 풋 전용 마스크나 풋 크림으로 마무리해야 촉촉하고 예쁜 발을 유지할 수 있다. 굳이 고가의 풋 크림을 살 필요는 없다. 집 안에 돌아다니는 핸드크림, 영양 크림, 마사지 크림 등이 모두 풋 크림 대용으로 만점이기 때문이다. 충분히 크림을 바른 뒤 한 시간 정도 양말을 신고 있으면 효과는 배가된다. 전문 풋 크림으로는 '아비노 인텐스 릴리프 풋크림'이 좋은 평가를 받고 있다. 또한 각질만큼이나 예쁜 발을 망치는 주범으로 굳은살을 빼놓을 수 없다. 집에서도 늘 슬리퍼를 착용해 발에 굳은살이 생기지 않도록 주의한다. 한 번 생긴 굳은살은 좀처럼 없애기 힘들 뿐만 아니라 발뒤꿈치까지 드러나는 여름 샌들을 신을 때면 스타일까지 망칠 수 있다.

털과의 전쟁, 제대로 알고 해야 탈이 없다

다양한 제모법에는 각각의 장단점이 있기에 꼼꼼히 살펴보고 선택할 필요가 있다. 먼저 가장 대중적인 자가 제모는 면도기나 족집게를 이용하여 피부에 자극을 주기 때문에 트러블을 일으키거나 각질층을 상하게 하고 세균 침투의 원인이 될 수 있다. 자가 제모를 할 때는 제모할 피부에 충분히 보습력을 높인 후 털이 난 방향으로 제모해야 하고, 모낭염 방지를 위해 면도날을 자주 갈아줘야 한다. 저렴한 비용으로 간편하게 이용할 수 있는 제모 크림은 편리한 반면 피부가 민감한 사람에게는 부작용이 우려된다. 오랜 시간 도포할 경우 화학 성분으로 인해 화상을 입거나 붉은 반점 등이 생길 수도 있다. 따라서 제모 전 팔의 안쪽 피부에 패치를 대어 부작용을 확인하고 몸에 남아 있는 약품이 없도록 특별히 주의를 기울여야 한다. 최근 인기를 얻고 있는 레이저 영구 탈모법은 털을 만들어내는 모근을 파괴해 영구적인 제모를 꾀하는 것인데, 1~2개월간 3~4회 정도 치료하면 80% 이상 영구 제모가 가능하다. 제모 전문 레이저로는 알렉산더라이트 레이저, 루비 레이저 등이 있으나 최근에는 스무스쿨 HR 레이저가 각광 받고 있다. 단, 시술 부작용으로 간지러움과 흉터를 호소하는 경우가 잦으니 충분한 조사와 상담을 통해 신중히 선택해야 한다.

집에서 끝내는 효과 만점 두발 관리

미용실에서 머리를 할 때마다 한결같이 듣는 말이 있다. "모발이 많이 상하셨네요. 관리를 따로 받으셔야겠어요." 그 한마디에 울며 겨자 먹기

식으로 고가의 트리트먼트까지 추가해 결국 엄청난 비용을 지불하게 된다. 하지만 평소 홈 케어만 잘해도 두피 케어에 거금을 투자할 필요가 없다. 건강한 모발은 건강한 두피에서 비롯되는 법! 책상이나 사무실 한쪽에 헤어브러시를 비치해두고 생각날 때마다 두피를 가볍게 두드리자. 적당한 자극만으로도 건강한 두피를 얻을 수 있다. 머리를 감을 때는 샴푸를 두피에 직접 묻히지 말고 손으로 충분히 거품을 낸 뒤 두피 전체에 골고루 문질러야 한다. 이때 브러시를 이용해 살살 마사지하면 더욱 좋다. 샴푸 습관만 바꿔도 모발이 금세 건강해지는 것을 확인할 수 있을 것이다. 최근에는 두피 전문 상품들이 다양하게 출시돼 있으므로 보다 전문적인 홈 케어가 가능하다. 샴푸 후 어느 정도 머리를 말린 뒤 스타일링 제품이나 에센스를 발라주는 부지런까지 떤다면 미용실 가는 일이 두렵지 않을 것이다.

좀 고민해봐야 하는 속눈썹 연장술

길고 풍성한 속눈썹은 눈매를 더욱 깊고 또렷하게 보이도록 하고 여성스러움까지 극대화시킨다. 때문에 긴 속눈썹은 모든 여성들의 로망이다. 미용실이나 피부 관리숍 등에서 속눈썹 연장술을 받을 수 있는데, 접착제로 인조 눈썹을 붙이는 시술 방식이다. 보통 한 달간 그 효과가 지속되지만, 문제는 속눈썹 주위에 염증이나 알레르기가 나타날 수 있고 본래 자신의 속눈썹이 상당량 빠진다는 점이다. 속눈썹 연장술을 받고 난 뒤 반으로 줄어버린 속눈썹 때문에 애태우는 여성들이 적지 않다. 머리카락을 속눈썹 모낭에 이식하는 영구적인 방법도 있는데, 이식된 속눈썹은 위로 올라

가지 않아 자라나는 눈썹을 1~2주에 한 번씩 잘라주는 등 지속적인 관리가 필요하다. 긴 속눈썹을 향한 열망은 십분 이해하지만 좀 고민해볼 필요가 있는 시술이다.

'쌩얼'을 선호한다면 반영구 화장을

반영구 화장이란 땀이나 물에 지워지지 않으며 오래 지속되는 화장을 뜻한다. 피부의 진피층까지 깊숙이 색소를 넣는 기존의 문신과 달리 표피층까지만 메이크업이 진행된다. 표피층의 피부 세포가 신진대사를 거듭하면서 세포의 탈각화로 인해 2~5년에 걸쳐 자연스럽게 지워진다. 반영구 화장은 주로 눈썹과 아이라인, 입술에 적용 가능하다. 특히 눈썹과 아이라인 반영구 화장이 큰 인기인데, 눈썹 반영구 메이크업을 할 때는 머리카락이나 눈동자 색에 맞추어 자연스럽게 표현하는 것이 중요하다. 아이라인 반영구 화장은 아이라인을 속눈썹 사이사이에 그려 넣고 속눈썹 꼬리를 길지 않게 하여 눈의 윤곽을 또렷하게 할 뿐 아니라 눈매를 더욱 세련되고 깊게 연출한다. 단, 영구적인 문신은 절대 금물이다. 수정이 어려울 뿐 아니라 억세고 고집스러운 이미지를 만들기 때문이다. 영구 문신처럼 얼굴을 망치는 주범도 없으니 절대 주의해야 한다.

해맑은 미소를 원한다면 치아 미백부터

깨끗한 이미지를 전달할 수 있는 하얀 이에 대한 선호가 높아지면서 치아 미백을 원하는 여성들이 늘고 있다. 치아 미백은 치아 속의 색소를 미

백 약제를 통해 탈색시키는 치료다. 치아 미백 효과를 유지하기 위해서는 1년에 한 번 정도 터치업 치료를 받아야 하는데, 치아에 미세한 균열이 있거나 마모가 심한 경우에는 효과가 떨어지고 치아가 시릴 수 있으므로 면밀한 검사가 필요하다. 미백과 교정을 동시에 하고 싶다면 라미네이트 시술을 받는 것이 좋다. 라미네이트는 1~2년 정도 걸리는 일반 교정에 비해 7~10일 만에 가지런한 치아로 만들 수 있는 급속 교정술이다. 문제 치아의 겉 표면을 살짝 삭제한 뒤 그 위에 세라믹 팁을 붙이는 방식이다. 입이 돌출되었거나 이가 가지런하지 못한 경우 교정과 함께 누런 치아를 한 번에 해결할 수 있는 시술이다.

잡티 제거와 미백을 한 번에, IPL

얼굴 전체에 퍼져 있는 잡티를 없애고 얼룩덜룩한 색소 침착, 주근깨, 기미까지 제거하고 싶다면 시도해볼 만한 시술이다. 보통 IPL은 1개월 간격으로 3회에 거쳐 이뤄지는데, 마지막 시술 시점이면 상당한 개선 효과를 기대할 수 있다. 첫 시술 후에는 오히려 색소 침착이 짙어지고 기미, 주근깨 등 잡티까지 두드러지지만 2~3일이 지나면서부터 피부가 점차 맑아진다. 가격은 1회 평균 15~20만 원 선이다. 만약 얼룩덜룩한 색소 침착보다 기미, 주근깨 등의 잡티 제거가 주목적이라면 IPL보다는 레이저 토닝을 권한다. 기미 치료를 할 때는 어떤 레이저 시술이든지 5회 이상 반복해야 효과를 볼 수 있다.

피부 미인 따라잡기

나는 예민한 피부를 가지고 있다. 수면 시간이 부족하거나 스트레스 지수가 높은 날이면 어김없이 뾰루지가 솟아오르고, 생리 주기 때마다 피부 트러블이 끊이지 않는다. 한 달의 반 가까이 지저분한 피부로 살아가고 있으니 여간 신경 쓰이는 게 아니다. 정기적으로 피부과도 다니고 마사지 숍도 다니고 있지만 크게 개선되는 것 같지 않다. 관리를 받으면 며칠간만 유지될 뿐 금세 원래대로 돌아오니 말이다. 그런데 우연히 수면 시간을 조절하거나 식습관에 변화를 줬을 때 피부의 질이 근본적으로 개선되는 걸 깨달았다. 외관상의 치료를 아무리 해도 나아지지 않던 피부 트러블이 내부적인 변화를 꾀하니 차츰 좋아지기 시작한 것이다.

새로운 사실을 경험하고부터 도자기 피부를 자랑하는 주변인들을 살펴보니 타고난 피부를 유지하기 위해 평소 식습관은 물론 운동 습관과 생활 습관까지 세심하게 신경 쓴다는 사실을 알게 됐다. 말로는 "특별히 피부에 투자하는 것 없어"라고 하지만 그녀들의 일상을 면밀히 들여다보면 고운 피부를 사수하기 위해 눈물겨운 투쟁을 벌이고 있다는 사실을 깨닫게 된다. 예를 들면 이런 것들이다.

친구 중 한 명은 '여자에게 피부는 권력'이라는 말을 실감하게 한다. 특별히 눈에 띄는 미인이 아님에도 어찌나 탄력 있고 건강하고 뽀얀 피부를 가졌는지 빨간 립스틱 하나만 발라도 무척 생기 있고 섹시해 보인다. 그녀 역시 자신의 피부가 곧 경쟁력임을 알고 있어서인지 피부 건강을 유지하기 위한 각고의 노력을 기울인다. 첫째, 그녀는 절대 인스턴트 음식을 먹지 않는다. 가끔은 기름진 라면이나 햄버거가 생각날 법도 한데 결코 유혹에 흔들리는 법이 없다.

"인스턴트 음식을 먹고 나면 며칠 동안 얼굴에 유분감이 돌아서 작은 뾰루지들이 생기거든. 피부가 싫어한다는 뜻이야. 그래서 난 절대 안 먹어."

그뿐만이 아니다. 집 앞 공원을 잠깐 산책할 때에도 그녀는 자외선 차단제를 공들여 바른다. 챙이 긴 모자와 선글라스도 잊지 않는다. 피부에 대해서만은 누구 못지않은 완벽주의자인 것이다.

"귀찮다고 피부를 자연광에 막 노출하다 보면 나도 모르는 사이에 주근깨와 잡티가 하나 둘 늘어나. 잡티만 없어도 피부가 얼마나 깨끗해 보이는 줄 아니?"

예쁜 피부를 자랑하는 그녀들에겐 이처럼 특별한 비밀들이 숨어 있다. 그렇다면 피부 미인들이 쉽게 알려주지 않는 그들만의 크고 작은 생활 습관부터 반드시 삼가야 할 습관까지 꼼꼼히 살펴보자.

오장육부가 건강해야 피부도 예쁘다

한방에서는 오장육부에 문제가 생기면 그 경락이 지나가는 얼굴 부위에 피부 트러블이 생긴다고 본다. 내장 기관이 건강하지 않다는 신호가 얼굴에 나타난다는 것이다. 양쪽 뺨에 나는 여드름과 뾰루지는 위장에 열이 있다는 신호이고, 생리 주기에 빈번한 턱 주변의 여드름과 뾰루지는 자궁이나 신장에 문제가 있다는 신호이다. 또한 폐에 열이 많을 경우 블랙헤드가 심해지기도 한다.

미인은 잠꾸러기

원고 마감으로 수면 시간이 완전히 뒤바뀐 적이 있었는데, 그때 내 피부는 보는 사람들마다 무슨 일 있냐고 물을 만큼 트러블이 심했다. 전문의와 상담을 해보니 문제는 바로 '수면 시간'이었다. 피부는 밤 10시부터 새벽 2시 사이에 세포의 신진대사가 높아져 낮보다 열 배는 활동적이다. 피부 재생과 각질 제거 등에 필요한 활동이 이 시간에 이뤄지기 때문에 피부 미인이 되고 싶다면 밤 10시부터 새벽 2시 사이에는 꼭 잠들어 있어야 한다. 적당한 시간대의 취침과 여섯 시간 이상의 수면이 피부의 재생력을 높이고 트러블을 방지한다는 것을 잊지 말자.

물구나무서기를 습관화해라

처음 요가를 배운 뒤 내 피부는 몰라보게 좋아졌다. 복식호흡과 물구나무서기를 통해 신진대사가 촉진되고 혈액순환이 원활해진 덕이었다. 취침 전후로 물구나무서기를 습관화하면 눈에 띄는 피부 개선 효과를 경험할

수 있다. 다리나 허리 쪽에 모여 있던 어혈들이 얼굴로 쏠리면서 피부 혈색이 좋아질 뿐만 아니라 피부 결도 고와진다. 얼굴 주름살, 목주름 예방과 종아리가 가늘어지는 효과까지 얻을 수 있으니, 물구나무서기는 피부가 가장 반기는 운동 중 하나라 할 수 있다.

기능성 화장품들은 같은 라인을 사용한다

화이트닝, AHA 성분, 필링 제거, 주름 방지 등의 효능이 있는 기능성 화장품은 이왕이면 같은 브랜드를 사용하는 것이 좋다. 기능성 화장품의 경우 성분이 갖는 자극을 고려하여 여러 피부 상황에 대처할 수 있도록 세트로 제조된 것이 많기 때문이다. 하지만 일반 제품과 색조 화장품은 제품의 질에 따라 브랜드를 혼용해서 쓰는 것이 효과적이다.

블랙헤드 제거의 욕망을 잠재워라

코팩은 자주 하면 할수록 부작용이 커진다. 더욱이 모공 속 피지는 계속 차오르기 때문에 완벽한 제거도 어렵다. 피지 하나 없는 깨끗한 코를 꿈꾸며 코팩을 자주 하다 보면, 모공이 늘어나고 주변 혈관이 확장돼 딸기코로 변할 확률이 높다. 그래도 정하고 싶다면 스킨으로 적신 화장솜을 10분 정도 올려 놓고 각질을 충분히 불린 뒤 팩을 붙이는 게 좋다.

자외선 차단제는 언제 어디서나

자외선이 제대로 차단되지 않으면 색소 침착은 물론 잡티와 피부 트러블로 고생할 수밖에 없다. 주름도 쉽게 생기고 피부 탄력도 떨어진다. 자외선이 새로운 세포를 만드는 레티놀의 생성을 억제하고 피부의 신진대사를 돕는 비타민 C를 파괴하기 때문이다. 실내에 있을 때에도 자외선 차단제를 수시로 바르면 노화 방지에 도움이 된다. 자외선 차단의 핵심은 자주 덧발라줘야 한다는 것. 서너 시간마다 한 번씩 덧발라주는 습관을 기르자.

피를 맑게 하는 채소류, 해초류와 가까이하라

좋은 피부가 갖고 싶다면 건강은 필수이다. 몸속의 탁한 기운을 빼내고 맑은 혈액이 돌아야 피부도 맑아질 수 있기 때문이다. 몸속에서 독소가 빠져나가지 못한 채 혈액 속에 남아 있으면 체내의 열을 올려서 피부 트러블을 일으킨다. 채소류와 해초류는 몸속 혈관의 피를 맑게 하는 식재료들로, 자주 섭취할 경우 피부 톤이 맑아진다. 반대로 인스턴트식품은 혈액순환을 느리게 하고 체내에 열과 독을 생성하여 피부 트러블을 일으킨다.

촉촉한 피부를 원한다면 '제대로' 팩을 하라

충분한 보습은 동안 피부의 핵심이다. 때문에 일주일에 2~3회 정도 자신의 피부 타입에 맞는 팩을 하는 것은 피부가 좋아하는 일 중 하나. 팩을 하기 전에는 깨끗이 세안한 후 토너로 피부 결을 정리해야 흡수력을 높일 수 있다. 또한 팩이 완전히 건조되기 전에 떼어내는 것이 중요하다. 너무 오랫동안 팩을 떼지 않거나 팩을 올린 채 잠이 들면 피부 속으로 스며든 유분과 수분이 다시 팩으로 옮겨와 피부를 더욱 건조하고 푸석하게 만든다. 민감성 피부나 지성 피부의 경우 피부 트러블이 발생하기도 하니 주의할 것.

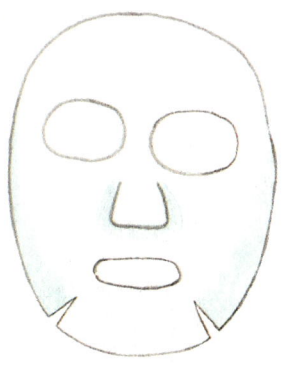

피부 탄력을 생각한다면 춥게 생활하라

도자기 피부로 유명한 탤런트 고현정은 한겨울에도 자동차 히터를 절대 켜지 않는다고 한다. 밀폐된 공간에서 히터를 켜면 뜨거운 열이 피부에 바로 닿아 피부 노화가 급진전되기 때문이란다. 실제로 피부는 더운 열을 쐬면 아래로 처지는 성향이 있다. 더불어 몸 안에서 열이 나면 이마와 턱 주변에 뾰루지가 잘 생긴다. 뜨거운 물로 세안한 뒤 찬물로 세안을 마치는 것도 피부 탄력을 유지하기 위한 비결이다.

수시로 주름을 예방하는 동작을 취하라

세안을 할 때 습관적으로 피부를 아래서 위로 쓸어 올리는 동작을 취하면 피부가 처지는 것을 막을 수 있다. 평소 입 꼬리를 올리고 미소를 지으면서 '아에이오우'를 크게 소리 내 반복하면 아래로 처지는 얼굴 주름을 방지할 수 있다. 또한 사람들과 대화할 때 자신도 모르게 양 미간을 찌푸리는 습관은 없는지 확인해보자. 양미간에 자리 잡은 깊은 주름만큼 여자를 사납고 나이 들어 보이게 하는 것도 없다.

Chapter 3

우먼's 사랑 & 결혼
Love & Marriage

산전수전 겪어봐야 시집도 잘 간다

혹자는 결혼이란 두 개의 반원이 서로 등을 기댄 채 넘어지지 않도록 지탱하면서 각자의 부족한 부분을 채워가는 과정이라고 한다. 자신과 꼭 닮은 반원을 만나 온전한 동그라미가 되는 일, 둘이 비로소 하나가 되는 것이 바로 결혼인 셈이다. 그런데 세상엔 무척이나 다양한 반원들이 존재한다. 타원형의 반원, 세로로 긴 반원, 자그마한 반원 등 같은 반원이라 할지라도 수많은 형태가 존재하는 것이다. 자신의 부족한 부분을 온전히 채워줄 수 있는 반쪽을 찾기 힘든 이유가 바로 여기에 있다.

세상 어딘가에 있을 나만의 반쪽을 찾는 최선은 많은 경험을 하고 많은 사람을 만나보는 것이다. 사랑하는 사람의 배신으로 죽을 만큼 아파본 사람만이 한결같이 사랑할 줄 아는 남자를 알아볼 수 있고, 지독한 외로움에 직면해봐야 자신의 빈자리를 채워줄 반원의 소중함을 깨달을 수 있다. 이처럼 직접 세상과 부딪히며 다양한 사람들을 경험해봐야 나에게 위로가 되는 사람, 의지가 되는 사람, 진짜 사랑을 공유할 수 있는 반려자를 알아보는 눈이 생긴다. 경험한 만큼 세상을 알게 되고, 또 아는 만큼 세상이 보이는 원리이다.

모 대학 교직원으로 근무하는 한승리(28) 씨. 대학 시절부터 크고 작은 봉사 모임에 참여하며 다양한 이력과 경험을 쌓은 그녀는 취업 이후에도 꾸준히 국제 봉사 활동을 펼쳐왔다. 집안 형편 때문에 어학연수를 다녀오지 못한 승리 씨는 국제 봉사 활동을 통해 다양한 외국인 친구들을 사귈 수 있었고, 기업의 후원을 받아 해외 여러 나라를 돌아다니며 봉사의 기쁨을 누렸다. 자연스럽게 나눔의 덕목을 일상의 한 부분으로 받아들이게 된 그녀의 인생철학은 '가슴이 충만한 삶을 살아가는 것'이다.

그녀는 내년 초 3년째 교제해온 남자 친구와의 결혼을 앞두고 있다. 승리 씨가 남자 친구를 처음 만난 곳은 국제 봉사를 담당하는 NGO 단체이다. 승리 씨는 봉사 활동을 하며 만난 수많은 사람들을 통해 자신의 가슴을 뛰게 하는 남자는 기꺼이 사회를 위해 재능을 기부할 수 있는 사람이라는 것을 깨달았다. 그리고 이제 그 '바다 같은 남자'의 아내가 될 예정이다.

"내가 가장 행복해질 수 있는 순간을 찾으니 나를 가장 행복하게 해줄 수 있는 남자도 보이더라고요. 지금의 나를 만들어준 그 경험들이 없었다면 여전히 헤매고 있었을 거예요. 내 인생을 찾아서, 내 반쪽을 찾아서 말이죠."

완벽한 짝을 알아보는 안목은 절대 그냥 얻을 수 없다. 교과서를 통째로 외우고 손이 저릴 때까지 깜지를 채워본 사람만이 효과적인 학습법을 계발할 수 있듯이, 인생의 크고 작은 굴곡들을 경험하며 좌절과 실패를 경험해봐야 든든한 반려자가 될 남자를 알아볼 수 있는 법이다. 부모의 죽음 앞에서 깊은 슬픔을 경험한 여자는 마음을 의지할 수 있는 남자의 가치를 알고, 혼자 힘으로 학비를 마련해본 여자는 생활력이 강한 남자에게 매력을 느끼며, 뛰어난 언변으로 여자 마음을 쉽게 훔치는 남자에게 상처 받은 여자는 입이 무거운 남자에게 신뢰를 갖는다. 이처럼 크고 작은 좌절과 고통을 극복하면서 자신과 조화를 이룰 수 있는 남자를 골라내는 힘을 얻는 것이다.

한편 온실 속 화초 같은 여자들은 상대방을 통찰해내는 능력이 부족하다. 그녀들은 겉으로 드러나는 것을 신뢰하고 타인의 평가에 민감하게 반응한다. 늘 이끌어주고 도와주는 사람들이 있었기 때문에 타인의 지시대로 따르면 편안한 삶을 보장 받을 수 있다고 인지하는 까닭이다. 한 번도 자신 앞에 놓인 장애물과 적극적으로 맞서본 적이 없기에 스스로 결정을 내려야 할 때, 자신의 행복을 위한 선택을 해야 할 때 무능력할 수밖에 없다. 심지어 자신과 함께할 남자를 선택하는 데 그 어떤 결단도 내리지 못한 채 걱정과 불만만 늘어놓는다. 스스로 자신과 어울리지 않는 남자를 걸러낼 수도, 자신의 부족함을 채워줄 남자를 알아볼 수도 없는 것이다.

명문 대학을 수석 졸업하고 잘나가는 통역관으로 근무하고 있는 왕도도(30) 씨. 그녀는 커리어 우먼을 꿈꾸는 여자들이라면 누구나 동경할 만한 화려한 커리어를 자랑한다. 도도한 외모와 유창한 4개 국어 구사력, 국

제적 네트워크를 자랑하며 세계를 무대로 일하는 그녀는 누가 봐도 일등 신붓감이다. 하지만 의외의 복병이 있었으니, 그녀는 연애 경험이 단 한 번도 없는 너무나 '순결한' 여자라는 것.

"군인이셨던 아버지 영향이 큰 것 같아요. 대학에 입학하고 MT를 단 한 번도 가보지 못했고, 통금 시간이 늘 아홉 시였으니 술자리도 제대로 즐겨 본 적이 없어요. 대학원을 졸업할 때 비로소 남자를 사귀어도 좋다는 허락을 받았으니 말이에요."

그녀는 요즘 주말마다 선 자리에 나가고 있다. 소위 잘나가는 엘리트들과의 맞선이다. 귀한 외동딸 좋은 집안에 시집보내고 싶은 부모님의 바람대로 좋은 가문의 자제들과 끊임없이 만나고 있지만 아직까지 운명의 짝은 만나지 못했다. 그녀의 말에 따르면, 성격이 좀 괜찮다 싶으면 키가 너무 작고, 외모가 좀 끌린다 싶으면 마마보이고, 대화가 좀 된다 싶으면 끼가 넘치는 스타일이니 한 달 이상 교제하고 싶은 남자가 없다는 것이다.

"한번은 좀 괜찮은 남자를 만나기도 했어요. 퇴근 시간이면 늘 먼저 회사 앞으로 찾아와 기다리고, 아침저녁으로 따뜻한 문자 메시지도 보내주고……. 그런데 결정적으로, 로맨틱한 스타일이 아니었어요. 데이트할 때 장미 꽃 한 송이 사주지 않았거든요. 어쩜 그럴 수 있죠?"

도도 씨의 가장 큰 문제점은 괜찮은 남자를 알아보는 안목이 전무하다는 것이다. 훌륭한 커리어와 빵빵한 스펙을 소유했지만 정작 어떤 남자가 자신에게 어울리는지, 어떤 스타일의 남자를 만나야 자신이 더 빛날 수 있는지 전혀 알지 못한다. 온실 속의 화초처럼 곱게 자라다 보니 여전히 동화 속 왕자님만을 그리고 있는 것이다. 이런 부류의 여자들은 결국 대충 조건 맞는 남자와 별다른 애정 없이 결혼하거나, 평생 싱글로 살면서 이 세상엔 괜찮은 남자가 너무 없다는 신세타령만 늘어놓게 된다.

많은 20대 여성들이 갖고 있는 결혼에 대한 착각은 크게 두 가지다. 모든 것을 갖춘 남자를 만나기만 하면 평생 행복한 인생을 즐길 수 있다는 착각과, 본인만 능력 있고 가정에 성실하다면 남자가 어떻든 성공적인 결혼 생활을 할 수 있다는 착각. 하지만 둘 다 사실이 아니다. 여자에게 결혼이란 그간의 삶을 송두리째 흔들어놓을 만한 전환점인 동시에 과거와는 전혀 다른 삶을 살 수 있는 기회를 제공한다. 물론 그 다른 삶이란 훨씬 행복할 수도 있고 훨씬 불행할 수도 있다. 때문에 좋은 반려자를 만나는 일은 대학 시험이나 취업 준비보다 열 배는 중요한 것이다.

완벽에 가까운 반려자를 만나고 싶다면 먼저 자신이 누군가에게 훌륭한 반쪽이 될 수 있도록 스스로를 갈고닦아야 한다. 다양한 경험과 시련을 통한 수련은 한층 성숙된 당신을 만들어줄 것이고, 한층 깊이 있는 삶을 살아갈 수 있는 통찰력과 지혜를 가져다줄 것이다. 산전수전 겪으며 인생을 제대로 풍미해본 여자만이 '몸과 마음이 부자'인 남자를 만날 수 있다. 어느 날 훈남 왕자님을 만나 인생역전을 한 신데렐라 역시 새엄마와 언니들에게 갖은 수모를 당하면서도 희망을 꿈꿨던, 산전수전 공중전까지 경험한 여자라는 사실을 잊지 말자.

나쁜 남자만 꼬이는 공식이 있다

"사랑은 언제나 오래 참고 사랑은 언제나 온유하며
사랑은 시기하지 않으며 자랑도 교만도 아니하며
사랑은 모든 것 감싸주고 바라고 믿고 참아내며
사랑은 영원토록 변함없네."

내 주변에는 사랑의 노예들이 많다. 특히 '똑똑하다'고 불리는 여자들이 사랑이라는 이름 앞에서는 이성을 잃고 때론 멍청한 사랑에, 때론 나쁜 사랑에 거침없이 빠져든다.

직장에서는 무슨 일이든 똑 부러지게 하는 은행원 미미(28) 씨. 그녀에게는 1년 반가량 만나온 남자 친구가 있다. 그런데 얼마 전부터 남자 친구는 미미 씨에게 금전적인 문제를 호소하며 지속적으로 돈을 빌려가고 있다. 처음에는 몇 백만 원에 불과했지만 시간이 지나면서 그가 빌려간 금액은 그녀가 몇 년간 살뜰히 모아놓은 적금 총액만큼이나 늘어났다. 불안해진 미미 씨는 둘 간의 채무 정리를 요구했지만 그는 오히려 큰소리를 치며 "그렇게 못 믿겠으면 헤어지자"는 협박 아닌 협박을 하고 있다. 미미 씨는 그가 나쁜 남자임을 감지하면서도 그놈의 정이 무엇인지 돌아서기가 쉽지 않다고 한다. 친구들이 그만 헤어지라고 재촉할 때마다 그녀는 이렇게 말한다.

"원래 본성이 나쁜 사람은 아니야. 안 그래도 요즘 힘들 텐데 나까지 손을 놓으면 그 사람은 어떡하니?"

친구들 사이에서는 '퀸카'로 손꼽히는 나나(29) 씨. 외국계 회사의 대리인 그녀는 성격도 야무지고 외모도 훌륭해서 따라다니는 남자만 여럿이다. 하지만 나나 씨는 자신에게 관심을 표하거나 구애하는 남자들에게는 관심이 없다. 여자에게 목매는 남자는 시시하고 별 볼일 없어 보여 눈길이 가지 않는단다. 반면 지금껏 그녀가 만나온 남자들을 보면 하나같이 문제가 많은 '나쁜 녀석'들이다. 몰래 양다리를 걸치거나, 여자 친구를 5분 대기조 다루듯 시도 때도 없이 불러내고, 만나면 섹스부터 요구하고, 끊임없이 뭔가를 시킨다. 나나 씨는 그런 남자 친구를 만나는 걸 힘겨워하면서도 은근히 즐기는 눈치다. 오늘도 그녀는 예고 없이 데이트를 요청하는 남자의 전화에 군소리 없이 퇴근을 서두른다. 나쁜 남자에겐 뭔가 특별한 매력이 숨어 있다는 듯한 묘한 표정을 지으면서.

딱 잘라 말하면, 미미 씨나 나나 씨나 나쁜 놈에게 꼬여 고생하고 있는 '헛똑똑이'들이다. 본인들만 그 나쁜 사랑을 제대로 바라보지 못할 뿐, 주

변 사람들은 혀를 끌끌 차며 그 사랑이 어서 막을 내리기를 바라고 있다.

나쁜 남자만 꼬이는 여자들에게는 공통점이 있다. 그녀들은 모든 '넘치는' 여자들이라는 것이다. 자신감도 넘치고 자기애도 넘치고 교만도 넘친다. 어려서부터 주변의 기대와 관심을 한 몸에 받으며 성장한 탓에 자신은 남들보다 특별하다는 나르시시즘(narcissism)에 젖어 있다. 자신을 짝사랑하는 남자들은 시시해 보이고 손쉽게 잡히지 않는 어려운(나쁜) 남자들이 욕망의 대상이 된다. 어렸을 때부터 원하는 것, 갖고 싶은 것은 꼭 손에 넣어야 직성이 풀리는 그녀들은 잘 잡히지 않는 나쁜 남자들을 '내 남자'로 만들 때 성취감을 느끼는 것이다. 뒤늦게 상대방이 나쁜 남자라는 사실을 깨닫더라도 쉽게 포기하지 못한다. 자신은 너무나 특별한 사람인지라 나쁜 남자도 착한 남자로 변화시킬 수 있다고 믿기 때문이다.

"지금은 부족한 점이 많은 남자지만 내가 조금만 더 희생하고 노력하면 곧 변할 거야."

"지금은 내가 더 좋아하지만 곧 그가 날 더 좋아하게 될 거야. 난 그렇게 할 수 있어."

심리학적으로 보면 자신 안에 '과대한 자아'가 존재하는 여성들의 경우 상대방의 모든 것을 감싸줄 수 있다고 착각하는 경향이 있다. 평강공주가 바보온달을 위인으로 만들었듯, 지금은 저 모양 저 꼴이지만 자신이 곧 변화시킬 거라고 착각하는 셈이다. 심지어 남자가 폭력적인 언행을 하더라도 이를 정당화할 이유를 만들어 자신을 방어한다. 똑똑한 그녀들이 직장에서 써먹던 생존법, 즉 어떤 상황에서든 더 많은 책임을 지고, 원하는 일이라면 무엇에든 덤벼들고, 목표한 바를 위해서라면 시간과 돈을 아낌없이 투자하던 방식을 그대로 상대 남성에게 적용하는 것이다. 혹자는 이 같은 증상을 일종의 집착이라고 표현한다. 자신의 모든 것을 헌납함으로써 상대방을 옴짝달싹못하게 옭아매는 일종의 집착 증세인 것이다.

이쯤 되면 둘의 관계에서 이미 여자의 존재는 없다. 남자를 위한 여자만 있을 뿐이다. 영리한 나쁜 남자들은 이 찰나를 놓치지 않는다. 단물만 쏙 빼먹고 잽싸게 도망갈 궁리를 하기 시작한다. 그 여자의 진심을 담보로 과감한 배팅을 할 수도 있다. 결국 싫증이 난 남자는 다른 여자에게로 이동하거나 무례하게 이별을 선포한다.

"어쩜 나한테 이럴 수 있어? 모든 걸 다 준 죄밖에 없단 말이야."

나쁜 남자와의 연애사는 대부분 이런 결말을 맺는다.

제아무리 잘난 여자라 한들 남자가 한 번 우습게 생각하기 시작하면 끝난 게임이다. 남자들은 동물적 본능이 발달된 존재로 강자에게 약하고 약자에게 강하다. 여자가 자신을 위해 모든 걸 희생하려 할수록 남자는 여자를 약자 취급한다. 남자 안에 내재된 폭력성과 난폭함이 강해져 여자를 함부로 대하고 필요한 것만을 착취하려 드는 것이다. 처음엔 도도하고 다가가기 어려운 여자로 느낄지 모르지만 자신을 위해 간, 쓸개를 모두 내줄 수 있다는 걸 아는 순간 남자는 돌변한다.

당신의 남자가 이미 이 과정에 진입했다면 둘의 관계를 반드시 냉정하게 바라볼 필요가 있다. 이제 그 관계는 더 이상 사랑이 아니다. 아쉽지만 사랑의 유통기한이 지났다고 볼 수밖에 없다. 혹시 반복적으로 비슷한 유형의 나쁜 남자들을 만나왔다면 당신 안에는 그 나쁜 남자만큼이나 삐뚤어진 콤플렉스가 자리 잡고 있을지 모른다. 나쁜 남자를 탓하면서도 그 나

쁜 남자의 못된 기질에 빠져들고, 위로를 느끼고, 만족감을 느낄 수밖에 없는 왜곡된 자아가 숨어 있는 건 아닌지 진단해봐야 한다.

하루빨리 '나쁜 남자'에게 물든 나쁜 기질을 빨리 털어내고, '좋은 남자'가 꼬이게 하는 기운으로 갈아입자. 지금껏 충분히 옥석을 가려내는 훈련을 했으니, 당신은 이제 좋은 남자와 제대로 사랑하는 일만 남았다.

| Tip. 좋은 남자를 고르는 안목 높이기 |

◐◑ 신데렐라 콤플렉스에서 벗어나라

결혼 후 완전히 다른 계급으로 살아갈 거라는 환상에 시달리는 여자는 남자의 재력, 집안, 좋은 차에 홀랑 넘어간다. 하지만 좋은 환경에서 자란 똑똑한 남자는 신데렐라 콤플렉스에 시달리는 여자에게 절대 매력을 느끼지 않는다는 사실!

◐◑ 한 번의 거짓말로 충분하다

연애 기간 중 남자의 거짓말을 발각했다면 (선의의 거짓말이 아닌 이상) 절대 그냥 넘어가지 마라. 앞으로도 계속 당신을 속이고 자신을 포장하느라 끊임없는 거짓말을 만들어낼 징조다.

◐◑ 남자의 외모에 집착하지 마라

눈에 띄는 외모를 가진 남자는 반드시 인물값을 하게 마련이다. 게다가 본인도 자신의 외모가 훌륭하다는 것을 너무 잘 알고 있다. 외모가 반반한 남자는 여자들의 시선을 즐기느라 자신의 여자를 제대로 사랑할 확률이 낮다.

◐◑ 여자는 외모가 전부라는 남자, 결국 바람피우게 마련이다

'여자는 뭐니 뭐니 해도 외모' 라고 외치는 남자는 대체로 속이 제대로 여물지 않았다. 당신보다 더 예쁜 여자가 나타나면 언제든 마음이 흔들릴 가벼운 남자다.

◐◑ 촌스러운 남자를 공략하라

촌스러운 남자는 여자의 손길을 덜 탔을 가능성이 높다. 연애도 많이 해보지 못했고 여자를 다루는 기술도 부족하다. 하지만 당신이 잘만 요리하고 키워낸다면 진실한 마음과 때 묻지 않은 열정으로 어디 내놔도 뒤지지 않는 남자가 될 것이다.

●● 어렵고 불편한 남자라면 당신 짝이 아니다

사랑하는 사람이 어렵고 불편하다면 좋은 반려자가 될 수 없다. 가장 친한 친구나 가족처럼 언제 어디서든 편안함을 줄 수 있어야 한다. 그 사람과 함께 있을 때면 가시방석에 앉아 있는 듯 불편하다면 당신과 코드가 맞지 않거나 뭔가 숨기는 것이 많을 확률이 높다.

●● 진솔한 대화가 어색하지 않은 남자가 진국이다

장난과 농담만 좋아하는 남자들이 있다. 막상 진솔한 대화를 나누려고 하면 짜증을 내거나 딴 짓을 하는 남자는 당신을 시간 때우기용 여자 친구로 생각한다는 증거다. 깊은 대화가 가능한 남자를 골라라.

●● 여자의 재력과 경제력을 우선순위에 두는 남자는 탈락시켜라

요즘 남자 중엔 '약은' 사람들이 많다. 여자들만큼이나 결혼을 통해 취할 수 있는 손익계산에 빠르다. 그들은 여자의 경제력과 집안 배경 등을 1순위로 따지는데, 그것이 충족되지 않을 경우 당신을 함부로 다룰 가능성이 농후하다.

찌질이 건어물녀를 사랑하는 초식남은 없다

최근 '건어물녀'와 '초식남'이라는 신종어가 생겼다. 처음 '건어물녀'라는 단어를 접했을 때 '집에서 건어물을 뜯으며 방바닥을 긁는 여자'를 지칭하는 단어일 거라 직감했다. 정답에 가깝기는 하지만 보다 정확하게 정의하자면, 직장에서는 그 누구보다 완벽하고 능력 있는 여성이지만 집에 돌아오면 머리를 질끈 묶은 채 무릎 나온 추리닝을 입고 건어물을 질겅질겅 씹으며 TV 시청에 몰입하는 여성을 말한다. 한마디로 직장 일을 하는 것 외에는 만사가 귀찮고 싫은 여성 집단이다. 손꼽히는 특징으로는 연애와 담 쌓은 지 오래다 보니 계단을 오를 때 빼고는 가슴이 두근댈 일 없고, 건어물만큼이나 지루하고 건조

한 삶을 살아간다는 점이다. 반면 '초식남'은 남성성이라고는 온데간데없이 초식동물과도 같은 온순한 캐릭터의 남성 집단을 말하는데, 자신을 꾸미고 가꾸는 데는 투자를 아끼지 않지만 연애와 결혼에는 별다른 관심이 없다는 특징이 있다. 요약하자면 건어물녀와 초식남은 다른 누군가를 사랑하기엔 타인과의 공존이 힘든 매력 지수 꽝의 집단이다.

그런데 참 재미있는 것은 별 매력 없는 이 집단에 많은 사람들이 공감을 나타낸다는 점이다. 인터넷 공간에서는 기다렸다는 듯이 '호호호! 저도 건어물녀예요'를 고백하며 건어물녀가 부각되고 있는 현상에 반가움을 금치 못하고, 일부 언론에서는 '트렌드세터'라는 별칭을 붙이며 유행을 선도하는 파워 집단이라고 명명하기 시작했다. 한술 더 떠 일부 사회학자들은 세상살이가 고달파서 나타나는 현상으로 풀이하며 이들의 행위에 정당성을 부여하고 있고, 여성학자들은 결혼, 가족에 대한 부담을 거부하는 합리적인 집단이라고까지 해석하고 있다. 이쯤 되면 점입가경이라는 생각이 든다.

솔직히 처음부터 건어물녀와 초식남이 되고자 했던 사람들이 얼마나 될까? 주체적으로 건어물녀가 된 여성이 몇이나 될까? 아니, 가슴의 온기를 찾아보기 힘든 건어물녀와 초식남을 사랑하고 싶은 사람들이 존재하기나 할까?

고백하자면, 나도 한때 건어물녀였다. 아침도 거른 채 만원 지하철에 갇혀 출근을 하고, 퇴근 시간이 훌쩍 지나 집으로 향할 때면 어찌나 그 길이 멀게 느껴지던지 집에서 뒹굴고픈 생각이 간절했다. 배는 고팠지만 함께 저녁 먹을 남자 친구도 없었기에 퇴근길에 들른 분식집에서 김밥 두 줄로 때우기 일쑤였다. 회사 일에 치이니 만사가 귀찮고 힘들고 지루했다. 잠자리에 들기 전 내일 하루는 좀 더 재미있기를 바랐지만 그 작은 소망도 쉽

게 체념하곤 했다.

　　건어물녀로 살았던 건 대략 3개월 정도였다. 사람 좋아하고 술 좋아하고 분위기 좋아하는 내가 처음부터 건어물녀의 삶에 빠져든 건 아니었다. 그렇다고 직장 일이 갑자기 힘들고 바빠진 것도 아니었다. 다만 '나쁜 놈'과의 연애에서 실패한 후 세상의 쓴맛에 굴복하며 나도 모르게 진입한 것이었다. 남몰래 다른 여자를 만나왔던 옛 남자에 대한 배신감은 처음에는 분노로 가득했지만 혼자 눈물을 흘리며 청승 떠는 시간으로 변해갔고, 이내 만사가 귀찮고 일밖에 모르는 삶으로 진화하기 시작했다. 새로운 환경에 대한 인간의 적응력은 놀라워서 이전에는 상상할 수 없었던 건조한 삶을 아무런 저항 없이 받아들이기 시작했고, 오히려 내면에 집중할 수 있는 편안하고 아늑한 삶이라고까지 변명하게 됐다. 나쁜 남자와의 연애 후유증은 그렇게 의도하지 않은 삶의 방향으로 나를 이끌었다.

　　"새로운 사람을 만나 또다시 사랑을 한다는 게 두렵고 부담스러워. 어차피 인간은 외로운 동물이니 누군가를 다시 만나도 나아질 건 없어. 차라리 혼자가 편하다고!"

　　그렇게 완벽한 건어물녀가 되는 데 3개월이면 충분했다. 하지만 그 생활을 청산하고 다시 활력을 찾는 데는 적지 않은 시간이 필요했다. 돌아보니 건어물녀로 살던 그 시간 동안 나는 방어기제가 높은 수동적이고 피동적인 여자였다. 새로운 모험이나 도전을 실행하다 상처 받고 좌절하는 것보다 혼자만의 공간에 갇혀 평화로운 삶을 사는 것이 낫다고 정당화했고, 삶에 대한 애착도 바람도 없는 비주체적인 여자였다. 지금 당장 내 몸 하나

편한 것, 지금 누리고 있는 소소한 것들만이라도 잃지 않기를 바라는 안타까운 여자였던 것이다.

사람들은 누구나 오르락내리락하는 삶의 주기를 갖는다. 하는 일마다 탄력을 받고 잘 풀리는 상승 곡선이 있는가 하면 뭘 해도 안 되는 하강 곡선이 있다. 상승 곡선을 타고 갈 때는 별다른 노력을 하지 않아도 삶이 즐겁다. 특별한 관심을 기울이지 않아도 만족스럽고 역동적인 삶을 꾸려나갈 수 있는 것이다. 문제는 하강 곡선에 휩쓸려 내 힘으로는 어찌할 수 없는 혼란의 카오스에 빠져들 때다. 이 시기 일부 여성들은 몸을 낮추고 건어물녀가 되기를 선택한다. 세상만사 힘들고 귀찮다며 하강 곡선에 몸을 맡기는 것이다. 하지만 모든 상승 곡선과 하강 곡선은 사람의 의지에 따라 변곡점을 달리한다. 위기를 어떻게 맞이하고 극복하느냐에 따라 하강 곡선은 완만한 기울기가 되기도 하고 금세 상승 곡선을 그리기도 한다.

소리 없이 찾아온 삶의 위기를 발견했다면 스스로를 좁은 방 안에 가두지 말고 밖으로 밀고 나가라. 일에 치이고 있다면 새로운 일을 발견함으로써 숨어 있던 끼와 열정을 발견하고, 사람에게 상처 입었다면 그 상처를 치유해줄 다른 사람을 찾도록 해라. 지금 이 시간만 이겨낸다면 사랑의 온기가 몽실몽실 피어오르고 뭘 해도 신바람이 나는 상승 곡선이 다시 찾아올 테니까.

화창한 주말에 방구석에 들어앉아 '나는 참 지지리 연애운도 없다'고 한탄하고 있다면 지금 당장 방에서 탈출하라! 좁은 방 안에 꽁꽁 숨어 있는 당신의 모습이 연애 복을 차버리고 있으니 말이다.

| Tip. 건어물녀 탈출기 |

- 집에 도착하자마자 바로 드러눕지 않는다.
- '반드시' 깨끗하게 세탁해놓은 트레이닝복을 입고 동네 한 바퀴를 뛰거나 헬스장으로 향한다.
- 주말이면 무조건 약속을 잡고 사람들과 어울린다.
- 가족들에게 "아, 귀찮아", "대충대충 해"라는 말을 할 때마다 벌금을 내는 규칙을 만든다.
- 혼자 밥 먹을 때도 예쁘게 차려 먹는다.
- 한 달간 두 가지 이상의 문화생활 혹은 취미 생활을 계획한다.
- 외출 시에는 꼭 샤워하고 꽃단장한다.
- 좋아하는 남자가 없다면 연예인 팬클럽에라도 가입해 멈춰버린 심장에 자극을 준다.
- 가장 예쁘고 활기차던 시절의 사진을 컴퓨터 바탕화면에 깔아놓는다.
- 새로운 모임에 가입한다. 남자가 많은 단체라면 금상첨화!
- 하루 두 시간 이상 TV 시청이 불가능하도록 시간제한 기능을 설정한다.

- 이틀에 한 번 방청소를 꼭 한다. 가구를 재배치해보는 것도 좋다.
- 침대 시트는 일주일에 한 번씩 세탁한다. 뽀송뽀송한 기분이 들 것이다.
  - 잘 먹고 잘 사는 친구의 미니홈피를 보며 축 늘어진 내 삶과 비교한다.
  - 규칙적인 수면 시간을 유지한다.
  - 아무리 찾아봐도 함께할 친구가 없다면, 혼자라도 주말 브런치를 즐기는 용기를 발휘한다.
- 일찍 퇴근한 날이나 스케줄이 없는 주말 오후, 예쁘고 한적한 북 카페에 들러 독서를 한다.
- '건어물녀' 탈출을 다짐하며 잘나가는 신상 제품을 자신에게 선물한다. 단, 할부 카드 값이 청구될 때마다 과연 정당한 선물이었는지 반성한다.

애프터, 받는 여자만 또 받는다

가끔 이성을 바라보는 남자와 여자의 관점이 정반대라는 생각이 든다. 그다지 매력이 없어 보이는데 맞선 시장에만 나가면 애프터를 연달아 받으며 높은 몸값을 구사하는 여자가 있는 반면, 어디 하나 빠질 데 없이 훌륭함에도 소개팅마다 번번이 퇴짜를 맞는 여자도 있다. 정말 남자와 여자는 각기 다른 행성(화성과 금성)에서 온 사람들인지도 모르겠다.

금융회사에 종사하는 A 씨는 늘 자신감이 넘쳐흐른다. 도도한 표정과 세련된 말투를 지닌 그녀의 어깨엔 언제나 탄탄한 힘이 들어가 있다. 굳이 제 입으로 잘난 척을 하지 않아도 번뜩이는 그녀의 이마에는 '나 잘나가는 여자'라고 써 있는 듯하다. 그런데 흥미로운 부분은 그녀의 외모는 늘씬한 몸매와 뚜렷한 이목구비, 긴 생머리와는 정반대라는 사실이다. 그녀는 160cm가 조금 넘는 아담한 키에 서민적인 몸매를 소유하고 쌍꺼풀 라인 하나 없는 밋밋한 얼굴을 지닌 '평범녀'다. 지극히 평범한 그녀이건만 소개팅에만 나가면 백전백승이니, 대체 그 비결은 무엇일까?

그녀를 오랫동안 관찰한 결과 그녀만의 특별함이 숨어 있음을 알게 됐다. 그녀가 선보이는 스타일, 남자를 대하는 태도, 대화법 등을 살펴보면 남자들이 A 씨에게 안달하는 현상에 절로 고개가 끄떡여진다. 그녀의 매력을 꼼꼼히 분석하여 소개팅에서 애프터를 보장 받는 노하우를 터득해보자.

최고의 모습으로 어필한다

A 씨는 평범한 외모의 소유자이지만 그렇다고 '못난이'는 아니다. 연예인 급의 생김새가 아닐 뿐 볼수록 호감 가는 스타일이다. 그녀는 태생적인 외모의 한계를 보완하기 위해 메이크업과 의상에 더 많은 신경을 쓴다. 상대적으로 작은 눈이지만 긴 속눈썹을 강조함으로써 여성스러움이 돋보이게 하고, 작지만 도톰한 입술을 부각시켜 섹시한 느낌까지 연출한다. 뿐만 아니라 상체에 비해 하체가 날씬한 그녀는 하이 웨이스트 스타일로 허리와 다리에 포인트를 주어 실제 보디라인보다 날씬하고 예쁜 몸매로 보인다. 그녀는 자신의 외모의 장단점을 정확하게 알고 있으며, 장점은 극대화하고 단점은 커버하는 전략으로 모든 사람들에게 최고의 첫인상을 선보인다.

어떤 남자에게도 주눅 들지 않는다

그녀의 나이는 서른. 맞선 시장에서는 적지 않은 나이이다. 하지만 어지간한 20대 여성들과 맞붙어도 전혀 밀리지 않는데, 그 경쟁력 중 하나는 '남자를 다루는 기술'이다. 그녀는 남자를 어떻게 대해야 하는지 잘 알 뿐만 아니라 자기 자신에게도 평정심을 유지하고 있다. 결혼에 대한 스트레스로 불안하고 조바심이 날 법도 한데 늘 태연하다. 영원히 싱글로 살겠다는 생각은 아니지만 지금 이대로도 충분히 행복하고 아름답다고 긍정한다. '조건만 맞으면 어떻게든 이 만남을 결혼으로 끌고 가겠다'는 사심이 없다 보니, 상대방과의 만남을 충분히 즐기고 둘의 대화에 온전히 집중할 수 있는 것이다. 아무리 대단한 킹카를 만나도 안달복달하지 않는다. '오늘 이 남자를 놓친다 한들 내 인생에 큰 변화는 일어나지 않는다'는 태도로 일관할 뿐이다. 남자들은 자신에게 안달을 내거나 조바심을 느끼는 여자에게는 쉽게 흥미를 잃는 성향이 있다. 절세미인이라 한들 자신의 호감을 사기 위해 무조건 'Yes'를 외치거나 주체적인 모습이라고는 눈을 씻고 찾아볼 수 없다면 관심도는 급 하락한다. 반대로 '대체 이 여자 뭐지? 이 자신감은 어디서 나오는 거야?' 하는 호기심이 생긴다면 여자에게 끌리게 마련이다. A 씨는 남자들의 이런 심리를 충분히 파악하고 있고, 이 점을 백분 활용하는 것이다.

그 남자에게 절대 먼저 전화 걸지 않는다

마음에 드는 이성을 만났다고 해서 그녀는 호들갑 떨지 않는다. 마음속에 설렘과 기대감이 없을 리 만무하지만, 그 남자가 자신을 마음에 두고 있을지 없을지에 집착하며 열을 올리지 않는다. 서로 마음이 통했으면 좋겠다는 작은 바람만 간직할 뿐이다. 남자에게 애프터 전화가 걸려왔다 해도 긴 통화는 사절. 두 번째, 세 번째 만남이 이어지더라도 먼저 전화를 자주 걸거나 남자의 전화만 기다리고 있었던 듯한 인상은 주지 않는다.

대신 길지 않은 문자로 화답하며 남자의 소유욕을 자극한다.

언제든 '품절녀'가 될 수 있음을 알린다

그녀는 늘 바쁘다. 취미 생활로 바쁘고, 업무와 관련된 학회나 세미나에 참석하느라 바쁘고, 주말이면 친구들과 수다 삼매경에 빠져 있느라 바쁘다. 물론 그녀를 주시하는 남자들의 전화를 받느라 바쁘기도 하다. 아무리 마음에 드는 남자를 만났다 하더라도 간간이 데이트를 할 뿐 그녀의 일상 리듬은 바뀌지 않는다. 남자는 그런 그녀가 불안하고 불만이다. 좀처럼 시간이 나지 않는 그녀와 충분히 만날 수도 없고, 데이트를 하려면 며칠 전부터 예약을 해야 하니 탐탁지가 않다. 하지만 그토록 바쁜 그녀가 자신을 만나준다는 것에 은근히 뿌듯함을 느낀다. 부르면 언제든 달려 나오는 5분 대기조의 여자들과는 차원이 다른 느낌이다. 이처럼 A 씨는 남자로 인해 자신의 생활 리듬이 깨지는 것을 허용하지 않는다. 하고 싶은 것을 하고 만나고 싶은 사람들을 만나며 자기 계발에 도움이 되는 것들을 성취해나간다. 남자의 마음을 쟁취하기 위해 바쁜 척하는 것이 아니라 실제로 그녀는 바쁘다. 때문에 바쁜 그녀에게 조금 덜 바쁜 남자가 맞출 수밖에 없다.

진실한 대화를 나눈다

그녀와 대화를 나누고 있노라면 어린아이가 된 것처럼 '하하' '호호' 웃게 된다. "어디 사세요(얼마나 잘사는 동네에 거주하세요)?", "부모님은 어떤 일을 하세요(결혼하면 집은 사주시나요)?", "회사 업무 환경은 만족스러우세요(연봉은 얼마예요)?" 등을 염탐하는 대화가 아닌 최근 알게 된 재미있는 이야기, 흥미를 갖고 있는 일들에 대해 이야기하며 상대의 말에도 귀를 기울인다. 대화 도중 자신과 공통된 관심사가 나오면 좀 더 집중적인 대화를 통해 공감 지수를 높인다. 몸짓, 목소리, 표정 등으로 얼마나 이 대화를 즐기고 있는지, 정성을 다해 참여하고 있는지 진심을 전달한다. 그녀는 상대방의 이야기를 경청하고 진심을 나누는 것이 경계를 쉽게 허물고 친해지는 방법임을 잘 알고 있다.

이 밖에도 그녀가 소개팅에서 애프터를 받는 이유는 수없이 많다. 그중 그녀가 지닌 특별함의 핵심을 정리하자면 사람을 끌어당기는 기분 좋은 '오라(aura)'다. 타인의 시선이나 말에 흔들리지 않는 당당함을 갖춘 여자들은 가만히 있어도 긍정의 에너지가 넘친다. 그 기분 좋은 긍정의 에너지는 남녀노소를 막론하고 사람의 마음을 움직이는 힘이 있다.

소개팅에서 애프터를 받은 날보다 못 받은 날이 많다면, 상대방에게 어떻게 보일까 전전긍긍하느라 말 한마디 속 시원하게 해보지 못했다면, 남자의 마음을 얻지 못해 자괴감에 시달린 적이 있다면 자신의 문제점을 냉정히 생각해볼 필요가 있다. 당신이 소개팅에서 애프터를 받지 못한 이유는 그날 입은 원피스가 몸매를 뚱뚱해 보이게 해서도, 헤어스타일이 촌스러웠기 때문도 아니다. 아직 교정하지 못한 덧니 탓은 더더욱 아니다. 그것은 바로 당신 안에 숨어 있는 스스로에 대한 불만과 결혼을 향한 집착, 그리고 모든 남자에게 사랑 받고자 하는 애정 결핍에서 비롯된 우울하고 침체된 오라 탓이다. 자신을 충분히 사랑할 줄 모르는 여자에게는 그 어떤 남자도 사랑을 느낄 수 없다는 걸 기억해라.

| Tip. 첫 데이트에서 바로 차이는 여자들의 속성 |

◐◐ 묻지도 않은 자기 자랑에 열을 올린다

얼마나 곱게 자랐는지, 학창 시절 얼마나 인기 있었는지, 얼마나 많은 고급 레스토랑과 바를 알고 있는지 열변을 토한다. 이런 여자들은 속 빈 강정처럼 느껴질 뿐 아니라 시시해 보이기까지 하다.

◐◐ 첫 데이트에서 자신의 과거를 늘어놓는다

솔직함이 미덕이라고 믿으며 자신의 과거 연애사를 나열한다. 왜 헤어졌고 얼마나 슬펐는지를 미주알고주알 이야기하는 여자에게 신비감을 느끼는 남자는 드물다.

◐◐ 외모 지상주의는 천박한 것이라고 비판한다

남자를 만나기 위해 한층 꾸미고 투자하는 것은 자존심 상하는 일이라고 믿는다. 자신을 있는 그대로(절대 꾸미지 않은 모습 그대로) 사랑해줄 남자를 만나겠노라며 '민낯'으로 나타난 여자치고 성적 매력이 넘치는 경우는 없다.

◐◐ 면전에서 무안을 준다

자기 정도의 스펙이면 어떤 남자를 만나도 밀리지 않는다고 생각하는 여자들의 상당수가 남자의 경제력, 학력 등을 대놓고 물으며 무안을 준다. "아직도 차가 없다고요? 그럼 절 어떻게 데려다주실 건가요?" 하고 묻는 여자를 또 만나고 싶은 남자가 얼마나 되겠는가.

◐◐ 애주가임을 강조한다

술기운을 빌려 진도를 나가려는 여자, 분위기에 취해 자기 조절을 못하는 여자, 술버릇이 고약한 여자만큼 남자를 부담스럽게 하는 것도 없다.

내 운명의 짝은 내가 정한다

"내 인생의 짝이 될 좋은 남자를 만나는 건 내 노력과는 별개야. 예를 들어 한 달에 열 권의 책을 읽겠다거나 두 달 안에 3kg를 감량하겠다는 계획과는 차원이 다르다는 거지. 그건 하늘이 도와야 하는 일이란 걸 알게 됐어. 서른넷, 우리에겐 몇 번의 사랑이 더 남아 있을까?"

― 드라마 〈아직도 사랑하고 싶은 여자〉 中

"자기는 나의 어떤 점이 좋아서 결혼했어?"

가끔씩 나는 괜한 장난기가 발동해 남편에게 낯간지러운 질문들을 쏟아내곤 한다. 자주 묻는 질문으로는 '다시 과거로 돌아가도 나랑 결혼할 거냐', '나를 얼마만큼 사랑하느냐', '김태희가 예쁘냐 내가 예쁘냐' 정도이다. 그럴 때마다 남편의 대답은 늘 한결같았다.

"하늘만큼 땅만큼 사랑하고, 여보가 세상에서 가장 예뻐!"

연애 시절부터 반복적으로 주입식 교육을 시킨 덕분에 그는 한 치의 망설임 없이 잘도 대답했다. 마치 무조건적 반사를 보이는 파블로프의 개처럼 말이다. 그런데 어느 날인가부터 남편의 태도가 달라졌다.

"여보! 여보는 다시 과거로 돌아가도 나랑 결혼할 거지?"

"글쎄, 세상일은 모르는 거지."

"여보, 오늘 뭐 잘못 먹었어? 나만 한 여자가 세상에 어디 있다고 그래!"

"흥, 당신보다 예쁘고 똑똑한 여자들 세상에 넘쳐나더라. 다시 과거로 돌아가면 아침상도 잘 차리고 잔소리도 안 하는 알파걸이랑 만날지도 모르지!"

한 번 삐딱선을 타기 시작한 남편은 아무리 다시금 주입식 교육을 하려 해도 소용이 없다. 며칠 전엔 '여보는 정말 장가를 잘 갔지?' 란 문자를 보냈다가 '혼테크에 성공한 건 바로 당신!' 이라는 반항기 가득한 답장을 받았다. 더 이상 순진한 어린아이처럼 말 잘 듣고 내 말을 진리로 받아들이던 남편의 모습은 기대하기 힘든 듯하다.

사실 그의 말이 맞는지도 모른다. 별다른 결혼 생각이 없던 사람에게 사탕발림을 해서 낚아챈 건 그가 아니라 나였으니. 서른 무렵, 내 인생의 목표는 연애와 결혼 모두에서 성공하는 것이었다. 연애는 게임이라며 단맛만 쏙 빼먹는 놈들과 상대하는 것도 지쳤고, 더 이상 만남과 이별을 반복하는 일도 지겨웠던 탓이다. 평생 싱글로 살아갈 자신도 없었고, 이왕 하는 결혼이라면 몸값 떨어지기 전에 서두르겠다는 의지도 강했으니 서른 살의 결혼 프로젝트는 그렇게 진행됐다.

'결혼 사수!' 를 결심한 뒤 가장 먼저 향한 곳은 결혼정보회사였다. 물론 돈 주고 사람을 만난다는 것이 유쾌한 일은 아니었지만, 그런 사소한 감정 따위에 연연할 때가 아니었다. 목표가 생겼으면 그 목표를 실현하기 위해 온갖 노력을 기울여야 한다고 생각했기 때문이다. 동네방네 소개팅 주선도 부지런히 부탁했다. 보다 많은 사람들을 만나봐야 좋은 사람을 만날 확률도 높아진다고 믿었다. 그뿐만이 아니었다. 꺼진 불도 다시 보자는 심산으로 학창 시절 친구와 선배들에게도 안부 문자를 보내며 소원했던 관계를 회복하기 위해 노력했다. 5년 전엔 별 볼일 없던 그 남자들이 취업을 하고 사회 물을 먹으면서 몰라보게 근사해졌을지도 모를 일이었기 때문이다.

온갖 노력을 기울인 덕에 일주일에 두 번은 새로운 남자들을 만날 기회가 생겼다. 결혼정보회사의 커플 매니저는 매주 새로운 회원의 프로필을 메일로 보내주며 마음에 드는 남성을 고를 것을 독려했고, 주변 친구들과 직장 동료 역시 백방으로 소개팅을 물어다주었다. 미끼로 던진 문자와 전화에 걸려든 '아는 남자'들 역시 반응을 보이기 시작했다. 그야말로 만날 남자가 넘쳐나던 시기였다.

처음엔 모든 만남이 신나고 설레었다. 하지만 서른 살 동갑부터 마흔을 바라보는 부장님 아저씨까지 마다하지 않고 만나다 보니 일주일에 두 개씩 잡힌 미팅들이 부담스러워지기 시작했고 지루해졌다. 두 달 이상 그런 만남을 계속하자 누가 누구인지도 헷갈리고 모두가 그 나물에 그 밥인 것 같았다. 업무에 시달리고 남자에 시달리고 지루한 만남에 시달리면서 다크 서클이 볼 아래까지 내려올 지경이었다. 그러나 포기하진 않았다. 이를 악 물고 악착같이 새로운 사람들을 만나며 그 사람에게 숨겨진 매력을 찾으려고 안간힘을 썼고, 그중에 나와 어울릴 만한 사람이 있는지 눈을 부릅뜨고 찾았다.

"취업을 준비할 때도 포기하고 싶었던 순간이 많았어. 이른 새벽 토익 학원에 다니는 것도 힘들었고, 학점과 취업 시험을 함께 관리하는 것도 쉽

지 않았잖아. 결혼도 취업만큼이나 많은 투자와 노력을 해야 한다고 생각해!"

친구들은 이런 내 모습을 보며 혀를 끌끌 차기도 했다. 다 늙어서 무슨 고생이냐고, 운명의 남자는 기다리면 찾아오게 돼 있다고, 억지로 만나려고 할수록 꼬이는 게 결혼이라고 조언을 하기도 했다. 그러나 호랑이를 잡으려면 동굴로 들어가야 하고 목마른 자가 우물을 파야 한다는 내 생각에는 변함이 없었다. 하나님이 특별히 나를 예뻐하셔서 눈에 넣어도 아프지 않을 어여쁜 남자를 당장 내려주신다면 더없이 감사하겠지만, 먼저 챙겨주셔야 할 급한 언니들도 많으니 무작정 기다리고 있을 수만은 없었다.

사실, 서른 살 무렵 급하게 움직인 데는 또 다른 이유가 있었다. 여자가 서른을 넘기고 나면 괜찮은 남자를 만날 확률이 현저히 떨어진다는 것을 몸소 체험하고 있었기 때문이다. 이 나이 때의 여자들은 탄탄해진 경제력으로 자신을 가꾸고 치장하는 데 아낌없는 투자를 한다. 그 때문에 어디 하나 빠지지 않는 훌륭한 골드미스들이 넘쳐난다. 그러나 참 아이러니하게도 그런 골드미스들에게 어울리는 괜찮은 남자들은 점점 찾기가 힘들어진다. 비슷한 또래의 남성들은 '오빠들' 마음대로 해도 말 잘 듣는 순진한 '어린' 여자들에게 시선을 빼앗긴다. 20대 여성들이 서른 살 무렵의 괜찮은 남성들을 다 꿰차고 나니 성비의 불균형이 일어나는 것이다.

나이 차이가 많은 아저씨보다는 또래 남자를 만나고 싶고, 나만큼은 몸과 마음이 건강한 '괜찮은' 남자를 원하다 보니 더 나이 들기 전에 결혼을 서두를 수밖에 없었다. 비록 결혼은 좀 천천히 하더라도 결혼을 약속할 만한 괜찮은 남자를 찜해둔다면 더 많은 에너지를 커리어에 쏟을 수 있을 테니 여러 가지로 현명한 선택이었다.

결국 몇 개월 고생 끝에 낙이 찾아왔다. 결혼하면 좋을 법한 남자가 드디어 나타난 것이다. 그를 처음 만나던 날, 영화처럼 귓가에 종소리가 들렸던 것은 아니다. 뛰어난 외모와 언변으로 내 마음을 사로잡았던 것도 아니다. 딱 잘라 설명하긴 힘들지만, 그에겐 한 번 더 만나고 싶게 하는 '사람 냄새'가 났다.

결혼 프로젝트를 실행하던 그 시절, 내가 남자를 볼 때 가장 중시했던 것은 두 가지였다. 탄탄한 경제력과 나와 맞는 문화 코드. 그는 재력 있는 집안의 아들은 아니었지만 자기 능력과 힘으로 가정에 튼튼한 울타리를 만들어줄 수 있는 남자였고, 내가 하는 이야기를 따뜻하게 받아줄 수 있는 훈훈한 유머가 넘쳤다. 그와 함께 있노라면 할 이야기가 산더미 같았고, 특별한 데이트를 하지 않아도 함께하고 싶은 것들이 많았다. 연애 시절 동안 한 번도 나를 실망시키거나 마음 아프게 한 적이 없었다는 점 또한 그에게 믿음을 갖게 된 이유였다.

그러나 좋은 사람을 발견하는 일과 결혼에 골인하는 일은 별개였으니, 나는 또 그 이후로도 한참 동안 살 빠지는 노력을 해야 했다. 같은 취미를 개발하고, 만날수록 새로운 모습을 보여주기 위해 노력하고, 절묘한 순간 적당히 밀고 당김으로써 한층 친밀한 관계로 발전시키기도 했다. 그 노력의 결과물이 지금의 결혼 생활이라고 회상하니 새삼 감개무량하다.

평생 싱글로 살 생각이 아니라면, 언젠가 결혼해서 가정을 꾸릴 거라면 별도의 노력이 필요하다. 적극적으로 자신과 맞는 사람을 찾아 움직여야 한다. '누군가 알아서 해주겠지', '언젠가 때가 되면 자연스럽게 이뤄지겠지' 하는 생각은 노처녀가 되는 지름길이다. 아무도 당신의 인생과 결혼에 당신 자신만큼 관심을 기울여주지 않는다. 적당한 때에 우연찮게 좋은 사람을 만나 사랑에 빠지는 일, 그리고 그 사람과 결혼까지 하는 것은 로또에 당첨되는 일만큼이나 운이 좋은 것임을 명심해야 한다.

그렇다고 무작정 많은 남자를 만나는 것이 최선은 아니다. 무엇보다 스스로가 어떤 사람인지 정확히 알 필요가 있고, 어떤 사람과 가정을 꾸리고 싶은지, 어떤 유형의 사람을 만날 때 행복한지 끊임없이 탐구해야 한다. 낯선 남자와 마주 보고 앉아 두 시간 이상 차를 마시기 전까지 적어도 원하는 배우자상과 추구하는 결혼관에 대한 밑그림은 그려져 있어야 한다. 그렇지 않으면 시간 낭비, 돈 낭비에 감정만 허비하는 꼴이 된다.

가장 안타까운 케이스는 오매불망 결혼을 꿈꾸면서도 현실을 직시하지 못하는 여자들이다. 이를테면 눈을 낮추는 건 절대 할 수 없다며 모든 것을 갖춘 남자만을 기다리는 여자, 대충 조건만 맞으면 결혼할 수 있다는 여자, 결혼으로 팔자 한번 펴보겠다는 여자들은 앞으로도 오랜 시간 싱글로 남아 있을 가능성이 높다. 요즘 남자들은 여자들만큼이나 영악하고 계산적이기 때문이다. 당신이 계산기를 두들기며 한 치의 양보도 하지 않는다면, 모든 것을 갖춘 여자를 기다리는 남자 역시 당신을 만날 일은 없을 것이다.

누구나 경제력도 있고 수려한 외모에 그럴듯한 직장을 가진 친절한 남자를 꿈꾸지만, 현실 속에서 모든 것을 갖춘 남자를 만나기란 쉽지 않다. 그렇다면 성공적인 결혼 생활에 가장 중요한 요소라고 생각하는 서너 가지만 고집하라. 그것이 남자의 성격이든 경제력이든 외모든 상관없다. 사람은 다 제각각 가치관과 행복의 근원이 다르니 자신에게 맞는 몇 가지 요소만 욕심 부리자. 그 남자의 몇 가지 조건에 반한 당신의 마음으로 나머지 요소들은 커버할 수 있고, 살면서 숨겨진 매력을 발견할 수도 있다. 그러니 당신을 행복하게 할 결혼 생활을 지금 당장 구체화하고, 그런 사람을 만나기 위해 동분서주하자.

'아직도 결혼하고 싶은 여자들'이 푸념하는 것처럼 인생의 좋은 짝을 만나는 것은 하늘의 힘이 필요한 일이긴 하지만, 뜻이 있는 곳에 길이 있고 하늘은 스스로 돕는 자를 돕는다고 했다. 운명, 내 맘대로 될 수 있다!

이별에 대처하는 우리의 자세

이별에도 여러 가지 종류가 있다. 날짜가 지난 영화표처럼 단번에 버릴 수 있는 이별이 있는가 하면, 납부 기한이 지난 범칙금에 과태료가 붙는 것처럼 긴 후유증을 낳는 이별도 있다.

서른 가까이 인생을 살면서 적지 않은 이별을 해왔다. 사랑하기 때문에 떠난다는 유행가 가사 같은 가슴 저린 이별도 해봤고, 교생 시절 첫 제자들과의 애틋했던 감정을 뒤로한 채 쓸쓸한 이별도 해봤고, 이직을 위해 가족 같던 직장 동료들과 아쉬운 이별을 경험하기도 했다. 이제는 익숙해질 법도 한데 헤어짐은 늘 새로운 아픔으로 다가오곤 한다. 하지만 이별은 또 다른 만남의 시작이기에 그 슬픔의 무게를 덤덤히 받아들이고 털어낼 줄 알아야 한다. 곧 시작될 새로운 사랑과 사람들을 위해서.

고등학교 시절 단짝 친구였던 혜미. 그녀는 유독 모든 이별 앞에서 한없이 작아지고 초라해졌다. 사랑이 무엇인지 제대로 알기 힘든 그 어린 시절에도, 남자 친구와 이별을 하는 날이면 놀이터 공터에서 술로 밤을 지새우고는 했다. 하늘이 무너져 내린 것처럼, 오늘 당장 인생이 끝난 것처럼 슬퍼하고 탄식했다. 그리고 늘 신세 한탄의 마지막엔 "이제 다 틀렸어. 더 이상 희망은 없어"라는 말을 중얼거리곤 했다. 대학 진학 후에도 그녀의 심한 이별 후유증은 변함없었다. 그러던 어느 날 새벽, 그녀에게서 뜬금없는 문자를 받았다.

 '그 없는 이 세상은 아무 의미가 없어. 부디 날 기억해주길……'
 순간 오싹 소름이 끼쳤다. 나쁜 일이 일어날 것만 같았다. 다음 날, 친구는 병원에 입원을 해 있었고, 남자 친구와의 이별을 견디지 못해 자살을 기도했다고 했다. 그녀가 말했다.
 "이제 다 틀렸어. 더 이상 희망은 없어."
 《천 개의 공감》의 저자 김형경 소설가에 따르면, 이별을 경험한 대부분의 사람들은 분노 → 부정 → 타협 → 우울 → 수용의 단계를 거친다. 사랑하는 사람에 대한 애착을 박탈당하여 느끼는 분노, 떠난 상대방을 인정하지 못하는 부정, 이별을 부분적으로 인정하기 시작하는 타협, 상실감으로 인해 독한 슬픔에 빠지는 우울, 이 모든 과정을 거쳐 이별을 받아들이기 시작하는 수용. 이 다섯 단계를 겪어야 비로소 힘들었던 이별의 시간을 극복하고 인정하게 되는 것이다. 이 과정은 이별 후 누구나 경험하는 감정의 단계이고 누구에게나 필요한 시간이다. 하지만 일부 사람들은 어느 한 단계에 지나치게 오랫동안 머물며 이별의 후유증에서 벗어나지 못한다. 사랑했던 사람에게서 받은 이별 통보가 마치 사형선고라도 되는 듯 삶을 포기하고 스스로를 학대한다. 자신은 사랑 받을 가치가 없는 사람이라며 더 깊고 어두운 슬픔 속으로 스스로를 밀어 넣는가 하면, 이별을 부정하며 헤어진 사람에 대한 집착과 소유욕을

불태운다. 사랑과 이별 모두에 서툴렀던 내 친구의 모습인 동시에 이별 후 방황하는 우리들의 모습인 것이다.

나 역시 그런 시절이 있었다. 1학년 때 소개팅에서 만난 '오빠'와 취업을 준비하던 무렵 이별을 했으니, 내 젊음 한가운데에는 그가 자리 잡고 있다. 때론 '오빠'처럼, 때론 '아빠'처럼 늘 내 인생에 존재하던 그였지만, 결국 우리는 이별을 했다. 정확히 말하자면 그에게서 이별을 통보 받았다. 한동안은 그럭저럭 견딜 만했다. 그러던 어느 날, 집으로 돌아오는 지하철 안에서 갑자기 긴 울음이 터졌다. 그가 떠났다는 사실이 실감나기 시작했기 때문이다.

그때부터 나는 미쳐갔다. 그의 직장 근처를 서성거리기도 했고, 우리 사이에 아무 일도 일어나지 않았다는 듯 매일같이 전화를 걸기도 했다. 그렇게라도 하지 않으면 하루하루를 버틸 수가 없었다. 그가 없는 내 인생은 상상도 할 수 없었기 때문이다. 대학 시절 내내 한 남자만 만나오면서 나는 지극히 수동적이고 의존적인 여자로 변해 있었다. 그의 허락 없이는 친구들을 자유롭게 만나지도 못했고, 그의 도움 없이는 리포트 하나 제대로 쓰지 못했다. 사소한 것 하나까지 일일이 챙겨 줘야 하는 어린아이가 돼버렸으니, 그를 떠나보낸 슬픔보다 앞으로 어떻게 살아가야 할지 막막했다. 아빠를 잃고 혼자 세상을 살아가야 하는 어린 소녀처럼 모든 것이 불안하고 두려웠던 것이다. 때문에 이별에 대한 아무런 마음의 준비도, 현실적인 대응책도 생각해볼 수 없었다.

이별이 힘든 이유는 여러 가지다. 믿고 의지하던 사람으로부터 독립해 혼자 살아가야 한다는 생각에 두려울 수도 있고, 관계의 거절에서 오는 자존감의 상실 때문일 수도 있고, 어찌할 수 없는 깊은 절망감에 빠져 힘들 수도 있다. 하지만 모두 자연스럽고 건강한 감정이니 크게 걱정할 필요는 없다. 기억해야 할 것은 이 힘든 시간도 결국엔 지나가고, 언제 그랬냐는 듯이 또 다른 사랑을 시작할 수 있다는 것이다. 이별에 씩씩하게 대처하고 현명하게 극복해낸다면 다시 행복해질 수 있는 시간은 반드시 오게 마련이다.

어떤 이는 한 번의 잘못된 사랑으로 평생을 망쳤다고 푸념한다. 하지만 사실은 잘못된 사랑이 문제가 아니라 '잘못된 이별' 때문에 오랫동안 고생했는지 모른다. 잘못된 이별은 깊은 상처와 아픔 그리고 후회만을 남기지만, 잘 대처한 이별은 과거와는 다른 태도와 눈높이로 세상을 대할 수 있도록 해준다. 좀 더 넉넉해진 가슴과 커진 눈으로 자신과 주변 사람들을 만나게 해주기 때문이다.

이별에 잘 대처하기 위해서는 무엇보다 이별 후 맞는 감정을 성숙의 한 과정으로 받아들이고 충분히 체험하는 것이 중요하다. 힘들고 고통스럽다고 회피할 것이 아니라 자신의 내면에서 일어나는 작은 감정들을 직면하고 이해하는 작업이 필요하다. 왜 이렇게 힘든지, 뭐가 이리도 비통한지, 가장 아쉽고 후회스러운 것은 무엇인지 하나하나 들여다봐야 한다. 이 같은 시간을 통해 우리의 내적 정서는 한 뼘 더 성장할 수 있다.

"언니, 그놈이 용서가 안 돼요. 아무리 마음을 다잡고 이 지옥 같은 시간에서 벗어나려고 노력해도 그놈만 보면 모든 것이 제자리예요. 같이 좋아할 때는 언제고, 모든 고통과 슬픔은 이별을 당한 내 몫이라는 식이에요. 나만 이렇게 당하고 있다는 것이 분하고 원통해요."

한 후배가 '못된 이별' 때문에 마음고생을 한다. 안타깝기 그지없다. 소설가 김형경은 '아름다운 이별을 위해 필요한 것 중 하나는 책임감'이라고 조언한다. 사랑을 하던 때는 세상에 둘도 없는 사이였지만 어떤 이유에서든 이제 그 관계를 청산해야 한다면 '이제 남이니까 네 인생 네가 알아서 살아라'가 아니라 '네가 안정을 되찾을 때까지 친구가 돼줄게'라는 식으로 상대방의 감정을 책임질 줄 알아야 한다. 특히 이별을 먼저 통보하는 입장이라면 얼마간은 지켜봐주고 참아주는 인내가 필요하다. 이별을 통보받은 사람이 깊은 슬픔에서 허우적거리다 어렵사리 전화를 걸었을 때 '짜증난다'거나 '구질구질하게 왜 이러느냐'는 식의 차가운 태도는 상대방의 마음을 두 번 짓밟을 수 있다. 이별 후에도 한동안은 함께하며 서로를 위로해야 한다. 그것은 먼 훗날 서로를 추억으로 간직할 수 있는 최소한의 배려이자 노력이니까.

이별을 받아들이는 사람 역시 자신의 감정에 대한 책임감이 요구된다. 스토커로 변신해서 상대방의 일거수일투족을 감시하거나, 밤새도록 미니홈피를 들락거리며 뒷조사를 하는 어리석은 짓 따위는 하지 말아야 한다. 아무리 상대방이 분노와 고통, 슬픔을 지켜봐주고 함께한다 한들 전제된 조건은 '깨끗한 이별'이다. 상대방의 연민과 동정을 재결합의 가능성이나 기대로 연결해서는 안 된다. '슬프고 애끓는 네 심정 안다', '가엾고 불쌍한 너 실컷 울어라'하며 스스로를 동정하고 연민한 뒤 다시 힘을 낼 채비를 해야 한다. 당분간 시간이 걸리겠지만, 곧 좋은 사람과 다시 사랑하게 되고 지금보다 몇 배는 행복해질 것이라고 스스로를 다독일 수 있어야 한다.

이별을 했다고 해서 그를 증오하거나 지난 시간을 부정하지는 말자. 그가 다른 사랑에 빠져 있다 한들 사랑했던 시간 동안 그가 속삭였던 말들,

따뜻하게 감싸줬던 손길은 마음속에 고이 간직된 추억이다. 비록 이제는 안녕이지만 그를 통해 사랑과 이별이 무엇인지 깨닫고 그만큼 성숙해졌으니 그걸로 충분하다. 더 이상 '우리'라는 이름으로 맺어질 수 없는 아쉬운 인연이지만, 다른 누군가를 제대로 아끼고 사랑할 수 있는 방법을 알게 해준 그는 참 고마운 사람인 것이다. 지금 당신 곁을 지키고 있는 소중한 그 사랑은 어쩌면 당신의 눈물과 콧물을 쏙 빼게 했던 과거의 그 남자가 이별에 대한 보상으로 준 선물일지도 모르니.

사랑보다 깊은 사랑, 섹스

소녀가 스무 살이 되면 수많은 섹스의 유혹과 마주하게 된다. 사랑한다고 속삭이며 오늘 밤 자신의 여자가 되어주기를 청하고, 섹스는 사랑하는 사람들끼리 나누는 당연한 행위라고 설득하는 수많은 남자들 때문이다. 그 유혹은 때로는 숨 막히게 달콤하기도 하고, 때로는 막연한 두려움에 휩싸이게 만들기도 한다. 그렇게 여자들은 연애의 시작과 동시에 섹스와 씨름하게 된다. 그것이 진정 어떤 의미인지, 어떻게 대처해야 하는지도 모른 채.

"고등학교 때부터 첫 경험에 대한 환상이 있었어요. 하지만 막상 하고 나니 시시하고 허무했어요. 자취하는 남자 친구 집에서 충동적으로 하게 됐거든요. 그놈의 성화에 못 이겨서 말이에요."

스물다섯 살의 고아라 씨는 아무런 마음의 준비 없이 경험한 생애 첫 섹스에 대해 아쉬움을 토로했다. 생물학적 정의인 '처녀'에서 해방된 것 외에 아무런 의미도 부여할 수 없었던 지난 기억이 떠오르자 눈물마저 글썽였다.

대부분의 여자들은 자신의 모든 것을 내어주는 마음으로 첫 섹스를 허락한다. 가장 값지고 소중한 것을 상대방에게 봉헌하는 기분으로 몸과 마음을 내어주는 것이다. 그녀들에게 섹스란 사랑의 약속이자 사랑하는 사람끼리 몸으로 나누는 가장 애틋하고 아름다운 대화이다. 서로의 몸을 부비고 매만지며 체온을 공유할 때 가슴속은 온통 벅찬 감동으로 가득 찬다. 비록 말로 표현하지 않아도 서로의 체온을 통해 애정의 깊이를 확인할 수 있다. 한동안 쌓여 있던 크고 작은 오해의 감정들도 상대방의 품속에 안기면서 봄눈 녹듯 녹아내리고, 영원히 안녕이라며 단단히 걸어뒀던 마음의 빗장도 서서히 열린다. 그렇게 마음을 다해 나누는 몸의 대화는 서로를 둘도 없는 연인으로 만들어준다.

싱글 후배들이 연애 상담을 청할 때가 있다. 20대 후반을 달리는 다 큰 처자들이건만 섹스에 관해서는 순진한 건지 무지한 건지 고민 한 보따리를 머리에 이고 산다.

"언니, 얼마 전에 남자 친구랑 섹스를 할 뻔했어요. 결혼을 전제로 사귀고 있으니 그런 생각이 드는 게 무리는 아니지만, 문제는 제 마음을 잘 모르겠다는 거예요. 그 남자가 한없이 좋다가도 어느 순간 싫어지기도 하니……."

"네 마음을 모르겠으면 그 남자와 한번 자봐. 몸을 나누다 보면 너도 몰랐던 솔직한 네 마음을 알 수 있을 거야."

"섹스를 하라고요? 맙소사, 전 아직 처녀라고요!"

가끔씩 생물학적 처녀임을 내세워 자신은 순결한 여자라고 강조하는 여

자들이 있다. 미안한 얘기지만 요즘 세상에 그런 것은 전혀 대단하지도 않을 뿐더러 고고해 보이지도 않는다. 오히려 어쩜 그 나이가 되도록 연애에서 가장 중요하다고 할 수 있는 섹스를 외면한 채 살아왔는지 의아할 따름이다. 이들은 첫날밤의 환상에 젖어 사랑하는 사람과 섹스 한 번 하지 않은 채 결혼할 사람들이다. 가장 솔직 담백한 사랑의 대화가 섹스이거늘, 결혼이라는 중대한 문제를 결정하는 데 어떻게 전혀 고려해보지 않을 수 있을까? 몸이 나누는 황홀한 대화는 결혼 생활을 유지해나가는 원동력이며 기반이건만, 만일 사랑의 대화가 원활하게 이뤄지지 않는다면 나중에 이혼을 선택할 생각이란 말인가?

사실 유교의 영향을 받고 있는 대한민국에서는 미혼 남녀가 섹스를 자유롭게 논하기란 쉽지 않다. 중요한 것은 생물학적 의미의 순결이 아니라 성적 주체성을 가진 섹스라고 아무리 강조해도, 결국 결혼이라는 제도권 아래에서만 섹스에 대해 자유로울 수 있으니 결혼도 안 한 처자에게 섹스부터 해보라고 조언하는 것도 무리이긴 하다. 자칫하다가는 몸을 함부로 굴린다는 주변의 비난을 받을 수 있으니 말이다.

더욱이 현실에서는 슬픈 세레나데를 들려주는 섹스가 넘쳐난다. 한창 연애를 하던 시절, 남자 친구가 내게 이런 질문을 한 적이 있다.

"왜 성매매를 한 가해자의 신상까지 공개하면서 벌하는 줄 아니?"

"돈으로 여자를 사고파니까 그렇지."

"누구나 잠재의식 속에서는 '섹스는 사랑하는 사람과 하는 것'이라고 생각하기 때문이야. 마음을 주고받지 못한 성교는 몸을 빼앗고 쟁취하는 야만적인 행위에 불과하거든."

상대가 누구이든 성욕만을 분출하는 섹스, 아무런 의미도 없이 습관적으로 하는 섹스는 그 누구도 아름답다 말하지 않는다. 끝까지 숨기고픈 부끄럽고 비밀스런 행위일 뿐이다.

"그가 내 몸에 문신을 새겨놓은 기분이에요. 지우려 하면 할수록 더욱 또렷하게 생각나요. 그 남자의 체취, 내 뺨을 부드럽게 만지던 그 손길……. 이미 다른 사람의 남자인데 내 몸은 그 사람에게서 헤어나지 못하고 있어요."

패션 쇼핑몰을 운영하고 있는 간지애(27) 씨는 얼마 전 헤어진 남자 친구와의 이별로 아파하고 있다. 다른 여자에게 한눈을 팔아 헤어진 남자이건만 그녀는 아직 그를 놓지 못하는 것이다.

"이제는 남이 됐는데, 내 몸은 아직도 그 사람을 기억하고 있어요. 머리로는 이별을 받아들였건만 그에게 익숙해진 내 몸은 그를 놓아줄 수 없다고 해요."

사랑보다 뜨겁고 무서운 것이 어쩌면 섹스일지 모른다. 몸은 마음보다 솔직하고 본능적이어서 사랑했던 시간들의 애절함과 애틋함을 오래도록 기억한다. 나쁜 남자와 쉽게 섹스를 나눠서는 안 되는 이유도, 마음의 준비 없이 습관적으로 섹스를 해서는 안 되는 까닭도 바로 이 때문이다. 대체로 여자는 몸이 가면 마음도 가게 마련이다. 그 남자에 대한 미움과 원망이 가득할지라도 내 몸이 그와 사랑했던 기억을 잊지 못한다면 그것만큼 서럽고 힘든 것이 또 있을까.

몸으로 하는 대화는 내 모든 것을 내주어도 아깝지 않을 사람과 해야 한다. 비록 언젠가는 안녕을 고할 수밖에 없는 순간을 맞이하더라도 사랑했던 기억만으로 그리운 사람, 그 시간으로 돌아간다면 다시 선택하고 싶은 사람, 참 많이 고마웠다고 말할 수 있는 사람과 사랑을 나눠야 후회가 없다. 더 가까워지고 싶고 좀 더 사랑을 확인하고 싶은 남자와의 섹스는 온몸 구석구석의 세포들이 하나하나 살아나 전율하는 감동을 안겨준다. 얼

마나 나를 아끼고 소중히 여기는지를 전달하는 몸의 대화는 한층 깊고 성숙된 사랑으로 이끈다.

  온전히 몸과 마음을 나눌 수 있는 연인이라면, 밤하늘의 별들을 한가득 따 심장 한복판에 뿌려둔 것 같은 설렘과 떨림을 경험하고, 머리가 열리고 가슴이 터질 것 같은 진실한 오르가슴이 선사하는 황홀감에 빠질 수 있을 것이다. '오늘 밤 그를 홀리는 101가지 방법' 따위를 읽어보지 못했다 하더라도, 《카마수트라》에 기록된 비법을 통달하지 못했다 하더라도 말이다.

| Tip. 이런 섹스라면 NG |

●● 감정의 나눔보다는 스킬을 중시하는 섹스

마치 포르노의 여주인공이 된 것처럼 보기에도 민망한 동작들을 요구하는 남자와의 섹스라면 혹시 내 몸을 이용하고 있는 건 아닌지 점검해봐야 한다. 입으로는 사랑한다고 속삭이지만 가슴이 닫혀 있을 확률이 높다. 매번 다양하고 복잡한 행위를 요구하는 것 때문에 극도의 스트레스를 받는다면 차라리 관계를 그만두는 게 낫다.

●● 의무감 때문에 습관처럼 하고 있는 섹스

어느 순간부터 오래된 부부처럼 의무감에 섹스를 나누고 있다면, 무엇을 위한 섹스인지 곰곰이 생각해봐야 한다. 그저 시간 때우기 데이트는 아닌지, 서로 딴생각이 가득한 상태로 나누는 섹스는 아닌지 돌아보자. 이미 식어버린 관계라면 몸으로 나누는 대화도 필요 없기 때문이다.

●● 일방적인 요구로 진행되는 섹스

사전의 합의나 대화가 이뤄지지 않은 채 일방적인 요구로 진행되는 섹스만큼 여자에게 불행한 섹스는 없다. 대체 왜 그 남자와 함께 누워 있는가! 섹스에서 가장 중요한 것은 당신의 성적 결정권이다. 하고 싶지 않을 때는 정확하게 'NO!'라고 의견을 밝혀라. 그럼에도 계속 징징거리며 재촉하고 급기야 화를 내는 남자라면 만날 가치도 없다.

●● 피임에 무책임하게 구는 남자와의 섹스

아름다운 섹스의 기본은 서로에 대한 존중과 배려다. 함께 나누는 몸의 대화에서 반드시 선행되어야 할 것은 철저한 피임. 피임까지 신경 쓰면 성감대가 떨어진다느니 귀찮다느니 하는 남자와의 섹스는 절대 금물이다.

●● 마음의 준비가 안 됐다면 아직 타이밍이 아니다

계속 망설이게 되는 섹스라면 그만두는 편이 낫다. 아직 당신의 마음이 준비가 안 됐다는 신호이기 때문이다. 당장 내일까지 제출해야 하는 리포트도 아닌데 서두를 필요는 없다. 성급하게 시작한 섹스는 후회와 상처를 남길 가능성이 크다. 당신의 마음이 온전히 준비를 끝냈을 때가 적기다.

고르고 고르고 또 골라라!
그러나 사랑만큼 좋은 조건은 없다

친구들의 반 이상이 결혼을 했다. 그리고 그중 10% 정도는 이혼을 했다. 뜨겁게 사랑했지만 각자 더 행복해질 수 있는 방법을 찾아 이혼을 선택한 친구도 있고, 처음부터 해서는 안 되는 결혼을 강행한 대가로 최악의 상황에 맞닥뜨린 친구도 있다. 혼인한 부부 세 쌍 중 한 쌍은 이혼하는 나라에 살고 있으니, 더 이상 이혼이 비난 받을 일도 부끄러운 경험도 아닐지는 모르나 어느 누구에게도 이혼이란 쉽지 않은 결정인 것만은 분명하다. 따라서 사전에 최선의 남자를 고르고 확인하는 작업은 너무나 중요한 것이다.

서른 무렵의 많은 여성들이 주변 상황에 이끌려 결혼을 결정한다. 성취감 없는 직장 생활도 지겹고, 얼굴만 보면 결혼하라고 성화를 부리는 부모님의 잔소리도 스트레스이고, 남들은 결혼하고 애 낳고 잘만 사는데 혼자

만 남겨진 것 같아 불안하고……. 결국 이 모든 것들로부터 벗어나기 위해 충분한 사전 검열 없이 결혼을 서두르곤 한다. 뜨겁게 사랑하는 감정도 없고 평생의 좋은 반려자가 될 거란 확신도 없지만, '이만하면 빠지는 조건은 아니다'라는 주변의 설득에 못 이겨 결혼을 선택하는 것이다.

하지만 정말 마음이 끌려서 선택하는 결혼이 아니라 주위 상황에 휘말려 결혼을 결심할 때 여자는 최악의 남자를 선택할 확률이 높다. 지금 자신을 괴롭히고 있는 상황으로부터 탈출하기 위해 결혼이란 선택을 할 경우 오히려 더 불행하고 괴로운 환경에 놓일 가능성이 몇 배로 커지는 것이다.

"그때로 다시 돌아간다면, 이 남자와 절대 결혼하지 않을 거야."

친한 후배 한 명은 오랜만에 만난 자리에서 울음을 터뜨렸다. 이제 겨우 결혼한 지 6개월, 신혼의 단꿈에 젖어 신랑 자랑을 쏟아놓아도 부족할 텐데 만나자마자 불행한 결혼 생활을 한탄했다. 외국에 나가 생활하는 것이 꿈이었던 그녀는 결혼을 통해 꿈을 이룬 듯 보였지만 현실과 이상 사이의 괴리감으로 힘들어하고 있었다.

"결혼 전엔 남편이 이렇게 마마보이인 줄 몰랐어요. 신혼집이 시댁 바로 아래층이어서 매일 시댁에 들러 식사를 같이하거나 대화를 나눠야 해요. 게다가 남편은 시댁 식구들과 하루에 열두 번도 더 통화를 해요. 주말이면 어김없이 시댁 식구들과 운동을 가고요. 도통 우리만의 생활이라고는 없죠."

시댁 식구와의 지나친 왕래와 접촉은 그녀에게 신혼의 단꿈에 젖어 있을 틈을 주지 않았다. 남편은 좋은 아들로서의 역할이 더 중요한 듯 그녀의 불만에 전혀 신경 쓰지 않는다고 했다. 결혼 전에 가끔씩 마마보이는 아닐까 하는 의심이 들긴 했지만 크게 염려하지 않았던 것이 화근이었다.

연애 기간도 짧고 눈에 콩깍지가 씐 상태에서 무비판적으로 상대를 바라본 탓이다.

상당수의 여자들이 결혼을 연애의 연장이라고 착각하거나, 문제가 있더라도 일단 결혼을 하고 나면 자연스레 해결될 거라고 믿는다. 그러나 연애 기간 동안 발견된 문제는 결혼 후에도 결코 사라지지 않는다. 오히려 숨을 죽이고 있던 크고 작은 문제들이 혼인신고를 마친 후 본격적으로 모습을 드러내며 더 큰 갈등을 만들기 시작한다. 때문에 그가 가진 조건들을 사전에 꼼꼼히 그리고 신중하게 따져볼 필요가 있다. 여기서 말하는 조건이란 그 남자의 성격, 인간성, 생활 습관은 물론이고 학력, 경제력, 집안 배경, 가족 구성원, 인간관계, 결혼 후 거주할 장소 등 모든 세부적인 것들을 포함한다.

하지만 일부 여성들은 결혼 조건을 따지는 것에 주저한다. 결혼이라는 남녀의 숭고한 결합에 저급하고 천박한 상업적인 잣대를 들이미는 행위라 여기며 지고지순한 사랑 타령만을 하는 것이다. 그러나 무계획적이고 무비판적인 결혼이야말로 무지하고 어리석은 행태가 아닐까? '나이가 있어서', '더 좋은 남자를 만나기도 힘들 텐데', '이 정도 조건이면 괜찮으니까' 식의 행동은 결혼 후 인생이 어떻게 흘러가든 상관없다고 선언하는 것과 마찬가지다.

남자, 고를 만큼 고르고 따질 만큼 따져야 한다. 결혼 후 더욱 안락한 삶을 살 수 있을지, 일방적인 희생과 인내를 해야 하는 건 아닌지, 최소한 지금만큼 행복할 수 있을지 등을 조목조목 따져가면서 말이다. 만일 동시에 여러 명의 남자를 만나고 있다 해도 크게 괴로워할 필요는 없다. 결혼이라는 제도권에 이미 진입한 것도 아

니고, 최선의 선택을 하기 위한 투자의 시간이니 가능한 한 많은 남자를 만나보고 비교해도 좋다. 그래도 영 찜찜해할 여자들을 위해 한마디만 하겠다. 지난달 선으로 만난 그 남자가 당신만 만나고 있을 거라는 착각은 하지 마라. 결혼 시장에 나온 남성들 역시 여러 명의 여자들을 만나며 비교 중에 있다. 물론, 최선의 선택을 위해서다.

다만 앞서 말했듯이 모든 조건을 충족할 남자를 만날 거라는 기대는 버리는 게 좋다. 성격과 능력이 뛰어나면 외모가 좀 떨어지는 경우가 다반사고, 집안과 학벌이 좋으면 성격에 뭔가 문제가 있는 남자들이 많으니까. 드라마에서나 나오는 잘생기고 인간적이고 성격 좋은 재벌 2세는 현실에는 존재하지 않는다. 그러므로 오래전부터 꿈꿔왔던 자신의 결혼 생활에서 가장 중요한 몇 가지 기준을 정하고, 그것을 중심으로 남자를 따져봐야 한다. 예를 들어 가정에 성실하고 자상한 스타일의 남자를 최선으로 여긴다면 지금 교제하고 있는 남자가 그 조건을 제대로 갖췄는지 꼼꼼히 살펴봐야 한다. 평소 친구들과 어울려 늦게까지 시간을 보내지는 않는지, 지나가는 말로 뭔가 먹고 싶다거나 갖고 싶다는 말을 했을 때 그것을 기억하고 선물해주는 자상함이 있는지, 특정 취미 생활에 정신이 팔려 데이트 시간까지 잊은 적은 없는지 여러 상황을 만들어 그 남자의 성실함과 자상함을 다각도로 확인해야 하는 것이다. 반면 남자의 경제력과 집안 배경이 중요한 요소라고 생각한다면, 갖은 인맥을 동원해 그가 몸담고 있는 직장의 연봉을 확인하는 것은 물론이고 빚은 없는지, 집안 내력은 어떠한지, 시댁의 경제적 원조를 어느 정도 받을 수 있는지 등을 따져봐야 한다. 집에 초대를 받아 인사를 드리러 갈 때 집안 분위기와 실내 인테리어 수준 정도를 살피고, 자연스럽게 그가 가진 주식이나 자산 정도를 묻는 사전 작업이 필요한 것이다.

몇 가지를 제외한 나머지 요소들은 만남을 지속해가면서 자신이 내린 판단의 정확성 여부를 확인하는 데 활용하는 것이 적당하다. 만약 다분한 바람기, 폭력성, 알코올중독 증세와 같은 심각한 문제점이 발견될 경우에는 예외적 상황으로 간주하고 바로 헤어질 준비에 착수해야 한다. 아무리 조건이 좋더라도, 그동안 들인 공이 아깝더라도 멈추는 것이 현명하다. 그 모르게 여러 가지 뒷조사를 하고 관찰한다고 해서 영악하거나 유치한 행동이라고 절대 자학할 필요는 없다. 고가의 백을 하나 살 때도 백화점, 면세점, 인터넷 쇼핑몰 등을 두루 보고 가격을 비교하며 장단점을 분석하는데, 하물며 평생을 함께할 반려자를 찾는 일에 이 정도 사전 조사는 반드시 선행되어야 하는 것 아닐까?

그러나 결혼에서 무엇보다 중요한 것은 사랑이다. 사랑만큼 우선시해야 할 조건도, 당연시해야 할 조건도 없다. 사랑하는 감정 없이 다른 조건들만을 좇았을 경우, 언젠가 그 조건들이 사라지게 되면 그 결혼 생활은 바로 삐거덕거리기 마련이다. 오랫동안 사랑했던 남자를 배신하고 엄청난 재력을 자랑하는 집안의 아들과 결혼했는데 몇 년 뒤 그 집안이 망했다고 가정해보자. 그 선택을 한 여자는 오로지 '돈'을 보고 결혼했기 때문에 시댁의 재력이 사라짐과 동시에 결혼 생활을 유지할 명분이나 의지도 잃게 된다.

결혼 후 후회하지 않는 최선의 남자를 만나려면 미리 그 남자가 가진 조건과 자신이 추구하는 조건이 일치하는지 따져보기를 권한다. 하지만 분명한 건 그 모든 조건들 최상위에는 항상 사랑이라는 감정이 전제되어야 한다는 점이다. 사랑이라는 조건이 없는 결혼은 언제 무너질지 모르는 바닷가의 모래성과 같을 테니 말이다.

| Tip. 일찌감치 탈락시켜야 할 남자 감별법 |

지금 당신이 만나고 있는 남자에게서 다음과 같은 신호를 발견했다면 망설이지 말고 관계를 정리하자. 아래 신호들은 나쁜 남자이거나 당신을 사랑하지 않는 남자임을 암시하는 증거들이다. 사랑이라는 이름으로 모든 것을 감싸고 이해하기엔 당신의 앞날이 너무 창창하지 않은가. 별 볼일 없는 남자들은 일찌감치 탈락시키고, 진짜 인생을 걸 만한 사람과 새롭게 시작하자!

- 술을 지나치게 자주 마시고 쉽게 취한다.
- 평소에는 연락이 뜸하다가 술만 마시면 전화해서 보고 싶다는 말을 남발한다.
- 언어폭력이나 육체적인 폭력을 단 한 번이라도 가한 적이 있다.
- 전화기가 자주 꺼져 있다.
- 결혼에 대한 말을 꺼내면 항상 회피한다.
- 여자의 일과 취미 생활 등을 존중하지 않는다.
- 부모에 대한 의존도가 평균 이상이다.
- 여자가 친구들과 어울려 노는 것을 싫어하고 귀가 시간 등을 일일이 지시한다.
- 자신의 친구들이나 가족들에게 여자를 소개하지 않는다.
- 거짓말을 상습적으로 반복한다.
- 여자의 외모에 지나치게 집착하고 가치를 부여한다.
- 주변 여자들 사이에서 인기 관리를 하고 여자 친구가 없는 듯 행동한다.
- 기념일을 한 번도 챙겨준 적이 없다.
- 짜증을 자주 부리고 화를 불같이 낸다.
- 금전적인 부탁과 요구를 한다.

- 만나면 섹스부터 하려고 들고 피임에 별다른 주의를 기울이지 않는다.
- 과거에 사귄 여자 친구들과 계속 연락을 한다.
- 경마, 노름, 알코올, 섹스 등에 중독 증세가 있다.
- 잠자리를 한 뒤 여자를 대하는 태도가 판이하게 다르다.
- 여자의 가족을 폄하하거나 무시하는 발언을 서슴지 않는다.
- 지인 열 명 중 일곱 명은 이 남자와의 만남을 반대한다.

실속형 혼수가 뜬다

올해로 결혼 3년차에 접어들었다. 수십 번의 발품을 팔아 마음에 꼭 드는 첫 번째 집을 장만한 지가 엊그제 같은데 벌써 두 번째 집으로 이사를 왔다. 조금 더 넓은 평수에서 살고 싶은 욕심 때문이었다. 아기가 태어나면 살림살이도 늘어날 테고 아기 방도 따로 필요하니 이사를 가야 한다는 것이 공식적인 핑계였지만, 솔직히 말하자면 좀 무리를 하더라도 넓은 곳에서 살고 싶었다. 결국 그렇게 노래를 부르다시피 하던 넓은 집으로 이사를 했다. 그런데 이게 웬일인가! 이사 후 우리 부부는 한동안 멍하니 거실을 바라보았다.

"엥? 우리 소파가 원래 이렇게 작았나?"

"에어컨은 어떡하지? 천장에 이미 다 설치돼 있는데."

"아일랜드 식탁은 여기 동선과 맞지 않네. 에휴!"

넓은 집으로 이사를 오자 모든 가구가 미니어처가 됐다. 신혼집의 평수와 동선에 맞춰 모든 혼수를 마련했으니 새집과는 어울리지 않는 것이 당연했다. 결국 우리는 소파, 식탁, 협탁 등을 모두 새로 구입했다. 합리적으로 혼수를 장만했다고 생각했는데 결혼 2년 만에 혼수의 반 이상이 쓸모없어진 셈이었다. 게다가 적잖은 대출을 받았는지라 다음 달 청구될 카드 대금과 대출 이자에 대한 스트레스가 이만저만이 아니었다.

"애초부터 잘 계획하고 샀어야지! 같은 걸 또 사다니 이게 웬 돈 낭비냐?"

남편은 애꿎은 나만 잡았다.

"누가 이렇게 금방 이사 가게 될 줄 알았냐!"

성공적으로 혼수 준비를 하고 싶다면 부부가 함께 꾸릴 인생 플랜부터 짜야 한다. 신혼집 평수도 중요하지만, 앞으로의 이사 계획과 자녀 계획을 함께 논의해야 장기적인 안목으로 혼수를 고를 수 있다. 앞뒤 따지지 않고 무조건 신혼집에 어울릴 예쁜 가구와 가전제품만 따지다 보면, 우리 부부처럼 머지않은 미래에 두 번이나 혼수를 장만해야 하는 실수를 범할 수 있기 때문이다.

그렇다면 혼수를 장만하기 전에 미리 살펴봐야 하는 것들은 무엇일까? 먼저, 결혼 후 처음 마련한 신혼집에서 얼마나 거주할 것인지 예상해봐야 한다. 자가 소유의 주택이라면 최소 몇 년간 살게 될지 생각해보고, 만약 5년 이상 거주할 계획이라면 현재 집의 평수와 스타일에 맞춰 전체 혼수를 구입해도 문제가 없다. 하지만 전세 계약으로 장만한 집이라면 몇 년 뒤 다시 이사를 해야 하기 때문에 상황이 달라진다. 예를 들어 공간 활용을 위해 붙박이식 가구로 혼수를 준비했다가는 새로 이사한 집의 평수와 맞

지 않아 모양이 흉해질 수 있고, 붙박이장 추가와 재설치 비용 등에 많은 돈을 소비해야 할 수도 있다. 더욱이 요즘 아파트들은 에어컨까지 빌트인 돼 있는 경우가 많기 때문에 미리 냉장고, 세탁기, 에어컨 등을 전부 마련한다면 새집으로 이사 갈 때 처치 곤란한 상황에 놓이게 된다.

자녀 계획도 마찬가지다. 당분간 자녀 계획이 없다면 부부의 취미 생활 위주로 혼수를 장만해도 좋다. 하지만 곧 아이를 가질 계획이라면 작은 방 하나는 아이를 위해 비워둬야 하므로 취미 용품들을 잔뜩 마련해두었다가는 나중에 보관할 곳이 없어서 낭패를 볼 수도 있다.

그다음으로는 각각의 가전제품에 대한 기능 점검이다. 더위를 무척 잘타는 우리 부부는 처음 혼수를 준비할 때 안방, 거실, 작은 방에 모두 에어컨을 설치했다. 아이가 훗날 쓰게 될 공부방에 에어컨이 필요할 테니 미리 사두는 것도 나쁘지 않다고 판단했던 것이다. 게다가 공기청정기를 사지 않는 대신 공기 청정 기능이 우수한 에어컨을 구입하는 걸로 합의했다. 그러나 몇 달 사용해본 결과 에어컨에 딸린 공기 청정 기능은 전력 소비가 일반 공기청정기보다 훨씬 컸고 기능 면에서도 떨어졌다. 결국 전기세를 몇 배로 지불하다 이사 후 별도의 공기청정기를 새로 구입했으니 이 얼마나 낭비란 말인가!

세탁기도 마찬가지다. 당시에는 드럼 세탁기에 대한 인기가 시들해진 상태였다. 이불 빨래가 제대로 되지 않을 뿐만 아니라 고장도 잘 난다는 내용이 방송 보도된 직후였기 때문이다. 그래서 우리 부부는 방송 내용만 철석같이 믿고 이불 빨래가 가능한 일반 세탁기 10kg형을 마련했다. 미래에 아기가 태어날 것을 생각해 삶기 기능이 추가된 걸로 말이다. 하지만 이 역시 실패였다. 겨울 이불은 세탁소를 이용하는 게 여러모로 편리했고, 부피가 작은 여름 이불은 7kg짜리 세탁기로도 얼마든지 가능했기 때문이다. 게다가 양말, 속옷처럼 가벼운 빨랫감을 세탁할 때도 육중한 세탁기를 돌려야 하는 부담에 시달렸다. 그뿐인가. 최근 들어 3~4kg짜리 아기 전용 세탁기를 따로 장만하는 추세인지라 출산 후에도 삶기 기능은 거의 쓸 일이 없었다. 부피만 크고 전력 소비도 많고 모양도 예쁘지 않은, 그야말로 천덕꾸러기가 된 셈이었다. 참고로 요즘 30평대 이상의 아파트엔 세탁기가 빌트인으로 많이 설치돼 있어 별도의 세탁기가 필요 없는 경우도 허다하다.

　결혼 후엔 청소기, 다리미, 믹서기, 생선구이 전용 오븐 같은 실질적인 살림살이에 욕심이 생긴다. 혼수에 욕심을 부리던 그때, 나는 아무리 바빠도 청소만큼은 깨끗이 하겠다며 당시 고가였던 전기 로봇 청소기를 덜컥 구입했다. 진드기 제거부터 먼지 때를 말끔히 제거해준다는 점원의 말에 홀라당 넘어가서 말이다. 그러나 살아보니 청소라는 것은 직접 두 손 두 발을 걷어붙이고 빡빡 밀어댈 때 빛이 난다는 걸 깨달았다. 결국 스팀 청소기를 다시 장만하는 속 터지는 경험을 해야 했다.

　그래도 위로가 되는 것은 이 바보 같은 짓을 나만 한다는 게 아니란 거다. 한 친구는 제빵 기술을 배워 아침마다 서방님께 버터 향이 솔솔 풍기는 빵을 대령하겠다는 포부로 외국 브랜드의 값비싼 오븐을 장만했다. 허나 현실은 환상과는 딴판이었으니, 그녀가 빵이나 쿠키를 굽는 날은 손가락으로 꼽

을 정도였다. (사실 오븐은 대부분 고기나 생선을 굽는 데 쓴다.) 게다가 빵이나 쿠키 역시 수십만 원을 호가하는 비싼 오븐 대신 10~20만 원의 생선 굽기 전용 미니 오븐 하나로도 충분하다. 아니, 전기밥솥을 이용해도 잘만 구워진다.

우리 부부처럼 속 터지는 경험을 피하고 싶다면 '아이후기닷컴(www.ihoogy.com)'을 즐겨찾기에 등록하고 수시로 들르도록! 각종 가전제품에 대한 다양한 후기와 평가가 상세하여 자신의 라이프 스타일에 맞는 제품을 고르는 데 큰 도움을 받을 수 있다.

마지막으로 생각해봐야 할 것은 가구의 영구성이다. 많은 여자들이 신혼의 단꿈에 젖어 아기자기한 스타일의 가구를 고른다. 심지어 소녀풍의 침실을 꾸미기도 하고 핑크색 소파를 사기도 한다. 결론만 말하자면 이런 선택은 이기적이고 어리석은 짓이다. 소녀풍의 침실과 거실에 만족하는 남편들은 아무도 없기 때문이다. 혹자는 아내의 이런 취향 때문에 집에만 들어가면 머리가 아프다고 하소연을 늘어놓기도 한다. 따라서 남편의 취향과 자신의 기호가 조화를 이룰 수 있는 스타일의 가구를 마련하는 게 현명하다.

먼저 결혼한 커플들의 신혼집을 엿보며 실용적인 정보와 조언을 구하는 것도 한 방법이다. 결혼 준비에 도움이 되는 '미즈윈(www.mizwin.com)'과 다양한 인테리어 노하우가 가득한 '레몬테라스(cafe.naver.com/remonterrace.cafe)'에서는 신혼집 꾸미기 정보와 의견 교환이 활발하게 이뤄지고 있어 사전에 참고하면 좋다.

충분한 예산을 확보하고 있다면 문제없지만, 적은 비용으로 큰 만족을 얻고 싶다면 혼수 물품에 강약을 조절할 필요가 있다. 먼저 여자와 남자가 각자 가장 공을 들이고자 하는 우선순위 아이템을 한두 개씩 정해놓고, 그 물품들을 중심으로 혼수를 준비하는 것이 효과적이다. 여자는 로맨틱한 침대나 화사한 소파에 열을 올리는 경우가 많고, 남자는 최신 전자 제품이나 컴퓨터 등에 관심을 보이는 경우가 많다. 각자 포기할 수 없는 아이템을 하나씩 선택한 뒤 그것에 한해서는 아낌없는 투자를 해야 미련이 남지 않는다. 어렸을 때부터 휘장이 둘러진 공주 침대를 꿈꿔온 여자라면 비용이 얼마가 들든 장만하라. 본전을 뽑을 때까지 오래 쓰면 된다. 반대로 남자가 50인치 PDP 벽걸이 TV를 오매불망 원한다면 기꺼이 장만하라. 거실에서 TV를 시청하는 내내 '저것 참 잘 샀다'며 행복해할 것이다.

혼수 준비에 정답은 없다. 각자의 상황, 환경, 미래 계획 등에 따라 달라질 수밖에 없기 때문이다. 비록 18평 남짓한 전셋집에서 신혼을 시작하더라도, 자랑할 것 하나 없는 혼수를 했더라도 주눅 들 필요는 없다. 지금 당장의 상황에 연연할 것이 아니라 앞으로 점점 발전해나가면 된다. 그것만큼 더 훌륭한 '결혼의 목적'이 또 어디 있겠는가! 그러니 지금 당장 포기할 것은 과감히 포기하고 투자가치가 있는 물품에 집중하자. 으리으리한 혼수를 한들 결혼 생활이 순탄치 못해 몇 년 뒤 이혼하게 된다면 그 무슨 소용이란 말인가. 남들 하는 만큼 하느라 괜히 눈치 볼 것 없이 부부의 삶을 행복하게 할 가치 있는 혼수에 투자하자. 그것이 자동차가 됐든 닌텐도 오락기가 됐든 말이다.

| Tip. 알아두면 힘이 되는 혼수 이야기 |

◐◐ TV는 큰 것이 유리하다

TV는 좀 크다 싶은 것으로 장만하라. TV처럼 고가의 전자 제품은 한 번 구입하면 다시 장만하기가 쉽지 않기 때문에 지금보다 큰 집으로 이사할 때를 고려해서 구입하라는 것이 3년차 이상 주부들의 일관된 조언이다. 보통 40~42인치의 TV가 신혼부부들이 선호하는 크기지만, 여력이 된다면 과감히 50인치를 장만하는 것도 괜찮다. 금방 익숙해질 뿐만 아니라 영화 감상의 묘미도 만끽할 수 있다.

◐◐ 소파는 저렴한 것으로 장만하는 것이 좋다

거실의 꽃은 소파라고 하지만 막상 살아보면 소파처럼 빨리 질리는 것도 없다. 더욱이 평수에 따라 크기와 디자인을 달리해야 하는 것도 소파가 가진 특징 중 하나이다. 작고 저렴한 소파로 신혼살림을 시작하면 싫증났을 때 부담 없이 바꿀 수 있을 뿐만 아니라 앙증맞은 디자인 덕에 신혼집 특유의 분위기도 연출할 수 있다. 값비싼 가죽 소파를 장만해도 어차피 아이가 태어나면 금방 망가지기 십상이다.

Chapter 3. 우먼's 사랑 & 결혼

●● 붙박이장은 신중히 선택할 것

신혼집이 전세라면 굳이 유명 브랜드에서 장을 맞출 필요가 없다. 붙박이장을 마련할 경우 전세 계약이 만료되어 새집으로 이사 갈 때 다시 장을 맞추거나 추가로 더 짜야 하는 번거로움이 따른다. 더욱이 천장 높이가 다르거나 방 크기가 현저히 다를 경우 꿔다놓은 보릿자루처럼 방과 장롱이 따로 놀 수 있다.

●● 사랑한다면 종합검진부터!

결혼 전 건강 상태를 체크하는 것은 건강한 가정을 위한 최소한의 투자인 동시에 상대방에 대한 에티켓이다. 최근엔 종합병원에서 '결혼 진단서'라는 이름의 종합검진 상품을 별도로 판매하고 있다. 일반 기초의학 검사, 전염성 질환(성병, 간염, 에이즈, 결핵 등) 여부, 만성병에 대한 조기 검사, 영양 정밀 분석, 상담 등이 포함된다. 비용은 25~30만 원대. 여성의 경우 산부인과 검사(자궁경부암, 유방암, 임신반응검사)를 통해 기형아 출산이나 유산을 예방하는 항목이 추가된다. 결혼 후 불임으로 고생하며 상대방을 의심하고 탓하는 커플이 적지 않음을 고려할 때, 결혼 진단서는 필수 혼수 아이템이라 할 수 있겠다.

남편 사용 설명서

사랑하는 남자와 함께 일상을 공유하는 신혼 생활은 더없이 달콤했다. 하지만 그것도 잠시, 자고로 어른들 말이 백번 옳았다. 시간이 지날수록 콩깍지가 벗겨지기 시작했고 결혼은 현실이라는 말이 가슴팍을 파고들었다. 그 현실이라는 것은 보이지 않는 신경전을 벌여야 하는 고부간의 갈등, 가사 분담에 대한 의견 차이, 가정 경제에 대한 고민, 결혼 전과 다른 남편에 대한 실망 등을 포함한다. 결혼 생활이라는 것이 이토록 복잡하고 미묘한 갈등의 결합을 의미한다는 걸 6개월 만에 깨닫게 된 것이다.

결국 나는 어학연수를 핑계로 현실을 도피하기로 결심했다.

"겁쟁이라고 해도 좋아. 멀리 떠나야겠어. 전환점이 필요해."

공식적인 이유는 이직 준비를 위한 어학연수였지만 진심은 남편과 잠시 떨어져 있기 위해서였다. 솔직히 말하자면, 시부모님 댁에서 시작한 신혼 생활은 내 일상 전체를 뒤흔들어놓을 만큼 거대한 불안정성과 중압감을 느끼게 했다. 방 안에 들어가 원고 마감을 하고 있어도 왠지 방해 받는 것

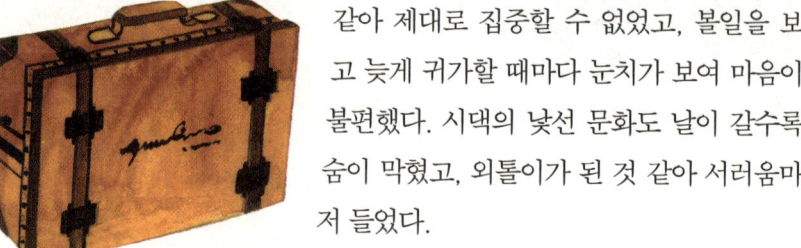

같아 제대로 집중할 수 없었고, 볼일을 보고 늦게 귀가할 때마다 눈치가 보여 마음이 불편했다. 시댁의 낯선 문화도 날이 갈수록 숨이 막혔고, 외톨이가 된 것 같아 서러움마저 들었다.

그렇게 떠난 외국 생활은 지쳐 있던 내 삶에 생기를 불어넣었다. 누구의 간섭과 방해 없이 도서관에서 보내는 토요일 오후, 귀가 시간의 압박 없이 즐기는 친구들과의 수다, 아무 때고 내 생활에 몰두할 수 있는 심적인 여유. 눈물 나도록 그리워하던 대상의 실체는 바로 이것이었다.

"혼자 떨어져 있으니까 좋아? 서방님은 외로움에 찌들어 죽어간다."
행복의 절정에서 자유를 만끽하고 있을 때 남편이 물었다. 사실 당시의 내 행복은 남편의 희생과 배려에서 비롯된 것이었다. 텅 빈 집 안에서 혼자 식사하는 생활을 감수하며 아내의 자기 계발에 동의해주고 싫은 내색 한 번 없이 생활비를 보내준 남자였다. 그는 늘 그의 방식대로 날 사랑했지만 나는 깨닫지 못했던 것이다. 결혼이라는 제도권 아래에서 일어났던 모든 변화가 그의 몰이해와 배려 부족 때문이라고 책망할 뿐이었다. 하지만 돌아보니 나 역시 그를 그의 방식대로 사랑해주지 못한 건 마찬가지였다.

어학연수를 다녀온 후 나는 남편이 원하는 방식으로 사랑하기로 마음먹었다. 미운 놈 떡 하나 더 주는 심정으로 잔소리 대신 그가 좋아하는 일을 하나 더 해주기 시작했다. 예를 들어, 양말을 제대로 벗어 세탁기에 넣으란 말을 무시하는 남편에게 화를 내는 대신 그가 좋아하는 꽃게찜을 해준다. 마치 아들에게 먹이듯 꽃게 살을 하나하나 발라주며 비위도 맞추고,

방금 끓인 따뜻한 보리차도 예쁜 유리잔에 떠다 준다. 그러면 남편은 기분이 한껏 들떠서는 갖은 애교를 부린다. 바로 이때가 불만 사항을 이야기할 적기다.

"여보옹! 왜 자꾸 양말 거꾸로 벗어던져? 우리 여보 이제 그러지 말기!"

남자들은 단순하다. 한 가지 일에 몰두하면 다른 것은 신경 쓰지 못한다. 여자들은 결혼과 동시에 멀티 플레이어가 되지만 남자들은 결혼 전이나 후나 변함이 없다. 게다가 결혼 후 아내가 겪는 사소한 감정의 변화, 여전히 여자이고 싶은 욕망에 대해 잘 이해하지 못한다. 그러니 남편에게 동시 다발적으로 여러 가지를 해결하라는 아내의 요구는 당연히 힘들고 어려울 수밖에 없고, 아내의 잔소리는 점점 부담스러워질 뿐이다. 반면, 남자들은 단순하기 때문에 자신의 잘못에 대해서는 깔끔하게 인정하고 받아들인다. 자존심을 건드리지 않는 선에서 지적하고 사과를 요구한다면 말이다. 나 역시 잔소리를 줄이고 아기 다루듯 세심하게 챙겨준 것뿐인데 남편은 〈우리 아이가 달라졌어요〉에 나오는 아이들처럼 백팔십도 변했다.

남편이 변할 수 있었던 또 다른 원인은 시어머니에 대한 나의 태도였다. 대부분의 남편들은 '엄마' 편이다. 미치고 환장할 노릇이지만, 많은 남자들이 결혼을 하고도 '어머니의 아들'로 살아간다. 고부간의 갈등이 발생해도 내 편이 아닌 엄마 편을 들면서 말이다. 결혼 초기엔 그렇게 시어머니 편만 드는 남편을 이해하지 못했다. 나를 여왕처럼 떠받들기는커녕 시어머니의 상궁이 되기를 바라는 그에게 배신감마저 들었다. 묘한 패배감과 상실감에 눈물 콧물로 범벅돼 잠들던 날들도 있었다.

하지만 냉정하게 생각해보면 남편이 '엄마' 편인 건 당연한 일이다. 나와 함께 산 건 고작 몇 년이지만 자신을 낳아주고 키워준 어머니와 함께한 날은 수십 년이 아니던가. 게다가 아들 하나 잘 키우겠다며 자신의 젊은 날을 희생한 어머니의 은혜는 자식들에겐 언제나 마음의 빚이다. 그런 아들을 며느리에게 빼앗기고 싶지 않은 어머니의 심정을 이 땅의 남편들은 모두 공감할 것이다. '겉보리 서 말만 있으면 처가살이하지 않는다'는 속담이 바로 이런 남자들의 마음을 대변하는 것이리라.

나는 어렵고 부담스럽게만 느껴지던 시댁을 가슴으로 받아들이는 연습을 하기 시작했다. 크고 작은 고부간의 갈등은 계속 발생했지만, 그때마다 이렇게 중얼거리며 마음을 가다듬었다.

"우리 남편, 이만큼 훌륭하게 키워주셔서 감사합니다."

"어머니, 지난주에 남편이 가방 사줬답니다. 어머니가 잘 키워주셔서 가능한 일이에요."

시댁 식구들과 허물없이 웃고 떠드는 시간이 늘어나면서 남편은 진짜 '내 편'이 됐다. 아무리 내 편이 돼달라고 울고불고해도 동요치 않던 '시어머니의 아들'이 저절로 '내 남편', '내 남자'가 된 것이다. 그가 원하는 방식으로 사랑을 표현하고부터 일어난 변화였다.

일반적으로 남편들은 아내가 두 가지를 어길 때 뿔이 난다. 하나는 아내가 자신을 함부로 대하는 느낌이 들 때이고, 다른 하나는 자신의 가족을 성의 없게 대한다는 기분이 들 때다. '당신은 대체 왜 이래? 정말 한심하다'는 식으로 잔소리를 늘어놓으며 아무것도 못하는 무능한 남자처럼 대하는 아내에게 남자는 분노한다. 가족 부양하느라 밤낮으로 일하는 자신에게 고작 이런 대우를 하는 아내에게서 귀를 닫아버리는 것이다. 더욱이 결혼 후 늙은 부모에게 효도하며 살고픈 착한 아들 콤플렉스에 시달리는

남자들에게 "당신 어머니는 왜 그 따위야?"라며 '못된 며느리'를 자처하는 아내에게 마음마저 닫아버리고 만다.

만일 당신이 이 두 가지를 어기고 있다면 아무리 뛰어난 미모를 자랑한다 한들, 엄청난 연봉을 받는 커리어 우먼이라 한들 남편을 온전히 당신 편으로 포섭하기는 어렵다. 자신을 위해 아내가 헌신하는 모습을 볼 때, 자신의 식구들에게 진심으로 대하는 '착한 모습'을 보여줄 때 비로소 남자는 아내의 편에 선다는 것을 잊지 말아야 한다.

"여보! 나 냉면 빨리 만들어주세요!"

요즘 남편은 아내표 냉면 타령을 부쩍 한다. 5천 원이면 사 먹을 수 있는 식당 냉면 대신 아내가 직접 달걀을 삶고 수육을 찌고 갖가지 야채를 썰어 만들어주는 냉면을 고집하는 것이다. 소란을 떨며 만든 아내표 냉면엔 '사랑 받는다는 느낌', '가슴 설레는 느낌', '존중 받는 느낌' 등등이 혀끝을 얼얼하게 만드는 매콤한 겨자만큼이나 맛있게 범벅돼 있다는 걸 알기 때문이다.

오늘 다시 남편을 위해 냉면을 만들어 봐야겠다. 남편을 오랫동안 제대로 사용하려면 말이다.

| Tip. 고부간의 갈등을 살살 녹이는 필살 노하우 |

🍊 시어머니를 '이상한 아줌마'라고 생각한다

시어머니는 친정엄마와는 달라도 너무나 다르다. 무조건 아들만 감싸고돌고, 며느리를 아들을 빼앗아간 얄미운 존재로 인식한다. 퇴근 후 딸이 설거지하는 모습을 보면 친정엄마는 "일하는 것도 피곤한데 무슨 설거지냐"며 앞치마를 빼앗지만, 시어머니는 마무리까지 제대로 했는지 가자미눈을 하고 검사한다. 죽었다 깨어나도 친정엄마의 마음으로 며느리를 대할 수 없는 것이다. 시어머니와의 마찰로 인해 울화가 치미는 상황에 봉착하더라도 '이상한 아줌마'라고 속으로 중얼거리며 넘기는 것이 최선의 방법이다. 갈등에 처할 때마다 말대꾸하고 반응했다가는 인생이 몇 배로 피곤해진다.

🍊 결혼 초부터 만만찮은 며느리로 찍혀라

시어머니와 며느리 사이의 주도권 쟁탈전은 신혼여행 직후부터 시작된다. 시어머니는 신혼 여행지에서 전화를 매일 했는지, 결혼식 당일 마음에 들지 않은 부분은 무엇이었는지, 이바지 음식 수준은 어땠는지 트집거리를 수다처럼 늘어놓는다. 방법은 하나다. 매사에 분명하고 똑 부러지는 며느리로 자리 잡는 것이다. 그렇다고 시어머니의 말끝마다 말대꾸를 하라는 뜻이 아니다. 적어도 만만한 며느리가 아니라는 인상을 줘야 어이없는 생트집에서 조금이나마 자유로워질 수 있다.

🍊 가끔 혼자 시댁을 방문한다

쉽지 않은 일이겠지만, 가끔 시간을 내서 시댁을 방문해 시어머니와 둘이 장을 보고 맛있는 음식을 해 먹는 것도 고부간의 거리를 좁힐 수 있는 좋은 방법이다. 남편에게는 슬쩍 지나가는 말로 "오늘 어머니 댁에 가서 반찬 좀 만들어 왔어. 어머니가 좋아하시더라고" 하고 흘려보자. 당신을 바라보는 눈빛이 달라질 것이다.

🍊 시어머니와 함께 남편 흉을 본다

남편과 큰 다툼을 했다면, 빨리 화해하고 싶다면 시어머니를 공략하라. 안부를 묻고 이런저런 이야기를 하면서 남편 흉을 보고 속내를 비치자. 아들 때문에 마음 고생하는 며느리를 보면 같은 여자로서 안타까운 마음이 생기게 마련이다. 또한 '우리는 한 팀'이라는 동지애를 불태울 수도 있다. 단, 조심할 것은 남편 흉은 아주 살짝만 봐야 한다. 자칫 도가 지나치면 시어머니가 뿔이 나실 수도 있다.

🍊 시아버지에게 지나친 애교는 금물

여자는 나이가 들어도 어쩔 수 없는 여자다. 아들을 젊고 예쁜 며느리에게 뺏겨 속상한데 남편(시아버지)까지 며느리를 너무 예뻐하면 질투가 난다. 시아버지가 시어머니에게 자주 며느리 칭찬을 하거나 편을 들면 없던 반감도 생기게 마련이니 시아버지에게 지나친 애교를 부리는 것은 피하도록. 차라리 아가씨나 도련님을 잘 챙기는 것이 시어머니에게 점수 따는 법이다.

🍊 시어머니를 직장 상사처럼 모신다

고부간의 관계는 개와 고양이와도 같다. 한 남자를 두고 두 여자가 공유해야 하니 태생적으로 잘 지내기 힘든 구조인 것이다. 처음부터 시어머니를 어려운 직장 상사로 인정하고 적응하는 편이 현명하다. 직장 상사에게 주기적으로 업무 보고를 하듯 안부 전화를 하고, 의식적으로 잘 보이도록 노력하자. 인사고과에서 높은 점수를 받을 수 있다.

우먼's 헬스
Physical & Mental Health

예쁜 몸매를 위한
화장실 200% 활용법

　화장실에 관한 사람들의 기억은 제각각이다. 누군가에겐 남몰래 사색을 즐기는 혼자만의 방이기도 하고, 누군가에겐 상사에게 당한 설움을 눈물 콧물 빼며 토해낼 수 있는 비밀스런 공간이기도 하고, 또 누군가에겐 날씬한 몸매를 유지하는 '나만의 미니 헬스장'이기도 하다. 나 역시 직장 생활에 어느 정도 이력이 붙었을 무렵 화장실을 점점 특별한 공간으로 느끼기 시작했다. 메이크업을 고치며 한숨을 돌리기도 했고, 무료한 시간엔 화장실 문을 걸어 잠그고 핸드폰으로 신나게 게임 한 판을 즐기기도 했으며, 틈이 날 때마다 이런저런 스트레칭 동작을 시도하여 몸매 유지에 활용하기도 했다.
　특히 요즘은 화장실 문화가 많이 개선되어 파우더 룸까지 갖춘 예쁜 화장실이 등장하는가 하면, 은은한 조명과 기분 좋은 향까지 뿜어져 나오는

곳이 상당하기 때문에 바쁜 생활 속에서 잠시 여유를 즐기는 공간으로도 손색이 없다. 더욱이 화장실 이용의 고수가 되면 다이어트를 위한 미니 헬스장으로 이용하기도 한다. 화장실에 간 본래의 용무는 잊은 채 신나게 운동만 하다 나오기도 하지만 이상할 건 없다. 자주 드나든 만큼 날씬해지는 마술을 경험할 수 있으니까.

좁은 화장실에서 어떻게 운동을 하느냐고? 모르는 소리. 화장실까지 가는 길, 화장실 변기, 화장실에 붙은 거울 등을 잘 활용하면 굳이 퇴근길에 서둘러 헬스장으로 향하는 수고를 기울일 필요가 없다. 나는 일명 화장실 운동을 통해 나름대로 날씬한 몸매를 유지하곤 했다. 비결은 간단하다.

어느 건물이든 유독 한산한 화장실이 있다. 여직원이 적은 부서가 위치한 층이라든가 대 회의실이 딸린 층은 인적이 드문 화장실 중 하나. 화장실에 볼일이 있을 때면 가까운 화장실 대신 인적이 가장 드문 화장실로 이동하자. 이왕이면 엘리베이터가 아닌 층계를 이용하는 편이 운동량을 늘리는 데 효과적이다. 층계를 오르내리며 살짝 땀을 내고 나면 몸과 마음은 '화장실 운동'을 시행할 준비를 끝낸 것이다.

인적이 드문 화장실이더라도 안에 아무도 없는지 한 번 더 확인하자. 그런 다음 화장실에 붙은 커다란 거울을 마주 보고 양팔을 어깨와 일직선이 되도록 쫙 뻗는다. 손목은 머리 쪽을 향해 수직이 되도록 양쪽 모두 꺾고 그 상태에서 신나게 팔을 돌려준다. 오른쪽으로 열 번, 왼쪽으로 열 번. 거울을 통해 팔 상태가 일직선으로 곧게 뻗었는지, 돌리는 동안 접히지는 않는지 확인하며 운동하는 것이 중요하다. 이 동작은 팔뚝 살을 빼는 데 엄청난 효과가 있는데, 좌우 두 번씩만 해도 땀이 '삐질' 난다.

조금 격렬한 팔 돌리기 동작이 끝났다면 숨을 고르면서 양쪽 손에 아령을 든 듯한 포즈로 바꾼다. 허리를 45도 정도 숙인 채 아령 들기 동작을 스무 번 반복하면 팔운동은 끝!

화장실 문을 잠그고 변기를 활용할 수 있는 동작도 있다. 이 동작은 사람이 꽤 드나드는 화장실이라 할지라도 문을 잠근 채 진행할 수 있기 때문에 활용도가 높다. 단, 화장실 변기의 위생 상태를 반드시 점검해볼 필요가 있는데, 일회용 변기 시트를 사용하는 곳이라면 최적이다. 그렇지 않더라도 냅킨이나 휴지를 변기 가장자리에 둘러 행할 수 있으므로 특별히 문제 될 것은 없다. 이 동작은 허벅지 살을 빼는 데 효과적으로 매우 간단하다. 시간도 5분 남짓밖에 걸리지 않아 쥐도 새도 모르게 스트레칭을 즐길 수 있다. 허리를 바로 세우고 앉은 상태에서 무릎을 접었다 폈다 하며 빠르게 여러 번 반복하는 것. 이때 발목은 직각이 되도록 세운다. 양발 모두 스무 번씩 반복하면 허벅지가 살짝 뻐근해지는 느낌을 받을 것이다. 살이 빠지는 신호이니 이 느낌을 즐기며 계속할 것!

화장실에 다른 사람이 드나드는 것과 상관없이 진행할 수 있는 동작도 있다. 이 동작들은 나름대로 우아하고 절제미가 있기 때문에 공개된 파우더 룸이나 세면대 등에서도 할 수 있다는 장점이 있다.

첫 번째는 군살을 없애주는 몸통 돌리기 운동. 일명 '훌라후프 운동'이라고도 불리는데, 가상의 훌라후프가 허리에 있다고 상상하고 돌리는 것이다. 우선 다리를 어깨너비만큼 벌린 상태에서 훌라후프의 무게와 크기 등을 구체적으로 상상한 뒤 모양에 맞게 몸을 움직이자. 허리의 방향을 양쪽으로 각각 달리하여 원을 그리듯 몸을 크게 돌리는 것이 키포인트! 허리에 붙은 군살은 노화가 시작되는 과정에서 지방 세포의 수와 크기가 늘어나며 생기기 때문에 바로 제거하지 않으면 피부가 울퉁불퉁해지는 것은 물론, 피하조직 내 혈액이나 림프계에 문제가 발생할 수도 있다. 훌라후프 돌리기는 허리에 붙은 군살을 빼는 데 최고의 동작이니 허리 라인이 무너지고 있는 여성이라면 더욱 자주 할 것! 거울을 보고 신나게 허리를 움직이고 있는데 누군가 화장실로 들어온다면 허리 움직임을 줄여 자연스럽게 보이면 된다. 허리를 살짝 풀어주는 듯한 모습이기 때문에 전혀 무안해할 필요가 없다.

  우아하게 즐길 수 있는 두 번째 동작은 옆구리를 부드럽게 만들어주는 운동으로 훌라후프 운동만큼이나 간단하다. 먼저 거울을 마주 보고 바로 선 뒤 다리를 어깨너비만큼 벌리고 손을 깍지 껴서 손바닥이 위로 향하게 한다. 그 상태로 머리 위로 팔을 쭉 펴 올린 다음 좌우 교대로 옆구리를 기울여주면 된다. 주의할 점은 반대편 옆구리가 쭉 펴지며 시원해지는 느낌이 들 때까지 기울일 것! 각 방향으로 20번 정도 반복한다. 운동은 빨리하는 것보다 한 동작이라도 정확히 해야 효과가 좋으니 횟수와 동작에 신경 써야 한다.

하루 평균 화장실을 드나드는 횟수는 약 7회. 화장실에 드나들 때마다 위에 제시한 동작들을 하나씩 실행한다면 따로 시간 내서 운동할 필요 없이 점점 예뻐지는 몸매를 맛볼 수 있을 것이다. 내 경우 여름철이 다가오는 5월부터 하루도 빠짐없이 화장실 운동을 했는데, 한두 달 정도 지나자 군살이 붙어 있던 허리 라인과 팔뚝 살이 정리되는 느낌을 받았다. 특히 팔을 신나게 흔들어주는 동작은 운동량이 꽤 되어 때론 땀이 나기도 하는데, 적잖은 움직임으로 몸 전체에 에너지가 퍼지는 듯한 상쾌한 보너스도 얻을 수 있다.

운동할 시간이 마땅치 않다면, 혹은 한 시간 이상 러닝머신 위에서 뛰는 건 생각만 해도 지루하다면 화장실 운동 습관을 들여보자. 큰 힘과 노력을 들이지 않고도 자투리 시간만 잘 활용하면 지금보다 두 배는 더 예뻐지고 날씬해질 수 있다.

캐러멜 마끼아또와 보리차

나는 커피 마니아였다. 출근하는 길엔 꼭 테이크아웃 커피숍에 들러 향이 좋은 아메리카노를 마셔야 노곤한 아침을 깨울 수 있었고, 점심 식사 후에는 달달한 카페라떼나 캐러멜 마끼아또를 마셔야 나른한 오후를 새롭게 시작할 수 있었다. 처음엔 그저 코끝에서 번지는 커피 향이 좋았다. 하지만 시간이 흐를수록 다양한 커피 맛에 중독됐고, 어느새 바쁜 일상 속에서 잠시 여유를 느끼게 해주는 습관으로 자리 잡았다. 이런저런 이유로 커피는 절대 끊을 수 없는 '완소' 티가 된 것이었다.

그러던 어느 날, 나는 점점 늘어나는 체중 앞에서 당혹을 금치 못했다. 식사량은 변화가 없는데 조금씩 살이 찌는 것이 아닌가. 날이 갈수록 뱃살은 늘어나고 날렵했던 턱 선도 사라져갔다. 처음엔 벌써 나잇살이 찌기 시작하나 의심했지만 이내 나를 소리 없이 돼지로 만드는 주범을 찾아낼 수 있었다. 그 범인은 바로 내 사랑 캐러멜 마끼아또.

"언니 왜 이렇게 살이 쪘어? 연애하더니 너무 관리 안 하는 거 아니야?"

오랜만에 만난 학교 선배는 엄청 살이 쪄서 나타났다. 한 미모 하던 그녀였건만 턱 선이 살에 파묻혀 얼굴이 두 배는 커 보였고, 두툼한 살들이 배 둘레에 늘어져 있었다. 애 둘은 낳은 영락없는 아줌마 같았다.

"우리 회사 1층에 스타벅스가 들어왔지 뭐야. 점심시간마다 커피를 마셨더니 이렇게 됐네."

그녀가 지목한 주범은 새로 입점한 스타벅스였다. 설명인즉슨, 매일 점심시간마다 달달한 캐러멜이 잔뜩 들어간 캐러멜 마끼아또를 한 잔씩 마셨더니 6개월 만에 7kg가 늘었다는 것. 그녀의 이야기를 듣는 순간 나 역시 소리 없이 늘어가던 체중의 비밀을 알 수 있었다. 쫀득쫀득한 캐러멜이 달콤 씁쌀한 커피와 함께 혀끝에 닿을 때 느껴지는 그 감미로움. 그것은 어린 시절 동물원에서 맛본 솜사탕만큼이나 유혹적이고 매력적이었으니 좀처럼 끊을 수가 없었다.

그러나 그 유혹의 대가는 참으로 잔인하다. 캐러멜 마끼아또 한 잔의 칼로리는 자그마치 690kcal. 성인 여성의 1일 최소 섭취 칼로리가 1600kcal이고 다이어트 중이라면 권장 섭취 칼로리가 1200kcal임을 고려할 때 매일 한 끼 식사보다도 높은 칼로리를 마시고 있는 셈이었다. '1kg = 7700cal' 공식을 대입하면, 이런 음료를 매일 섭취한다고 가정할 경우 주 5일 기준으로 한 달간 섭취하는 칼로리가 13800kcal(690kcal × 20일)이고, 1.8kg의 체중 증가를 일으킬 수 있다는 결론이 나온다. 물론 식사량과 운동량에 변화가 없다는 전제 하에서 말이다.

달콤한 캐러멜 마끼아또에 숨겨진 엄청난 칼로리의 비밀을 깨달은 나는 당장 변화를 시도했다. 평소엔 설탕 시럽과 캐러멜 시럽이 없는 아메리카

노를 마시고, 특별히 기분 좋은 일이나 스스로를 칭찬해주고 싶은 일이 생겼을 때만 캐러멜 마끼아또를 마시기로 한 것. 커피 종류 하나 바꿨을 뿐인데 몸이 한결 가벼워지는 느낌이었다.

이후 나는 커피 대신 몸에 좋은 건강 차를 마시는 횟수를 서서히 늘리기 시작했다. 처음엔 입이 계속 심심하고 금단현상처럼 불안한 증상까지 나타났지만, 몸은 서서히 새로운 티 문화에 적응해 나가기 시작했다. 그렇게 6개월이 지난 지금 내 책상 곁에는 구수한 냄새가 진동하는 건강 차들이 가득하다. 달달한 것이 몹시 당기는 날엔 꿀에 잰 매실을 넣어 매실차를 마시고, 드라이한 맛이 그리울 때는 루이보스차를 마시고, 전날 잔뜩 먹은 삼겹살 때문에 몸이 무거울 때는 호박차를 마신다. 그렇게 내 몸 상태에 따라 적합한 차를 마시다 보니, 찐득한 캐러멜이 목구멍으로 넘어갈 때 느껴지는 끈끈한 매력보다 가볍고 싱그러운 건강함에 조금씩 빠져들게 되었다.

눈물 나게 커피 향이 그립지 않는 한 '몸'이 더 좋아하는 건강 차로 일상을 시작해보자. 한결 건강하고 맑아진 하루를 경험하게 될 것이다.

피부 미용에 좋은 차_매실차, 보리차, 둥굴레차

까칠하고 거무죽죽한 피부가 고민이라면 커피 대신 매실차, 둥굴레차, 보리차를 자주 마셔보자. 매실은 장내의 대장균, 콜레라균 등 각종 병원균을 억제하는 데 도움을 주며 여드름, 검버섯, 기미 제거에 효과적이다. 만드는 방법도 간단하다. 매실에 칼집을 넣어 씨를 발라낸 뒤 설탕이나 꿀에 재어 보름 정도 서늘한 곳에 보관하면 매실 절임이 완성된다. 이렇게 만든 매실 장아찌를 끓는 물에 대여섯 조각 넣어 3분 정도 우려내면 맛좋은 매실차를 즐길 수 있다. 직접 만들기가 여의치 않다면 시중에 판매하는 매실 엑기스를 구입해 물에 타 먹어도 좋다. 다만 매실 함유량을 확인할 것!

다음은 보리차다. 보리에는 갈증을 해소하는 기본적인 기능 말고도 콜레스테롤 합성을 억제하여 비만 예방과 배변 작용을 돕는 효과가 있다. 보리 티백이나 가공되지 않은 보리를 주전자에 넣고 끓이면 된다. 티백이 영 찜찜하다면 마트에서 판매하는 어린이용 보리차를 구매해보자. 좀 더 순하고 깨끗한 맛의 보리차를 맛볼 수 있다.

한편 둥굴레차는 거친 것을 매끄럽게 하는 작용과 피부색을 좋게 하는 작용이 있어 하루 3회 정도 꾸준히 마시면 피부가 맑아지는 경험을 할 수 있다. 곡물 가게에서 구입한 둥굴레를 물에 넣고 뭉글해질 때까지 달여 마시면 된다. 하지만 몸이 차거나 찬 음식을 먹으면 설사를 심하게 하는 사람은 삼가는 것이 좋다.

다이어트에 좋은 차_녹차, 호박차, 팥물

다이어트를 결심했거나 붓기 빠진 몸매를 원한다면 녹차, 호박차, 팥물이 효과적이다. 내가 다이어트를 할 당시 적잖은 효과를 본 차들인데 일정 기간 동안 꾸준히 마시는 것이 중요하다. 녹차의 경우 지방을 분해하고 입맛을 정리하는 효과가 있기 때문에 식사 때마다 물 대신 마시면 좋다. 다만 일반 마트에서 판매하는 티백 녹차는 녹차 함유량이 미비하기 때문에 큰 효과를 기대하기 어렵다. 녹차 잎을 꼬들꼬들하게 말린 수제 녹차를 선택해야 다이어트에 효과적이다.

출산 후 산모들이 필수 음료로 여기는 호박차는 부종을 방지하고 몸의

붓기를 빼는 데 탁월한 효과가 있다. 늙은 호박을 깍둑썰기하고 믹서에 곱게 갈아 끓는 물에 10분 정도 달인 뒤 호박을 채에 걸러내 마시면 된다. 배를 함께 넣어 달이면 맛이 훨씬 달콤하다. 한 번에 많이 우려낸 뒤 자주 마시면 몸이 부어 있을 때 톡톡한 효과를 볼 수 있다.

팥은 칼로리는 낮고 포만감이 강한 곡물인 동시에 몸속을 깨끗하게 비우는 효과가 있어 다이어트를 결심한 사람에게 이상적인 식품이다. 팥을 물에 푹 끓여 우려낸 물을 하루 두 번 마시면 된다. 일부 다이어트 식품 업체에서 선식처럼 먹을 수 있는 팥가루와 팥물을 판매하기 때문에 손쉽게 구입할 수 있다.

생리통에 좋은 차_생강차, 오미자차, 쑥차, 냉이차

생강차는 몸을 따뜻하게 하는 효과가 있다. 생강을 얇게 저며 꿀에 재어놓은 뒤 뜨거운 물에 타 먹어도 좋고, 생강을 통째로 물에 넣고 다린 다음 기호에 따라 꿀, 올리고당 등을 넣어 마시면 된다.

오미자차는 마트나 백화점에서 판매되고 있는 원액을 구입하는 것이 좋은데, 가루 타입은 오미자의 성분 함량이 적어 효과가 미비하다.

손발이 차가운 여성에게는 쑥차가 특히 좋다. 말린 쑥 잎을 물에 넣고 은근한 불에 달여 먹으면 되는데, 쑥 잎은 맛이 매우 쓰기 때문에 결명자차 등과 섞어 마시거나 꿀을 살짝 넣어 먹으면 좀 더 부드럽게 넘길 수 있다. 부인과 질환, 만성 위장병 등을 앓고 있는 여성에게 더없이 좋다.

채소 중 단백질 함량이 가장 많은 것으로 알려진 냉이. 냉이차를 제대로 마시려면 수고로움을 감수해야 하는데, 봄철 냉이를 캐서 냉이 뿌리를 깨끗이 씻어 말린 다음 필요할 때마다 센 불에 한 번, 약한 불에 한 번 끓여 마신다. 월경과다증이 있는 여성이 마시면 큰 도움을 받을 수 있다.

  참고로 생리통이 심할 때는 기름지고 소화가 안 되는 음식이나 혈액순환을 방해하는 찬 음식은 피하는 것이 좋다. 탄산음료, 맥주, 돼지고기, 튀김, 라면, 매운 음식 등이 여기에 해당된다.

절대하지 말아야 할
다이어트에 관하여

내 동생은 날씬하다. 그런데도 더 날씬해지기를 늘 소망한다.

"선생님, 제일 센 약으로 지어주세요. 건강에 무리가 와도 상관없어요."

동생은 여름철만 다가오면 비만 클리닉으로 달려가 급 다이어트를 준비한다. 한방, 양방 가릴 것 없이 약 복용과 치료를 병행하여 어느 정도 효과를 보자 점점 더 세고 강한 치료를 요구한다.

"내 친구 민지 알지? 걔는 여기서 6kg 뺐잖아. 얼마나 예뻐진 줄 알아? 완전 사람이 달라 보인다니까. 나는 걔에 비하면 아직 멀었어."

"그렇게 무리하게 빼면 요요 증상도 오고 수면 장애도 겪을 수 있어."

"그런 게 뭔 상관이야! 살이 빠지는데."

동생은 다이어트 전쟁을 벌일 때면 늘 건강을 담보로 무리수를 둔다. 그리고 잠시 정말 날씬해졌다가 선선한 바람이 불어오는 가을철이 되면 다시금 통통해진다.

대부분의 여자들은 자신만의 방법으로 비밀스럽게 다이어트를 진행한다. 저녁은 무조건 굶기, 하루에 두 시간씩 유산소운동 하기, 감자와 닭 가슴살만 먹기, 식욕을 억제하는 한약 복용하기 등등 누군가 효과를 봤다고 하는 것들은 죄다 시도해본다. 황제 다이어트, 포도 다이어트, 덴마크 다이어트 등 다양한 이름의 다이어트가 끝도 없이 유행하는 것도 이 때문이다.

하지만 다이어트를 무작정 시도하다가는 몸도 마음도 망칠 수 있다. 과한 욕심 때문에 현재의 아름다움마저 잃는 소탐대실을 저지를 수 있는 것이다. 따라서 실패의 쓴맛을 보게 하는 나쁜 다이어트 유형을 살펴보고 현명한 다이어트 법을 선택하기 바란다.

무조건 굶기 형

가장 위험하고 아둔한 다이어트 유형이 무조건 먹지 않고 살을 빼는 것이다. 굶는 다이어트는 기초대사량을 떨어뜨려 조금만 먹어도 살이 찌는 요요 현상을 동반하고 자칫 폭식 증상을 불러일으키기도 한다. 폭식증에 걸리면 스스로 통제할 수 없을 만큼 많은 양을 먹게 되고, 음식을 먹은 후에는 체중이 늘어나는 데 불안을 느껴 억지로 토하거나 설사약 또는 관장약으로 강제 배설을 하는 등 이상행동을 보인다. 이 경우 소화기관에 이상이 생겨

피부 트러블과 위장 장애에 시달릴 수 있다. 따라서 무조건 굶는 대신 '무엇을', '어떻게', '언제' 먹을지 따져보는 것이 중요하다. 다이어트의 성공은 칼로리 섭취량을 제한하고 되도록 운동을 많이 하여 많은 칼로리를 연소시키는 데 있다. 몸에 흡수되는 칼로리를 줄이는 것이 무엇보다 관건인 셈이다. 끼니를 거르지 말고 먹되 지방과 당분이 결합된 음식이나 인스턴트식품을 피하고 채소와 나물 위주의 저칼로리 식단을 유지하는 것이 키포인트다. 하지만 늘 푸른 초원 같은 밥상을 고수하기란 수행의 길을 걷는 종교자의 삶처럼 어려운 법. 저칼로리 식단으로 소식을 하되 일주일에 한 번은 다이어트 휴일을 만들어 먹고 싶었던 음식을 적당히 먹는 즐거움 또한 만끽하자. 억지로 참으며 받는 스트레스가 오히려 다이어트를 방해할 수도 있기 때문이다.

건강을 담보로 한 약물 다이어트

약물 다이어트는 무조건 굶는 것만큼이나 위험하고 나쁜 다이어트 법이다. 비만에 대한 국민적 관심이 높아지면서 피부과, 성형외과는 물론 정신과, 산부인과 등에서도 비만 클리닉을 운영하고 있고, 독자적인 방법으로 지방 분해 주사와 약물을 처방하는 병원이 늘고 있다. 일명 '묻지 마' 식 다이어트 프로그램이 운영되고 있는데, 문제는 비만 클리닉을 운영하는 병원들이 자체 개발, 특수 조제 등을 내세워 처방 내용을 비밀에 부치고 있다는 데 있다. 환자가 치료 방식에 의구심을 갖더라도 정확히 알 길이 없는 것이다. 기자로 재직하던 시절 한 정신과에서 운영하는 비만 클리닉을 취재한 적이 있는데, 그곳에서 사용한 치료제에 항우울제, 항간질제, 당뇨제 등이 포함돼 있는 것으로 밝혀졌다. 현재 한국과 미국의 식약청이 장기적인 비만 치료제로 승인한 약은 제니칼(한국로슈)과 리덕틸(한국애보트) 정도이지만, 그 병원에서 실제로 처방한 약물의 주성분은 아미노필린(천식 치료제), 이뇨제, 프링, 엔데몰로지, 항우울제, 항간질제 등이었다. 특히 항우울제와 항간질제는 다른 식욕억제제와 병용 시 심각한 부작용을 일으킬 수 있어 각별한 주의가 필요하다. 실제로 후배 중 한 명은 한 산부인과에서 처방해준 비만 치료제를 5개월간 복용한 뒤 조울증과 수면 장애 등에 시달리다가 병원을 상대로 소송했다. 만일 약물과 주사 요법으로 다이어트를 하고 있거나 다이어트를 시작한 뒤 불안, 불면증, 메스꺼움 등의 자각증상이 있다면 당장 중단해야 한다. 어떤 성분들이 배합돼 있는지도 모르는 주사액과 약물에 당신의 건강이 위협 받고 있을지 모른다.

일명 '묻지 마' 다이어트

자신의 체질은 무시한 채 무작정 유행하는 다이어트를 모방하는 것도 절대 삼가야 한다. 현명한 다이어트의 시발점은 체질을 정확히 알고 그에 맞는 처방을 받는 것이다. 한의학에서는 체질적 특성에 따라 같은 병이더라도 각기 다른 증세가 나타난다고 보는데, 다이어트 역시 같은 관점으로 해석한다. 예를 들어, 아침에 녹즙을 마시면 설사를 하는 사람이 있는 반면 하루 종일 속이 편안한 사람이 있다. 좋다는 음식과 약이 사람에 따라 다르게 적용되기 때문이다. 한때 탄수화물과 지방 섭취를 줄이고 단백질만 섭취하는 황제 다이어트가 유행한 적이 있는데, 고기가 체질에 맞는 '태음인'의 경우 어느 정도 도움이 되지만 고기가 몸에 맞지 않는 '소양인'에게는 별다른 효과도 없이 컨디션만 악화시킬 수 있다. 따라서 자신의 몸에 꼭 맞는 식단으로 건강한 다이어트를 하고 싶다면 전문가의 도움을 받아 체질부터 진단해야 한다.

'운동만이 살 길' 다이어트

운동에 목숨 거는 다이어트 역시 말리고 싶은 다이어트 유형 중 하나다. 많은 전문가들은 다이어트의 관건은 운동이 아니라고 조언한다. 운동 시에 소비되는 열량이 별로 높지 않아 운동만으로는 기대만큼 살이 빠지지 않는다는 것이다. 체지방 1kg를 연소시키려면 약 7000kal의 에너지가 소모되어야 하는데, 42.195km의 마라톤 전 코스를 완주했을 때 소모되는 칼로리가 기껏 2400kcal이니, 1kg를 감량하기 위해서는 마라톤을 세 번 이상 완주해야 한다는 계산이 나온다. 티도 안 나는 1kg 감량을 위해 이 엄청난 운동량을 감당할 수 있는 여자가 과연 몇이나 될까? 따라서 다이어트의 핵심은 운동량이 아닌 식이요법이라는 걸 알 수 있다. 또한 식욕을 억제시키고 칼로리 소모를 돕는 효과적인 운동을 선택하는 것이 중요하다. 자신이 즐겨 할 수 있는 유산소운동을 선택하되 피곤함을 느끼지 않을 정도로 하고, 싫증이 나면 종목에 변화를 주어 지루함을 극복하는 것이 현명하다. 몇 달간 에어로빅을 했다면 다음에는 수영이나 조깅으로 바꾸고, 조깅을 주로 했다면 산책로를 바꿔 몸에 긴장감을 유지하는 것이 효과적이라는 사실을 기억하자.

| Tip. 다이어트 SOS! 이럴 땐 어떡하죠? |

◉◉ 초반에 살이 빠지다 멈췄을 때

다이어트를 시작하고 1~2주 동안은 살이 빠지다가 갑자기 줄어들지 않는 경우가 생긴다. 첫 2주 동안 빠진 체중의 절반은 체지방이고 나머지 절반은 수분인데, 다이어트를 시작한 지 2주 무렵부터 빠져나간 수분을 몸이 저절로 채워 넣느라 몸무게가 덜 빠지는 것처럼 느껴지는 것이다. 운동도 마찬가지인데, 몸이 운동량에 적응해 땀도 전보다 덜 나고 힘도 덜 든다. 하지만 이 시기에도 다이어트는 계속되고 있다. 운동량을 한 단계 업그레이드하고 식이요법을 꾸준히 병행한다면 다시 체중이 줄어들 것이다.

◉◉ 생크림이 듬뿍 올라간 커피를 포기할 수 없을 때

생크림, 시럽이 첨가된 커피 한 잔은 밥 한 공기보다 열량이 높다. 만약 생크림이 듬뿍 올라간 커피를 절대 포기할 수 없다면 카페에서 한 끼를 때우도록 하자. 커피와 크래커로 점심 식사를 대체할 수 있다면 다이어트에 큰 무리는 없다.

매일 가는 헬스클럽이 지겨워질 때

오전 공복에 러닝머신 30분, 오후 일을 끝낸 뒤 한 시간가량 근력 운동을 하고 30~40분간 스테퍼나 러닝머신. 이런 운동 패턴을 일주일 동안 하루도 쉬지 않고 하면 무기력증에 빠지기 쉽다. 근육은 소비한 에너지만큼 충전을 해주어야 한다. 근육을 지치게 하면 능률도 오르지 않으니 근육에게 쉴 수 있는 자유를 주자.

넘치는 식욕을 억제할 수 없을 때

무조건 굶는 것이 능사는 아니다. 다이어트를 위해서는 포만감을 주면서도 열량이 낮은 음식을 조금씩 섭취하는 것이 현명하다. 채소 샐러드, 곤약, 오이, 당근 등은 섬유질이 많고 포만감 또한 오래간다. 이런 대체 식품으로도 도저히 식욕을 억제할 수 없다면 일시적으로 한방 다이어트를 시도해보는 것도 좋다. 한약에 포함된 식욕 억제 성분이 식욕 조절에 도움을 준다.

사람마다 체질이 다른걸

　가끔 시집 잘못 왔다는 생각이 든다. '먹고' 살기가 너무 힘들기 때문이다. 남편은 모든 육류는 입에 잘 대지 않고 내가 알레르기 반응을 일으키는 고등어, 꽃게, 조개와 같은 해산물만 좋아한다. 반면 나는 쇠고기, 돼지고기를 좋아하고 날생선이나 고등어구이 같은 비릿한 음식은 딱 질색이다. 이뿐만이 아니다. 남편은 키위, 파인애플과 같은 새콤한 과일을 좋아하고 나는 달달한 수박, 배 같은 수분 함량이 높은 과일을 좋아한다. 이렇게 식성이 정반대이니 매 끼니때마다 나는 골머리가 빠진다. 남편 식성에 맞춰 식단을 짜면 내가 먹을 것이 없고, 내 식성에 맞추면 남편이 먹는 둥 마는 둥 하기 때문이다.
　결국 결혼 2년 만에 나는 '장금이'가 됐다. 내가 먹을 육류 중심의 반찬과 남편이 좋아하는 해산물 중심의 찌개를 동시에 차리는 것. 둘 중 하나의 입맛을 바꾸면 되지 않느냐고 물을 수도 있겠지만 식성이나 식단을 함부로 바꿨다가는 건강을 해칠 수도 있다. 사람마다 타고난 체질이 다르기

때문이다.

"어머! 너 눈이 왜 그러니? 완전 눈이 밤탱이가 됐네."

어린 시절 나는 곧잘 알레르기 증상으로 적잖은 고생을 했다. 심한 날은 학교까지 조퇴하고 입원하는 신세가 되기도 했다. 대체로 꽃게, 조개 같은 해산물을 먹은 다음 날이 그랬다. 손발이 간지럽기 시작하고 이내 입술이 붓더니 쌍꺼풀 라인이 붕괴되는 끔찍한 몰골로 변했다. 얼마나 상태가 심각했던지 우리 집 강아지도 내 얼굴을 보고 고개를 갸우뚱거릴 정도였다. 온몸에 약을 바르고 응급치료를 받아야 겨우 진정이 됐으니, 그 시절의 나는 밤이면 모습을 달리하는 피오나 공주와 다를 바 없었다.

스무 살 이후 스스로 내 건강에 관심을 갖게 되면서 퉁퉁 부은 괴물로 변하는 저주는 체질에 맞는 식생활을 통해 풀릴 수 있다는 걸 깨달았다. 내 체질은 전형적인 '태음인'으로 찬 성질을 지닌 메밀, 보리, 참외와 같은 음식과 각종 어패류가 해롭다. 반면 모든 육고기와 따뜻한 성질의 뿌리채소는 이롭다. 그동안 체질은 무시한 채 오동통 씹히는 맛이 일품인 새우와 조개를 그렇게 먹어댔으니 몸에서 탈이 나는 게 당연했다. 알레르기 반응은 몸이 주인에게 '이건 주인님에게 해로운 음식이에요' 하고 보내는 사인이나 다름없기 때문이다.

한의학에서는 사람의 체질을 태양인, 태음인, 소양인, 소음인으로 구분하고 각 체질에 따라 치료와 약물 처방을 달리한다. '사상 체질'에 따르면 사람은 누구나 혈액형처럼 변하지 않는 체질을 갖고 태어나는데, 이 체질 분류에 따라 생김새는 물론 체형, 성격까지 다르다고 본다. 예를 들어 내가 속한 체질인 태음인의 경우 대체로 이목구비가 뚜렷하고 동글동글한 생김새를 지니며 자기주장이 강한 기질을 타고났다고 한다. 체질적 특징으로는 간 기능이 강한 반면 소화 기능과 대장 기능이 약하다. 좋아하지 않는 사람과 식사만 해도 체하고 평소에도 소화제를 달고 사는 내 삶이 어쩌면 체질적 특징에서 비롯된 것일 수도 있다는 뜻이다.

구분	체질별 특징			
	태양인	태음인	소양인	소음인
그림				
체형	가슴 윗부분이 발달한 체형으로 목덜미가 굵고 건실하며 머리가 큰 반면 하체는 약한 편이다.	허리 부위가 발달하여 서 있는 자세가 굳건하고 안정감 있어 보이나 목덜미의 기세가 약하다.	가슴 부위가 발달하여 어깨가 딱 벌어진 느낌을 주는 반면 엉덩이 부위가 빈약하다.	엉덩이가 잘 발달하여 앉아 있는 모습이 안정적이나 가슴 부위가 빈약해 움츠리고 있는 느낌을 준다.
성격	결단성이 있고 창조적이다. 강직한 기질이 강하여 주위 사람들과 융화가 잘 안 되는 단점이 있다.	마음이 너그러우며 체격이 듬직하고 일을 꾸준히 추진한다. 자기 의사를 소신껏 피력한다.	민첩하고 명쾌하며 발랄한 편이다. 성격이 비교적 날카롭고 급하여 화를 잘 내는 경향이 있다.	성격이 내성적이고 온순하며 섬세하여 잔재주가 많다. 매사에 소극적이어서 우유부단한 단점이 있다.
질병	평소 가슴이 답답하고 자주 토한다. 하체와 허리가 약해 오래 걷거나 장시간 앉아 있기 힘들다.	심장병, 고혈압, 중풍, 기관지염, 천식이나 감기가 잘 생기며 피부 질환과 대장 질환이 발생하기도 한다.	신장염, 방광염, 요도염이 자주 발생한다. 상체에 비해 하체가 약해 요통으로 고생하는 경우가 많다.	만성 소화불량, 위산과다, 복통이 흔히 발생하며 몸이 냉하고 손발이 차다.

사상 체질 외에도 '8체질'이라는 학문이 있다. 8체질은 사상 체질을 세분화하고 구체화하여 좀 더 정확하게 체질을 진단할 수 있도록 돕는데, 태

양인(금양·금음 체질), 태음인(목양·목음 체질), 소양인(토양·토음 체질), 소음인(수양·수음 체질)으로 구분한다. 체질 판별에 따른 식단과 침 치료를 통해 신속한 치료 효과는 물론 불임, 갱년기 장애, 생리통, 생리 불순, 냉대하, 물혹 등의 여성 질환도 치료가 가능해 젊은 여성들 사이에서 인기가 높다.

사상 체질이나 8체질이나 체질 의학에서 가장 중요한 것은 식이요법. 체질 의학에서는 체질에 따라 음식과 약물에 반응하는 결과가 전혀 다르다고 본다. 실제로 쓸개, 간 기능이 약한 금음 체질인 남편은 육식을 많이 한 날이면 졸음이 쏟아지고 피부의 가려움증을 호소한다. 때론 짜증을 내기도 한다.

"네가 고기반찬만 해서 그렇잖아. 내 체질은 고기를 자주 먹으면 탈이 나는데 말이지."

이 체질은 육식을 하면 신경이 예민해지고 소화불량과 변비에 시달리기 쉽지만, 반대로 나의 체질인 목음 체질은 육식을 하면 소화도 잘되고 기운이 난다. 그러나 꽃게, 조개, 생선을 먹으면 두드러기가 나거나 피로감을 쉽게 느낀다. 뿐만 아니라 내 체질은 감기에 걸렸을 때 찜질 등으로 땀을 충분히 내주면 좋은 효과를 볼 수 있는 반면 남편 체질에는 별 효과가 없다. 체질적인 내부 장기 구조에 의해 어떤 체질에는 유익한 것이 다른 체질에는 해가 되는 셈이다.

또 하나, 참 재미있는 사실은 체질에도 궁합이 있다는 것이다. 남자 B형과 여자 O형이 찰떡궁합을 자랑한다는 말이 있듯 체질에도 잘 맞는 궁합이 따로 있다. 잘 맞는 궁합이란 대체로 상반된 체질끼리 만나는 것을 말하는데, 같은 성질의 체질을 가진 사람끼리 만나면 식단 짜기는 편할 수 있지만 건강 궁합은 별로이다.

"요즘 남자 친구와 같이 오래 있으면 몸이 피곤해지고 무기력해지는 느낌을 받아요. 참 이상하죠?"

통하는 것이 많아 남자 친구에게 마음을 빼앗겼다는 대학원생 한마음(26) 씨는 요즘 남자 친구에게 권태기 비슷한 감정을 느끼고 있다. 처음엔 비슷한 성격, 비슷한 생각을 하는 그를 보면서 오랫동안 찾아 헤매던 소울 메이트라고 확신했다. 그런데 시간이 지나면서 왠지 궁합이 맞지 않는다는 생각이 들기 시작했다. 밀폐된 공간에 장시간 함께 있다 보면 입이 바싹 마르고 기분까지 괜히 우울해진다. 잠자리를 같이한 날엔 배도 아프고 컨디션이 저하되는 느낌마저 든다. 친구들은 속궁합이 맞지 않아서라고 귀띔했지만, 도대체 뭐가 문제인지 모르겠다.

체질 전문가들의 설명에 따르면, 상반되는 체질끼리 결혼을 할 경우 부족한 기운을 서로 보완해줄 수 있지만 반대의 경우에는 서로의 에너지를 상쇄할 수도 있다고 한다. 여기서 궁합이 맞는 체질이란 '내장 기능의 강약 구조가 반대인 체질이 만나 결합하는 것'을 말하는데, 정반대 체질의 사람과 결혼할 경우 서로의 침이 보약이 될 수도 있고, 잠자리가 에너지를 충전시키는 역할도 한다. 하지만 반대의 경우에는 잠자리를 할수록 컨디션이 망가지고 몸도 쉽게 피로해진다. 예를 들어, 소음인인 수음 체질과 태양인인 금양 체질은 찰떡궁합인데 수음 체질의 강한 신장과 간이 금양 체질의 약한 신장과 간을 돕고, 금양 체질의 강한 폐와 위는 수음 체질의 약한 폐와 위를 보완해 서로 건강해지도록 돕는다. 이 밖에 금양-목양, 토음-수음, 토양-수양, 목음-금음, 목양-금양, 수음-토음, 수양-토양, 금음-목음 체질이 만나면 궁합이 좋다.

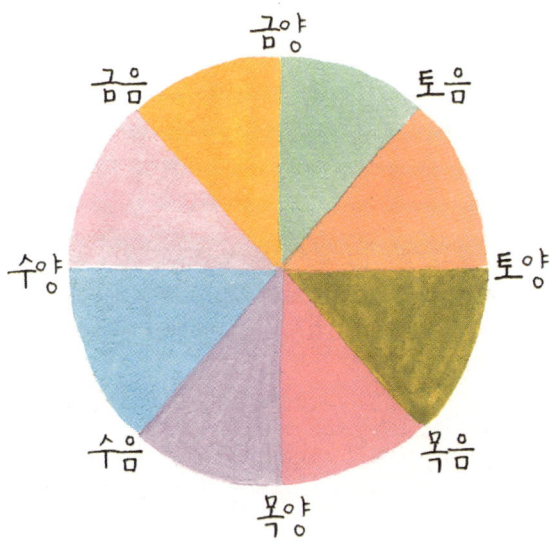

　무조건 체질 치료로 건강관리를 해결할 수 있는 건 아니지만, 체질을 정확히 알면 좀 더 건강하게 사는 법 또한 보인다.
　"똑같이 불이 났어도 어떤 상황에서 불이 났느냐에 따라 소화 방법이 다르잖아요. 오후 한 시에 도심 한복판에서 불이 났다면 119에 연락을 취해야 하지만 퇴근 시간이라면 교통경찰부터 불러야 해요. 교통 체증을 해소해야 소방차가 들어올 수 있으니까요. 상황에 따라 다른 해결책을 쓰는 것이 바로 체질 진료입니다."
　같은 증상이라도 체질에 따라 다른 약을 처방해야 하고, 같은 음식이라도 체질에 따라 달리 접근해야 한다는 한 체질 전문가의 설명이 바로 우리가 체질을 바로 알아야 하는 이유다. 오늘부터 내 몸에서 일어나는 반응을 자세히 관찰하여 식단과 컨디션을 체크해보자. 그동안 몰랐던 내 몸의 비밀들이 하나 둘 보이기 시작할 것이다.

| Tip. 체질별 추천 운동법 |

◐● 태양인

태양인에게 땀이 많이 나는 운동은 바람직하지 않다. 대신 요가, 검도 등 심신을 조절하는 운동이 효과적이다. 땀이 나는 운동을 하고 싶을 때는 등산, 걷기, 자전거 타기, 윗몸일으키기, 스트레칭 등을 추천한다. 상체가 발달하고 하체가 약한 체질이기 때문이다.

◐● 태음인

태음인에게 발견할 수 있는 특징 중 하나는 몸을 움직이기 싫어한다는 것. 운동신경이 떨어지고 워낙 둔한 데다 새로운 변화를 추구하지 않는 성향이 있다. 허나 이 체질은 땀을 내 운동을 하는 것이 필요하다. 하체가 발달하고 상체가 약한 체질이므로 수영, 테니스, 배드민턴, 골프, 야구, 배구 등이 좋다.

◐● 소양인

소양인 역시 태양인과 마찬가지로 상체를 움직이는 운동보다 하체 쪽을 발달시키는 등산, 걷기, 자전거 타기, 윗몸일으키기, 스트레칭 등이 적합하다. 단, 소양인은 인내심이 부족하기 때문에 섣불리 욕심 내지 말고 일주일에 3회 이상 운동하는 버릇을 들이는 게 중요하다.

◐● 소음인

상체보다 하체가 튼튼한 소음인은 예민한 성격 탓에 비만인 경우가 많은데, 주로 엉덩이와 허벅지에 군살이 붙기 쉽다. 따라서 수영, 테니스, 육상, 아령 등과 같은 엉덩이와 허벅지 군살을 빼는 스트레칭 위주의 운동이 효과적이다. 단, 땀이 많이 나는 운동은 피하는 것이 좋다.

별별 피곤한 상황에서 몸을 위해 할 수 있는 일들

　취업을 준비하던 시절에는 직장 생활만 시작하면 만사형통일 줄 알았다. 매달 꼬박꼬박 들어오는 월급으로 눈물 나게 갖고 싶던 '신상'을 용감하게 지를 수 있고, 아찔한 킬 힐과 몸에 딱 붙는 세련된 의상들로 마음껏 오피스 걸의 자태를 뽐낼 수도 있고, 퇴근 후엔 분위기 있는 바에서 와인과 치즈를 곁들인 로맨틱한 디너를 즐길 수도 있으니 말이다. 직장인만 되면 지긋지긋한 도서관 생활도, 추리한 복장도, 촌스런 라이프 스타일도 '안녕'일 줄만 알았다. 그땐 그랬다.

　하지만 막상 직장인이 되고 보니 꿈꿨던 삶과는 한창 거리가 있는 궁핍한 일상들이 반복됐다. 예쁜 신상 옷과 구두를 자랑하며 '룰루랄라' 콧노래를 부를 것 같던 출근길은 전쟁터 같은 지하철에서 혼이 쏙 빠질 만큼 시달려야 했고, 퇴근 후 기대했던 로맨틱한 디너는 계속되는 야근으로 인해 일찌감치 포기해야만 했다. 신입 사원 딱지만 떼면 나아질 거라 기대했지만, 시간이 지날수록 대학 시절 꿈꿨던 '샤방샤방'한 직장인의 생활은 좀처럼 찾아오지 않았다. 진급을 할수록 책임져야 할 일들은 늘어났고, 정리 해고에서 살아남기 위해 주말을 반납한 '월화수목금금금' 생활과 늦은 시간까지 회식 자리에서 폭탄주를 돌리는 비생산적인 생활이 반복됐다. 서른 무렵부터는 '안티 에이징'을 위한 적극적인 투자가 이뤄져야 하는데, 현실은 서둘러 '에이징'을 부르는 일들만이 가득했다.

하지만 내 마음과 몸 상태가 절박하고 간절하다고 해서 갑자기 이른 퇴근을 할 수 있는 것도 아니고, 야근 생활을 청산할 수 있는 것도 아니었다. 갑작스레 휴일이 늘어나는 것도 아니고, 회식 자리에서 빠져나갈 수 있는 특혜를 받을 수도 없으니 나만의 건강 유지 노하우를 찾는 것이 최선이었다.

'지옥에도 낭만은 있다'라고 스스로를 위로하며 내가 가장 먼저 한 일은, 별별 상황에서도 몸과 마음을 건강하게 유지할 수 있는 생활 속 지혜를 발굴하는 것이었다. 갖은 직업병과 빠른 노화를 불러일으키는 좁은 사무실에서도 간간이 할 수 있는 '스피드 & 심플 건강 요법 리스트' 완성에 열을 올린 것! 아직까진 무사히 견디고 있는 '고급 체력' 동료들의 조언과 여러 건강 잡지의 정보를 조합한 뒤 하나씩 실행해보면서 내 스타일과 기호에 맞는 것들만을 추려 나만의 동의보감을 완성했다. 자신의 상황과 증상에 따라 필요한 팁을 살펴보기 바란다.

잦은 야근으로 몸이 무겁다면 '샤워 시 허벅지를 공략하라'

피곤할수록 샤워를 생략한 채 바로 자고 싶은 유혹에 시달리지만 다음 날 아침을 좀 더 산뜻하고 덜 피곤하게 맞이하고 싶다면 잠들기 전 샤워는 필수이다. 미지근한 물로 가벼운 샤워를 시도하라. 이때 보디 타월에 비누 거품을 충분히 내어 허벅지 안쪽을 부드럽게 여러 번 닦아내면 좋다. 허벅지 안쪽에는 모공이 많이 몰려 있기 때문에 보디 타월로 충분히 자극한 뒤 따뜻한 물로 닦아내면 모공이 열리면서 몸 안에 쌓인 독소가 밖으로 배출된다.

얼굴 주름이 눈에 띄게 늘었다면 '수면 자세부터 고쳐라'

수면 자세가 바르지 못하면 얼굴과 목에 보기 싫은 주름이 쉽게 생긴다. 더욱이 얼굴이 한쪽으로 눌린 채 잠을 잘 경우 피부 탄력이 현저히 떨어질 수 있으므로 동안 피부를 원한다면 반드시 자신의 수면 자세를 점검할 것. 한쪽 방향으로만 몸을 돌려 베개에 얼굴을 파묻고 자지는 않는지, 취침 시 베개 높이가 너무 높지는 않은지 체크해보자. 장시간 한쪽 얼굴을 짓누르면 일명 '베개 주름'이 생기기 쉽고, 베개가 너무 높을 경우에도 목주름이 쉽게 생길 수 있다. 한 번 생긴 주름에는 방도가 없다는 건 이미 잘 알려진 사실이니 수면 자세에 주의를 기울이도록 하자.

자주 우울하다면 '라벤더, 로즈 오일을 활용하라'

바쁜 스케줄과 인간관계의 갈등으로 기분이 우울할 때는 샤워 후 라벤더, 로즈 오일을 사용해보자. 오일을 얼굴과 몸에 듬뿍 바르고 잠들면 밤

새 라벤더와 로즈 향이 심신을 한결 편안하게 해줄 뿐만 아니라 몸 전체가 이완되는 느낌을 받을 수 있다. 특히 향에 민감한 사람의 경우 라벤더나 로즈 향이 첨가된 립스틱과 립밤을 수시로 발라주면 좋다. 심리적으로 안정감을 느낄 수 있다.

스트레스로 가슴이 답답하다면 '샤워 후 차 한 잔을 습관화하라'

간단한 샤워 후 좋아하는 차를 마시는 습관을 들이자. 따뜻한 것이든 차가운 것이든 상관없다. 내 경우에는 뜨거운 물에 아기용 보리차 티백을 넣어 자주 마시는데 기분을 맑게 하고 몸을 가볍게 하는 효과가 있다. 자신이 좋아하는 차를 마시며 하루를 돌아보는 시간을 생활화하면 짧은 명상 수련을 한 듯 기분 전환을 할 수 있다. 특별히 정신적, 육체적 스트레스로 피로할 때는 오미자차를 추천한다. 단, 장시간 우려내면 쓴맛이 강해지므로 주의할 것.

찌릿찌릿 손가락이 저리다면 '컴퓨터의 전자파와 열을 차단하라'

사무직이라면 거의 하루 종일 사용해야 하는 컴퓨터에서 엄청난 전자파와 열이 발생되고 있다. 전자파를 무시하고 컴퓨터를 사용할 경우 눈의 피로감과 어깨 뭉침, 손과 팔다리의 부종 증상 등이 나타날 수 있다. 하지만 전자파 차단용 콘센트를 사용하고 모니터에 전자파 차단 필터를 씌우면 전자파를 어느 정도 낮출 수 있다. 음이온이 발생하는 숯을 컴퓨터 주변에 놓아두는 것도 좋은 방법이다.

피부가 칙칙하고 푸석푸석하다면 '오메가 3 앰플을 잘라 사용하라'

피부색이 어둡고 칙칙해졌다면 영양제의 일종인 오메가 3를 추천한다. 오메가 3는 연어와 물범에서 추출한 기름으로 혈액순환을 원활하게 하는 데 탁월한 효과가 있다. 오메가 3 캡슐을 화장품 앰플처럼 가위로 잘라 그 안에 든 피시 오일을 얼굴 전반에 바른다. 특히 피부가 숙면을 취하는 밤 시간에 눈가 주름이나 팔자 주름 등에 듬뿍 발라주면 피부 톤이 한결 맑아진다. 단, 생선 비린내를 어느 정도 감수해야 한다.

갑자기 울화와 짜증이 치민다면 '양치질을 하고 단것을 섭취하라'

바쁜 스케줄과 밀린 업무로 순간적으로 짜증이 솟구치거나, 조직 구성원들 간의 갈등으로 울화가 치밀 때는 양치질을 하면 좋다. 입 안의 상쾌함이 기분을 한결 나아지게 만들 뿐만 아니라 양치를 하고 입 안을 헹구는 동안 모난 감정이 누그러질 수 있다. 일차적으로 감정이 가라앉았다면 평소 좋아하는 단맛의 디저트를 즐기는 것도 하나의 방법. 회사 근처 카페에 들러 달콤한 케이크와 커피 한 잔의 여유를 잠시 만끽해보자. 상쾌해진 입 안에 달콤한 음식이 들어오면 엉킨 기분도 한결 부드러워진다. 스트레스는 바로바로 풀어야 몸에 해롭지 않다는 사실, 명심 또 명심하자.

잦은 야근으로 허리가 아프다면 '의자와 허리를 밀착시켜라'

앉는 자세를 교정하는 것만으로도 허리의 피로감을 줄일 수 있다. 앉을 때 등받이 쪽으로 엉덩이를 바싹 대고 엉덩이뼈가 무릎과 직각을 이루도

록 한다. 허리가 등받이에 잘 닿지 않을 경우 쿠션 등으로 받치는 것도 좋다. 업무 틈틈이 회사 로비나 근처 휴게실을 걷는 것도 혈액 순환과 허리 통증 예방에 도움을 준다.

이유 없이 컨디션이 좋지 않다면 '모든 액세서리를 풀어라'

어지럽고 속이 울렁거릴 만큼 컨디션이 나쁠 때는 몸에 걸친 모든 액세서리를 풀면 도움을 받을 수 있다. 장기간 헤어밴드나 귀고리, 시계 등의 액세서리를 착용할 경우 몸 전반의 기 흐름을 방해해 컨디션이 악화되는 증상이 나타날 수 있기 때문이다. 이럴 때는 몸을 조이거나 불편을 주는 스타일의 장신구를 당분간 착용하지 않는 게 좋다.

눈의 피로감이 심하다면 '수시로 안구 운동을 반복하라'

눈에 쌓인 피로감을 바로바로 풀어주지 않으면 시력 저하의 위험까지 있다. 쉽게 할 수 있는 안구 운동으로는 2~3초 간격으로 눈을 감았다 떴다 하면서 최대한 멀리 바라보는 것. 두 손을 비벼 손바닥의 온도를 높인 뒤 눈에 살짝 대주는 것도 피로감 회복에 효과적이다. 수면 시에는 조명을 낮추거나 수면 안대를 착용하여 최대한 눈이 푹 쉴 수 있도록 하는 것이 좋다.

쉽고 간편한 비타민 샤워

얼마 전 한 달 동안 미국 출장을 다녀왔다. 다양한 기관을 방문해 미국을 배우는 프로그램으로 구성된 이번 출장은 미국 국무부의 초청으로 이뤄졌기에 전 비용이 무료였다. 비행기 항공권부터 호텔 숙박비는 물론 각종 경비와 문화생활비까지 말이다. 정말이지 두 손 번쩍 들며 '올레!'를 외치고 싶을 만큼 기뻤다.

하지만 일주일쯤 지나자 집으로 돌아가고 싶은 마음이 간절해졌다. 휴일도 없이 강행군을 해야 하는 일정, 입에 맞지 않는 음식과 낯선 잠자리로 인해 심신이 피폐해져갔기 때문이다. 몸 상태가 좋지 않으니 기분까지 우울해져서 시종일관 피곤하고 힘들었다. 몇 년 전만 해도 배낭 하나 짊어진 채 하루 종일 걸어도 다음 날 아침이면 저절로 눈이 떠졌는데, 이젠 정말 청춘과는 '안녕' 했나 보다 싶었다. 턱까지 처진 다크 서클을 손가락으로 연신 두드리고 있는데 일행 중 한 명이 물었다.

"재은 씨, 홍삼 엑기스 안 챙겨 왔어? 우리 나이엔 홍삼이라도 쪽쪽 빨아 먹으면서 돌아다녀야 해. 그렇지 않으면 쓰러진다고."

그 말을 듣고 보니, 어쩜 한 달이라는 장기간의 출장을 대비한 영양제 하나, 건강식품 하나 챙겨 오지 않았을까 싶어 후회가 들었다.

노화가 서서히 진행되는 20대 중반부터는 영양제 섭취가 중요하다. 아무리 편식하지 않고 골고루 음식을 먹는다 하더라도 균형 잡힌 영양소 섭취에는 한계가 있기 때문이다. 영양소 섭취에 불균형이 일어나면 쉽게 피로해지고 피곤함도 잘 가시지 않는다. 젊은 여성들 사이에서 영양제 열풍이 불고 있는 것도 이 때문이다. 최근 한 취업 포털 사이트가 직장인 239명을 대상으로 '직장인 보양식'에 관한 주제의 설문 조사를 실시한 결과 두 명 중 한 명은 보양식을 챙겨 먹는 것으로 나타났다. 건강식이나 보양식을 챙겨 먹는 이유로는 '늘 피곤하고 스태미나가 모자라서(36.4%)'라는 응답이 가장 많았다. 주로 어떤 것을 먹고 있느냐는 질문에는 '종합비타민제 등의 영양제(42.4%)'를 가장 많이 꼽았다. 건강을 챙기는 가장 쉽고 간단한 방법으로 영양제를 섭취하는 것이다.

동료 중 한 명은 철분제를 책상 위에 놓고 꼬박꼬박 챙겨 먹곤 했다. 점심 식사를 마치고 나면 늘 철분제를 복용하는 그녀를 보고 '아직 나이도 어린데 뭔 놈의 철분제인가' 싶은 생각이 들었다. 하루는 보다 못해 그녀에게 물었다.

"철분제는 빈혈 있는 여자나 임신한 여자들이 먹는 거 아니에요?"

"모르는 소리! 철분제는 미리미리 복용해야 30대를 무사히 맞이할 수 있

다고. 특히 기미는 한 번 생기면 없애기 힘들기 때문에 미리미리 철분제를 복용해서 사전에 예방해야 해. 난 밥은 굶어도 철분제는 꼭꼭 챙겨 먹는 다고."

그러고 보니 철분이 부족해지면 기미가 생긴다는 말을 어디선가 들은 것도 같았다. 하긴, 생리 기간만 되면 빈혈기로 어지럽고 몸도 축축 처지던 게 철분이 부족해서 나타난 증상이었을 터다.

결국 나는 철분제 마니아인 그녀의 철분 예찬론에 힘입어 거금을 투자해 고급 철분제를 구입했다. 이왕 건강을 위해 투자하는 만큼 매끼마다 잊지 않고 한 알씩 복용했다. 철분이 투입될수록 깨끗한 피부와 상큼한 컨디션이 보장될 거라 기대하면서. 그런데 이게 웬일인가! 며칠쯤 지나자 철분제 부작용이 드러나기 시작했다. 트림이나 방귀 등의 잦은 생리 현상이 나타날 뿐 아니라 심각한 변비 증세까지 겹쳐 업무에 집중하기가 힘들었다. 철분제 복용에 대한 강박관념에 사로잡혀 억지로 먹어댔더니 굵직한 알약 모양만 봐도 메스꺼울 정도였다.

결국, 철분제를 구입했던 약국의 약사와 상담해보니 철분제는 복용 시 위에 부담을 주기 때문에 하루 한 알 이상 복용하지 않는 것이 원칙이라고 했다. 더욱이 임신부의 경우에도 태아가 급성장하는 5개월 이후부터 필요한 산모만이 처방 받을 수 있는 것이 철분제라고 한다. 철분제의 과다 복용은 산모의 노화와 태아의 행동 장애 등과 같은 심각한 부작용까지 초래할 수 있다는 것이었다. 과다 복용의 위험성에 대해서는 생각지도 못한 채 비타민, 철분 같은 영양소는 많이 섭취할수록 좋을 거라고 단순 무식하게 판단했으니 불편한 생리 현상이 일어난 것은 당연한 결과였다. 역시 과한 것은 부족한 것만 못했다.

영양제를 고를 때 가장 중요한 것은 자신에게 적합한 영양제인지 판단하는 것이다. 특히 종합비타민제를 무턱대고 선택하는 경향이 있는데, 이는 과다 철분제 복용으로 복통과 구토 증세를 호소하는 것만큼이나 어리석은 짓이다. 비타민은 A, B, C, D, E, F, K 등 종류가 다양하고 각 비타민마다 우리 몸에 미치는 영향 또한 다르다. 그렇기 때문에 사람마다 필요한 비타민의 종류도 제각각 다를 수밖에 없다. 비타민은 부족해도 문제지만 과하게 섭취할 경우 더 큰 문제를 일으킨다. 따라서 무턱대고 종합비타민제를 먹을 경우 이미 식품으로 충분히 섭취한 비타민 종류는 과잉 섭취하는 셈이다.

"종합비타민은 아무 소용이 없어. 진짜 내 몸에 필요한 비타민을 먹어야지."

모 대학 약대를 졸업해 제약 회사에서 근무하고 있는 한 친구는 종합비타민제 복용의 관건은 양보다 질이라고 설명했다. 무조건 많이 챙겨 먹는 것보다 소량을 먹더라도 몸 상태에 필요한 것 위주로 섭취해야 효과를 볼 수 있다는 것이었다.

"종합비타민 한 알에 여러 종류의 비타민이 들어 있어서 정작 더 많이 필요한 비타민의 종류는 섭취가 부족할 수도 있거든. 병원에 갈 때마다 현재 몸 상태에 맞는 비타민제를 전문의에게 추천 받는 게 좋아."

일반적으로 스트레스가 많고 흡연, 음주 등으로 몸이 상한 경우에는 비타민 B, C와 함께 항산화 기능이 있는 비타민 E 위주로 섭취하는 것이 좋고, 다이어트 중이거나 갑작스레 많은 체중을 감량한 여성이라면 비타민 D 위주로 복용하는 것이 권장된다. 골다공증을 예방하기 위해서는 칼슘과 비타민 D의 섭취를 높여야 하기 때문이다. 참고로 비타민 B6는 이뇨 작용을 도와 부종을 개선하는 효과가 있으니 지속적인 체중 감량을 희망하는

여성이라면 꾸준히 섭취하도록 하자. 하지만 임신부이거나 수유 중이라면 비타민 A는 일정량 이상 복용하지 말아야 하기 때문에 종합비타민제보다 비타민 C, D 위주의 비타민제를 선택하는 것이 현명하다. 특별한 상황이나 증상이 없다면 일명 '영양제 3종 세트'라고 불리는 종합비타민, 오메가3, 칼슘부터 시작하면 무리가 없다. 하지만 이때도 주의해야 할 원칙이 있다. 영양제의 종류에 따라 복용 시간을 달리해야 한다는 것! 대부분의 영양제는 식후 15분 안에 먹는 것이 원칙이지만 종류에 따라 구체적인 복용법이 다르다. 예를 들어 비타민 C는 위에 음식이 많이 들어 있을 경우 흡수가 잘되지 않기 때문에 과식 후에는 두 시간 정도 시간 차를 두고 복용하는 것이 좋다. 반면 잡곡과 채소 위주의 섬유질이 많은 식사를 한 뒤에는 칼슘과 철분 등의 미네랄 흡수를 저해할 수 있으므로 식후 2시간 정도가 지나 복용하는 게 적합하다.

| Tip. 영양제, 제대로 알고 복용하자! |

●● 여자, 생애 주기별로 필요한 영양제가 다르다

임신과 출산을 거쳐 갱년기로 접어드는 여자의 생애 주기를 고려할 때 각 시기별로 필요한 영양분이 다르다. 예를 들어 미용과 다이어트에 몰두하는 20대에는 비타민 C와 D의 섭취가 필요하지만, 임신을 준비하는 시기에는 미리 엽산제를 복용하는 게 좋다. 엽산제는 임신을 준비하기 6개월 전부터 섭취해야 태아의 장기 형성에 필요한 영양분을 확보할 수 있는데, 임신 사실을 알고 난 뒤 복용하는 것은 큰 효과를 기대하기 어렵다. 임신 중기부터는 철분제 섭취가 필수이다. 철분제를 제대로 섭취하지 않을 경우 출산 시 쇼크가 올 수도 있고 수혈을 해야 하는 긴급 상황이 일어날 수 있기 때문이다. 물론 빈혈 증상이 있는 여성들에게도 철분제는 반드시 필요하다. 식사 후 한 알씩 챙겨 먹되 소화불량 등의 증상으로 인해 철분제 섭취가 꺼려진다면 쇠고기, 콩, 돼지 간 등 철분이 많은 식품으로 대체하도록 하자. 반면 커리어에 욕심을 내는 20대 중반부터는 과다 업무와 잦은 야근으로 시력 저하와 피로 누적을 호소할 수 있기 때문에 블루베리 혹은 빌베리 등의 영양제를 복용하는 것이 좋고, 면역력 결핍으로 잦은 방광염에 시달린다면 크랜베리 비타민제를 꾸준히 복용하면 방광염을 예방할 수 있다. 노화가 급 진행되는 30대부터는 노화 방지를 위해 코엔자임 Q10(비타민 Q) 성분이 든 영양제를 챙기는 것이 노화를 방지하고 활력을 불어넣는 데 도움이 된다.

●● 서로 궁합이 맞지 않는 영양제도 있다

지난해 구입한 종합비타민제를 아직 다 먹지도 않았는데 친구에게 칼슘제를 선물 받았다면 어떻게 복용해야 할까? 영양제들끼리도 서로 궁합이 있는데, 함께 섭취

해서 시너지 효과가 나는 것이 있는가 하면 서로 상극인 경우도 있다. 예를 들어 철분제나 칼슘제를 복용할 때에는 단독으로 섭취하기보다 흡수율을 돕는 비타민 C와 함께 섭취하는 것이 좋다. 반면 미네랄의 경우 여러 가지를 함께 섞어 복용하기보다 적당량의 미네랄을 한 가지만 먹는 것이 좋은데, 흡수되는 과정 중 서로 경쟁하는 성질이 있어서 한 가지 종류가 과량일 경우 다른 미네랄의 흡수를 막기 때문이다.

여성 생식기에 좋은 영양제는 따로 있다

몸이 피곤해지면 성생활도 즐겁지 않다. 아니, 때로는 고통스럽고 짜증스럽다. 몸의 면역력이 떨어지면서 질염, 방광염, 냉대하 등과 같은 질환이 쉽게 발생돼 성교 통증을 일으키기 때문이다. 성생활을 고통스러운 것으로 인식하게 되면 애액 역시 감소하게 돼 질건조증으로 고생할 수도 있다. 성교 통증이 발병하면 괜히 남자 친구나 남편이 꼴 보기 싫어지고 권태기도 쉽게 찾아올 수 있으니 하루빨리 생식기의 기능을 원활하게 회복시켜 애정 전선에서 이상 기류를 제거할 것! 보라지오일, 달맞이꽃종자유 등에 포함된 감마리놀렌산은 여성의 호르몬 불균형에 도움을 주어 생리 불순이나 폐경기로 고생하는 여성들에게 도움이 된다. 단, 반드시 오메가 3와 함께 복용하여 감마리놀렌산에 포함된 오메가 6와 오메가 3의 균형을 맞추는 것이 중요하다.

식약청의 인증을 받은 제품을 선택하라

물 건너온 수입산 비타민만 고집하는 사람들이 있다. 영양제가 일반화된 미국, 캐나다 등에서 판매하는 영양제는 정제 과정도 훌륭하고 성분도 원가 더 우수할 것이라는 기대 심리 탓이다. 하지만 중요한 것은 유효 기간과 유통 구조가 제대로 된 제품인가를 확인하는 작업이다. 국내산, 수입산 모두 구입 전 '건강기능식품' 이라는 도안(인증 마크)과 문구(한글명)가 동시에 표기되어 있는지 살펴봐야 한다. 식약청의 안정성과 기능성의 검증 과정을 거친 제품에만 이 표현을 쓸 수 있다. 국내에서 제조된 제품이라면 식약청의 우수건강기능식품제조기준(GMP) 인증을 받은 제품을 선택하는 것이 좋다.

평판 좋은 영양제 '한자리에'

- 종합비타민제: 한국와이어스 센트룸, 일동제약 아로나민 씨플러스정, 더글라스 울트라화이토
- 오메가 3: 메타제닉 오메가 EPA·DHA, 암웨이 새몬 오메가 3 EPA
- 칼슘제: 더글라스 칼마그, 암웨이 칼디
- 철분제: 헤모철포르테, 훼럼포라, 엘레비트, 액상 볼그레
- 코엔자임 Q10: 대웅제약 코큐텐화이트정, GNC 트리플렉스
- 비타민 C: 고려은단 비타민씨정, 경남제약 비타민플러스

만약 미국을 여행할 기회가 있다면 각종 의약품을 판매하는 CVS에 들러 원하는 스타일의 비타민제를 선택할 것. 다양한 영양제들이 한국에 비해 30% 이상 할인된 가격으로 판매되고 있다. 미국인들이 가장 많이 복용하는 종합비타민제는 센트룸. 성별, 나이 등에 따라 다양한 종류의 센트룸이 있으니 자세히 살펴보고 구입하도록 하자.

산부인과 가는 것을 두려워 말라

결혼 예정일을 두 달 앞둔 친구가 혹시 몸에 이상이 있는지 확인해보기 위해 들른 산부인과에서 청천벽력 같은 이야기를 듣고 말았다.

"자궁근종이네요. 좀 일찍 왔더라면 좋았을 텐데……. 결혼을 앞두고 있으니까 계속 지켜보기보다 혹을 제거하는 수술을 하는 게 좋겠어요. 당장 수술 날짜를 잡아봅시다."

곧 새 신부가 될 친구는 그렇게 신혼의 달콤함을 꿈꾸기도 전에 무시무시한 수술대와 씨름하게 됐다. 큰 수술은 아니었지만 결혼을 앞둔 새 신부가 산부인과 시술을 받으려니 예비 신랑에게 미안한 감정까지 들어 몹시 우울하다고 했다.

"생리통이 심할 때부터 알아봤어야 했는데……. 하지만 결혼도 안 한 여자가 혼자 산부인과 찾아가는 게 어디 쉽니?"

혹시 산부인과를 '애 낳을 때 가는 곳' 쯤으로 생각하는 사람이 있다면 당장 생각을 전환하기를 권한다. 아니, '결혼하기 전에나 가봐야지', '임신 준비하기 전에 산전 검사나 받아봐야지' 라고 안일한 사고를 하는 여자라면 지금 당장 긴장감을 갖고 부인과 진료에 관심을 가져야 한다. 유방암, 자궁암은 물론이고 임신과 출산에 영향을 미칠 수 있는 다양한 질병들은 결혼의 유무와 상관없이 찾아오기 때문이다. 따라서 젊은 여성일수록, 가임이 가능한 미혼 여성일수록 1년에 한 번은 꼭 산부인과를 방문해 정기검진을 받아야 한다. 특히 성관계 경험이 있는 여성이라면 더더욱 산부인과와 친하게 지내야 한다. 성관계를 통해 생식기에 염증이 발생했을 수도 있고, 자궁암을 일으키는 바이러스에 감염됐을 수도 있다. 여성 질환은 두드러지는 증상이 나타나지 않을 뿐만 아니라 잘 보이지 않는 부분에서 발생하기 때문에 더더욱 관심을 갖고 질병을 예방해야 한다.

물론 미혼 여성이 산부인과에 가는 일은 쉽지 않다. 출산을 연상시키는 '산부인과' 라는 단어 자체가 부담스럽고, 아무리 성의식이 자유로워졌다고는 하나 산부인과에 출입하면 품행이 단정치 못한 여자로 낙인찍힐 것 같은 부담도 만만치 않다. 더욱이 요즘엔 임신중절수술을 위해 산부인과를 찾는 여자들도 적지 않으니, 산부인과와 미혼 여성 사이에는 일정한 거리가 존재하는 것도 사실이다.

처음 산부인과를 찾았던 그날을 아직도 생생히 기억한다. 스물 중반 무렵, 소변을 보고 나면 밑이 따끔거려서 참다못해 찾은 동네의 작은 산부인과였다. 내친김에 유방암과 자궁암 검사도 해볼 계획이었다. 병원 문을 열고 들어서자 한눈에 임신부임을 알 수 있는 여자 서너 명과 교복을 입은 앳된 여고생이 눈에 들어왔다. 그 순간 까닭도 없이 다시 그 문을 열고 나가고 싶은 마음이 들었다. 생리일, 성관계 유무, 낙태 경험 등을 묻는 질문

지까지 작성하고 나니 괜히 불편하고 억울한 마음까지 밀려왔다.

"여러분! 저는 어떤 사연이 있어서 온 여자가 아니에요. 난 결백하다고요!"

어색한 분위기 속에 이름이 호명되기를 기다리고 있으려니 옆 사람이라도 붙잡고 내가 병원에 온 진짜 이유를 설명하고 싶은 마음이 굴뚝같았다. 충치 때문에 치과를 찾은 것과 다를 바 없는데도 나는 안절부절못하며 그곳을 불안해하고 불편해했다. 당시 내가 느꼈던 그 감정은 산부인과에 대한 편견과 고정관념 탓일지 모른다.

국회 보건복지위 소속의 한 여성 의원이 몇 년 전 배포한 보도 자료에 따르면 여대생 48.4%가 '성관계 경험이 있다'고 하는데, 실제 산부인과 전문의로부터 상담을 받아본 경험자는 21.1%에 불과하다고 한다. 산부인과의 문턱이 낮아졌음에도 불구하고 아직까지 젊은 여성들이 산부인과 방문을 얼마나 어려워하는지 여실히 드러내는 대목이 아닐 수 없다. 그러나 그렇게 주저하는 사이 우리의 자궁과 난소는 시름시름 앓으며 병들어갈 수도 있다. 산부인과 전문의들은 자궁이나 난소 이상은 성 경험이 없더라도 생길 수 있고, 또 성 경험이 있다면 다양한 질병을 야기할 수 있다고 한다. 성 경험이 단 한 번도 없더라도 부인과 질병에 시달릴 수 있는 만큼 남의 시선이나 편견에 갇혀 산부인과를 멀리하는 일은 없어야 한다.

따라서 우리 몸이 '자궁이 아파요'라고 사인을 보낼 때는 즉각 알아듣고 산부인과를 찾아야 한다. '별것 아니겠지' 혹은 '어떻게 남에게 팬티를 내리고 밑을 보여줄 수 있어?'라는 생각으로 그 사인을 무시했다가는 큰코다칠 수 있다. 여성들이 흔히 느끼는 증상인 '생리 불순'이 바로 자궁이 보내는 대표적인 신호인데, 일반적으로 25일에서 38일 이내의 생리 주기를 벗어난다면 이상이 있다고 진단한다. 의심할 수 있는 병은 다낭성난소증후군(난소에 여러 개의 물혹이 생기는 것), 무배란성 월경, 갑상선 기능 장애, 뇌하수체 호르몬 이상, 난소종양 등으로 압축할 수 있다. 특히 다낭성난소증후군을 방치할 경우 자궁내막증이나 암 등으로 진행될 수 있고 불임의 원인이 될 수 있으므로 조기 발견이 중요하다.

또 다른 신호 중 하나는 생리 기간 외의 출혈이다. 배란기에 3~4일간 보이는 출혈은 배란기 출혈일 수 있지만 소량이라도 일주일 이상 지속된다면 난소나 뇌하수체, 갑상선 기능 등에 이상이 있는지 호르몬 검사를 해봐야 한다. 대부분의 출혈은 자궁이나 자궁경부, 질 등에서 일어나는 것으로 일시적인 호르몬 불균형으로 발생하지만 자궁경부암, 다낭성난소증후군 같은 심각한 질병을 알리는 초기 증상일 수도 있으니 출혈의 원인을 적극적으로 찾는 게 중요하다. 만약 생리가 2주 이상 계속된다면 자궁근종, 자궁 내 폴립, 자궁내막증이 원인일 수도 있기 때문에 주저하지 말고 병원으로 직행해야 한다. 특히 평상시 배가 불룩한 느낌이 들거나 급작스런 하복통이 느껴진다면 자궁근종을 암시하는 위험 신호일 수 있다. 난소에 혹이 생기는 난소낭종 역시 크기가 큰 경우 통증을 유발한다.

주기적으로 성생활을 하고 있거나 여러 명의 남성과 관계를 맺은 경험이 있다면 성병 감염 여부에 대해서도 관심을 가져야 한다. 성병은 조기에 치료하면 완치가 가능하지만 그냥 놔뒀다가는 자궁경부암과 같은 심각한 질병으로 발전할 수 있기 때문이다. 평소 생식기 부분이 가렵고 통증이 느껴지거나 소변을 보기 힘들다면 성병을 의심하고 빠른 시일 내에 진료를 받아야 한다. 사랑하는 남자에게 성병이 옮을 수도 있다는 상상, 끔찍하겠지만 심각히 고려해봐야 한다.

미혼 여성들에게 '당당히 산부인과를 찾으라' 는 말이 얼마나 거리감 느

껴지는지 잘 안다. 결혼 3년차 아줌마인 나도 산부인과를 가는 날이면 아침부터 소화가 안 되니 말이다. 일명 '닭고기 자세(산부인과 진료 시 취하는 자세)'로 의사를 만날 생각만 하면 머리가 지끈거리고 얼굴이 화끈거리는 까닭이다. 하지만 크게 걱정할 필요는 없다. 미혼을 위한 검사는 생각보다 무섭지 않다. 더욱이 요즘 많은 산부인과들이 젊은 여심을 사로잡기 위해 무서운 병원에서 탈피, 예쁘고 안락한 카페 같은 분위기로 재탄생하고 있어 가볍게 상담 받는 기분으로 진료를 받을 수 있다. 또한 검진을 받는 미혼 여성들의 모습도 어렵지 않게 발견할 수 있으니 묘한 시선을 받지 않을까 하는 걱정 역시 하지 않아도 된다. 젊은 여성들의 삶의 변화만큼 요즘 산부인과들 또한 발 빠르게 변신을 거듭하고 있으니까 말이다.

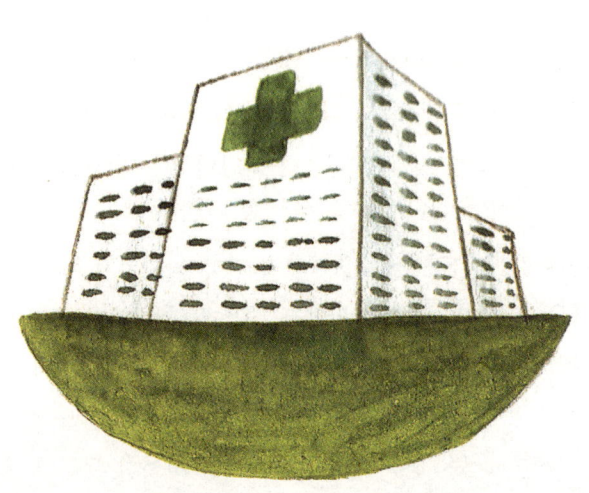

쉬운 디톡스 요법, '뒹굴뒹굴'

대기업 해외 마케팅팀에 근무하는 나 대리(28). 그녀는 만날 때마다 한 주가 어떻게 돌아가는지 모르겠다며 푸념한다. 정신없고 짜증나고 피곤한 일상에 변화를 주고 싶지만 어떻게 해야 할지 방법을 모르겠단다. 만성피로로 인해 늘 무기력하고 작은 일에도 쉽게 짜증이 난다는 그녀, 대체 하루하루를 어떻게 보내고 있는 걸까? 나 대리의 일주일을 들여다보자.

월요일: 이른 출근을 하여 퇴근 시간이 가까울 때까지 밀린 업무를 정신없이 해치운다. 퇴근 시간이 다 되자 과장이 나 대리를 불러서는 부장한테 깨진 스트레스를 만만한 그녀에게 푼다. 월요일부터 머리가 지끈지끈 아프다.

화요일: 오늘은 회식을 하는 날. 다이어트 좀 하려고 했더니 기름기 많은 삼겹살 집에서 폭탄주를 돌릴 계획인가 보다. 담배 냄새, 고기 냄새, 술 냄새에 찌들 것을 생각하니 기분이 착 가라앉는다.

수요일: 새로 출시된 제품에 대한 해외 바이어들의 관심이 뜨겁다. 수시로 도착하는 이메일에 답하느라 하루가 어떻게 가는지도 모르겠다. 할 수 없이 오늘은 열 시까지 야근. 다크 서클이 더욱 진해져간다.

목요일: 업계 사람들과 스터디를 하는 날. 사실 스터디보다 인맥을 쌓고 업계 정보를 나누는 데 활용한다. 아직 직급이 대리인 그녀에게 꼭 필요한 만남은 아니지만, '언젠가 필요할 날이 있겠지' 하는 생각으로 오늘도 지친 몸을 이끌고 그곳으로 향한다.

금요일: 퇴근 후 오랜만에 친구들을 만났다. 결혼한 친구들이 많아지면서 언제부터인가 신랑 자랑, 돈 자랑으로만 대화가 흐른다. 그녀 역시 얼떨결에 괜한 자랑들을 해보지만 대화 도중 자꾸 딴생각이 나고 몸은 피곤해 죽을 지경이다.

토요일: 늦잠을 자고 일어나 TV를 튼다. 출출해서 냉장고에 있던 햄버거를 꺼내 먹는다. 얼음을 동동 띄운 콜라까지 한 컵 들이마시고 나니 배가 터질 것 같다. 주말이면 어쩜 이리도 시간이 잘 가는지 원망스럽기만 하다.

그녀의 일주일을 살펴보면 얼마나 많은 스트레스와 독소가 몸과 마음에 축적되어 있을지 짐작이 간다. 직장 상사에게 이유 없이 깨질 때마다 생기는 엄청난 스트레스와 경쟁 사회에서 뒤처지지 않기 위해 부단히 노력해야 하는 긴장감, 사적인 대화에서조차 느껴지는 묘한 경쟁심, 인스턴트식품과 패스트푸드, 육식 위주의 식습관 등 건강하지 않은 먹을거리에서 비롯되는 독소…….

많은 사람들이 '잘 먹고 잘 사는 웰빙'을 추구하지만, 몸과 마음에 수북이 쌓인 독소를 제거하지 않으면 진정한 웰빙은 실현할 수 없다. 일주일에

단 한 번이라도 몸과 마음에 쌓인 찌꺼기들을 배출시킬 수 있는 진정한 쉼이 필요한 이유도 이 때문이다. 일본 직장인들 사이에서는 주말을 이용해 병원, 명상원, 건강 클리닉 등의 프로그램에 참여해 몸과 마음에 쌓인 독소를 배출하는 일명 '디톡스 요법'이 인기라고 한다. 비단 전문적인 과정이 아니더라도 작은 생활 습관들을 개선하면 훨씬 가볍고 깨끗해진 일상을 만날 수 있다. 지금부터 몸과 마음이 한결 건강하고 예뻐질 수 있는 '생활 속 디톡스 요법'들에 대해 구체적으로 알아보자.

골라 먹고, 적게 먹고, 안 먹기

좋은 음식을 많이 먹는 것보다 좋지 않은 음식을 덜 먹는 것이 디톡스 요법의 핵심이다. 맛이 좋은 육류와 양식은 탄수화물, 단백질, 지방 등을 과잉 섭취하게 하여 체내에 독소를 생성한다. 이러한 상태가 계속되면 몸속에 노폐물이 쌓이고 이 노폐물로 인해 비만, 당뇨, 고혈압, 암 등이 발병할 수 있다. 노폐물이 가득한 몸은 쉽게 피로를 느끼고 감정적으로도 지치게 마련이다. 따라서 식전에 과일, 야채를 충분히 섭취하여 포만감이 들 때 소량의 식사를 하거나 주말을 활용해 단식하고, 육류 대신 야채와 채소 위주의 식단으로 바꿔 한 달간 실천한다면 이전보다 확실히 몸과 마음이 가벼워지는 것을 경험할 수 있다.

출퇴근 시간을 활용한 단식 프로그램

단식은 비움을 통해 건강을 되찾는 방법 중 하나다. 무리한 단식은 건강을 위협하기도 하지만, 단기간 체계적으로 하는 단식은 넘치는 영양 공급으로 생성된 독소를 체외로 빠져나가게 돕는다. 단, 단식 기간에는 관장이

나 배변을 통해 속을 완전히 비우는 것이 무엇보다 중요하다. 배변이 원활하지 않을 경우 독소와 노폐물 등이 남아 자칫 몸이 더 힘들어질 수 있기 때문이다. 단식이 익숙지 않다면 단식원을 이용하는 것도 좋은 방법이다. 서울 홍대 앞에 있는 'TP 출퇴근 단식원'은 직장 여성들이 많이 찾는 곳으로, 다른 단식원은 대부분 일주일에서 10일 정도 수련원 안에서 생활해야 하지만 이 단식원은 출퇴근이 가능하기 때문에 직장인들도 부담 없이 참가할 수 있다. 이 밖에도 카페 동호회를 통해 회원들과 함께하는 효소 단식, 과즙 단식, 레몬 단식 등의 프로그램이 있다. 단식은 몸을 정화시키는 행위이자 내면의 소리에 귀 기울일 수 있는 기회인 만큼 디톡스 요법의 하이라이트로 통한다.

멍청할 정도로 단순하게 생각하기

몸과 마음을 정화하는 데 가장 중요한 포인트는 단순해지는 것이다. 미국의 교육심리학자 해리 팔머는 사람들이 하루 평균 2만 가지를 생각하는데 그중 99%는 그제와 어제의 고민과 같은 것으로 반복된 생각과 고민이 삶을 복잡하고 피곤하게 만든다고 한다. 우리를 괴롭히는 생각들을 비워내고 단순화하는 것, 그것이 몸과 마음을 정화시키는 비결이다. 하지만 가만히 있어도 찾아오는 수많은 상념들을 어떻게 비워낼 수 있을까? 비결은 간단하다. 한 가지 일을 할 때는 한 가지 생각만 하는 것. 예를 들어 다림질을 할 때는 다림질만 생각한다. 옷이 잘 펴졌는지, 주름은 잘 잡혔는지, 다림질 온도는 적당한지 등 지금 하고 있는 일에만 집중하는 것이다. 어제 남자 친구와 싸운 일, 다림질 이후 해야 하는 과제 등은 멀찌감치 밀쳐두고 단순하게 생각해보자.

소박한 관계를 즐겨라

휴대폰에 저장된 번호가 몇 개인지 확인해보자. 혹시 3~4백 개를 거뜬히 넘어 누가 누구인지도 헷갈리는 상태는 아닌지 살펴보라. 효과적인 업무를 진행하기 위해 인맥은 꼭 필요하지만 자칫 지나칠 경우 독이 될 수도 있다. 특히 막연한 욕심으로 붙잡고 있는 사람들이 있다면 잠시 놓아도 좋다. 지금 당장 당신의 삶에 절대적인 영향을 미치는 사람들이 아닌 이상 마음을 나눌 수 있는 가까운 사람들과 소박한 관계를 즐기는 것도 지친 몸과 마음을 달랠 수 있는 방법 중 하나다.

나를 내려놓을 수 있는 대화 모임을 꾸려라

좋은 사람들과 나누는 좋은 대화는 지친 심신에 활기를 불어넣지만, 피곤한 사람들과 나누는 가식적인 대화는 심신을 더욱 어지럽힌다. 눈치 볼 것도 계산할 것도 없이 속내를 온전히 털어놓을 수 있는 사람들을 만들어라. 그리고 그들과 주기적으로 만나 진솔한 대화를 나누자. 서로를 진심으로 응원해줄 수 있는 사람들과의 대화는 몸을 정화시키고 상처를 치유하는 효과가 있다. 직장 자랑, 남자 친구 자랑, 남편 자랑, 쇼핑 자랑으로 가득한 대화는 질투와 시기를 부르고 몸을 독소로 채운다는 것을 기억하자.

마음 내키는 대로 움직여라

많은 사람들은 주말과 휴가에 강박증을 가지고 있다. '모처럼 맞는 휴일인데'라며 최대한 신나게 먹고 마시고 즐겨야 한다는 강박관념에 시달리는 것이다. 물론 새로운 곳에서 맞는 휴일이 방전된 배터리를 충전하고 신선한 기운을

불어넣기도 하지만 때로는 더 많은 피로와 독소를 안겨줄 수도 있다. 일주일에 하루쯤은 누구의 방해도 받지 않고 아침부터 저녁까지 완벽한 자유를 즐기도록 하자. 자신이 좋아하는 것들을 여유 있고 편안하게 즐길 수 있는 하루가 진짜 쉼이고, 비움을 실천하는 시작이다.

에너지 충전소가 되어줄 사람들과 어울려라

좋은 사람을 만나는 것은 신이 내리는 선물이다.
그 사람과의 관계를 지속시키지 않는 것은 신의 선물을 내팽개치는 것이다.
__ 데이비드 팩커드(휴렛 팩커드 공동 창업자)

"선배님! 저 사립학교 정교사로 발령됐어요!"

오래전부터 알고 지내온 친한 후배가 흥분한 목소리로 임용 합격 소식을 전했다. 극심한 취업난 속에서 그녀는 용케도 정교사 임용 시험에 합격한 것이었다.

"난 언제든 네가 꼭 합격할 줄 알았어. 너 아니면 누가 되겠니?"

사립학교 정교사 발령은 결코 쉽지 않다. 혹자는 임용고시보다 어려운 것이 사립학교 정교사 임용이라고 한다. 항간에 떠도는 사립학교 정교사 임용 조건은 '서울대 졸업생일 것, 든든한 백을 가지고 있어야 할 것'이다. 하지만 그녀는 서울대 졸업생도 아니고 엄청난 기부금을 낼 만큼 특별한 백을 가지고 있지도 않다. 서울 소재의 4년제 대학을 졸업하고 1년 남짓 기간제 교사로 활동한 경력뿐이다. 그런데 그녀는 어떻게 그 엄청난 경쟁

률을 뚫고 시험에 합격할 수 있었을까?

그녀에게서는 언제나 좋은 에너지가 뿜어져 나온다. 누구라도 그녀를 보면 사랑에 빠지지 않을 수 없다. 늘 생기 넘치는 얼굴과 한결같은 성실함, 사람을 대하는 따뜻한 태도, 작은 것에도 최선을 다하는 모습. 그녀와 함께 생활하다 보면 그 기분 좋은 에너지에 전염되어 덩달아 신바람이 난다. 속상한 일이 있어도 그녀와 몇 마디 나누다 보면 툴툴 털어버리게 되고, 일에 잔꾀가 나다가도 그녀의 성실한 모습을 보면 마음을 다잡게 된다. 그녀가 그동안 열심히 준비한 노력의 대가는 1, 2차 필기시험에서 나타났을 것이고, 그녀가 가진 예쁜 에너지는 최종 면접에서 면접관들의 마음을 사로잡았을 것이다. 수많은 지원자 중에서도 유독 그녀가 호감을 끈 이유는 그녀가 지닌 상냥하고 따뜻한 매력 때문이었을 것이다.

데이비드 팩커드가 말한 것처럼 좋은 사람들과의 인연은 신이 내린 선물일지도 모른다. 신께서 너무 바쁜 나머지 내 간절함에 귀 기울이지 못할 때 좋은 사람들이 신을 대신해 격려와 지지를 전해주곤 하니까. 그들과 함께 있는 것만으로도 힘이 나고 든든한 것은 사막 같은 인생에서 오아시스를 만난 것처럼 최고의 선물이다.

내 대학원 선배 하나는 유독 사람에게 욕심을 낸다. 미니홈피를 통해 소위 잘나가는 사람들과 일촌을 맺기도 하고, 지인들의 소개를 받아 열정이 넘치는 사람들과 친분을 쌓는 데 많은 노력을 기울인다. 꼭 마음에 드는 남자를 발견하고 정신을 못 차리는 여자처럼 인연 만들기에 몰입하는 것이다.

"좋은 에너지가 흐르는 사람들과 친하게 지내면 뭐가 좋으냐고? 그들이 가진 좋은 에너지를 훔쳐 올 수 있거든."

세상에 이렇게 귀엽고 깜찍한 도둑질이 또 있을까?

좋은 에너지를 가진 사람들과 손을 잡아야 하는 이유는 또 있다. 유유상종의 법칙 탓이다. 좋은 사람들 곁에는 지란지교를 꿈꾸는 좋은 사람들이 머물게 마련이다. 좋은 사람과의 인연이 꼬리에 꼬리를 물 듯 또 다른 좋은 인연을 만들어주는 것이다. 뿐만 아니라 그들처럼 좋은 사람이 되고자 하는 건강한 욕심을 갖게 되고, 굳이 특별한 조언을 듣지 않아도 앞으로 어떻게 살아가야 좋을지 뚜렷한 밑그림도 그릴 수 있다.

하지만 좋은 기운을 나눠 가질 수 있는 사람이 반드시 성공 가도를 달리는 사람을 의미하는 것은 아니다. 성공한 사람들 중에는 남을 짓밟으며 한 계단, 한 계단 올라가 얼굴에 탐욕이 가득한 사람도 있고 실리적인 면만을 좇는 인간미 제로인 사람도 있다.

'좋은 에너지'를 가진 사람과 '좋지 못한 에너지'를 가진 사람을 구분하는 일은 어렵지 않다. 기운이 빠지는 일이 있을 때, 이런저런 고민으로 가슴이 답답할 때 무릎팍 도사처럼 속 시원히 해답을 제시해줄 것 같은 사람, 몇 마디 대화만으로도 메말라가던 사람을 살리는 사람, 그들이 바로 좋은 에너지를 지닌 사람이다. 누군가를 만나고 돌아오는 길에 신선한 자극과 밝은 에너지가 불쑥 솟은 경험이 있다면, 그들이 바로 신이 내린 선물이다. 함께 대화를 나누고 생각을 공유하다 보면 스스로가 참 매력적이고 괜찮은 사람이 된 것 같은 느낌, 그것이 바로 좋은 에너지를 전달 받고 있다는 증거이자 신께서 내린 최고의 선물을 알아보라는 메시지이다.

나의 20대가 감히 아름다웠다고 말할 수 있는 이유는 좋은 사람들과 나눈 많은 교류 때문이다. 취재 기자로 일하면서 만나고 싶은 사람, 멘토로 삼고 싶은 사람, 깨달음을 얻고 싶은 사람들을 쉽게 만날 수 있었다. 치열

한 삶을 통해 진정한 자유를 얻는다는 개그우먼 조혜련부터 한국의 오프라 윈프리를 꿈꾸는 욕심쟁이 방송인 박경림, 진정한 나눔이 무엇인지를 알려준 탤런트 신애라, 진심은 통한다는 삶의 교훈을 알려준 방송인 김미화. 그들의 열정이 가득한 눈빛과 따뜻한 말 한마디와 부드러운 웃음으로 나는 새로운 꿈을 꿀 수 있었고, 사소한 좌절과 실패로 하루를 낭비한 것은 아닌지 돌아볼 수 있었다.

응원과 격려가 필요할 때 기꺼이 당신의 비타민이 되어줄 수 있는 건강한 인연이 많다면, 당신은 이미 최고의 '맘짱'이다. 비록 실제 근육량은 제로라고 하더라도 말이다.

| Tip. 좋은 에너지를 내뿜는 사람을 알아보는 노하우 |

●● 표정부터 다르다

좋은 에너지가 가득한 사람은 얼굴빛부터 다르다. 반짝반짝 빛나는 눈동자와 밝은 표정으로 다른 사람들과 확연히 구분된다. 찔러도 피 한 방울 안 날 것 같은 인상의 사람과는 정반대되는 부류라 할 수 있다.

●● 그 사람이 하는 일이 절반을 말해준다

예쁜 기운을 가진 사람은 커리어도 두루마리 휴지가 풀리듯 술술 잘 풀린다. 이들은 자신의 일에 긍지와 보람을 가지고 있다. 소속과 직급이 불확실하고 밝히기를 꺼리는 사람치고 좋은 에너지를 가진 사람은 드물다.

●● 마음을 나누는 데 인색하지 않다

기분 좋은 에너지를 가진 사람들은 함께 살아가는 것에 가치를 둔다. 자신의 실리와 이해만을 중시하지 않고, 나누고 베푸는 것에 인색하지 않다. 작은 도움을 청했을 때 기꺼이 응하며 자신의 일처럼 돕는다.

◐◑ 적극적이고 진취적인 태도가 남다르다

게으르고 나태하고 소극적인 사람에게 인간적인 매력을 느끼기는 힘들다. 좋은 에너지를 가진 사람들은 사소한 일에도 적극적이고 진취적인 태도를 취한다.

◐◑ 많은 사람들과 왕래하는 것을 즐긴다

예쁜 꽃에 벌과 나비가 꼬이듯 예쁜 기운을 가진 사람의 주변에게는 함께하는 사람들이 많다. 같이 어울리고 싶고, 본받고 싶은 욕심이 드는 사람을 주변 사람들이 가만히 둘 리 없기 때문이다.

Chapter 5

우먼's 재테크
Financial Technology

재테크 첫걸음, 어렵지 않아!

솔직히 고백하건대 나는 재테크와는 거리가 먼 여자다. 약간의 '된장질'을 허락하는 남편 덕에 언제부터인가 경제 관념 없이 살아가고 있고, 미래를 위해 현실을 희생하느니 어제 죽은 자가 그토록 희망했던 오늘을 여유 있게, 행복하게 살아야 한다는 핑계로 재테크에서 손 놓은 지 오래다. 남편 몰래 비상금으로 숨겨놓은 2천만 원은 은행 계좌에서 잠자고 있고, 직장인의 꽃이라 불리는 연말정산도 귀찮아서 대충 하고 있으며, 매일 쏟아지는 영수증의 압박 때문에 가계부 쓰기는 오래전에 포기했다. 재테크를 위한 공부? 경제 관련 신문 기사만 겨우 기웃거릴 뿐 적극적인 공부나 투자 활동 역시 최근 2년간 전무하다. 한마디로 재테크에 관한 글을 쓰기엔 자질이 상당히 부족한 저자라 할 수

있겠다. 때문에 상당 기간 이 일을 어찌할 것인가를 놓고 고민했다. 글은 써야겠는데 지식은 딸리고, 스스로 부끄러운 자산 관리를 해왔건만 무슨 놈의 조언과 팁을 제시한단 말인가 싶었다.

그러다 문득 사회 초년생이던 시절, 그러니까 2천만 원 남짓한 연봉으로 빡빡한 삶을 살아가던 시절이 떠올랐다. 그때의 나는 누구보다 똑똑한 재테크 여왕이었다. 빠듯한 연봉으로 7개월 동안 1천만 원 만들기에 성공했고, 1천만 원을 종잣돈으로 각종 펀드, 주식, 연금, 보험 등에 투자해 높은 수익률도 얻었다. 가끔씩 내게 자산 컨설팅을 요청하는 후배, 친구들까지 있었으니 지금과는 좀 다른 부류의 여자였던 것만은 분명하다.

그런데 어쩌다 이렇게 된 것일까? 원인은 크게 '게으름', '나태함', '된장질'로 요약할 수 있겠다. 미혼 시절에는 결혼, 대학원 진학이라는 큼지막한 인생 과제가 있었다. 적잖은 목돈이 필요한 그 두 가지를 해결하기 위해 허리띠를 졸라매야 했고, 젊음을 아름답게 꾸밀 수 있는 쇼핑 비용을 마련하기 위해 전략적으로 자산 관리를 할 수밖에 없었다. 절박했고, 진실했고, 독했다. 수습사원 시절에는 백만 원이 겨우 넘는 정도를 벌고도 70만 원 이상 저축했으니 독하긴 정말 독했다. 그 빠듯한 금액 안에서도 할 건 다 했다. 내 사랑 스타벅스 커피도 마셨고, 신상 옷도 구매했고, 친구들과 가끔씩 맛난 저녁을 먹기도 했다. 그게 어떻게 가능했느냐고? 글쎄, 헝그리 정신과 전략적인 지출 계획 때문이었다고 하면 설명이 될는지?

우선 점심과 저녁은 회사에서 지정하는 식당에서만 먹었고, 당시 한 잔에 3천 원 정도 하는 커피는 진 빠지게 열심히 일한 날, 스스로를 기특하다고 칭찬해주고 싶은 날, 오랜 친구들을 만나는 날에만 마셨다. 물론 쿠폰 스탬프도 하나도 빠짐없이 찍어나갔기 때문에 한 달에 한두 번 정도는 무료 음료를 마실 수 있었다. 이렇게 하니 한 달 기준으로 대략 2만5천 원 정도의 커피 값이 지출됐다. 출퇴근은 무조건 버스와 지하철을 이용했고, 택시를 타는 일은 가뭄에 콩 나듯 했기 때문에 한 달 교통비도 5만 원을 넘지 않았다. 또한 두 개의 CMA 계좌를 만들어 각각 '쇼핑 통장', '사교 통장'이라 이름 붙이고 매달 10만 원씩 입금하여 필요할 때마다 꺼내 썼다. 이런 지출 패턴은 부모님과 함께 살고 남자 친구가 없기 때문에 가능했던 것이기도 하지만, 어쨌든 악착같이 생활한 덕에 종잣돈 1천만 원을 모을 수 있었다.

문득 그 시절이 그리워졌다. 돈 천 원도 헛되게 쓰지 않던 그때가, 매달 늘어가는 통장 잔고에 기뻐하던 그때가, 필요한 아이템 하나를 사기 위해 온갖 사이트를 뒤지며 가격을 비교하던 그때가 말이다. 그래서 나는 현재 보유하고 있는 통장들과 금융 상품들을 정리하고, 수많은 재테크 서적을 탐독하며 내게 적합한 상품들을 찾기 시작했다. 일단, 잠자고 있던 통장 잔고를 깨워 네 개의 통장으로 분산하고는 1년, 3년, 5년 그리고 10년 뒤를 계획하며 라이프 플랜을 짰다. 알고 지내는 보험 설계사에게 전화를 걸어 복리 연금 상품을 추천 받았고, 한창 재미를 보고 빠졌던 펀드 상품을 두 개 재가입했다. 또한 주택청약종합저축 통장에 1천만 원을 적립하여 분양권 우선순위를 노렸다. 다시금 재테크 여왕이 되기로 결심한 것이다. 자산 관리 공부에 빠져 있는 지금 나의 상황을 반영해 초보 재테크족들을 위한 재테크의 첫걸음을 정리해보았다.

재테크에 성공하고 싶다면 '공부'를 해야 한다. 일자무식으로 재테크에 덤비는 것은 돈 낭비이자 심신을 망치는 지름길이다. 아무런 지식 없이 친구가 추천해주는 펀드나 주식에 가입했다가는 반 토막 나기 십상이고, 아무런 계획 없이 금융 상품에 가입했다가는 중간에 손해 보고 해지해야 하는 허무한 상황에 놓이기도 한다. 한마디로 '아는 게 힘'인 것이다. 하지만

인터넷 지식, TV 경제 프로그램, 신문 기사, 주변 사람들의 조언 등 넘쳐나는 정보 속에서 어떻게 내게 꼭 맞는 '바른' 지식을 습득할 수 있을까? 방법은 그 정보의 홍수 속에서 옥석을 가려내는 힘을 길러내는 것인데, 그것은 스스로 학습해야만 취득이 가능하다.

먼저, 쉽고 짜임새 있게 구성된 재테크 책 한 권을 장만하자. 자신의 눈높이에 맞는 책을 골랐다면 책장을 열기 전에 큰 그림을 먼저 그리는 것이 좋다. 결혼, 이직과 전직, 대학원 진학, 해외여행 계획 등 단기 · 중기 라이프 플랜을 짠다. 라이프 플랜에 따라 투자해야 할 항목도 필요한 돈도 달라지기 때문이다. 큰 그림이 그려지면 그에 필요한 내용부터 먼저 읽도록 한다. 그 부분만 읽고 책은 당분간 던져놔도 좋다. 예를 들어 3년 뒤 필요한 자금을 마련하고자 한다면 단기 복리 상품이나 이자율이 높은 적금을 통해 목돈을 만들어 다시 예금할 것인지, 혹은 펀드, ELS, MMF 등으로 갈아탈 것인지를 고민해봐야 한다. 이때 책에서 꼼꼼히 살펴볼 내용은 예금과 적금의 차이점과 펀드, ELS, MMF와 같은 금융 상품들의 특징이다. 잘 알지 못하는 금융 상품을 무턱대고 가입하는 것은 독이든 사과를 먹는 것과 다름없다.

결혼과 함께 주택 마련을 고민하고 있다면 주택청약종합저축에 대해 공부하는 것도 필수이다. 주택청약종합저축 상품의 이자율과 특징 그리고 청약저축, 청약부금, 청약예금이 가진 각각의 장단점을 비교할 줄 알아야 자신에게 적합한 상품을 찾을 수 있다.

라이프 플랜에 필요한 공부를 했다면 그 다음 단계에 필요한 것은 종잣돈 마련이다. 두 번째 이뤄야 하는 미션은 바로 '1년 안에 재테크에 필요한 종잣돈 만들기'. 돈의 가장 큰 특징은 돈이 돈을 부른다는 점이다. 아무리 적은 돈이라도 일단 목돈이 되면 눈덩이처럼 불어날 수 있다. 따라서

돈이 돈을 부를 수 있는 종잣돈을 마련하는 것이 재테크를 시작하는 첫걸음이다. 많은 서적들이 '우선 천만 원부터 모으라'고 외치는데, 실제로 천만 원을 장만하고 나면 2천만 원, 3천만 원 모으는 것은 훨씬 수월하게 진행되기 때문이다. 바로 가속도의 법칙 탓이다.

하지만 종잣돈을 만드는 데는 법칙이 있다. 먼저 목표액과 목표 수익률이 구체적으로 정해져야 한다는 것. 예를 들어 6개월 안에 10%의 수익률을 내서 천만 원의 종잣돈을 만들기로 목표를 세웠다면 월급의 몇 퍼센트를 저축할 것인지, 어떤 저축 방법을 활용할 것인지를 구체적으로 정할 수 있다. 기간이 정해져야 성격에 맞는 재테크 상품을 결정할 수 있는 것이다. 참고로 운용 기간이 짧을수록 고수익 고위험군보다 안정적인 상품으로 목표액을 달성하는 것이 좋다.

처음 종잣돈을 만들기 위해 짠순이 생활에 적응하며 드디어 천만 원이 찍힌 통장을 받아 들었을 때의 환희를 잊을 수 없다. 어찌나 든든하고 배가 부르던지 '나 천만 원 있는 여자예요'라고 길 가는 사람들에게 소리치고 싶을 정도였다. 일단 종잣돈이 생기면 그 돈을 어떻게 불리고 키울 것인지에 대한 관심과 열정이 무섭게 커간다. 누가 시키지 않아도 스스로 경제 기사며 관련 자료를 찾아보고 재테크에 열을 올리게 되는 것이다.

종잣돈 마련과 함께 병행되어야 하는 것은 '아끼고 투자하는 습관'이다. 성공적인 자산 관리를 위해서는 지출을 최소화하고 저축액을 늘리는 것이 기본이다. 재테크의 기본은 몇 십만 원의 복리 효과를 바라기보다 수중에 있는 단돈 만 원이라도 쓰지 않고 모을 생각을 하는 것이다. 제대로 쓰고 제대로 저축하고 제대로 투자하는 습관이 형성돼야 내 집 마련도 꿈꿀 수

있고, 10억 모으기도 희망할 수 있는 셈이다.

절약 습관을 논할 땐 뭐니 뭐니 해도 가계부 쓰기를 빠뜨릴 수 없다. 매일 한심한 지출 내역들과 마주해야 하는 스트레스가 적지 않지만 하루 이틀 지나다 보면 점차 익숙해질 뿐만 아니라 스트레스 지수를 낮추기 위해 지출 규모를 악착같이 줄이기 시작하는 자신을 발견할 수 있다. 모네타와 네이버 전자 가계부는 컴퓨터 입력을 통해 주별, 월별, 연도별 지출과 수입 내역을 한눈에 볼 수 있어 절약 습관에 도움을 준다. 아날로그적 감각이 발달한 사람이라면 다이어리 일부에 미니 가계부 자리를 마련해 어디서든 지출 내역을 기록하고 반성하는 습관을 들이도록 하자.

알뜰한 절약 습관이 몸에 뱄다면 다음 과제는 돈에 대한 감각을 키우기! 참 안타까운 것은 투자와 자산 관리에 대한 감각은 하루아침에 생기는 것이 아니라는 점이다. 그래도 다행히 쉬운 방법이 있으니, 바로 '은행과 친해지기'다. 은행을 각종 공과금과 카드 연체료 등을 지불할 때만 들르는 곳으로 생각하지 말고, 점심 식사 후 낮잠이 쏟아질 때나 시간이 날 때 찾는 곳으로 의식을 전환해보자. 자주 창구에 들러 새로 나온 금융 상품에 대해 묻고, 관련 책자를 받아오고, 평소 궁금했던 상품에 대한 질문도 해보자. 창구 여직원과 친해지면 무료로 재테크 컨설팅도 받을 수 있다. 은행을 내 집처럼 드나드는 습관을 들이면 멀게만 느껴졌던 재무 설계와 자산 관리가 쉽게 해결될 수 있다.

재테크를 시작함에 앞서 반드시 확인해야 할 것은 '고정 지출 관리하기'이다. 매달 고정적으로 지출하는 목록들을 정리하여 각 지출 금액을 엑셀로 정리한다. 예를 들어 매일같이 지출하는 점심 값, 커피 값, 교통비, 쇼평비 등을 쭉 적은 뒤 한 달에 평균적으로 얼마나 지출하는지 살펴본다. 이 작업을 통해 어느 항목을 어떻게 줄일지 구체적인 계획을 세울 수 있다. 내 경우 한 달에 커피 값으로 지출하는 비용만 15만 원 남짓했고, 1년이면 180만 원에 육박하는 큰돈이라는 사실에 충격을 받아 바로 커피 값 구조 조정을 시작했다. 톨 사이즈 대신 숏 사이즈로, 비싼 브랜드 커피 대신 2천 원 정도의 커피로 바꿨더니 1년 기준으로 80만 원가량의 지출을 막을 수 있었다.

고정 지출만 잘 관리해도 충동적이거나 무계획적인 지출이 줄어들어 한 달 적금 비용은 뽑을 수 있다. 이때 각 항목마다 목표 지출액을 정해서 체계적으로 지출하도록 관리한다면 훨씬 더 많은 여유 금액을 확보할 수 있다. 단, 카드 대금과 통신 요금 등 모든 출금일과 결제일을 통일하는 것이 지출을 관리하는 데 혼선을 낳지 않는다.

지출까지 관리하는 단계가 됐다면 이제부터 긴장할 때다. 진정한 자산 관리의 첫걸음은 여기서부터 시작이니까. 이번 단계는 이름 하여 '세 가지 주머니 만들기'이다. 자산 관리를 위해서는 자신의 라이프 스타일에 맞는 포트폴리오 구성이 필수이다. 이때 세 가지 주머니를 만들면 좀 더 쉽게 체계적인 소비와 투자를 시작할 수 있다. 세 가지 주머니란 '저축 주머니', '자산 형성 주머니', '트레이딩 주머니'이다. 저축 주머니는 생활비, 충당금 등이 들어 있는 계좌로 필요시 언제든 돈을 꺼내 쓰며 지출을 관리하기 위한 것으로 CMA, MMF, 자유저축예금 등이 해당된다. 반면 트레이딩 주머니는 성과급, 보너스, 뜻하지 않은 목돈 등이 들어왔을 때 공격적인 투자를 하기 위한 계좌이다. 마지막으로 자산형 주머니는 노후 자금, 결혼 자금처럼 적어도 3년 이상 묵힐 목적에 의해 운영되는 것을 말한다. 대표적인 상품으로는 펀드, ELS, 채권, 연금, 보험, 적금 등이 있다.

한마디로 월급 통장에 월급이 들어오면 적금, 펀드, 보험 등에 들어가는 돈은 '자산형 주머니'에 넣어 차곡차곡 저축액을 늘리고, 계획한 지출과 고정 지출액은 '저축 주머니'에 넣어 필요할 때마다 빼서 쓰거나 계좌 이체한다. 그리고 생각지 못한 보너스나 목돈이 생길 경우 '트레이딩 주머니'에 넣어 높은 수익률을 기대할 수 있는 금융 상품에 투자하는 것이다.

알면 알수록 어려운 것이 자산 관리이다. 많은 시간과 노력, 인내가 필요하기 때문이다. 자산 관리에서 가장 중요한 것은 상품에 대한 뛰어난 지식도 아니요 훌륭한 투자 방법도 아니다. 재테크를 통해 필요한 목돈을 만들겠다는 강한 의지, 중장기적인 인생 계획과 맞아떨어지는 맞춤형 관리, 그리고 균형 잡힌 포트폴리오다. 결국 성공적인 재테크 역시 스스로의 싸움에서 승리하는 것이 정답인 셈이다.

재테크의 첫걸음을 떼는 비법을 알려줬으니 이제 자신의 포트폴리오를 구성하고 필요한 공부를 시작하고 실전을 위한 감을 익혀보자. 크고 작은 질문이 생기면 앞서 귀띔한 대로 은행으로 뛰어갈 것! 당신이 열심히 두드린 만큼 재테크의 문은 반드시 열릴 것이다.

| Tip 1. 실전 재테크를 위한 알짜배기 정보 |

새마을금고 상품을 공략하라

세금을 제외하고 나면 적금의 만기 시 실제 적용 금리는 거의 반으로 떨어진다. 하지만 적금은 목돈을 마련할 수 있는 가장 기본적인 재테크 수단인 동시에 차곡차곡 돈 모으는 재미를 알려주는 착실한 금융 상품이기도 하다. 반드시 알아둘 것은 일반 은행의 적금은 만기 시 이자 소득세를 15.4% 내야 하지만 새마을금고나 농·수·신협은 1.4%의 세금만 내면 된다는 사실이다.

투자 포트폴리오는 종류별로 분산하라

포트폴리오를 만들 때는 주식형과 채권형, 국내형과 해외형 등으로 분산하는 것이 기본이다. 각각 장단점이 존재하기 때문인데, 예를 들어 적금의 경우 착실한 금융 상품이긴 하지만 세금 등을 내고 나면 남는 것이 별로 없는 투자 상품이다. 따라서 짭짤한 이익을 위해서는 공격적인 투자도 겸할 필요가 있다. 성장주 위주의 국내 펀드, 가치주 위주의 중소형 펀드를 비롯해 해외 채권, 파생 상품 투자 펀드에도 조금씩 손을 대보자. 국내 펀드뿐 아니라 해외 펀드 및 특수 펀드를 함께 알아보는 것이 요령이다. 채권이 뭔지, 파생 상품이 뭔지 도통 머리가 아프다면 '펀드 닥터(www.funddoctor.co.kr)'와 같은 사이트를 통해 수익률과 운용 기간을 달리하여 비교해보고 상대적으로 안전한 펀드 상품에 투자하자. 단, 각 펀드 당 납입액이 30만 원을 넘지 않도록 유의하는 게 좋다.

◐◑ 고금리 수시형 상품으로 월급 통장 갈아타기

최근 은행에서도 월급 통장 관련 상품들이 쏟아져 나오고 있기는 하지만 금액이나 연령, 가입 기간 면에서 여러 가지 제약이 따른다. 반면 CMA는 특별한 조건 없이도 가입할 수 있으며, 단 하루를 예치하더라도 일정한 금리 혜택을 준다는 강점이 있다. CMA 중에서 가장 일반적인 상품은 RP형과 종금형이다. RP형은 국공채 및 우량한 회사채를 대상으로 투자하는 상품으로 확정 금리를 보장한다. 예금자 보호가 되지 않는다는 단점이 있지만 종금형에 비해 단기 수익률은 높고 중장기 수익률은 낮은 것이 특징이다. 종금형 CMA는 가입 기간에 따라 금리가 차등 적용되는데, 1인당 5천만 원까지 예금자 보호를 받을 수 있기 때문에 안정성을 중시하는 사람들이 이용하는 편이다. 이처럼 월급 통장을 CMA 통장으로 갈아타는 것만으로도 연 2~3%의 이율을 얻을 수 있다. 단, 증권사들마다 각종 우대 서비스가 다르기 때문에 증권사 홈페이지를 통해 자신에게 맞는 상품을 찾아보고 가입할 것

◐◑ 보험회사의 금융 상품을 눈여겨봐라

대형 보험회사의 연금 상품 중 상당수는 절세 기능이 있어 장기 저축과 노후 대비에 이용할 수 있다. 최근 들어 원금을 보장하면서도 펀드처럼 주가 지수에 연동해 고소득을 기대할 수 있는 상품들이 많이 출시되고 있어 자산 형성에 적합하다. 10년 이상 불입하는 연금 상품들은 중도에 해약이 힘든 반강제적 성격이 있는 반면 복리 이율 덕분에 장기 목돈을 만드는 데 유용하다. 보험 설계사의 안내 전화에 무조건 '보험에 관심 없어요'라고 딱 잘라 거절하지 말고 재무 설계를 한번 받아보도록. 특히 노후 대비 연금 상품에 관심이 있다면 적립형 변액 보험이나 금리형 저축 보험 등 자신의 미래 계획에 적합한 상품을 추천 받도록 하자.

| Tip 2. 초보 재테크족이 참고하면 좋은 금융 서적 |

●● 《내 통장 사용 설명서》 by 이천

가장 대표적인 재테크 수단인 펀드, ELS, 채권, 연금, 보험, 적금 등에 대한 설명을 상담 사례를 통해 알기 쉽게 설명하고 있다. 재테크를 시작하기 전에 꼭 갖춰야 할 상식과 가장 경계해야 할 것들은 무엇인지부터 살펴본 뒤 실전 상품들에 대해 하나씩 알려주는 형식을 취한다. 쉬운 설명과 다양한 사례를 깔끔하게 정리한 것이 특징. 초보자도 어렵지 않게 읽을 수 있다.

●● 《앨리스의 비밀 통장》 by 차시현

사회 초년생을 대상으로 한 이 책은 저자의 비밀 일기에 스토리텔링 형식을 적용하여 목돈 마련을 위한 다양한 자산 관리 방법에 대해 들려준다. 높은 연봉에도 불구하고 예쁜 구두, 명품 가방에 열을 올리다 구멍 난 통장 생활을 하던 주인공 앨리스는 단기간에 6천만 원이라는 목돈을 마련한 친구에게서 엄청난 자극을 받고 대대적인 자산 관리 개혁에 들어간다. 여자라면 누구나 경험해봤을 법한 지출과 저축 사이에서의 갈등과 고민을 통해 현명한 자산 관리법을 제시한다.

●● 《여자가 꼭 알아야 할 재테크의 모든 것》 by 정지영

수많은 재테크 방법과 고민 중 여성의 눈높이와 상황에 초점을 맞춰 정리한 것이 가장 큰 특징이다. 저자가 직접 상담했던 여성들의 재무 상황, 자산 포트폴리오와 함께 문제점을 조목조목 제시해놓아 개인의 상황과 비교하며 읽기 좋다. 신혼부부와 직장 3년 차 이상의 여성들이 보면 딱 좋은 책이다.

카드는 아무나 쓰나

"오, 마이 갓!"

옆 자리에 앉은 회사 선배가 카드 명세서를 뜯어보더니 목덜미를 잡고 쓰러진다. 한 달간 신나게 카드를 긁어대더니만 결국 올 것이 오고야 말았나 보다.

"더 이상은 안 되겠어. 다 잘라버려야지."

그녀는 책상 서랍에서 큼지막한 가위를 꺼내 들고는 일말의 망설임도 없이 카드를 자르기 시작했다. 하나, 둘, 셋, 넷……. 그 작은 지갑 속에서 나온 신용카드의 개수는 자그마치 여섯 개. 한 장당 10만 원씩만 써도 월 60만 원은 족히 나왔을 터. 도대체 그녀는 카드를 왜 그렇게 많이 가지고 다니는 걸까?

"왜 이렇게 카드가 많아요? 혹시 돌려 막기 하는 거 아니에요?"

"어머! 모르는 소리 마. 이 카드는 커피숍에서 15% 할인되고, 이 카드는 놀이동산 갈 때 무료 입장 되고, 이건 철도 요금 5% 할인에 마일리지 적립

도 되고, 백화점 카드는 5% 추가 할인 기능에다 포인트도 덤으로 받을 수 있단 말이야."

각 신용카드마다 기능과 혜택이 다르기 때문에 현대사회를 살아가는 센스 있는 여성이라면 다양한 카드의 혜택을 누려야 한다는 것이다. 그녀의 말이 틀린 소리는 아니다. 각 카드사마다 여심을 사로잡기 위해 2030 여성들의 라이프 스타일을 반영한 다양한 이벤트는 물론 할인 혜택, 무이자 할부, 각종 포인트 적립 등을 제공하고 있으니 신용카드만 잘 써도 적잖은 재미를 볼 수 있다. 하지만 신용카드엔 커다란 함정이 있는데, 카드 개수가 많을수록 그만큼 많이 쓰게 된다는 것!

신용카드는 지금 당장 현금이 없어도 길게는 50일 이상 시간을 벌 수 있어 우선 쓰고 보자는 심리를 갖게 만든다. 눈앞에서 바로 현금이 빠져나가는 것이 아니다 보니 현금을 쓸 때보다 지출 규모에 대한 감도 둔해진다. 한마디로 신용카드는 충동적이고 무계획적인 소비를 부추기는 일등 공신인 셈이다. 더욱이 위에서 언급한 선배처럼 여러 장의 카드를 소유하다 보면 각 카드의 혜택과 기능에 눈이 멀어 훨씬 더 많은 지출을 하게 된다. 그뿐인가! 적지 않는 연회비와 수수료도 상당하고 신용카드를 너무 많이 소지할 경우 신용 등급에도 악영향을 받을 수 있다. 만일 여러 장의 카드 발급으로 자신의 신용 등급이 걱정된다면 마이크레딧, 크레딧뱅크, 사이렌24와 같은 신용 평가 회사의 홈페이지에서 자신의 신용 정보를 조회해보자. 1~2만 원의 이용료를 지불해야 하지만 경각심을 갖고 신용 관리를 할 수 있을 것이다.

"진짜 알뜰족은 신용카드 안 만들어. 체크카드만 있어도 충분한걸."

친구들 사이에서 똑순이로 불리는 K는 종종 찾아오는 지름신 때문에 돈

모으는 것이 너무 힘들다는 친구들의 하소연을 듣고 신용카드부터 체크카드로 바꾸라고 조언했다.

"된장녀 기질은 너만 있는 게 아니거든! 방법은 단 하나야. 쓰고 싶어도 쓸 수 없게끔 상황을 조정하는 것이지!"

그녀는 월급날이 되면 월급 통장에서 늘 50만 원 정도의 돈을 CMA 계좌로 이체한 뒤 계좌와 연결된 체크카드를 이용한다. 나머지 잔액은 손댈 틈도 없이 펀드, 적금, 보험 등으로 빠져나가게끔 자동 이체한다. 한눈에 반하는 가방을 발견해도, 폭탄 세일하는 실크 블라우스를 발견해도 체크카드에 남아 있는 잔액이 없으면 어쩔 도리가 없다.

하지만 모든 신용카드를 자르고 체크카드와 현금만 쓰는 것이 꼭 정답은 아니다. 가끔은 예상치 못한 상황에서 큰돈을 써야 하는 경우도 있고, 고가의 물건을 구입할 때는 일시불로 계산하는 것보다 카드를 이용해 할부로 계산하는 것이 짜임새 있는 지출을 위해서 유리하기 때문이다.

아예 안 쓰자니 쏠쏠한 혜택이 아쉽고, 자칫하면 한도 끝도 없이 쓰게 되는 신용카드. 대체 어떻게 해야 잘 쓰는 걸까? 신용카드를 똑똑하게 사용하는 방법을 〈남녀 탐구 생활〉 말투로 정리해보았다.

먼저 지갑 속에 있는 카드들을 모조리 꺼내보아요. 한 장도 빠짐없이 꺼내 책상 위에 나열해요. 언제 이렇게 많이 발급했는지 참 한심스럽지만 꾹 참아보아요. 한 달 동안 사용한 카드 내역들을 정리해요. 금액이 높은 사용처와 사용 횟수가 많은 사용처들을 기록해보아요. 머리 아프고 귀찮더라도 포기하지 말아요. 아파트 관리비, 백화점, 스타벅스, 이마트, 휴대폰 이용료 등 자신의 지출 금액 가운데 비중이 큰 것을 체크해봐요. 시간이 남아돌면 각 카드의 혜택도 확인해보아요. 혜택이 중복되는 카드들은 잘 안 쓰는 순서대로 과감히 잘라버려요. 언젠가 한 번 쓸 것 같은 카드는 거의 사용하지 않는 편이니까 미련은 버려요. 그래야 돈 좀 모을 수 있으니까요. 아직도 신용카드 잘 쓰는 법에 대해 감이 안 잡히는 머리 나쁜 사람들을 위해 다시 한 번 자세히 설명해요. 아래 팁들을 꼼꼼히 읽으면서 지금부터라도 제대로 잘 살아보도록 해요.

| Tip. '똑' 소리 나는 카드 사용 비법 |

●● 신용카드보다 체크카드

신용카드는 지출과 결제 시점이 다르기 때문에 지출에 대한 감을 둔화시킨다. 잔액 범위 안에서 바로 결제하는 체크카드를 주로 사용하다 보면 소비의 전체적인 규모를 줄일 수 있을 뿐만 아니라 가계부 쓰기에도 유용하다. 더욱이 최근에는 신용카드와 동일하게 포인트 적립이 가능한 직불카드도 늘고 있으니 체크카드 발급 시 꼼꼼히 따져볼 필요가 있다.

●● 포인트 적립 사이트를 즐겨찾기 한다

포인트만 잘 활용해도 연말정산 혜택보다 쏠쏠한 재미를 볼 수 있다. 카드사 홈페이지나 사용 대금 명세서, 휴대전화 SMS 등을 통해 적립된 포인트를 확인해보자. 여러 장의 신용카드에 포인트가 조금씩 분산되어 있어 사용하기가 애매하다면 포인트 통합 사이트를 이용하면 좋다. 포인트 아울렛(www.pointoutlet.com), 포인트 파크(www.pointpark.com), 포인트 뱅킹(www.pointbanking.com) 등에 들어가면 여러 장의 카드의 잔여 포인트를 모아 위의 홈페이지에서 바로 상품을 구입하거나 가맹점에서 현금처럼 사용할 수 있는 쿠폰을 받을 수도 있다. 신용카드 포인트를 이용해 항공권 마일리지로 바꾸는 것도 가능하니 올 한 해 해외여행 계획이 있다면 꼭 한번 체크해볼 것!

●● 포인트는 연 1, 2회 나눠서 써라.

카드사 실적에 따라 주어지는 포인트는 해당 카드사의 쇼핑몰에서 현금 기능을 한다. 단, 일정 기간이 지나면 자동으로 소멸되므로 1년에 한두 번은 반드시 사용하도록 한다. '더 모았다가 나중에 써야지' 하고 계속 미루다 보면 어느 순간 적립금 0원이 되는 사태를 경험하게 될 것이다.

●● 포인트, 가족끼리 통합해서 쓰기

가족끼리 각각 카드를 쓰다 보면 마일리지나 포인트를 효율적으로 쓰지 못하고 그냥 버리는 경우가 많다. 따라서 통합할 수 있는 건 일단 다 합치는 게 좋다. OK 캐쉬백의 경우 주민등록등본이나 건강보험증으로 가족임을 입증하면 간단히 통합할 수 있다. 이렇게 통합할 경우 포인트 관리가 쉬워지고 포인트가 쌓이는 속도도 빨라진다. 항공 마일리지도 마찬가지인데, 합산 마일리지를 이용하면 직계가족에 한해 항공권 구매가 가능하므로 활용도가 높다. 휴대폰 멤버십 포인트의 경우 세 명 이상 한 가족으로 묶여 있어야 가족끼리 포인트를 합치는 것이 가능하다.

●● 신용카드는 한두 장만!

여러 장의 카드를 발급 받는 것은 신용 등급을 낮추는 지름길일 뿐만 아니라 과소비를 부추기는 시발점이 된다. 자신의 라이프 스타일과 소비 패턴에 어울리는 카드를 하나 선택해 집중적으로 쓰는 것이 좋다. 카드 한두 개를 집중적으로 사용하면 신용도가 높아져 수수료, 포인트 적립에서 유리할 뿐만 아니라 낮은 카드 수수료율을 받아 카드론 이용 시 대출 금리도 대폭 낮아진다는 사실! 대개의 카드사는 많이 쓸수록 포인트를 그만큼 많이 적립해주기 때문에 한 우물을 깊게 파는 게 많은 혜택을 누리는 지름길이다. 특히 플래티늄급 VIP 회원이 되면 각종 할인 혜택은 물론 더블 포인트 적립과 이벤트 당첨의 행운도 누릴 수 있다.

●● 메인 신용카드사 홈페이지 접속은 필수

카드사마다 G마켓, 옥션 등의 제휴몰이 있다. 카드사와 연계된 제휴몰을 이용할 경우 쇼핑몰 기본 혜택은 물론이고 2~5%의 포인트 추가 적립이 가능하다. 포인트가 곧 현금이라는 인식을 갖고 이왕이면 주로 사용하는 카드사와 연계된 쇼핑몰을 이용하도록 하자. 각 카드사마다 홈페이지를 통해 포인트 적립과 사용하는 방법에 대해 상세히 설명하고 있다. 포인트 사용에 대한 자세한 안내는 제휴몰 결제 화면상에도 표시된다. 단, 적립 현황을 알기 위해 회원 가입은 필수!

연봉별 포트폴리오 전략

"서른이 되어서인지, 아니면 지난해 단 한 푼도 모으지 못했다는 자괴감 때문인지 갑자기 경제관념을 갖고 살아야겠다는 생각이 들더라고. 돈도 좀 모으고 싶고 재테크도 제대로 시작하고 싶다는 바람이 강해지는 거 있지."

한 달에 한 번씩 모이는 독서 모임 멤버인 H가 입을 열었다. 평생 집시처럼 자유를 찾아 떠돌겠다던 그녀에게서 처음 듣는 '경제적인' 발언이었다. 결혼엔 관심이 없고, 임신과 출산은 더더욱 자신의 몫이 아니라던 H도 한 살 한 살 나이를 먹는 건 조금 걱정됐나 보다.

"내가 가입한 펀드와 예금 상품이 소득공제는 되는지, 비과세 상품은 아닌지 정확히 알아야 하지 않을까 하는 생각이 들었어. 더불어 이왕 쓰는 신용카드인데 카드 혜택도 제대로 알고 써야겠다 싶어서 어제 카드사 별

홈페이지에 들어가 비교해보고, 은행에 직접 찾아가서 적금도 들었다."

"이야, 대단한데!"

우리는 모두 그녀가 뒤늦게 철든(?) 것에 기뻐하며 박수를 쳤다. 하지만 흥겨움도 잠시, 다시금 그녀가 입을 열자 우리는 멍하니 서로를 응시했다.

"근데, 이제부터는 뭘 해야 하는 거지?"

어쩌다 보니 직장 생활 3년차에 자산 0원이라는 그녀처럼, 무계획적인 소비와 지출 인생을 청산하고 제대로 재테크를 시작하고자 한다면 지금 이 순간 당장 해야 할 일이 있다. 바로 자신의 연봉에 맞는 포트폴리오를 구성하는 것. 중장기 인생 플랜을 짜고 수익률이 높은 금융 상품에 가입하는 것도 중요하지만, 자신의 연봉과 월별 지출 내역부터 조목조목 짚어볼 필요가 있다. 연봉에 따라 적정 소비 지출과 이상적인 재테크 비율이 달라지기 때문이다. 한마디로 연봉별로 재테크 전략이 달라진다는 말씀! 따라서 지금부터 연봉별 좋은 포트폴리오와 나쁜 포트폴리오를 비교해볼 테니 자신의 연봉과 비슷한 금액의 포트폴리오를 보며 어느 사례에 해당하는지 파악해보자.

Case I. 연봉 2천만 원 초반의 좋은 포트폴리오

월수입	지출	
170만 원	용돈 및 식대	45만 원
	교통 및 통신비	8만 원
	자기 계발비(학원·헬스)	15만 원
	보장성 보험	7만 원
	연금용 저축	10만 원
	청약 통장	5만 원
	적금 및 펀드	80만 원

연봉 2천만 원대의 여성이라면 4년 내 5천만 원의 목돈을 장만하는 것을 목표로 포트폴리오를 구성하는 것이 좋다. 다소 빠듯한 월급을 받고 있는 만큼 남들보다 두 배 절약하여 제대로 재테크하는 것이 포인트!

170만 원 남짓한 월급 중 100만 원은 애초부터 없던 돈이라고 생각하자. 매달 100만 원가량을 꾸준히 저축해야 4년 안에 목돈을 만들 수 있다. 저축액을 제외한 60만 원으로 생활비와 용돈, 자기 계발비까지 해결해야 한다는 사실을 명심하도록 하자. 이 포트폴리오를 유지하여 자산을 2~3천만 원 이상 모았다면 적금 및 펀드의 비중을 10~20만 원 정도 줄이는 대신 청약 통장 5만 원, 연금용 저축 5~10만 원을 더 불입하는 것도 좋은 방법이다.

Case 2. 연소득 3천만 원 초반의 좋은 포트폴리오

월수입	지출	
250만 원	용돈 및 식대	65만 원
	교통 및 통신비	10만 원
	자기 계발비(학원·헬스)	20만 원
	보장성 보험	10만 원
	연금용 저축	20만 원
	청약 통장	5만 원
	적금 및 펀드	120만 원

연봉이 3천만 원 이상이라면 3년 내에 7천만 원 마련을 목표로 설정한다. 3천만 원 초반은 적잖은 연봉이긴 하지만 가장 돈이 새기 좋은 금액이기도 하다. 지름신이 강림할 때마다 '이 정도는 괜찮아'라고 스스로 위로하고 살기 쉽기 때문이다. 따라서 연봉의 3분의 2는 무조건 저축한다는 마

인드로 포트폴리오를 구성해야 꿈의 1억에 가까운 7천만 원을 마련할 수 있다.

생활비 및 그 밖의 자기 계발비 등은 1년에 1천2백만 원 미만으로 한도를 정하고, 나머지는 즉시 금융기관으로 송금하도록 한다. 또한 매달 120만 원 이상을 적금 및 펀드에 납입할 것. 단, 이미 청약 통장이 있는 경우에는 적금 및 펀드 납입 금액을 늘리는 것이 좋다. 시장의 상황에 따라 다르긴 하지만 적금 및 펀드의 납입 비중은 50:50이라면 무난하다.

Case 3. 연소득 2천만 원 초반의 나쁜 포트폴리오

월수입	지출	
	용돈 및 식대	65만 원
	교통 및 통신비	20만 원
	자기 계발비(학원·헬스)	20만 원
170만 원	보장성 보험	0만 원
	연금용 저축	25만 원
	청약 통장	0만 원
	적금 및 펀드	40만 원

'된장녀 기질'이 다분한 20대 중반 여성에게서 흔히 볼 수 있는 포트폴리오이다. 절대적으로 지출을 줄일 필요가 있으며 교통·통신비에서도 거품을 제거해야 한다. 단기 목돈을 마련할 계획이 아니라면 리스크가 있긴 하지만 상대적으로 수익률이 높은 펀드의 비율을 늘리는 것이 좋다. 결혼 후 부부의 논의 하에 연금 저축을 조절해야 하는 경우가 많기 때문에 미혼 여성의 경우 연금용 저축 비율을 높게 설정하지 않아도 된다. 또한 보험사에서 출시된 연금용 저축은 30년 이상 납입해야 하기 때문에 결혼, 주택

마련 등의 목돈이 급히 필요한 시점에서는 연금 비율을 낮추는 것이 좋다. 청약 통장은 정해진 기간 동안 일정 금액 이상을 납입해야 청약 1순위가 되기 때문에 매달 5만 원 이상 납입하도록!

Case 4. 연소득 3천만 원 초반의 나쁜 포트폴리오

월수입	지출	
250만 원	용돈 및 식대	100만 원
	교통 및 통신비	10만 원
	자기 계발비(학원 · 헬스)	40만 원
	보장성 보험	35만 원
	연금용 저축	20만 원
	청약 통장	15만 원
	적금 및 펀드	30만 원

종잣돈 마련은 적립식 펀드를 중심으로 하는 것이 현명하다. 펀드는 국내와 해외 비중을 6:4로 하고, 국내형은 성장형 · 가치형 · 배당형 등 각각 다른 스타일로 분산한다. 해외 펀드 또한 브릭스 펀드와 자원 관련 펀드, 인프라 섹터 펀드 등으로 다변화하는 것이 수익성과 리스트 관리에 효과적이다. 위 포트폴리오의 경우 연봉 대비 지출이 높고 보험과 청약 통장 비율이 지나치게 높은 것이 특징. 더불어 용돈이 높게 책정된 것으로 보아 신상품이 나올 때마다 여러 개의 카드로 긁은 흔적을 엿볼 수 있다. 카드 사용을 할 때는 얼마나 지출을 하는지 바로 감이 오지 않기 때문에 충동구매와 과소비를 불러일으킬 수 있다. 카드 대신 체크카드와 현금을 사용하는 습관이 절실하다.

그 외 용돈은 60~70만 원 선으로 줄이고, 적금 및 펀드 비율을 80만 원

선으로 끌어올려야 목돈 마련이 가능하다. 또한 20대 중후반이라면 보장성 보험은 생명보험과 손해보험을 합해 15만 원을 넘지 않도록 조정할 필요가 있다. 청약 통장 역시 불입 금액이 높은 편. 청약 통장은 타 상품에 비해 이율이 낮기 때문에 5만 원 정도의 최소 금액만 불입하다가 구체적인 청약 시기가 정해졌을 때 거치식으로 목돈을 넣는 것이 청약 우선순위를 유지하면서도 전략적인 재테크를 할 수 있는 방법이다.

  한창 자기 계발에 몰두해야 할 시기이긴 하지만 한 달에 40만 원은 과한 편이다. 대학원 진학 등 차후 자기 계발을 위한 목돈이 필요할 수도 있으니 20만 원 대로 줄이는 것이 현명하다.

서른 살의 노후 대책

가끔씩 만나 담소를 나누는 K 언니는 잘나가는 골드미스다. 이동통신사 과장인 그녀의 연봉은 대략 7천만 원. 게다가 부모  님이 마련해준 27평 아파트와 고급 세단 자동차까지 보유하고 있다. 누가 봐도 서른다섯 살 미혼 여성의 경제력치고 충분히 풍족한 상황이다. 그 때문일까? 그녀는 삶을 즐기는 데 인색하지 않다. 자신뿐만 아니라 친구, 후배들에게까지도 후덕하다.

"또 먹고 싶은 건 없니? 더 시켜. 내가 부양할 가족이 있니, 교육시킬 자식새끼가 있니. 나 하나 잘 먹고 잘 살면 되는 상팔자니까 먹고 싶은 거 있으면 다 시켜봐."

싱글인 그녀는 소비에 인색하지 않고 저축엔 별다른 관심이 없는 듯했다. 허리띠를 졸라 매고 살아야 할 이유나 목표가 없으니 자신에 대한 투자가 우선시되는 건 당연한 일일 것이다.

"앞으로 20년은 더 일할 거야. 그럼 퇴직금이 얼마니? 집 있고 빚 없는데 무슨 걱정이야."

하지만 정말 인생이 그녀가 말하는 대로만 흘러갈까? 싱글 라이프를 계획하고 있다면, 혹은 어쩌다 보니 평생 혼자 살아가야 하는 상황에 놓였다면 철저히 노후 준비를 해야 한다. K 씨처럼 혼자 사는데 무슨 돈 들어갈 게 많으냐며 니나노를 불렀다가는 어느 순간 축의금이 부담돼 지인의 결혼식에도 얼굴을 내밀 수 없는 처참한 노년을 맞이할지도 모른다.

야속하게 들리겠지만, 혼자 사는 여자들은 기댈 언덕이 없다. 노년을 보상해줄 자식도 없고, 생활비를 의지할 남편도 없다. 갑작스런 해고 통지를 받아도, 예기치 못한 회사의 부도 소식에도, 몸이 죽도록 아파도 잠시 쉬어갈 수 없다. 어느 순간 자아 성취를 위한 일이 아니라 생계를 위한 일로 전락할 수 있는 불안정한 환경에 놓여 있기 때문이다.

최근 통계청 자료에 의하면 현재 1970년생의 경우 남성의 기대 수명은 77.1세이고 여성의 기대 수명은 83.5세라고 한다. 같은 연령이라면 여성이 남성보다 평균적으로 6.4세를 더 산다는 것이고, 기혼 여성들도 10년 정도를 혼자 살아야 한다는 것이다. 하물며 싱글 여성의 경우는 어떠할까? 퇴직 후 30년 정도를 별다른 수입 없이 혼자 살아야 하니 얼마나 많은 노후 자금이 필요할지 감이 올 터이다.

"다달이 국민연금을 내고 있는데 또 무슨 노후 대비가 필요하다는 거니?"

평균 수명이 긴 여자는 노후 대비에 더욱 만전을 기울여야 하고, 혼자 사는 여자일수록 더더욱 노후 대비에 관심을 가져야 한다는 말에 K 언니의 목소리가 높아졌다. 퇴직금 나오고 국민연금도 다달이 탈 테고 부동산도

있는데 자꾸 불안감을 가중시키지 말란 표정이었다. 하지만 현재 연금 재원은 향후 부족한 실정이 예상되는 상황으로, 지금의 30대가 연금을 탈 무렵에는 보험료는 많이 내고 연금은 적게 받는 불리한 구조로 바뀔 확률이 높다. 따라서 국민연금에만 의존할 것이 아니라 스스로 자구책을 갖는 노력이 필요하다.

"그래서 어떻게 하란 말인데?"

뚱한 표정으로 그녀가 물었다.

"개인연금을 들어야지. 죽을 때까지 탈 수 있는 거 말이야."

"개인연금? 다른 사람들은 다 드니?"

개인연금 중에 사망할 때까지 연금이 나오는 상품은 생명보험회사의 연금 상품이 유일하다. 적립 기간 동안 꾸준히 불입하여 연금 지급 시기까지 연체 없이 유지하면 일정액의 연금이 지급된다. 더욱이 보험회사에서 운영하는 연금 상품 중에는 펀드나 채권 등에 투자해 그 실적에 따라 연금액이 달라지는 변액연금 상품이 있어 수십 년 뒤에 일어날 인플레이션에 따른 화폐가치의 하락을 예방할 수 있다. 일반적인 금리 상품은 그때그때 금리에 맞춘 변동 금리를 적용 받기 때문에 보험회사의 연금과는 차이가 있다.

하지만 다달이 얼마씩 불입할 것인가는 누구도 조언해줄 수 없는 문제다. 자신의 라이프 플랜에 비추어 구체적으로 따져봐야 실질적인 노후 생활비를 예상할 수 있기 때문이다.

"난 50세에 퇴직해서 화가로 제2의 인생을 설계할 계획이야. 멋지지 않니? 우아하게 그림 그리고 전시회도 열면서 여유로운 노년을 보낼 거야."

일반적인 중산층의 노부부를 기준으로 한 달 기본 생활비는 2백만 원 남짓이다. 한 경제 신문에 따르면 노후 생활의 유형은 '기본형', '여가형', '복지형', '상속형' 등으로 나뉘는데, 이들 유형 중 대부분을 차지하는 기본형을 살펴보면 다음과 같다. 관리비, 가스비, 수도세, 전기세, 재산세 등을 포함해 150만 원, 경조사비는 20만 원, 이 밖에 의료비 20만 원, 자동차세와 유류비 30만 원을 포함하면 월평균 220만 원의 생활비가 필요하다. 그러나 그녀처럼 화가로서 제2의 인생을 설계할 계획이라면 얘기는 달라진다. 그녀가 꿈꾸는 우아한 노후를 보내기 위해서는 매달 얼마나 저축을 해야 하는 걸까?

《내 통장 사용 설명서》의 저자가 제시하는 노후 예상 월 생활비 표에 따르면, 연평균 물가 상승률(4.5%)과 연평균 수익률(6%)을 포함하여 계산할 때 지금부터 25년 동안 매월 불입하고 65세부터 지급 받을 수 있는 연금액은 아래와 같다.

노후 예상 월 생활비와 미래 화폐가치에 따른 현재의 월 적립액

현재 가치	150만 원	200만 원	250만 원	300만 원
30년 후 미래 화폐가치	561만 7977원	749만 636원	936만 3295원	1123만 5954원
월 적립액	약 160만 원	약 231만 원	약 266만 원	약 319만 원

즉, 현재 가치로 150만 원의 금액을 25년 뒤부터 계속 타기 위해서는 매달 160만 원의 돈을 내야 한다는 것이다. 160만 원이라니, 웬만한 20대 직장인들의 세후 월급이 아닌가. 게다가 인생 후반기엔 화가가 되어 전시회를 열겠다는 K 언니의 경우에는 매달 319만 원을 불입해야 3백만 원 남짓

한 연금을 받을 수 있다는 얘기가 된다. 하지만 일찍부터 포기하지는 말자. 우선 이 시뮬레이션은 과거 20~30년간의 평균 물가를 반영하여 계산한 것으로, 현재 물가 상승률보다 상당히 높게 측정되어 있고 추후 낮아질 가능성을 반영하지 않았다는 한계점이 있으니 약간의 과장이 덧붙여 있다고 봐도 좋다.

더군다나 노후 관리가 개인연금으로만 운영되는 것은 아니다. 개인연금 이외에도 국민연금, 주택연금, 퇴직연금 등이 있으니 미리 겁먹을 필요는 없다. 특히 매달 월급 중 일부로 납부하고 있는 퇴직연금은 훗날 연금 형식이나 일시금 형식으로 선택해 받을 수 있다. 평균 기대 수익률 6%를 적용해보면, 20년 통상 평균 연봉이 4천5백만 원인 직장인이 매달 30만 원 남짓의 연금을 불입할 경우 65세 이후부터는 매달 100만 원가량의 돈을 받을 수 있다.

살고 있는 주택을 은행에 담보로 제공하여 사망할 때까지 매월 연금을 받을 수 있는 주택연금도 노후를 준비할 수 있는 수단 중 하나이다. 일종의 역모기지론인 셈인데, 예를 들어 현재 4억 원 가치의 아파트를 담보로 65세 시점에 주택연금을 신청하면 매월 115만 원가량의 연금을 사망 시까지 받을 수 있다.

지금 당장은 올 시즌 유행할 명품 가방 장만에만 열을 올리겠지만 계속 가방과 신발에만 중독되어 살아갈 경우 머지않은 미래에 변변한 옷가지 하나 사기 힘든 어려운 상황에 봉착할 수 있다. 상상해보시라! 얼굴에 깊은 주름이 파인 노년의 여자가 한 끼 식사를 해결하기 위해 무료 급식소를 전전하는 모습을. 돈은 수익률과의 싸움이자 시간과의 경쟁이다. 노후 대비에 착수하는 시간이 빠르면 빠를수록 진정한 인생의 풍요를 맛볼 수 있다. 인생은 장기전이란 사실, 다들 명심하자!

| Tip. 연금 계약 시 '반드시' 따져봐야 할 것들 |

◐◐ 연금은 강제 저축이 가능한 상품으로 든다

중간에 해약하면 큰 손해를 보는 상품으로 가입해야 장기적으로 유지할 수 있다. 쉽게 해약할 수 있는 상품에 가입하면 다른 용도로 쓰게 될 가능성이 있어 자칫 노후 준비가 허술해질 수 있다.

◐◐ 지금 당장 납입을 시작한다

20~30대에 매달 10만 원씩 납입하는 건 마음먹기 나름이지만 노후가 코앞으로 다가온 50대에 100만 원씩 납입하기란 손발 떨리는 큰 부담이다. 바로 이것이 일찍부터 노후 준비를 해야 하는 진짜 이유이다.

◐◐ 생명보험회사의 변액연금을 눈여겨본다

변액연금은 가입 시점의 평균 수명을 고려해 보험료를 지급하기 때문에 다른 어떤 연금보다 수령하는 연금액이 많다. 반면 변액유니버셜 보험은 노후 대비보다는 교육비 등 장기 목돈 자금으로 이용하는 것이 더 좋다. 단, 기억해야 할 것은 변액연금이든 변액유니버셜 보험이든 오랫동안 당신의 자신을 관리해줄 수 있는 전문 설계사로부터 들어야 한다. 몇 달 하다 관둘 뜨내기를 통해서는 절대 가입하지 말 것

나, 집 있는 여자예요

"저 이번에 집 샀어요. 축하해 주세요."

사교 모임에서 만나 몇 년간 알고 지낸 알뜰녀 J 씨. 지난해 연말, 한 해를 보내며 각자 아쉬움을 전하던 시간 그녀는 난데없이 "집 샀어요!"를 외쳤다.

'뭐라? 집을 사?'

그녀와 나는 겨우 한 살 차이가 나는 친구 같은 관계다. 비록 나도 결혼 전 모아놓은 비자금이 꽤 있긴 했지만 '천장 뚫고 하이킥'을 하던 집값을 따라잡기엔 역부족이었다. 그런데 나보다 사회생활 입문도 늦은 그녀가 집을 샀단다. 칭찬 일색인 분위기 속에서 나는 용기를 내 물었다. 대체 어떻게 집을 샀느냐고 말이다.

"부동산 정보를 주고받는 모임에 가입해서 활동하고 있었는데, 9호선이 생긴다는 정보를 미리 접수하고 재개발 계획이 있는 동작구에 작은 빌라를 샀어요. 대출 끼고 산 거예요. 별거 아니에요."

순간 내 머릿속은 백지장이 됐다. 마지막 뉴타운 지역으로 결정된 동작구가 아니던가. 빌라라면 거의 100% 재개발 대상일 텐데, 도대체 얼마가 남는 장사란 말인가!

그날 밤 나는 잠을 설쳤다. 일하랴, 공부하랴, 연애하랴, 몸이 세 개라도 부족하다며 집 살 생각은 꿈조차 꾸지 못했던 내가 한심해서, 고급 정보에 발 빠르게 움직인 그녀의 뚝심이 부러워서, '집 있는 여자'라는 타이틀이 너무나도 샘이 나서 말이다.

아직도 상당수의 여자들이 집은 결혼 후에나 장만하는 것이라고 착각하며 산다. 결혼 전엔 부모님 집에서 '기생'하거나 전세나 월세로 얻은 작은 오피스텔에서 생활하는 게 정석이라고 믿으며 말이다. 하지만 진정한 경제 자립의 상징이자 노후 대비의 기틀까지 잡을 수 있는 주택 마련이야말로 인생을 뒤흔들 만한 재테크다.

《여자, 결혼은 안 해도 집은 사라》의 저자 천 명은 여자에게 주택 마련이란 '안전'과 '경제적 독립', '노후'라는 세 마리 토끼를 안겨주는 것이라며 내 집 마련에 대해 관심을 갖지 않는 것은 '자신의 인생을 책임지지 않는 것과 같다'고까지 말했다. 지금까지 '집은 결혼 후에나 사는 것' 혹은 '집은 남자가 장만하는 것'이라고 생각했다면 이제부터 정신 똑바로 차리자.

'내 집 마련'을 꿈꾼다면 우선 계획부터 세워야 한다. 천 명은 아래 육하원칙인 '5W'를 따져봐야 자신에게 꼭 맞는 집을 계획할 수 있다고 조언한다.

- Who: 누구를 위한 집인가?
- Why: 왜 집을 사야 하는가?
- Where: 어디에 사야 할까?
- What: 어떤 집을 살까?
- When: 내 집 마련에 가장 적절한 타이밍은?

그녀의 조언대로 육하원칙에 따라 하나씩 짚어보도록 하자.

Who, 누구를 위한 집인가? & Why, 왜 집을 사야 하는가?

'누구를 위한 집인가'와 '왜 집을 사야 하는가'의 문제는 주택 마련의 목적을 묻는 질문이다. 따라서 집을 살 때는 먼저 본인이 직접 거주할 집인지, 아니면 노후나 결혼 준비 등을 위해 투자 개념으로 마련하는 것인지 결정해야 한다. 집을 사는 목적에 따라 집의 형태도 달라지기 때문이다.

Where, 어디에 사야 할까?

집을 장만하는 목적이 뚜렷해졌다면 이제 지역을 선택할 차례. 분당구, 양천구, 강서구처럼 구 단위의 큰 지역을 결정한 뒤 구역을 세분화하는 방식으로 최종 투자 지역을 확정하는 것이 요령이다. 물론 세분화된 지역을 선정할 때는 직접 발품을 팔며 현장 답사를 하고 지자체 홈페이지를 통해 지구 단위 계획 등을 확인해야 한다. 이는 투자성이 있는 집을 고르기 위한 기본 중의 기본. 구입한 주택에서 직접 거주할 생각이라면 자신의 생활 반경과 직장과의 통근 거리 등을 고려해 지역을 좁혀가도록 한다.

What, 어떤 집을 살까?

지역을 결정하고 나면 어떤 형태의 집을 마련할 것인지 결정해야 한다. 여러 형태의 주택이 있지만, 여기서는 2030 여성들이 현실적으로 투자 가능한 아파트와 다가구주택을 살펴보도록 하겠다.

● 아파트, 오르는 건 따로 있다

혹자는 아파트로 이사하는 순간 돈이 줄줄 샌다고 한다. 그도 그럴 것이 월세와 맞먹는 관리비를 감당해야 하니 틀린 이야기도 아니다. 하지만 아파트는 여전히 여성들이 가장 선호하는 형태의 주택인 동시에 안정적인 투자 대상이다. 최근에는 부동산 시장의 변화와 공급 증가로 무조건 오른다는 보장이 사라졌으니 될성부른 아파트를 고르는 것이 무엇보다 중요하다. 자산관리사들의 조언을 정리해보면 눈여겨볼 만한 아파트의 조건은 다음과 같다.

첫째, 1천 가구 이상 대단지 아파트를 골라라.
둘째, 역세권 아파트를 골라라.
셋째, 미분양 속 진주를 찾아내라.

아파트는 뭐니 뭐니 해도 규모 싸움이다. 대단지 아파트는 생활 편의 시설도 잘 갖춰져 있고 재개발을 할 경우 집값 상승 폭도 큰 편이다. 하지만 아무리 대단지라 하더라도 도심과 동떨어져 있고 교통이 불편하다면 매력 지수는 급감한다. 역세권 아파트는 거주하기도 용이할 뿐만 아니라 집값도 꾸준히 상승하기 때문에 투자 대상으로 손색이 없다. 자금이 넉넉하다면 명품 브랜드의 대단지 아파트가 최고다. 명품 브랜드 아파트 거주자들

은 생활수준이 높은 편이라 주변에 각종 고급 편의 시설이 갖춰져 있어서 좀처럼 집값이 떨어지지 않는다.

만약 청약 통장도 없고 넉넉한 자금도 없다면 숨어 있는 진주, 미분양 아파트를 노려보자.

"괜히 미분양 되는 줄 알아? 멋모르고 분양 받았다간 고생한다."

미분양 아파트에 관심을 보일 때 가장 많이 듣게 되는 주변 사람들의 반응이다. 하지만 주변 상권이 잘 발달되어 있고 교통이 편리한 곳이라면 전월세 세입자들의 수요가 높아 임대 수익을 노릴 수도 있고 직접 거주하기에도 좋다.

● 임대 수익 쏠쏠한 '다가구주택' 공략

다가구주택은 아파트처럼 큰 시세 차익은 없지만 입지 선정을 비롯해 몇 가지 기준만 잘 준수하면 쏠쏠한 임대 수익을 올릴 수 있다. 아파트 구입 자금으로 다달이 월세를 거둘 수 있는 임대 사업자가 될 수 있다는 말이다. 《세상 모든 왕비를 위한 재테크》의 저자 권선영은 투자 가치가 있는 다가구주택의 조건을 다음과 같이 정리한다.

첫째, 주위 교통 환경이 좋은 집
둘째, 생활 편의 시설이 잘 갖춰진 집
셋째, 재개발 계획이 있는 집
넷째, 대지 지분이 많은 집
다섯째, 주차 공간이 충분한 집

다가구주택을 구입하는 목적은 쏠쏠한 임대 수익인데, 이를 위해서는 세입자들의 니즈를 반영한 주택이어야 한다. 대출까지 끼고 어렵사리 집을 마련했건만 세입자 전환이 잘 이뤄지지 않는다면 골칫덩이로 전락할 수 있기 때문이다. 작은 평수의 여러 가구로 구성되어 있는 다가구주택의 경우 실제 세입자들 대부분이 맞벌이 신혼부부나 싱글 직장인이다. 때문에 교통 편리성이 보장되어야 한다. 지하철역, 버스 정류장이 도보로 15분 거리여야 하고 도로가 인접하여 자동차 접근도 용이해야 한다.

하지만 다가구주택이 아파트에 밀리는 가장 큰 이유는 생활의 불편함 때문이다. 이 단점을 극복하기 위한 방법은 아파트 대단지와 가까이 있는 주택을 고르는 것이다. 아파트 생활 편의 시설을 공유할 수 있기 때문에 전월세 가격 또한 높게 받을 수 있다.

임대 수익뿐만 아니라 시세 차익까지 노리고 싶다면 재개발 계획이 있는지를 꼼꼼히 따져보자. 특히 오래된 다가구주택을 구입할 경우 언제쯤 재개발이 진행되는지 반드시 따져볼 것! 아울러 퇴근 시간마다 주차 공간 확보로 전쟁을 치러야 할지 모르니 주차장 문제 또한 반드시 따져봐야 한다. 주택 앞에 넓은 공원이나 공영 주차장이 있다면 금상첨화다.

> ※ 여기서 잠깐, 알아둘 상식 하나!
>
> '다가구주택'과 '다세대주택'은 다르다. 다가구주택은 주택 1개 동에 여러 가구가 함께 거주하는 형태로 법률상 한 가구로 인정받아 다양한 세제 혜택을 받을 수 있다. 대학가 주변에서 흔히 볼 수 있는 방과 화장실이 딸린 집 형태가 다가구주택이다. 반면 다세대주택은 세대별 구분 소유 및 분양이 가능한 공동주택을 말한다. 방, 부엌, 화장실, 현관을 갖추고 있어야 하고 연립, 빌라가 이에 해당한다.

When, 내 집 마련에 가장 적절한 타이밍은?

"집은 언제 사야 하죠?"

막연히 집 장만을 꿈꾸는 사람들이 가장 많이 하는 질문이다. 답부터 말하자면 '집 장만에 자신감이 생겼을 때' 다. 일정한 종잣돈이 모여 투자에 대한 자신감이 생겼을 때, 학습을 통해 부동산 투자에 대한 자신감이 생겼을 때, 용감하게 저지를 수 있는 자신감이 생겼을 때가 바로 적기라는 얘기. 경제 침체로 인해 무주택자 대부분이 지금은 때가 아니라며 내 집 마련을 미루고 있다면 오히려 기회가 될 수 있다. 공급은 많은데 수요가 없으니 싼 가격으로 장만할 수 있는 최고의 찬스인 것이다.

"집을 진짜 사야겠다 싶으면 구체적인 목표를 세우세요. '○○ 지역 ○○아파트 ○○평형을 얼마의 대출을 받고 사야겠다' 식으로 말이에요. 이렇게 구체적인 목표나 계획을 세웠다면 1년 안에 움직이세요. 그때가 당신의 적기니까요."

닥터 아파트의 한 관계자는 정확한 목표가 설정되고부터 내 집 마련은 빠를수록 좋다고 말한다. 집값의 50% 이상을 보유했다는 가정 하에서 말이다. 첫 집에 대한 기대 수준을 낮추고 3년 뒤 최소한 주택담보대출 이자와 투자한 현금에 대한 이자 이상으로 집값이 오를 거라고 계산한다면 하루라도 빨리 내 집 장만에 열을 올리는 것이 현명하다. 단, 요즘처럼 부동산 하락세가 장기화될 때는 주택담보대출의 비중을 최소화해야 한다.

| Tip. 청약 통장, 느리지만 가장 쉽고 안전한 지름길 |

언젠가 집은 사야겠는데 목돈은 없고 별다른 대응책도 없다면 일단 청약 통장부터 개설하자. 내 집 마련의 자격을 갖추기 위한 첫걸음이기 때문이다. 청약 상품에는 청약저축, 청약부금, 청약예금 세 가지 종류가 있는데, 최근에는 기존 세 가지 통장의 특징을 한데 묶어놓은 '주택청약종합저축' 또한 가입이 가능하다.

○● 청약저축

전용면적 85㎡ 이하의 공영 아파트를 청약할 수 있는 통장이다. 매달 2만 원에서 10만 원 사이의 일정액을 2년간 납부하면 청약이 가능하다. 단, 20세 이상의 무주택 세대주만 가입할 수 있고, 적립 금액이 높을수록 유리하다.

○● 청약부금

만 20세 이상의 개인이면 가입이 가능하며 85㎡ 이하의 민영 아파트를 청약할 수 있다. 3년에서 5년간 매달 자유롭게 납입하면 된다.

●● 청약예금

만 20세 미만의 개인이 일정 금액을 1년마다 예치하면 민영 아파트를 청약할 수 있다. 청약예금은 지역이나 평형별로 예치 금액이 다르기 때문에 원하는 지역과 평형에 맞춰 예치해야 한다.

●● 주택청약종합저축

만능 청약 통장으로 불리는 주택청약종합저축은 기존의 청약저축, 청약부금, 청약예금의 기능을 하나로 합친 상품으로, 매월 약정한 날짜에 정해진 횟수를 납입할 경우 평수와 상관없이 공영, 민영 아파트를 청약할 수 있다. 청약 자격 요건은 위 세 가지 청약 상품의 요건과 같다.

즉, 85㎡ 이하의 공영 아파트를 청약하려는 무주택자는 청약저축 요건을, 85㎡ 이하의 민영 아파트를 청약하려면 청약부금 요건을, 이미 주택이 있고 평형을 자유롭게 선택하고자 한다면 청약예금 요건을 충족해야 한다.

세상에서 가장 쉬운 일상 재테크

앞서 고백했듯 나는 재테크에 대해 논하기에는 부족함이 많다. 하지만 한 가지 자신 있는 분야가 있으니, 그것은 바로 일상 속에서 알뜰살뜰 실천하는 재테크다. 비록 금융 지식과 경제 상식은 좀 떨어지지만 나름의 센스와 경험을 활용해 지출은 최소화하되 하고 싶은 것, 사고 싶은 것들을 하나씩 해나가고 있다. 줄줄 새는 돈만 막아도 먹고 싶은 커피며 사고 싶은 가방을 큰 부담 없이 장만할 수 있다고 깨달았기 때문이다. 요즘처럼 스스로에게 아낌없는 투자를 하는 시대에 쓸 때 쓰고 아낄 때 아끼는 여자가 진정한 재테크족이 아닐까? 선택과 집중으로 '엣지 있는 소비자'로서 명성(?)을 떨치고 있는 나만의 노하우에 대해 살짝 공개하도록 하겠다.

여우처럼 병원비 굳히기 (피부과·보험)

"승희야, 피부 관리 받으러 언제 갈 거야? 나랑 같이 가자!"

서른 무렵이 되고부터 아낌없이 지출하고 있는 부분 중 하나는 피부에 대한 투자다. 20대에는 타고난 피부로 버틸 수 있었지만, 최근엔 '시간 앞에 장사 없다'는 옛말을 실감하고 있기 때문이다. 하지만 아무리 나를 위한 투자라고 해도 지갑을 열 때마다 손이 떨리는 건 어쩔 수가 없다. 가벼운 레이저 시술 하나에도 수십만 원의 비용이 청구되니 말이다. 그러나 여기에도 방법이 있으니, 그것은 바로 병원 VIP 회원과 동행하기!

피부과, 성형외과, 치과처럼 고액의 치료비가 드는 병원들은 대부분 상담 실장을 따로 두고 있다. 가격을 조정하고, 환자에게 맞는 프로그램을 추천하기 위해서다. 오랫동안 병원을 드나들며 상담 실장과 친분을 쌓은 사람이라면 상담 실장의 권한으로 30% 이상 할인 받는 것이 가능하다.

"실장님! 이 친구도 저랑 같은 가격으로 해주세요. 가장 친한 친구거든요."

이처럼 VIP 회원과 동행하면 비슷한 할인율을 어렵지 않게 적용 받을 수 있다. 게다가 병원장과 특별히 가까운 관계라면 할인율은 더욱 커진다. 따라서 원하는 시술이나 진료 과목이 있다면 무턱대고 병원으로 향할 것이 아니라 주변 사람들 중 병원 관계자와 특별한 관계를 맺고 있는 사람이 없는지 수소문하도록!

만일 민영보험에 가입한 경우 병원 진료 전 자신이 가입한 보험회사의 홈페이지에 들어가 상품에 대해 구체적으로 확인해보자. 특히 산부인과 진료의 경우 각 보험 상품마다 다양한 혜택을 지원하고 있어 적잖은 도움을 받을 수 있다. 예를 들어 출산 시 제왕절개수술을 받았다면 일정한 금액이 지원되고, 부인과 질환으로 수술을 받았을 경우에도 위로금 명목의 지정 금액이 지급된다. 단, 담당 의사의 수술 확인서와 보험회사가 요구하는 몇 가지 서류를 제출해야 한다.

쇼핑, 깐깐하고 알뜰하게 즐기기

가끔씩 쇼핑이 망설여지는 이유 중 하나는 판매자와의 기 싸움 때문이다. 특히 고급 쇼핑몰이나 백화점에서 물건을 구입할 때면 괜스레 주눅이 들어 충동적으로 물건을 구입하고는 후회한 적이 한두 번이 아니다.

"고객님, 이 제품이 시즌 상품인 건 알고 계시죠? 워낙 클래식한 데다 가격도 훌륭해서 대부분의 매장에서는 품절된 상태예요. 고객님은 아주 운이 좋으세요!"

며칠 전에도 똑같은 실수를 저지르고 말았다. 막연히 구입하고 싶었던 고가의 A 만년필. 윈도쇼핑이나 할 요량으로 백화점 매장에 들렀다가 '두 번 다시 만나기 힘든 세일 행사'라는 말에 덜컥 구입해버렸다. 매끈하게 잘빠진 그립(grip)감과 디자인에 흥분한 것도 잠시, 초조한 갈등이 밀려왔다.

"으! 머리 아프다. 좋은 가격에 잘 산 걸까? 꼭 지금 구입해야 했던 걸까?"

쇼핑 후 '정말 탁월한 선택이었어!'라고 환호하려

면 두 가지 원칙을 지켜야 한다. 첫째, 판매자만큼 해당 제품에 대한 폭넓은 이해와 지식을 갖출 것. 둘째, 절대 판매자와 수다를 떨지 말 것. 마음에도 없는 물건을 강매 비슷한 분위기에 휩쓸려 구입하게 되는 이유는 소심하게 제품에 대해 찔러보다가 현란한 판매자의 말솜씨에 넘어갔거나 판매자와 별의별 수다를 떨고 자리에서 일어나려 할 때 괜히 미안함을 느꼈기 때문이다.

제품에 관해 해박한 지식을 갖추고 있거나 조용히 제품을 감상하며 필요한 질문만 건네는 고객은 누구도 쉽게 유혹하지 못한다. 당신 스스로 먼저 지갑을 열기 전까진 말이다.

된장녀의 똑 소리 나는 명품 재테크

"이번에 B 브랜드 가방 70% 세일한대. 우리 내일 점심시간에 다녀오자."

가끔씩 입이 쩍 벌어질 만큼 운 좋은 기회를 접하게 된다. 그것은 다름 아닌 명품 폭탄 세일 정보. 모조품이 아니고서야 어떻게 70% 세일이 가능할까 싶지만 실제로 가능한 일이다. 국내에 들어오는 상당수의 명품 브랜드들은 자신들을 홍보할 명품 전문 홍보 에이전시를 찾아 잡지 촬영, TV 협찬 등을 진행한다. 때문에 신상품 중 일정한 비율을 상품 홍보에 필요한 물품으로 빼놓은 뒤 한 시즌이 지나면 광고 촬영에 사용됐던 물품을 70% 이상 할인하여 판매하는 것이다. 3백만 원짜리 소가죽 가방도 90만 원에 구입할 수 있는 것.

하지만 이런 제품들은 에이전시 직원이나 가족, 친구들에게만 오픈되고 끝나는 경우가 많기 때문에 좋아하는 브랜드가 있다면 사전에 해당 매장에 문의하여 샘플 세일 기간을 확인해보는 노력이 필요하다. 예를 들어 루이비통에 버금가는 마크제이콥스의 경우 1년에 한두 번 VIP 회원들에 한해 샘플 세일에 참여할 기회를 준다. 한 시즌 동안 샘플로 전시된 상품이나 한 시즌이 지난 상품들을 40~50% 할인된 가격으로 판매하는 것. 단, VIP 회원이 되려면 1년 동안 일정한 금액 이상을 구입해야 하기 때문에 주변에 언제 샘플 세일을 시작하는지 문의한 뒤 이 브랜드 VIP 회원을 수소문해야 구입이 가능하다. 잡지사나 명품 홍보 에이전시에 다니는 친구가 있다면 자세히 물어보도록!

  광고 촬영으로 사용된 명품 가방들은 신제품과 다름없이 깨끗이 보관이 잘되어서 구입 후 중고 명품 숍에 판매해도 20~40%의 차액을 남길 수 있다. 실제로 내가 아는 한 친구는 대부분의 모든 명품을 이 같은 루트로 구입해 서너 번 착용한 뒤 중고 명품 숍에 판매한다.

핸드폰 요금을 반으로 줄이는 비결

  줄줄 새고 있는 핸드폰 요금만 줄여도 상당한 폰테크가 된다. 핸드폰 요금은 크게 기본요금, 통화료, 부가 서비스, 무선 인터넷 등 네 가지로 구성된다. 이중 가장 큰 비중을 차지하는 것은 기본요금과 통화료. 따라서 폰테크에 성공하기 위해서는 자신에게 맞는 기본 요금제가 무엇인지 똑똑히 알아보고 선택하는 것이 중요하다. 해당 통신사의 홈페이지에 접속해 자신의 통화 습관에 맞는 요금제를 찾아보는 것이 첫 번째 미션이다. 만일 이 작업이 귀찮다면 해당 통신사 상담원에게 자신에게 맞는 요금제를 추천해달라고 하자. 요일별, 시간별, 장소별 기록을 토대로 통화 패

턴에 맞는 상품을 조언해줄 것이다. 단, 추천하는 부가 서비스에 대해서는 객관적으로 검토해볼 것.

통신 상품을 결합해 사용할 경우 할인해주는 서비스가 대세인 만큼 결합 서비스를 활용하는 것도 폰테크에 성공하는 지름길이다. 이밖에 매달 통신 요금을 신용카드로 결제할 경우 카드 종류에 따라 3~10% 할인율을 적용 받을 수 있다.

해외여행 중 로밍 요금 30% 적게 내는 비밀

며칠 전 해외 출장 때문에 로밍을 신청했는데 공항 내 통신 회사 직원이 물었다.

"임대 폰으로 바꿔 가시겠습니까, 자동 로밍으로 출국하시겠습니까?"

나는 임대 폰은 귀찮으니 자동 로밍을 신청하겠다고 대답했다. 하지만 여기서 간과한 점이 있었으니, 그것은 임대 폰에 비해 1.5~2배가량 비싼 자동 로밍 요금이었다. 통신사마다 요금이 다르긴 하지만 장기 여행을 고려하고 있거나 통화량이 많다면 임대 폰으로 꼭 바꿔 가기를 권한다. 반면 전화 통화보다 문자 서비스를 주로 이용한다면 자동 로밍 제도를 활용하는 것이 유리하다. 문자는 모든 통신사가 어디서나 한 건당 3백 원을 적용하기 때문이다. 만일 개발도상국처럼 통화 상태가 좋지 않은 국가에서 체류한 경우 요금이 청구된 후 통신사에 전화를 걸어 서비스 상태가 좋지 않았던 점, 너무 많은 비용이 청구된 점을 항의하면 30% 이상 할인된 금액으로 다시 청구서를 받아볼 수 있다. 이것이 바로 아무도 알려주지 않는 로밍 요금 적게 내는 시크릿 노하우!

부담 백배 세탁비, 반값으로 줄이기

정장 한 벌을 기준으로 할 때 드라이클리닝 비용이 7천 원에서 1만 원 선이니, 겨울 코트 열 벌이면 10만 원 정도의 지출이 발생한다. 그뿐인가. 땀이 많이 나는 여름철에는 수시로 드라이클리닝을 해야 하고, 모피와 같은 고급 의류의 세탁비는 한 벌에 5만 원 이상이다. 꼬질꼬질한 옷들을 그냥 옷장에 넣어둘 수도 없고, 모두 세탁소로 보내자니 이번 달 생활비에 비상이 걸린다. 해결책은 없을까? 다음 세 가지를 준비한다면 해법은 있다!

★ 준비물: 페브리즈, 쌀뜨물, 울샴푸, 홈드라이

얼룩처럼 강력한 오염이 아니라면 집에서도 어느 정도 해결할 수 있다. 부드러운 재질의 울 제품은 찬물에 울샴푸를 풀어서 세탁기의 울 코스로 약하게 돌려보자. 뜨거운 물은 절대 사용 금지! 줄어든 옷 때문에 가슴을 치며 후회할 수도 있다.

약간의 땀 냄새가 나는 두꺼운 옷들은 바로 세탁소로 보내지 말고 페브리즈와 같은 섬유 탈취제를 뿌려 몇 번 더 입는 것이 좋다.

각종 음식 냄새나 담배 냄새가 밴 옷이라면 통풍이 잘되는 곳에 하루 이틀 걸어두고 냄새를 뺀 후 섬유 탈취제를 뿌리면 감쪽같다. 반면 땀으로 인해 누렇게 변한 옷에는 쌀뜨물이 특효. 쌀뜨물에 담가 주물주물 문질러 헹궈주면 윤이 나면서도 하얗게 세탁된다.

드라이클리닝이 필요한 트렌치코트, 시폰 소재 원피스의 경우에도 홈드라이 세재를 이용해 집에서 세탁할 수 있다. 오염이 심한 부분에 세제 원액을 발라놓은 뒤 세제를 섞은 물에 10분간 담궈 주물주물 빨면 된다. 단, 수축 방지를 위해 찬물만 이용할 것. 고가의 실크·가죽 류는 전문 드라이클리닝이 필요하다.

Chapter 6

우먼's 에티켓 & 매너
Etiquette & Manner

술 한잔, 나쁜 추억 세 조각

내게는 생각만 해도 얼굴이 화끈거리는 기억이 있다. 벌써 10년이나 지난 사건이건만 지우고픈 그 기억들은 아무 예고도 없이 나를 찾곤 한다.

직장 생활을 막 시작했을 무렵 오랜만에 고교 동창회가 열렸다. 나는 간만의 동문회 소식을 듣고는 그날의 의상부터 헤어스타일, 메이크업까지 적잖이 신경을 썼다. 시폰 원피스에 에나멜 구두로 코디를 하고, 평소 잘하지 않던 핑크빛 볼터치까지 더했다. 잔뜩 멋을 내고 나간 동창회 자리에는 오랜만에 만나는 반가운 얼굴들이 가득했다. 국내 굴지의 기업에 취직을 한 친구부터 얼마 전 의사 고시에 합격한 친구, 막 인쇄된 따끈한 청첩장을 전하는 친구, 대학원에 진학한 친구까지, 그간의 세월만큼 많은 소식과 이야기를 접할 수 있었다. 나는 오랜만에 만난 친구들이 반가워서 한 잔, 좋은 일에 축하하느라 한 잔, 그간 못다 한 수다를 떠느라 또 한 잔, 그렇게 홍

에 겨워 술잔을 연신 들이켰다.

얼마나 지났을까? 문득 정신을 차렸을 때 나는 술집의 허름한 화장실 변기를 붙잡고 쓰러져 있었다. 샤방샤방했던 원피스는 쉽사리 지워지지 않는 오물들로 더러워져 있었고, 공들여 손질한 머리는 산발이 돼 헝클어져 있었다. 추잡스럽게 번진 화장은 물론, 그야말로 '떡실신녀'가 따로 없었다.

"재은아! 괜찮아? 아까 엄청 토하던데."
"잘 마시지도 못하는 술을 왜 그렇게 마셨니? 쯧쯧쯧……."

비틀거리며 술집으로 다시 들어가자 친구들은 엉망이 된 내 모습을 비아냥거리듯 말했다. 고교 졸업 후 어엿한 사회인이 되어 만난 첫 모임이었건만, 어쩌면 그토록 깔끔한 이미지를 선사할 수 있단 말인가! 이후 나는 한동안 동창회에 참석하지 않았다.

술에 취해 비틀거리며 길을 걷는 여자만큼 한심한 사람도 없다. 만취 상태로 소리를 지르며 옆 사람을 난처하게 하는 여자만큼 짜증나는 사람도 없다. 주량도 모른 채 마신 술 때문에 밤새 구토를 하는 여자만큼 가엾은 사람도 없다. 평소 아무리 깔끔하고 세련된 이미지를 구사한들 술만 먹으면 '떡실신녀'로 변하는 여자만큼 정 떨어지는 사람도 없다. 결혼까지 생각했던 남자에게 한순간 이별을 통보 받았다면, 그렇게 예뻐해주던 남자친구가 갑자기 태도를 달리했다면 술 한잔에 나쁜 추억 세 조각을 선사하지는 않았는지 돌아보자. 술에 취해 헝클어진 모습에 너그러운 남자는 그 어디에도 없다.

술 때문에 망가지는 관계는 비단 남녀뿐만이 아니다. 한순간 방심하며 마신 술 때문에 둘도 없이 친하게 지내던 동료, 그토록 다정히 지내던 선후배와도 어색하고 불편한 관계가 되기 일쑤다.

직장 동료로 인연을 맺은 J 씨. 그녀는 예의 바르고 싹싹하고 호감 가는 여자였다. 또래였던 그녀와 나는 종종 함께 차를 마시며 싱글 여성으로서의 삶을 함께 나누곤 했다. 그러던 어느 날 회식 자리. 그녀와 나는 텔레파시라도 통한 듯 옆자리에 앉아 함께 술잔을 기울였다. 그리고 잠시 후, 조금씩 취기가 올라올 무렵이었다.

"당신 그렇게 살면 안 돼! 내가 지난번에 대신 당직 좀 서달라고 했는데 어떻게 거절을 할 수가 있어? 내가 그렇게 만만해?"

"그땐 선약이 있어서 어쩔 수 없다고 말했잖아요."

"됐고! 이 치사한 인간, 다신 그런 부탁 안 한다!"

그녀는 눈이 반쯤 풀린 상태로 내게 반말을 찍찍 내뱉기 시작했고, 그간의 서운함과 불만을 모조리 풀어놓았다. 아무리 취했기로서니 상대방에 대한 예의도 없이 반말로 쏟아내는 말들에 나 역시 기분이 상했다.

"그만 마시는 게 좋겠어요."

"왜, 듣기 싫어? 싫으면 승진해서 내 상사 하든가!"

이쯤 되면 정말 막가자는 거였다. 결국 내 인내심도 한계에 이르러 그 자리를 박차고 나올 수밖에 없었다. 기분 좋게 웃고 떠들던 자리가 그녀의 술주정으로 인해 한순간 썰렁해진 것이었다. 그날 이후 우리는 더할 나위 없이 서먹해졌다. 그녀는 '그날 일은 모두 잊어달라'는 눈빛을 애처롭게 보냈지만 이미 쏟아낸 말들은 다시 주워 담을 수 없었고, 이미 상할 대로 상한 내 감정도 쉽사리 회복되지 않았다.

많은 사람들이 해서는 안 되는 말들을 술김에 내뱉는다. 상대방의 기분을 다치게 하고, 그 말 때문에 크고 작은 다툼이 일어나기도 한다. 훗날 본인은 술김에 한 행동이라며 용서를 구할 테지만 다른 사람들은 술에 취해 행패를 부리는 모습을 괘씸히 여긴다. 제정신에 하지 못하는 말을 술김에 하는 것은 비겁해 보이기 때문이다. 미처 알지 못했던 그 사람 안의 숨어 있는 다른 모습을 발견한 듯 거리를 두며 그간 쌓은 관계를 부정하기도 한다. 말로는 괜찮다 해도, 누구나 하는 실수라고 허허 웃어도 당신을 '신뢰하기 힘든 사람'으로 인식하는 것이다.

언제부터인가 술에 취해 잦은 실수를 범하고 있다면, 습관적으로 술의 힘을 빌리고 있다면 금주를 선언해야 할 때다. 만만하고 우스운 여자로 전락하고 싶지 않다면 술 한잔에 너무 많은 것들을 잃는 우를 범하지 말자. 올바른 음주 매너야말로 위기의 순간에 당신을 아름답게 지켜줄 수 있는 힘일지니!

| Tip. '제대로' 취하는 똑똑한 노하우 |

◉◉ 의외의 효자, 사탕과 초콜릿

빈속에 알코올 농도가 높은 술을 마시면 자신도 모르게 취하기 마련이다. 어쩔 수 없이 참석해야 하는 술자리가 있다면 30분 전에 숙취 해소 드링크나 우유, 겔포스 등을 마셔서 위를 보호하는 게 현명하다. 또한 사탕이나 초콜릿 등 단 음식을 미리 먹어 두면 포도당 소모를 대비하기 때문에 간을 보호할 수 있다.

◉◉ 기분 나쁜 일, 슬픈 일이 있을 때는 술자리를 자제한다

감정이 악화된 상태에서 술을 마시면 자기 기분에 빠져 주량을 잊을 뿐 아니라 신세 한탄이나 상대방을 비방하는 언어를 구사할 확률이 높다.

◉◉ 술주정이 생겼다면 당분간 금주!

술은 마시는 만큼 늘게 되어 있다. 술김에 하는 실수가 점점 늘어난다면 당분간 금주하도록 하자. 한동안 술을 끊으면 주량이 다시금 줄어들 것이다.

◉◉ 술은 좋은 사람들과 마신다

술은 대화를 많이 나눌 수 있는 사람들과 마셔라. 기분 좋은 대화와 웃음 속에서 술을 마시면 긍정적인 에너지가 풍겨 나와 기분 좋을 정도로만 취하게 된다. 억지로 술을 권하는 사람들과의 술자리는 되도록 피하자.

◐◑ 한 가지 종류의 술을 선택하라

술을 마시다 정신을 잃은 경우를 돌아보면 여러 종류의 술을 섞어 마셨거나 급하게 들이켠 경우가 대부분이다. 가장 즐겨 마시는 술을 하나만 선택해 천천히 마시도록 한다.

◐◑ 이왕이면 와인!

와인은 우아함을 지키며 마셔야 하는 술로 '부어라, 마셔라' 할 수 없는 종목이다. 때문에 '마시고 죽자' 식의 무거운 술자리로 변질될 염려가 적다. 피할 수 없는 술자리라면 되도록 와인을 마시도록 하자.

오늘은 내가 살게요

"영화표는 내가 샀다, 팝콘 값은 니가 내라! 니가 내라, 니가 내라, 영화표가 더 비싸다! 팝콘 값도 내가 냈다, 집에 갈 땐 혼자 가라! 혼자 가라, 혼자 가라, 우리 엄마 기다린다! 니 생일엔 명품 가방, 내 생일엔 십자수냐! 정성 따윈 필요 없다, 같은 가격 선물해라!"

_〈개그 콘서트〉 '남성인권보장위원회(남보원)' 中

좋은 사람들과 함께 나누는 맛있는 식사는 바쁜 일상 속의 달콤한 휴식과도 같다. 특히 날씨가 화창한 날에는 지인들과 야외 테라스에 앉아 진한 크림 스파게티와 짭조름한 피자를 곁들여 먹으면 더없이 행복하다. 하지만 그 달콤함도 잠시, 식사 후 돌아오는 계산서는 적잖은 부담이다. 정말 격 없는 친구 사이라면 더치페이를 제안할 수도 있지만, 오랜만에 만난 친구나 후배들에게 밥 한 끼 정도는 베풀어야 할 것 같다. 그렇게 먹고 마신 즐거움의 대가는 우울한 카드 값으로 남곤 한다. 선배니까, 직장 동료니까, 내가 형편이 더 나으니까 등의 이유로 누군가의 식사와 후식비로 들어가는 비용이 상당하니, 이제 더 이상 좋은 사람들과의 맛있는 식사가 달콤하지만은 않다.

"선배! 오늘은 제가 살게요. 지난번에도 선배가 샀잖아요."

무거운 발걸음으로 카운터를 향할 때 '제가 살게요!' 라고 외치는 후배의 말처럼 반가운 것도 없다. 사실, 선배도 가끔은 얻어먹고 싶다. 디저트나 가벼운 맥주 정도는 후배가 샀으면 하는 바람이 드는 게 당연지사. 항상 얻어먹는 것을 당연하게 생각하는 후배는 다시 만나기가 꺼려질 만큼 얄밉다. 빠듯한 월급으로 한 달, 한 달 살아가는 샐러리맨 신세는 선배나 후배나 같은데 말이다. 열 번 양보해서 후배들은 '나중에 돈 많이 벌어서 네가 다 사라'는 심정으로 이해해줄 수도 있다. 하지만 같은 직장 동료이자 비슷한 직급임에도 늘 얻어먹으려는 사람은 정말이지 골칫거리다.

전 직장에서 함께 근무하던 B 씨. 그의 식탐은 놀라울 만큼 지나쳤는데 다른 사람이 무언가 먹고 있는 꼴을 보지 못했다. 어디선가 쏜살같이 달려와서는 입 안에 들어가기 직전의 간식을 빼앗아 먹기 일쑤였고, 회식을 할 때면 자신이 좋아하는 메뉴를 고집하면서 떼를 쓰곤 했다. 만약 자신이 좋아하지 않는 것으로 회식 메뉴가 결정될 경우 미리 전화를 걸어 다른 음식을 주문해놓는 치밀함을 보이기도 했다. 한마디로 먹을 것에 목숨 거는 '비호감' 스타일이었다. 그보다 더 최악인 것은 자기 돈 만 원에 부들부들 떨며 어떻게든 남들에게 빌붙으려고 용쓴다는 점이었다. 하루는 그가 새로 생긴 중국 식당에서 식사를 하자고 졸랐다. 모두들 갖은 핑계를 대며 며칠을 무사히 넘겼지만 결국 그와 동행하게 되었다.

"쩝쩝쩝, 정말 맛있네요. 확실히 화교가 운영하는 곳은 맛이 다르다니까요."

그는 연신 맛있다고 말하며 모든 음식을 비워갔고, 그렇게 우리의 유쾌하지 않은 식사는 후반부를 향해 달려갔다. 식사가 끝난 후 테이블 위로 계산서가 도착하자 누군가 그 계산서를 집어 들었다. 전체 금액을 사람 수만큼 나눠 각자 계산할 생각이었을 것이다. 그런데 그때였다.

"아이쿠, 계산까지 해주시려고 하네. 정말 잘 먹었습니다!"

비호감 B 씨는 계산서를 들고 나가는 동료에게 '잘 먹었다'는 인사를 남기고는 총알처럼 사라졌다. 그가 노래를 부르다시피 졸라서 온 곳이었다. 바쁘다는 사람들을 설득하고 설득해 어쩔 수 없이 동행한 곳이었다. 그런 그가 먹을 걸 해치우고는 도망을 가버린 것이었다. 이쯤 되니 사람들의 짜증도 폭발했다. 이제 더 이상 단순히 '밥 한 끼'의 문제가 아니었다. 그가 사라진 후 남겨진 사람들끼리 대책 회의를 소집했다. 뺀질뺀질 얻어먹기만 하는 얄미운 그를 응징하기 위해서였다.

"정말 너무 어이없지 않아요? 한두 번도 아니고 매번 이게 뭐예요!"

"나는 사실 그 사람하고 밥 먹는 것도 너무 싫거든요. 음식 씹는 소리도 너무 시끄럽고, 엄청난 식탐도 부담스러워 죽겠는데 이렇게 밥만 얻어먹고 내빼다니요!"

"우리가 무슨 봉이에요? 도저히 못 참겠어요. 내일부터 왕따시켜버려요. 눈도 마주치지 말자고요."

공짜 밥 한 끼가 남긴 결말은 혹독했다. 다시는 그가 "같이 밥 먹어요!" 소리를 못하도록 철저히 '왕따'를 시키자는 것. 돈 만 원이면 원만히 해결됐을 일이 조직 내 고립을 자처한 꼴이었다.

사람은 누구나 가끔씩 기분 좋게 대접 받기를 바란다. 선배라고 해서 대

접 받고 싶은 마음이 없는 것도 아니고, 직장 동료라고 해서 늘 더치페이만 하고 싶은 건 아니다. 주거니 받거니, 그렇게 정겹게 사는 것이 사람 사는 재미 아니겠는가. "오늘은 제가 살게요"라는 말을 살갑게 주고받는 동안 정도 싹트고 상대방에 대한 애정도 커지는 법. 지극히 사소해 보여도 사회생활의 기본적인 에티켓이자 상대방에 대한 예의인 것이다.

하지만 종종 아이러니한 상황에 직면할 때가 있다. 선배들에겐 "오늘은 제가 살게요"를 그토록 잘 외치고 직장 동료들에게 아이스커피 배달도 잘하는 '경우 있는' 후배가 유독 남자에게만은 꼭 얻어먹어야 한다고 주장하는 것이다. 같은 여자들끼리는 주거니 받거니 잘하면서 왜 데이트를 하거나 소개팅에 나가서는 꼭 '얻어먹어야' 직성이 풀리는 것일까?

"데이트할 때는 당연히 남자가 다 내야죠. 여자 만나러 나오면서 돈 쓸 생각도 안 하는 건 말도 안 돼요."

"밥 먹고 차 마시는 정도는 남자가 지불해야 한다고 생각해요. 그게 기본적인 매너 아닌가요? 내가 오늘 그 남자를 만나기 위해 헤어와 메이크업에 들인 돈이 얼만데요."

남자에게만큼은 반드시 얻어먹어야 한다는 생각을 가진 그녀들은 이렇게 말한다. 남자가 데이트 비용을 부담해야 여자로서의 자존심을 지킬 수 있다고 말이다. 여자의 경우 그 데이트를 위해 이미 적지 않은 비용을 지출한 만큼 데이트에 드는 비용은 당연히 남자가 부담해야 한다는 것! 하지만 남자 입장에서 볼 때 이런 생각은 무척이나 부담스럽고 비합리적이다. 첫 만남에서야 남자가 부담한다 하더라도 만날 때마다 모든 데이트 비용을 남자 몫으로 떠넘긴다면 '너도 좀 사라'고 항의하고 싶지 않겠는가 말이다. 한창 사랑에 빠진 시기에는 '이까짓 것이 대수냐'고 스스로 위로하겠지만, 연애가 중·후반기에 접어들수록 남자의 사고도 계산적으로 변할 수밖에 없다.

'생각할수록 괘씸하네. 대체 날 위해 해준 게 뭐야?'

'양성 평등이니 뭐니 외치더니만, 이럴 때는 꼭 여성적 편의 운운하더라. 대체 남자로 태어난 게 무슨 죄야?'

여자가 매일 얻어먹기만 하고 자신의 주머니는 꽁꽁 싸매고 있다면 어느 순간 정이 뚝 떨어질지도 모른다. 이런 여자와 결혼하면 평생 머슴 노릇을 해야 할지도 모른다는 우려가 들기 때문이다.

남자도 때로는 여자에게 얻어먹고 싶다. "자기 오늘 뭐 먹고 싶은 것 없어? 내가 맛있는 거 쏠게!" 하고 센스 있게 챙겨주기를 바란다. '그녀가 나를 배려해주고 있구나', '내 부담을 덜어주려고 애쓰는구나' 하고 여자의 마음을 확인하고 싶은 것이다.

그러니 남자가 밥을 사면 커피는 당신이 사라. 받은 만큼 돌려주려고 노력하는 여자에게 남자는 두세 배의 고마움을 느낀다. 그리고 앞으로 더 많은 것을 베풀어주려고 노력할 것이다. 얼마 되지 않는 돈이라도 "선배, 오늘은 제가 살게요!"를 외치는 후배가 더욱 사랑스럽고 예뻐 보이는 것처럼 말이다.

점심 메뉴를 남에게 알리지 말라

　사람마다 고유의 체취가 있다. 짙은 향수를 뿌리지 않아도 고운 향이 솔솔 풍기는 사람에게는 가까이 다가가고 싶은 마음이 생긴다. 반면 지독하고 퀴퀴한 냄새가 나는 사람과는 마스크를 쓰고 대화하고 싶은 마음이 든다. 지인 중 한 명은 자신만의 예쁜 냄새를 만들기 위해 샴푸, 린스, 보디클렌징 등을 같은 브랜드로 통일하고 샤워 후엔 샤워 코롱을 살짝 뿌린다고 한다. 같은 브랜드의 제품을 쓰면 동일한 향들이 자극적이지 않게 섞여 은은하면서도 달콤한 냄새가 몸에 배기 때문. 실제로 그녀에게서는 언제나 기분 좋은 냄새가 풍긴다. 그 향긋하고 예쁜 냄새에 반해 팔짱을 끼고 싶고 손도 잡고 싶은 마음이 절로 생긴다.

　주변에 이렇게 향긋한 냄새만 풍기는 사람들만 있다면 참 좋겠지만 악취에 가까운 '야리꼬리한' 냄새를 풍기는 이들이 더 많으니 안타깝기 그지없다. 아무리 가까운 친구라 해도, 심지어 사랑하는 연인이나 가족이라 할지라도 참을 수 없는 악취를 풍기는 사람이라면 견디기 힘들다. 개인적으로 가장 싫어하는 유형은 식후 제대로 양치를 하지 않는 사람이다. 점심 메뉴가 무엇이었는지 바로 상상할 수 있을 만큼 최악이다. 대개 이런 부류의 사람들은 양치질을 생략한 채 인스턴트커피와 담배로 식후를 마무리하는데, 음식 냄새가 담배 혹은 커피 냄새와 혼합돼 악취를 생성하는 것이다.

입 냄새 이야기가 나오니 문득 한 사람이 강렬하게 떠오른다. 전 직장 선배였던 지독해(34) 씨. 같은 팀이다 보니 함께 회의할 일도 많았고, 옆자리에 앉은 탓에 개인적인 이야기를 나눌 기회도 많았다. 쿨한 성격, 엣지 있는 스타일, 기발한 기획력을 갖춘 매력녀였지만, 그녀에게는 치명적인 결함이 있었으니 바로 입에서 시궁창 냄새가 난다는 것! 점심 식사 후 그녀가 양치질하는 꼴은 단 한 번도 보지 못했는데, 식후 그녀와 대화를 나눠야 하는 상황이 닥치기라도 하면 식은땀이 날 만큼 곤욕스러웠다. 나는 그녀가 말할 때면 잠시 호흡을 멈추고 악취로부터 내 코를 보호하곤 했다. 그런데 결국 일이 벌어지고 말았다. 어느 날 지독해 씨가 나를 조용히 회의실로 호출하는 것이 아닌가! 나는 그녀와 마주 본 채로 얼마 전에 저지른 내 실수에 대한 일장 연설을 들어야 했다. 시간이 갈수록 정신이 혼미해져갔고, 5분만 더 그 냄새를 맡았다가는 정말이지 질식사할 것만 같았다.

"아! 선배님, 잠시만요, 잠시만요!"

나는 결국 울렁거리는 속을 참지 못하고 회의실을 빠져나가 화장실로 직행했다. 화장실 창문을 열고 맑은 산소를 몇 분간 들이마신 후에야 정신을 차릴 수 있었다.

'지독해 씨! 양치 좀 합시다. 그 정도 에티켓도 모릅니까!'

사실 정도의 차이만 있을 뿐 입 냄새는 누구에게서나 난다. 직장인의 90% 이상이 입 냄새에 신경 쓴다는 연구 조사가 있을 만큼 많은 사람들이 고민하는 몸 냄새 중 하나가 입 냄새이다. 직장인들이 입 냄새에 유독 민감하게 반응하는 이유는 대인 관계에 절대적인 영향을 미칠 뿐만 아니라 비즈니스 성과에도 적잖은 영향을 끼치기 때문이다.

입 냄새가 나는 원인은 다양하다. 전문가들은 구취를 일으키는 대부분의 원인은 충치나 치석, 치태, 설태 등의 구강 내 질환이라고 지적한다. 평소 잘못된 칫솔질 습관이나 흡연, 음식물 찌꺼기 등으로 인한 충치 및 치주 질환이 구취를 함께 유발한다는 것. 이 경우 충치 치료나 치주 치료, 스케일링 등 치과 치료만 잘 받아도 금세 호전될 수 있으니 다행이다.

반면 치아 건강에는 문제가 없는데 참기 힘든 냄새를 풍기는 또 다른 유형이 있다. 바로 양치질에 게으른 사람들이다. 아침은 뭘 먹었는지 점심은 뭘 먹었는지, 하루 종일 자신이 먹은 메뉴를 생중계한다. 음식물 냄새는 물론이고 윗니와 아랫니 사이에 낀 이물질도 가끔씩 보여준다. 아무리 꽃단장을 하고 있는 여자라도 이빨 사이에 이물질이 낀 채로 마늘, 양파, 생강 냄새를 솔솔 풍긴다면 호감을 느끼기란 불가능하다.

가장 역겨운 악취를 풍기는 유형은 내부 기관의 문제로 인해 사라지지 않는 입 냄새를 풍기는 사람들이다. 입 냄새가 지독한 사람들 중 약 10% 정도는 치과적 원인이 아닌 위장 질환, 호흡기 질환, 소화기 질환, 신장 질환, 당뇨 때문이다. 드물게는 정신적 스트레스로 침샘 분비 기능이 약해져 구취가 발생하는 경우도 있다고 한다. 이 경우 정밀 검진을 통해 근본적인 문제를 해결하지 않는 한 아무리 양치 습관을 바꾼다 한들 별다른 효과를 기대하기 어렵다. 또한 무리한 다이어트, 불규칙한 식사 습관, 폭식 등도 심한 입 냄새를 일으킬 수 있는 요인이다. 불균형한 식생활은 위를 약하게

하고, 약해진 위장에는 열이 쌓여 입 냄새가 심해질 수 있으니 무리한 다이어트를 하고 있다면 자신의 구취 상태를 꼼꼼히 점검할 필요가 있다.

요즘처럼 원만한 대인 관계가 업무 능력에서 큰 비중을 차지하는 시대에 불쾌한 냄새로 사람들의 비호감을 사는 것처럼 어리석은 일도 없다. 다행히 입 냄새는 세심하게 관리해주면 말끔히 사라질 수 있으니 조금 더 부지런을 떨어보자.

| Tip. 몸에서 나는 각종 악취를 없애는 방법 |

●● 민트향, 박하향 캔디를 항상 휴대하기

향이 강한 민트와 박하 맛 캔디는 입 안을 상쾌하게 해주는 것은 물론 입속에 남은 음식물 냄새도 제거한다. 휴대가 편리해 언제 어디서든 이용할 수 있다는 것이 가장 큰 장점이다.

●● 잦은 음주로 상한 위는 유자차로 달래기

잦은 술자리로 입 냄새가 심해졌다면 유자차를 마셔보자. 동의보감에 따르면 유자는 위 속의 나쁜 기운을 없애고 술독을 풀어주며 입 냄새를 제거하는 데 효과적이다.

●● 식후엔 과일을 섭취하는 습관 기르기

후식으로 과일 몇 조각을 먹는 습관도 입 냄새를 제거하는 좋은 방법이다. 식사 후 양치질할 시간 없이 바로 대화를 나눠야 하는 상황이라면 과일 몇 조각을 꼭 챙겨 먹자. 과즙이 입 안을 일차적으로 씻어줄 뿐만 아니라 각종 음식 냄새 또한 제거할 수 있다.

●● 신경 쓰이는 생리 냄새, 항균 물티슈 이용하기

생리 기간 중에 나는 냄새는 일회용 생리대의 화학물질과 생리혈이 결합하여 발생한다. 이 괴괴한 냄새를 제거하기 위해서는 생리대를 자주 갈고 항균 처리된 물티슈로 몸을 자주 닦는 것이 좋다. 한방 생리대는 일반 생리대보다 냄새를 덜 나게 도와준다. 통풍을 방해하는 옷은 되

도록 피하고 가벼운 샤워를 자주 하는 것도 요령이다.

●● 여름철 고민 액취증, 파우더로 싹싹!

일명 '암내'를 방지하려면 겨드랑이, 음모 부위를 비누로 잘 씻고 말린 뒤 탈취제를 발라주면 좋다. 탈취제 대신 베이비파우더 등을 바르는 것도 뽀송뽀송한 상태를 유지하는 데 도움이 된다. 주변 사람들에게 피해를 줄 정도로 냄새가 심할 경우에는 피부과에서 실시하는 땀샘 융해술을 받는 방법도 있다.

●● 안절부절 발 냄새, 전용 스프레이로 해결하기

발에 땀이 많은 사람은 발 냄새가 심할 수밖에 없다. 발 냄새를 제거하려면 발을 씻은 뒤 잘 말린 다음 파우더를 뿌리거나 녹차 티백을 우려낸 물에 5분간 담가주면 효과적이다. 외출 전에는 반드시 발 냄새 제거 스프레이를 뿌려줄 것. 앞이 막힌 신발을 신을 경우 깔창 밑에 동전이나 백반을 넣어두는 것도 발 냄새 흡수에 도움이 된다.

와인, 제대로 알고 즐겨라

　와인은 마술과도 같다. 평소 거리감이 느껴지던 동료와 와인 한 잔을 나누며 이야기하다 보면 금세 가까워지고, 어렵기만 하던 거래처 직원과도 와인 한 잔을 함께하다 보면 어느 순간 친구가 된다. 빗장을 걸어놓았던 마음도 스르륵 열리게 하는 것이 와인이 가진 진짜 매력이다.

　금융회사 연구원인 나애리(27) 씨. 그녀는 얼마 전 거래처 간부를 접대하는 자리에서 뜻하지 않은 인연을 선물 받았다. 상대 회사의 간부들이 여럿 모인 가시방석 같은 자리에 일개 사원인 그녀가 할 수 있는 행동이라곤 두 눈을 끔뻑이며 조용히 앉아 있는 것뿐이었다. 그런데 갑자기 상대 회사 팀장의 이야기가 그녀의 귀에 들어왔다.

　"이번 출장 때 미국에 갔었는데 말이죠, 그곳에서 오퍼스 원(Opus One)을 마셔봤지 뭡니까. 허허."

　모두들 그가 던진 화두에 꿀 먹은 벙어리처럼 앉아 있는데 애리 씨가 받아쳤다.

"좋은 와인을 마셨네요. 초대한 분이 신경 많이 써서 접대하셨나 봐요. 부러워요."

그가 말한 '오퍼스 원'을 마셔본 경험은 없지만, 틈틈이 다닌 와인 아카데미를 통해 그 와인의 이름이 '작품 번호 1'이라는 뜻을 가졌다는 것과 미국 나파밸리 지역에서 생산되는 고급 와인이라는 것쯤은 알고 있었다. 존재감이 없던 애리 씨는 그 한마디로 대화의 중심에 서게 됐고, 상당한 와인 애호가였던 그는 신이 나서 업무와 관련된 계약에 흔쾌히 동의해줬다. 와인이 갖는 마술과도 같은 힘이 발휘되는 순간이었다.

와인이 대중화되고 와인 특유의 향과 맛에 빠져드는 애호가들이 늘어나면서 비즈니스에서 와인이 차지하는 기능과 역할도 커지고 있다. 때문에 취미나 교양으로 배우려는 사람들부터 와인 관련 업체에 취직하려는 사람, 고객 접대를 위해 배우려는 사람까지 와인을 배우려는 목적도 다양해지고 있다. 와인이 하나의 문화로 자리 잡으며 각종 모임과 자리에서 와인을 대하고 이야기할 기회가 많아지고 있다는 증거이다.

대세가 이러할진대 단순히 '마실 줄 아는' 수준에 머물러 있다거나, 와인을 주문할 때 "달달한 걸로 아무거나 주세요"라고 한다면 문화적인 수준이 다소 떨어지는 시시한 여자로 낙인찍힐 가능성이 높다. 이왕 마실 와인이라면, 또 마셔야 할 와인이라면 기본적인 매너와 식견을 갖추고 대하는 것이 어떨까? 조금씩 수집한 와인에 대한 정보와 관심이 예기치 못한 자리에서 당신을 반짝반짝 빛나게 해줄지 모른다.

먼저 가장 기본이면서도 핵심인 와인 매너와 상식에 대해 알아보자.

와인, 어떻게 분류할까?

와인은 생산 지역, 생산 연도(빈티지), 포도 품종, 보관 상태 등에 따라 다양하게 분류된다. 간단히 설명하면 와인의 색, 맛, 알코올 도수, 발포성 유무 등의 기본적인 분류에 따라 다양한 와인이 탄생하는 것이다. 와인의 기본적인 분류 방법만 알아도 어떤 자리에서든 자신 있게 와인을 선택할 수 있다.

우선 색에 따라 레드, 화이트, 로제 와인으로 나뉜다. 레드 와인은 루비색, 암홍색, 벽돌색 등을 띠며 화이트 와인은 녹황색, 노란색, 밀짚색 등을 띤다. 반면 로제 와인은 대부분 산딸기와 같이 옅은 분홍색을 띤다.

잔여 가스량도 와인을 분류하는 기준이다. 가스량의 정도에 따라 스틸 와인(대다수의 일반적인 와인), 약발포성 와인(혀끝을 간질이는 정도의 약한 CO_2 가스를 함유한 와인), 발포성 와인(강하고 짜릿한 기포의 느낌), 샴페인(프랑스 상파뉴 지방에서 생산되는 스파클링 와인의 한 종류)으로 분류된다.

달콤한 정도를 나타내는 당분 함량도 반드시 알아둬야 할 기본 상식! 단맛이 거의 없는 와인을 '드라이 와인'이라고 하고, 약간 단맛이 느껴지는 정도의 와인을 '세미 드라이', 상당히 달콤한 와인을 '스위트 와인'이라고 분류한다.

와인 병에 숨겨진 차이, 보르도 VS 부르고뉴

와인은 병의 모양에 따라 크게 두 가지로 나뉘는데, 각각 '보르도', '부르고뉴'라고 달리 부른다. '보르도'는 병 모양이 전체적으로 늘씬하고 어깨가 벌어져 있으며, '부르고뉴'는 아래가 굵직하고 어깨가 완만한 모양을 하고 있다. 병 색깔로도 이 두 가지 와인에 대한 식별이 가능한데, 보르도는 어둡고 농후한 자주색을 띠고 부르고뉴는 밝고 연한 루비 색을 띤다.

가장 중요한 것은 맛의 차이다. '보르도'의 적포도주는 떫은 타닌(tannin) 맛이 강하고 중량감이 있는 반면, '부르고뉴'는 신맛이 강하며 과일 향이 많이 난다. 널리 알려진 '카베르네 소비뇽', '메를로', '카베르네 프랑'이 바로 보르도에 속하는 종류들이다. 일반적으로 '샤토'라고 적혀 있으면 보르도, '도멘'이라고 적혀 있으면 부르고뉴로 분류한다.

보르도   부르고뉴

와인을 마시는 순서 & 매너

먼저 와인 잔의 3분의 2 정도만 와인을 따라서 눈으로 잠시 빛깔을 감상한다. 그런 다음 잔을 코에 가까이 대고 살짝 흔들어 향을 맡은 뒤 맛을 음미하면서 여러 번에 걸쳐 나눠 마신다. 와인 맛을 볼 때는 와인을 입 안에 넣은 후 혀를 굴려서 단맛, 쓴맛, 떫은맛 등을 느낀다.

식사 시 와인을 곁들일 경우 입 안에 든 음식을 모두 삼킨 후에 마셔야 한다. 입가의 기름기를 냅킨으로 닦아내 와인글라스에 음식물이 묻지 않도록 하는 것도 기본적인 매너이다. 와인 잔을 들 때는 글라스의 다리를 잡는 것이 에티켓이며, 다른 사람으로부터 와인을 받을 때는 잔을 들거나 기울이지 않는다. 와인의 맛을 본 뒤 평가나 칭찬을 표현하는 것도 와인을 즐기는 매너 중 하나다.

여러 가지 와인을 섞어 마실 때는 순서 또한 고려해야 한다. 일반적으로 가벼운 맛 → 무거운 맛(어린 와인), 심플한 맛(오래된 와인) → 복합적인 맛, 드라이한 맛 → 스위트한 맛 순으로 마시는데, 이 순서를 무시한 채 화

이트, 레드 와인 등을 섞어 마시면 각 와인 특유의 맛을 음미할 수 없다. 더불어 와인의 종류를 바꿀 때마다 잔을 바꾸는 것은 기본적인 상식이다.

와인에 따라 달라지는 와인 잔

각각의 와인에는 어울리는 잔이 따로 있다. 아무 잔에나 따라 마셨다가는 와인의 기본도 모르는 무식한 사람으로 취급 받을 수 있으니, 와인과 와인 잔의 궁합에 대해서도 살펴보도록 하자.

와인은 크게 '레드', '화이트', '로제', '스파클링' 으로 나눌 수 있는데, 보르도 와인을 포함한 대부분의 레드 와인은 볼이 살짝 넓은 잔을 이용한다. 볼이 너무 넓은 잔은 향이 독한 보르도 와인을 마실 때 코를 마비시키기 때문에 부적합하다. 반면 과일 향이 강한 부르고뉴 와인을 마실 때는 볼이 넓은 잔을 사용한다. 와인에서 풍기는 각종 향을 음미할 수 있으며 타닌을 공기에 노출시켜 맛이 훨씬 부드러워진다. 하지만 화이트 와인의 경우 볼이 날씬하고 좁은 잔을 이용한다. 온도에 민감한 화이트 와인의 맛을 보다 잘 유지하기 위해서다. 스파클링 와인 잔은 대체로 화이트 와인 잔과 비슷하지만 더욱 날씬하고 위아래로 긴 것이 특징이다. 튤립 모양이나 달걀형의 좁고 긴 글라스 모양으로 가장 예쁘게 생긴 와인 잔으로 손꼽힌다. 참고로 와인 잔을 세척할 때는 세제 사용 없이 따뜻한 물에 담가 깨끗이 닦은 다음 면으로 된 천으로 잔 받침부터 닦는 것이 요령이다.

와인을 쉽게 주문하는 노하우, '빈티지'가 키워드다

와인에 대한 지식이 전혀 없어도 맛있는 와인을 고를 수 있는 방법이 있다. 가장 손쉬운 방법으로는 빈티지(와인 생산 연도)를 알아두는 것이다. 포도는 농산물이라 날씨, 기후 등에 민감하게 반응한다. 좋은 날씨가 계속되고 농작물 피해가 없었던 해를 '그레이트 빈티지'라고 부르는데 와인의 완성도 역시 훌륭하다. 예를 들어 풍작이었던 2003년에 프랑스 보르도 지방에서 재배된 2003년산 보르도 와인은 대표적인 그레이트 빈티지 상품. 와인 빈티지 차트에는 년도, 생산지와 함께 기호가 표기돼 있다. 각각의 기호는 다음과 같은 의미를 담고 있으니 주문할 때 참고하자.

★ 그레이트
☆ 그레이트에 가까운 해
○ 파워는 없지만 마시기에 적합한 해
— 평가가 엇갈리는 해
× 괜찮은 와인이 적은 해

한국인이 특히 좋아하는 Best Wine 10

와인 초보자라면 수많은 와인 중 어떤 것을 선택해야 할지 막막할 것이다. 다양한 와인 중에서 후회 없는 선택을 하는 비결은 만인이 칭찬하는 베스트 제품부터 시도해보는 것. 다음은 한국인들이 선호하는 베스트 와인 순위이다.

1위: 몬테스, 알파 카버네 소비뇽(Montes, Alpha Cabernet Sauvignon)
2위: 빌라 엠(Villa M)

3위: 카르멘 카버네 쇼비뇽 리세르바(Carmen Cabernet Sauvignon Reserve)

4위: 산 페드로, 1865 까베르네 소비뇽 리제르바(San Pedro, 1865 Cabernet Sauvignon Reserva)

5위: 무똥 까데 레드(Mouton Cadet Red)

6위: 칼로 로씨 레드 상그리아(Carlo Rossi Red Sangria)

7위: 마주앙 메도크(Majuang Medoc)

8위: 골드 바인 콩코드(Gold Vine Concord)

9위: 블루 넌 아이스바인 리슬링(Blue Nun Eiswein Riesling)

10위: 옐로우 테일 쉬라즈(Yellow Tail Shiraz)

알고 먹으면 더욱 좋은 와인과 치즈

와인 하면 대표적으로 떠오르는 음식이 치즈다. 치즈 카나페, 치즈 케이크, 치즈 퐁듀는 물론 치즈 그 자체만으로도 와인과의 찰떡궁합을 자랑한다. 기본적으로 레드 와인보다는 화이트 와인이 치즈와 더 잘 어울리며, 와인의 맛과 종류에 따라 곁들이기 좋은 치즈의 종류 또한 달라진다. 치즈를 선택하는 요령은 간단하다. 치즈가 흰색에 가깝거나 신선할수록 맑고 과일 향이 강한 와인과 함께 어울리고, 짠맛의 치즈는 신맛이 나는 와인과 함께 먹기 좋다. 한편 무른 치즈들은 대개 향미가 강하고 진하기 때문에 농도가 너무 진하지 않고 향이 좋은 레드 와인과 환상의 궁합을 자랑한다. 와인과 함께 치즈 요리를 즐길 수 있는 곳으로는 퐁듀 전문점인 '작은 스위스(www.swisshouse.co.kr)', 치즈 요리 전문점인 '앤치즈(www.ncheese.com)', 다양한 치즈를 맛볼 수 있는 '청도감 와인(www.gamwine.com)' 등이 있다.

| Tip. 와인 수업 듣고 와인 정보를 잡아라! |

●● 서울와인스쿨 (www.seoulwine.com)

국내 최초 사설 교육 기관으로 김준철 원장의 탄탄한 강의가 유명하다. 수업 중 직접 만든 와인을 마지막 수업 시간에 시음해보기도 한다. 14주 과정인 소믈리에 주·야간반의 수강료는 약 1백40만 원, 이론과 실무 능력을 갖춘 와인 전문가 과정(마스터 과정)은 2백만 원이다. 마스터 과정을 수료하면 서울와인스쿨의 테이스팅 패널로서 지속적으로 활동할 수 있는 혜택이 주어진다.

●● 보르도아카데미 (www.wineac.com)

프랑스 보르도 와인 학교의 교육 과정을 국내 실정에 맞게 재편한 것이 특징이다. 총 6주간의 와인 관리자 과정이 있으며, 직업능력개발사업의 적용을 받는 직장인의 경우 교육비의 일부를 환급 받을 수 있다. 직장인과 와인 동호회 등을 위한 단기 코스(리더스 과정)와 아마추어를 위한 1일, 5일 과정이 각각 개설되어 있다. 1년에 세 번 프랑스, 이탈리아 등 와인 산지를 투어하는 행사도 진행한다.

●● 와인나라아카데미 (www.winenara.com)

와인 초심자 과정, 비즈니스맨 과정, 와인 전문가 과정 등 수준별 강의와 저렴한 강의료가 강점이다. 최단 시간 내에 최저 비용으로 소믈리에가 될 수 있는 '까파&소믈리에 마스터 과정'이 유명하다.

●● 와인앤스피릿츠 (www.wset.co.kr)

유럽과 미국을 중심으로 전 세계에서 권위와 공신력을 인정받는 영국의 와인 전문 교육 기관 WSET의 한국 지사이다. 기초 과정에서 전문가 과정까지 단계별로 시험을 치러 결과에 따라 수료증을 발급한다. 전 세계적으로 통용되는 소믈리에 자격증인 'WSET 인증서' 또한 수여한다.

●● 와인정보e곳에

베스트와인(www.bestwine.co.kr), 와인나라(www.winenara.com), 와인21(www.wine21.com) 등에서는 초보자들이 알아두면 좋은 와인 정보를 제공하고 있다. 특히 베스트와인은 와인 전문가 칼럼부터 와인의 종류와 특성, 테스팅 하는 방법, 와인과 어울리는 요리 등의 자세한 정보는 물론이고 검색 기능을 통해 와인 가격, 빈티지 차트(전문가에 의한 와인 평가도) 또한 제공한다. 회원들끼리 와인 관련 지식과 정보를 공유하는 자유 게시판도 유용한 팁이다.

걸음걸이에도 룰이 있다

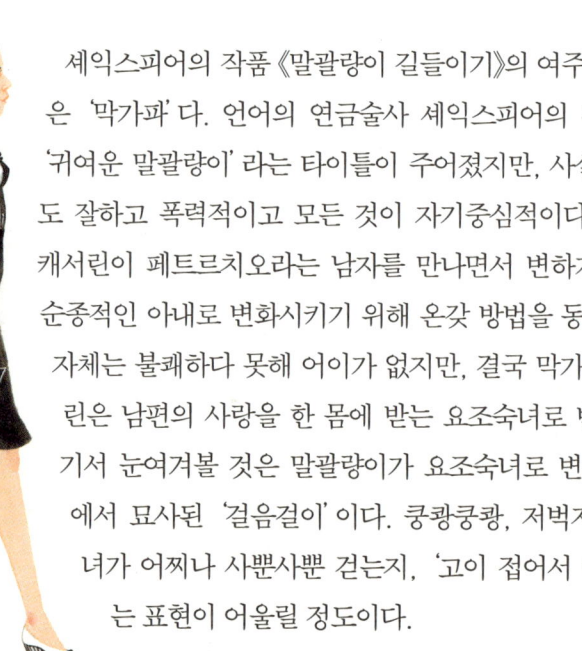

셰익스피어의 작품《말괄량이 길들이기》의 여주인공 캐서린은 '막가파'다. 언어의 연금술사 셰익스피어의 작품인 만큼 '귀여운 말괄량이'라는 타이틀이 주어졌지만, 사실 그녀는 욕도 잘하고 폭력적이고 모든 것이 자기중심적이다. 그런데 그 캐서린이 페트르치오라는 남자를 만나면서 변하기 시작한다. 순종적인 아내로 변화시키기 위해 온갖 방법을 동원하는 설정 자체는 불쾌하다 못해 어이가 없지만, 결국 막가파였던 캐서린은 남편의 사랑을 한 몸에 받는 요조숙녀로 변신한다. 여기서 눈여겨볼 것은 말괄량이가 요조숙녀로 변해가는 과정에서 묘사된 '걸음걸이'이다. 쿵쾅쿵쾅, 저벅저벅 걷던 그녀가 어찌나 사뿐사뿐 걷는지, '고이 접어서 나빌레라'라는 표현이 어울릴 정도이다.

언젠가 대기업 면접관들을 인터뷰하던 중 새로

운 사실 하나를 발견했다. 그들은 면접자들이 시험장에서 나갈 때의 걸음걸이까지 확인한 뒤 점수를 매긴다는 것이었다. 걸음걸이만큼 그 사람의 됨됨이를 정직하게 알려주는 정보도 없다고 판단하기 때문이다. 걸음걸이는 현재의 감정을 거짓 없이 드러낼 뿐만 아니라 성격, 기질, 건강 상태 그리고 마음 자세와 사고방식까지도 가늠케 한다.

걸음걸이는 남녀 관계에서도 중요한 작용을 한다. 육영수 여사가 박정희 전 대통령과 처음 대면했을 때 구두를 신고 돌아가는 그의 뒷모습이 하도 든든하고 믿음직스러워서 결혼을 결심했다는 일화는 유명하다. 어깨를 쫙 펴고 힘 있게 걷는 걸음걸이가 그녀의 마음을 움직였던 것이다. 박력 있는 걸음걸이에 남성적 매력을 느끼는 여자들처럼 남자들 역시 매력적인 걸음걸이를 선보이는 여성에게 마음을 빼앗긴다. 그리고 반대의 경우, 호감이 급 하락하기도 한다.

법무법인에 근무하는 변호사 S 씨. 그는 얼마 전 그렇게 찾아 헤매던 '참한 여자'와 소개팅을 했다. 동양적이고 다소곳한 외모, 우아한 말투와 몸동작, 해박한 지식과 아름다운 목소리에 그는 마음을 빼앗기고 말았다. 그런데 한창 웃음꽃을 피우다 자리에서 일어날 무렵 그는 순간 멍해지고 말았다. 그토록 참해 보이던 그녀가 심한 팔자걸음으로 걸어 나가고 있는 게 아닌가! 아이 셋은 낳은 여자처럼 저벅저벅 걷는 뒤태를 보는 순간 그의 귓가에서 울리던 종소리는 온데간데없이 사라졌다.

S 씨의 이야기는 걸음걸이 하나만으로도 애써 잘 쌓아온 이미지를 망칠 수 있다는 메시지를 전한다. 성큼성큼, 뒤뚱뒤뚱 걷는 모양 하나로 세련된 '도시녀'에서 '시골 아줌마'로 전락할 수도 있고, 평소 긴장감이 없는 게으른 여자처럼 보일 수도 있는 것이다.

심리학자들은 걸음걸이는 성 · 연령 · 직업 · 심리적 이완 상태 등에 따

라 다르게 나타난다고 설명한다. 특히 본능적으로 남자에 비해 여자가 더 주변 환경에 신경을 쓰기 때문에 여자의 경우 걸음걸이만 보고도 긴장도나 심리 상태를 짐작할 수 있다. 예를 들어 젊은 여성에 비해 상대적으로 남자의 시선에 무감각해진 중년의 기혼 여성들은 팔자걸음으로 걷거나 다리를 벌린 채 의자에 앉는 경우가 많다. 이것은 심리적인 안일함으로 긴장이 완화되어 걸음걸이에 영향을 주는 근육을 이완시키기 때문이라고 한다. 걸음걸이만 봐도 아줌마인지 아가씨인지 알 수 있다고 호언장담하는 남자들의 이야기가 아예 틀린 말은 아닌 셈이다.

뛰어난 미모를 자랑한들 구부정한 어깨에 종종걸음으로 걷는 여자들은 전혀 매력적이지 않다. 우울한 기운이 풍길 뿐 아니라 의기소침해 보이기 때문이다. 반면 무대 위에서 멋진 워킹을 선보이는 모델들은 그 순간만큼은 세상 어디에 내놔도 자신감 넘치고 당당하고 멋져 보인다. 이처럼 걸음걸이에 따라 세상에서 가장 매력적인 여자가 되기도 하고, 눈길조차 주고 싶지 않은 별 볼일 없는 여자가 되기도 한다.

매력적인 걸음걸이를 선보이고 싶다면 우선 허리와 어깨를 쭉 펴고 엉덩이에 힘을 주어 상체와 하체 라인이 일직선이 되게 하라. 별다른 관심을 두지 않았던 걸음걸이에 의식을 집중하고 마치 캣워크 위의 톱모델이 된 것처럼 걷는다면 기분까지 한결 밝아질 것이다. 온몸의 신경이 하체와 발 근육에 집중되면 적당한 긴장감이 생성될 뿐만 아니라 마치 사람들의 시선을 한 몸에 받는 것처럼 묘한 쾌감까지 즐길 수 있다. 신나는 걸음걸이에 맞춰 지쳐 있던 마음에도 생기가 돌고 수줍던 마음도 자신감으로 가득 찬다. 그래서 나는 출근길만큼은 더욱 당당하고 경쾌하게 걸으려고 노력

한다. 힘 있는 발걸음이 힘 나는 하루를 만들어주기 때문이다.

걸음걸이는 예쁘게 고치려는 본인의 노력 여하에 따라 얼마든지 바뀔 수 있다. 매번 신경을 쓰며 걷는다는 게 처음엔 좀 불편하겠지만 이내 익숙해질 것이다. 의식적인 걸음걸이가 습관으로 자리 잡는 데는 그리 오랜 시간이 걸리지 않는다. 노력으로 얼마든지 새롭게 만들 수 있는 걸음걸이, 오늘부터 차근차근 리뉴얼 작업에 착수해보는 건 어떨까?

| Tip. 예쁜 걸음걸이로 예쁜 몸매 만들기 |

○● 가슴을 쭉 편다
당당하게 가슴을 펴고 엉덩이와 허리에는 가볍게 힘을 주어 올린다.

○● 다리 모양을 11자로 유지한다
무릎은 많이 구부리지 않고 다리 모양이 11자가 되도록 걷는다. 되도록 발 안쪽에 힘을 주어야 한다. 무릎을 붙이지 않고 걷는 여자는 헤퍼 보이기까지 한다.

○● 캣워크 위의 모델처럼 걷는다
마치 캣워크 위의 모델이 된 것처럼 시선은 앞을 향하고 일정한 보폭으로 자신감 있게 걷는다.

○● 구두는 적당한 굽을 선택한다
굽이 너무 높은 신발을 신으면 허리가 휘어져 구부정하게 걷게 된다. 6, 7, 8cm 굽의 구두를 다양하게 마련하고 번갈아 신어야 척추에 무리가 없다. 1cm 차이를 우습게보지 말자.

○● 다리 꼬기는 절대 금물
다리를 꼬고 앉으면 허리와 다리에 군살이 붙고 O 자형 다리로 변하기 쉽다.

◐◑ 등을 펴고 앉는다

앉을 때는 등을 똑바로 펴고 다리를 가지런히 모아 양쪽 허벅지에 똑같이 힘을 준다. 허벅지 근육과 복근을 탄력적으로 만들 수 있을 뿐만 아니라 다이어트에도 도움이 된다.

◐◑ 음악과 함께 걷는다

경쾌하고 발랄한 걸음걸이를 위해 MP3 플레이어를 휴대한다. 댄스곡을 들으며 걷다 보면 자연스럽게 걸음걸이에 힘이 들어가고 경쾌한 박자로 걷게 된다.

◐◑ 기분 좋은 상상을 한다

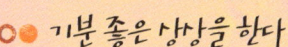

머지않은 미래에 일어날 일들을 상상해보는 것이다. 승진, 2년간 부은 적금 만기일, 남자 친구와의 괌 여행 등 뿌듯한 일, 기쁜 일, 행복한 일들을 떠올리면 자연히 발걸음에도 그 행복감과 설렘이 담기게 마련이다.

공연 매너를 아십니까?

　가끔씩 큰맘 먹고 유명 뮤지컬이나 오페라의 VIP석을 예약한다. 열심히 일했으니 이 정도 호사를 누릴 자격은 있다고 큰소리치며 손 떨리는 금액을 지불하고 나면 알 수 없는 책임감과 긴장감이 밀려온다.
　'옷은 뭘 입지? 고품격 뮤지컬인데 근사하게 꾸미고 가야 하잖아.'
　'카메라도 챙겨야지. 현수막 앞에서 기념사진도 찍을 거니까.'
　비싸게 주고 구입한 만큼 재미있어야 하고, 감동적이어야 하고, 즐거워야 한다는 생각이 압박감으로 변질돼 다가오는 탓이다. 하지만 이처럼 몇 날 며칠 들떠 있던 기분은 공연장 옆 좌석 아저씨 때문에 혹은 앞 좌석 아줌마 때문에 확 망가지곤 한다.
　얼마 전 뮤지컬 〈오페라의 유령〉을 보러 갔을 때다. 기막힌 무대 세팅과 배우들의 열연에 정신을 반쯤 놓아버릴 무렵, 누군가 급히 옆 좌석으로 달려와 앉았다. 어찌나 소란을 떨면서 들어오던지 그 바람에 의자 손잡이에 올려두었던 음료수가 쏟아졌다(일부 공연 장소에서는 자체 판매하는 음료수

는 반입이 가능하다). 순간적으로 짜증이 밀려왔지만 다행히 많이 쏟아지지는 않았기에 '급한 사정이 있었겠지'라고 마음을 가다듬으며 다시금 황홀한 공연 속으로 빠져들기 시작했다. 그런데 갑자기 기분 나쁜 냄새가 스멀스멀 올라오는 게 아닌가.

'킁킁, 이게 무슨 냄새지? 담배 냄새 같기도 하고 돼지 갈비 냄새 같기도 한데?'

공연이 시작된 지 20분 만에 착석한 그 아저씨의 몸에서는 비릿하고 쾨쾨한 냄새가 났다. 아마도 돼지갈비와 소주 한잔으로 저녁 식사를 한 뒤 식후 담배를 몇 대 피우고 들어온 모양이었다. 그 모든 냄새들이 절묘하게 혼합되어 간만에 문화생활을 즐기는 내 코를 자극하고 있었다.

10분, 20분, 30분……. 시간이 지날수록 현기증이 나기 시작했고, 빨리 집에 가고 싶은 마음이 굴뚝같았다. 가능하다면 공연 관계자에게 '저 아저씨 몸에서 지독한 냄새가 나니 어떻게 좀 해달라'고 떼를 쓰고 싶은 심정이었다. 설상가상으로 앞 좌석의 아줌마는 커다란 코사지가 달린 모자를 쓰고 있어서 내 시야의 반을 가렸다. 어떻게든 공연을 보기 위해 그녀의 움직임과 반대로 계속 고개를 움직이다 보니 어깨가 뻐근하고 두통이 일었다. 결국 그날의 공연은 그렇게 암울하게 끝이 나고 말았다.

문화생활의 한 부분으로 다양한 공연을 즐기는 사람들이 늘고 있지만, 공연 매너에 대해서는 무지하거나 몰상식한 사람들이 여전히 많다. 어떻게 공연을 봐야 하는지, 어떤 복장으로 공연장에 들어서야 하는지, 언제 공연장에 도착해야 하는지조차 모르는 것이다. 하지만 공연장에서는 엄연히 별도의 매너가 필요하다. 이를 무시하고 무조건 '오늘 한번 즐겨보자'

는 식으로 덤벼들면 망신을 당할 수도 있고, 간만의 문화생활로 들뜬 타인에게 실망과 분노를 안겨줄 수도 있다.

언제 도착해야 할까?

공연장에는 관람 시작 30분 전에 도착하는 것이 좋고, 늦어도 10분 전까지는 입장을 완료해야 한다. 영화관에서는 늦게 도착해도 입장이 가능하지만, 기타의 공연 장소들은 지각을 할 경우 입장 자체를 원칙적으로 금하고 있다. 늦게 도착한 사람들로 인해 다른 사람들의 관람을 방해하는 일을 최소화하기 위해서이다. 어쩔 수 없는 사정에 의해 늦었을 경우 휴식 시간이나 막과 막 사이 조명이 잠시 꺼졌을 때만 극장 직원의 안내에 따라 제한적으로 입장할 수 있다. 우선 아무 빈자리에 앉았다가 휴식 시간에 지정석으로 옮겨야 한다. 공연이 시작한 뒤에는 더 좋은 빈자리를 발견했다 하더라도 절대 이동해서는 안 된다. 공연 시작 후에 자리를 옮기는 행위는 주변 사람들에게 피해를 주는 것은 물론 공연자와 모든 관객들에 대한 모욕과도 같기 때문이다. 수준 높은 작품은 관객의 관람 수준에서 시작된다는 것, 반드시 기억하자.

박수에도 타이밍이 있다

공연 관람 중 가장 난감한 부분은 '언제 박수를 쳐야 하는가'이다. 혹자는 등장인물의 열연이 끝날 때마다 박수를 치기도 하고, 또 다른 이들은 완전히 한 막이 끝난 후에야 박수를 친다. 도대체 박수는 언제 쳐야 하는 걸까?

박수를 치는 타이밍은 장르에 따라 다르다. 오페라와 뮤지컬의 경우 주

인공의 아리아나 이중창이 끝난 뒤 박수를 보낼 수 있고 환호하는 뜻에서 '브라보'를 외칠 수도 있다. 반면 교향곡이나 협주곡 등 악장의 수가 3~4장으로 되어 있는 곡은 모든 악장이 끝난 후에 박수를 쳐야 한다. 성악의 경우 몇 곡의 노래가 한 묶음으로 호흡이 연결돼 있는데, 이 호흡이 끝날 때 박수를 치는 것이 적절하다. 노래가 한 곡씩 끝날 때마다 매번 박수를 치는 것이 아니다. 기악 연주의 경우에는 한 악장을 기준으로 악장이 끝날 때 박수를 친다. 그러나 작품의 흐름이 모호하거나 연주가가 계속 연주를 끌어나갈 때는 조용히 경청하는 것이 좋다. 특히 한국무용과 현대무용의 경우 공연 도중에는 절대로 박수를 쳐서는 안 된다. 무용은 발성 없이 몸으로 내면의 세계를 보여주는 공연이기 때문에 중간에 박수를 치면 그 순간 춤의 흐름이 망가질 수 있기 때문이다. 하지만 발레는 좀 다르다. 발레에는 줄거리와 상관없이 춤만을 볼거리로 내세우는 '디베르티스망'이라는 장이 등장하는데, 주로 주인공 무용수들이 고난이도의 동작을 선보인다. 이때는 주인공을 격려하는 차원에서 박수를 보내는 것이 좋다.

도를 지키며 센스 있게 즐기기

전시회를 관람할 때는 대체로 자신의 리듬에 맞춰 작품을 충분히 음미할 수 있는 동선으로 이동하면 된다. 자유롭게 한 바퀴 돌아본 뒤 관심이 있는 작품으로 돌아가 집중적으로 살펴봐도 좋고, 한 작품 앞에 1~2분간 서서 전체와 부분을 각각 비교하며 살펴봐도 좋다. 전시회에서 판매하는 도록을 구입해 미리 훑어본 뒤 작품을 관람하면 더욱 깊이 있게 감상할 수 있다.

작품 촬영과 기념 촬영은 전시회의 규정에 따라 다른데, 어떤 경우라도 플래시는 절대 사용해서는 안 된다. 작품 손상의 우려가 있기 때문이다.

감흥이 있는 작품을 만났다고 해서 손으로 만지는 것 또한 최악의 행동이다. 더불어 모든 공연과 전시회에서 소음은 절대 금물이다. 특히 연주회장은 귀를 민감하게 열어놓고 음악을 즐기는 자리인 만큼 특별한 주의를 기울여야 한다. 옆 사람과 대화를 나눈다거나 재채기, 헛기침 등을 연달아 하고 음료수를 소리 내어 마신다면 주변 사람들에게 큰 방해가 된다. 소음 방지를 위해 휴대전화의 전원을 끄는 것 또한 기본 중의 기본이다.

공연장에서의 베스트 드레서

원칙적으로 공연 관람 시 특별히 요구되는 의상은 없다. 하지만 공연장을 즐겨 찾는 사람들은 안다. 우아한 스타일의 정장이나 원피스가 암묵적으로 통용되는 드레스 코드라는 것을. 만약 공연이 발랄하고 경쾌한 스타일이라면 캐주얼 차림이 더 어울릴 수 있겠지만, 클래식한 타입의 공연이라면 격식을 차린 복장이 알맞다. 다만 파티장에 온 듯 지나치게 화려한 복장이나 부피가 큰 액세서리, 모자 등은 다른 관객들의 시선을 분산시키고 관람에 지장을 줄 수 있으므로 피하는 것이 좋다.

공연 관람에서 의상보다 중요한 것은 냄새다. 어떤 냄새를 품고 공연장으로 향하는지 확인해볼 필요가 있다. 진한 향수나 화장품 역시 이날만큼은 피하자. 자신은 잘 못 느낄 수 있지만 주위 사람들은 공연 시작부터 끝날 때까지 머리가 지끈거릴 정도로 괴로울 수 있다. 담배 냄새, 진한 음식물 냄새 역시 금물!

| Tip. 꼭 알아둬야 할 공연 관람 상식과 에티켓 |

- 공연 중에는 모든 촬영이 불가능하다. 몰래 사진을 찍다 적발되는 것만큼 망신스러운 일도 없으니 주의할 것.
- 공연 중 휴대폰의 전원은 무조건 끄자. 요즘은 공연 중 휴대폰이 울리는 불상사를 막기 위해 극장 안에 들어서는 순간 전원이 자동으로 차단되는 곳도 많다.
- 어린이 공연을 제외한 타 공연은 7세 이하 어린이와 동반 입장할 수 없다. 간혹 이 규정을 어기고 어린 자녀를 데려가는 사람들 때문에 타 관객들의 환불 소동이 일어나기도 한다.
- 공연 도중 허밍이나 흥겨운 몸짓은 자제하는 게 예의. 본인은 즐거움의 표현일지 모르나 옆 사람에게는 고역일 수 있다.
- 클래식이나 오페라를 관람하기 전에는 사전 공부가 필요하다. 작품에 대한 최소한의 이해 없이 제대로 감상하기란 불가능하기 때문이다. 미리 음악을 접하고 줄거리를 확인해보는 작업은 관람을 위한 매너 중 하나다.
- 공연 도중 팸플릿 등의 책자를 부스럭거리는 것을 삼간다.

모르면 망신당하기 딱 좋은
에티켓과 매너

취재 기자 시절 모 대학 총장을 인터뷰한 적이 있다. 인터뷰 진행은 선임 선배가 했고, 나는 그들이 나누는 대화를 하나도 빠짐없이 노트북에 기록하는 역할을 맡았다. 대학의 발전 방향과 홍보 방안 등에 대한 이야기를 두 시간 반 남짓 나눴더니 손목도 아프고 배도 슬슬 고팠다.

'대체 언제 끝나는 거야?'

원망 어린 눈빛으로 모니터를 쏘아보고 있을 무렵 센스 있는 총장님이 말씀하셨다.

"이제 인터뷰는 그만하고 즐거운 식사나 할까요?"

'브라보, 총장님!'

역시 성공한 사람들에겐 뭔가 특별한 것이 있었다. 굳이 말하지 않아도

상대방의 마음을 헤아릴 줄 아는 센스와 배려! 나는 재빨리 노트북의 전원을 끄고는 총장님의 수행 비서가 안내하는 차로 이동하기 시작했다. 수행 비서가 뒷좌석의 문을 열었고 나는 기다렸다는 듯이 뒷좌석으로 몸을 들이밀었다. 그때였다.

"흠흠, 이 기자! 흠흠!"

동행했던 선배가 똥마려운 강아지처럼 안절부절못하며 내게 눈빛을 쏘아대고 있었다. 그를 뚫어져라 쳐다봤지만 나는 대체 뭘 어쩌라는 건지 도통 알 수가 없었다. 답답하게 구는 선배를 탓하려던 찰나 '교양 있는 총장님'이 말씀하셨다.

"괜찮습니다. 제가 앞좌석에 타겠습니다."

아뿔싸! 그제야 차를 탈 때도 순서가 있다는 것이 생각났다. 가장 연장자이며 상급자인 총장님이 상석으로 불리는 오른쪽 뒷좌석에 앉도록 배려해야 했던 것이다. 그것이 연장자에 대한 존중을 표하는 에티켓이기 때문이다. 일반적으로 자동차 좌석은 운전자에 따라 상석이 달라지는데, 운전기사가 운전 시 뒷좌석의 오른쪽이 상석이고, 일반적으로는 운전자의 옆자리가 상석으로 분류된다. 승차 시에는 상급자가 먼저 타고, 하차 시에는 하급자가 먼저 내리는 것이 예의이다. 하지만 아무도 이 같은 매너와 에티켓을 알려주지 않았으니, 헛기침을 하며 눈치를 주는 선배의 사인에도 나는 눈만 껌뻑껌뻑할 뿐이었다.

비즈니스 매너와 에티켓을 몰라 무안했던 적은 비단 그때뿐만이 아니었다. 사내 엘리베이터를 탈 때마다 누가 먼저 타고 내려야 하는지 몰라 늘 애를 먹곤 했다. 분명 나중에 탔고 문에서도 내가 가장 가까운데 상급자와 함께 탈 때면 왠지 그들이 내릴 때까지 기다려야 할 것 같아 난감한 적이 한두 번이 아니었다. 합리적으로 생각하면 문 쪽에서 가까운 사람이 먼저 내려야 하건만 직장 생활이라는 것이 그렇게 단순하지만은 않으니 문제였다.

"엘리베이터 자리에도 서열이 있잖아! 몰랐니?"

한 웨딩홀에서 엘리베이터 걸로 아르바이트한 경험이 있는 친구는 엘리베이터를 이용할 때마다 진땀을 빼는 내게 말했다.

"상급자, 연장자가 먼저 탑승하고 먼저 내리는 게 원칙이야. 만일 동일한 직급의 남자와 여자가 탈 경우엔 여자가 먼저이지. 엘리베이터 안에도 자리 서열이 있는데, 문 열림 버튼이나 안내자를 기준으로 해서 대각선의 자리가 상석이고 버튼 쪽에 가까울수록 하석이야."

하루에도 몇 번씩 타게 되는 엘리베이터에 자리 서열이 있고 탑승 순서가 있다는 사실을 나는 그제야 정확히 알 수 있었다.

사회생활을 하다 보면 누가 특별히 알려주지 않아도 반드시 알고 있어야 하는 비즈니스 매너와 에티켓이 있다. 수능 시험에 출제되지도 수업 시간에 배우지도 않건만 모를 경우에는 기본 자질과 교양이 부족한 인간으로 찍힐 수 있는 것이 비즈니스 매너이다. 따라서 이참에 장소와 상황에 따라 달라지는 매너와 에티켓에 대해 정확히 알아보자.

음식에 따라 달라지는 매너

"언니, 더럽게 왜 손으로 먹어요."

선배 결혼식장에서 만난 한 후배는 치킨 날개를 손으로 뜯어먹는 나를 교양 없다는 듯 나무랐다.

"흥, 모르는 소리 마! 원래 치킨 날개는 손으로 먹는 게 룰이라고."

음식과 요리에 따라 식탁 매너 또한 달라진다. 육식을

할 경우 몸통은 나이프와 포크를 사용하고 날개와 다리는 손으로 먹는 것이 매너. 예의를 차린답시고 치킨 다리를 나이프로 난도질하지 않아도 된다는 얘기다. 반면 생선 요리는 뒤집지 않고 뼈를 바른 후 나머지 살을 먹는 것이 원칙이며, 샐러드는 메인 요리 전후로 먹으면 된다. 참고로 미국에서는 메인 요리 전에 샐러드를 서빙하고, 프랑스에서는 메인 요리 후에 샐러드를 먹게끔 세팅한다.

직장 동료의 경조사에 참석할 경우

"선배, 김 대리님 결혼식 때 축의금 얼마 하실 거예요?"

직장인들에게 동료의 각종 경조사 금액만큼 예민한 문제도 없다. 3만 원을 하자니 너무 적은 것 같고, 10만 원을 하려니 너무 부담스럽고, 5만 원을 하려니 왠지 성의 없어 보이는 것 같아 고민스럽다. 일반적으로 어느 정도 친분이 있는 직장 동료의 경우 5만 원 선이 적당하고, 안면만 있는 경우에는 3만 원 선의 축의금을 전달하는 것도 무방하다. 좀 더 사적인 관계라면 7만 원 이상을 내기도 한다. 또한 결혼식에 참석할 때는 화이트 컬러의 원피스나 강렬한 원색 복장은 피하는 것이 예의이다.

비즈니스 미팅 시 수다 매너

업무 미팅 시 어색한 분위기를 깨기 위해서는 사적인 대화를 나누는 것이 도움이 된다. 하지만 사적인 대화 역시 지극히 비즈니스적인 내용을 담고 있어야 한다. "남자 친구 있으세요?", "나이가 어떻게 되세요?", "이 목걸이 어디서 사셨어요?" 등 지나치게 스스럼없는 질문은 삼가는 게 좋다. 갑을의 관계를 망각하지 말 것!

국제 행사에 참여할 경우

국가 원수, 총리, 장관, 국회의장과 같은 고위직 인사를 국제 행사장 등에서 만났을 경우 호칭을 사용하는 데도 일정한 룰이 있다. 행사 공식 일정 동안에는 소속 국가, 직책을 포함해 풀 네임을 호명하지만 비공식적인 대화 시에는 절대 직접적으로 이름을 불러서는 안 된다. 예를 들어 버락 오바마를 만났다고 해서 "헬로우, 오바마!"라고 인사를 할 경우 무례한 행동으로 간주돼 제대로 혼쭐이 날지 모른다. 이름 대신 직책을 호명해 "헬로우, 미스터 프레지던트!"라고 인사하는 것이 옳다.

선물을 주고받을 때의 기본 매너

상대방의 사무실이나 가정을 방문할 때는 작은 선물을 준비하는 것이 좋다. 가정 방문 시에는 인사 후 바로 선물을 전달하고, 비즈니스 면담 시에는 용무가 끝난 뒤 사무실을 떠나기 전에 선물을 건넨다. "별것 아니지만 작은 성의이니 받아주세요"라고 운을 띄우며 건네면 된다. 반대로 선물을 받는 입장일 때는 상대방이 있는 자리에서 바로 선물을 뜯어본 후 "예쁘다", "마음에 든다" 등의 칭찬을 하고 감사 인사를 곧바로 전하는 것이 매너다.

첫 미팅 시 인사를 주고받을 때

인사를 주고받을 때도 순서가 있다. 연령보다는 사회적 지위를 기준으로 하급자가 상급자에게 먼저 자신을 소개해야 하며 남자가 여자에게 먼저 인사를 건네는 것이 예의다. 사람을 소개시킬 경우에는 자신과 친한 사람을 덜 친한 사람에게 먼저 소개시키고, 집안 식구를 소개할 때는 여자를

남자에게 먼저 인사시키는 것이 에티켓으로 통용된다.

호텔 결혼식에 초대 받을 경우

호텔 결혼식에 갈 때마다 스테이크 좌우로 놓인 각종 음료와 빵을 보고 '뭐가 내 거지?' 라며 당황했던 기억이 한 번쯤은 있을 터. 다닥다닥 붙어 앉아 있다 보면 대체 어떤 빵이 자기 것이고 어느 쪽 물이 자기 것인지 헷갈린다. 그럴 때 '에라, 모르겠다' 라며 아무거나 먹는 것은 큰 실례다. 왼쪽 편에 있는 빵과 오른쪽 편에 있는 물이 자신의 것이다. 헷갈린다면 '좌빵우물'로 외울 것!

중요한 미팅 전후의 테이블 매너

고급 레스토랑에 가면 주눅이 드는 이유 중 하나는 한꺼번에 너무 많은 나이프와 포크가 세팅되기 때문이다. 대체 그 많은 것들을 어디에 써야 하는지 모르겠다면 바깥쪽에서 안쪽 순으로 사용하도록 하자. 음식이 서비스 될 때마다 다른 포크와 나이프를 사용하면 된다. 포크나 나이프가 바닥에 떨어졌을 때 주워 닦아 쓰는 사람이 있는데, 이것은 가장 '없어 보이는' 행동 1순위다. 조용히 종업원에게 바꿔달라고 요청할 것. 테이블과 의자의 간격은 두 주먹 정도가 적당하며 팔은 허벅지 위에 살포시 얹어놓으면 된다.

Chapter 7

우먼's 스킬
Skills for Women

혼자살기, 그 달콤한 로망

나는 여전히 싱글 라이프에 대한 로망을 품고 산다. 이제는 어쩔 수 없는 품절녀(?)임에도 불구하고 커리어 우먼의 일과 사랑을 다루는 드라마를 챙겨 보며 화려했던 싱글 시절을 추억한다. 특히 〈결혼 못하는 남자〉, 〈여전히 결혼하고 싶은 여자〉, 〈스타일〉처럼 화려한 볼거리가 많은 드라마는 나를 눈 오는 날 강아지처럼 들뜨게 만든다. 그 안엔 내가 싱글 시절 꿈꾸던 공간이 있기 때문이다. 드라마에서 본 벨벳, 새틴, 실크 등의 드레시한 패브릭이 가득한 거실과 앤티크 스타일의 침실 그리고 앙증맞은 식탁과 빈티지 스타일의 조명은 내가 독립을 꿈꿨던 진짜 이유이기도 하다. 처음 가져보는 나만의 공간, 나만의 살림들, 그것은 어쩌면 초가을 잠시 머물고 지나가는 '인디언 썸머'처럼 결혼 전 잠시 누려볼 수 있는 낭만적인 사치일지 모른다.

하지만 번듯한 나만의 보금자리를 소유한다는 것이 얼마나 어려운 일인지 생계형 싱글족들은 안다. 대리석으로 장식된 고급 오피스텔은커녕 제

대로 요리할 수 있는 부엌 딸린 방 하나 구하기도 여간 어려운 일이 아님을, 다달이 허리가 휘청거릴 정도의 부담스런 월세를 감당하는 것이 얼마나 죽을 맛인지를 말이다.

첫 월급을 타고 2년짜리 적금을 붓기 시작하던 날, 나는 기필코 나만의 공간을 마련해 독립하겠다고 다짐했다. 그것이 비록 10평 남짓한 허름한 오피스텔이라 하더라도 말이다. 부모님은 결혼하면 어차피 따로 살 텐데 고집부리지 말고 함께 살자고 하셨지만 내 생각은 변함없었다. 늘 누군가와 함께 살아야 하는 운명에 순응하기엔 내 젊음이 너무 아깝게 느껴졌기 때문이다.

월세 50만 원짜리 방으로 이사 가던 날, 인생의 제2막이 시작되는 것 같았다. 이제부터 정말 내 인생을 제대로 살 수 있을 거라는 기대감에 행복했다. 주말 아침엔 티 테이블에 앉아 분위기 있게 모닝커피와 빵을 먹고, 저녁엔 친한 친구들을 불러 근사한 식사와 와인을 즐기며 세련된 싱글족으로 살 거라고 착각했다. 유행하는 포인트 벽지로 방을 꾸미고, 쳐다만 봐도 잠이 솔솔 오는 고급 소재의 침구 세트를 장만한 나만의 공간 속에서 말이다.

하지만 실제 내 싱글 생활은 처음 내보는 각종 공과금과 월세, 떡볶이 하나를 만들려고 해도 파, 양파, 어묵, 계란까지 사야 하는 생활고로 인해 집 꾸미는 것은 생각조차 할 수 없었다. 피 같은 월세를 내며 몇 달을 살아본 뒤에야 비로소 드라마 속에서나 등장하는 예쁜 공간이 얼마나 아까운 돈과 시간을 소모해야 얻을 수 있는 것인지 알게 되었다. 부모님 앞에 무릎까지 꿇고 사정하여 겨우 허락 받은 독립생활이었건만, 그 역시 먹고살기 위해 필요한 생계형 공간이라는 걸 비싼 등록금을 지불하고서야 깨닫게 된 셈이다. 결국 나는 6개월간의 독립생활을 끝으로 무료 숙식은 물론 각종 복지 혜택까지 제공 가능한 부모님의 집으로 컴백했다. 그토록 이를 악물고 적금을 붓던 이유인 동시에 20대 최고의 꿈이었던 '혼자 살기'는 그렇게 빈곤한 생활고와 피곤한 육신의 몸부림으로 끝이 난 것이다.

그럼에도 불구하고 여전히 나만의 보금자리에서 향 좋은 모닝커피로 아침을 시작하는 혼자 살기에 대한 로망을 버리지 못하고 있다. 공간이 개인의 삶에 미치는 영향을 누구보다 잘 알고 있기 때문이다. 비록 나의 독립생활은 별 볼일 없는 해프닝으로 끝났지만, 잠시 영위했던 혼자 살기에 대한 기억은 잊을 수 없는 그리움으로 남아 있다. 따듯한 햇살을 받으며 작은 베란다에서 마시던 차 한 잔, 침실에 붙인 앙증맞은 포인트 벽지, 난생처음 구입한 커피포트, 혼자 숨 쉬기엔 너무 커 보였던 원룸……. 나는 그렇게 나만의 공간에서 진정한 자유를 느낄 수 있었고, 진짜 어른의 모습을 소망할 수 있었다.

"좀 무리를 하긴 했지만 후회는 없어요. 집으로 돌아가는 길이 더 이상 멀게 느껴지지도 않고, 나만의 보금자리를 마련하고부터 내가 참 괜찮은 여자가 된 것 같은 기분까지 들어요. 문을 열고 집에 들어설 때 느껴지는 포근함과 아늑함은 열심히 일해야 하는 이유까지 다시금 상기시키죠."

하숙집, 옥탑방, 10평 남짓한 오래된 원룸을 전전하다가 최근 침실과 주방이 있는 20평짜리 오피스텔로 이사한 아늑해(28) 씨. 그녀는 오랫동안 꿈꿔온 자신만의 공간을 위해 적잖은 돈을 대출 받고 전보다 많은 공과금을 내고 있지만 올해 들어 가장 '잘한 일'이라고 단언한다. 거실과 침실은 깨끗한 화이트를 콘셉트로 꾸몄고, 사진을 좋아하는 자신의 취미를 반영

해 침대 옆 벽면은 그동안 찍은 사진들을 컬러 집게로 꽂아 장식했다. 'ㄱ'자 모양의 침대 위는 작은 액자들로 코디했고, 침대 모서리엔 지금까지 읽은 책들을 모아 미니 서재로 만들었다. 거실 한편에는 신발 마니아답게 넓은 사이즈의 신발장을 원목으로 짜 넣었다. 또 주방은 미니 카페가 연상되는 아일랜드 식탁 위에 노트북을 올려놓아 작업실로 코디했다. 이제 그녀의 공간은 누가 보더라도 그녀와 꼭 닮아 있다. 그녀의 삶, 생활 패턴, 가치관, 색깔 등이 모두 한데 담겨 있는 것이다.

 자신만의 공간이 아름다운 이유는 바로 여기에 있다. 처음 외로운 독립생활을 시작할 때부터 함께해온 낡은 라디오와 몇 날 며칠을 뒤져 장만한 1인용 소파, 거금을 들여 장만한 노트북……. 내 손으로, 내 힘으로 하나씩 장만한 물건과 소품들이 가득한 공간이 비록 허름한 옥탑방에 불과하더라도 마냥 애착이 가는 이유는 가장 '나답기' 때문이다.

| Tip. 실속 만점, 매력 만점 나만의 공간 만들기 |

싱글족의 보금자리는 신혼부부의 보금자리와 다르다. 한 공간에서 모든 것을 해결해야 하고, 적은 살림살이로 여러 가지 용무가 가능해야 한다. 그러므로 작은 공간을 효율적이고 복합적으로 사용할 수 있도록 스타일링하는 것이 무엇보다 중요하다. 온전히 자신의 생활 패턴에 맞도록 모든 가구와 가전제품을 세팅할 수 있다는 장점을 최대한 살리자.

●● 복합 기능을 가진 수납 가구

바퀴가 달린 서랍장 형식의 수납 가구는 식탁, 서랍장, 티 테이블 등 1인 3역을 소화할 수 있는 효율적인 제품이다. DIY(Do It Yourself, 자체 제작)로 만들면 자신의 목적에 맞는 다용도 가구를 쉽게 조립할 수 있다. 혼자 사는 사람들에게 수납해야 할 잡동사니가 더 많다는 사실을 기억하자!

※ 추천 사이트: 베란다 (www.veranda.co.kr), 쿨컬러 (www.coolcolor.co.kr)

'베란다'에서는 싱글족들에게 인기 만점인 다목적 수납 가구는 물론 개성 만점의 빈티지 믹서기, 빈티지 다리미, 에디슨 축음기 등의 소품부터 미용실에서 볼 법한 메이크업 화장대, 섹스 앤 더 시티의 캐리에게 딱 어울리는 넓은 사이즈의 신발장, 홍대 뒷골목 카페에서 볼 수 있는 빈티지 테이블까지 구입할 수 있다. '쿨컬러'는 인기 완제품을 판매하는 것은 물론 직접 DIY를 할 수 있도록 카운슬링과 시공을 도와준다. 쿨컬러 페인팅 아카데미 수업을 들으면 기초적인 DIY는 문제없다.

●● 아늑함을 더하는 조명

편안한 사색과 명상을 만끽할 수 있도록 도와주는 아늑한 조명은 싱글족들에게 마음의 평화까지 선물하는 필수품. 적은 금액으로 방 안 가득히 자기만의 색깔을 입힐 수 있는 장점이 있다.

※ 추천 사이트: 핑크안라이팅 (www.pinkann-lighting.com)
싱글 여성들의 마음을 설레게 하는 로맨틱한 조명이 가득한 맞춤 조명 쇼핑몰이다. 원하는 장소의 조명을 카테고리별로 빠르게 찾을 수 있고, 자신의 집에 맞는 조명의 견적까지 문의할 수 있다. 빈티지 스타일의 조명을 선호한다면 앞서 언급한 '베란다'를 눈여겨볼 것.

●● 저렴한 가격으로 기분 낼 수 있는 소품들

빠듯한 살림에 고급 재질의 소파, 침대 등을 구입하기란 쉽지 않다. 색깔 있는 공간을 만들고 싶긴 한데 주머니 사정이 여의치 않다면 사소한 소품들부터 장만해보자. 침구 용품부터 커튼, 쿠션, 주방 용품, 욕실 용품 등 집안 살림에 필요한 다양한 제품들을 쇼핑할 수 있는 곳들을 소개한다.

※ 추천 사이트 및 업소: 인더지 (www.intheg.co.kr), 디자인틴탑(www.designtintop.com), 코즈니(www.kosney.co,kr)
메인 화면부터 싱글족들의 가슴을 설레게 하는 소품들이 가득하다. 펠트 플라워 쿠션부터 좀처럼 구경하기 힘든 인디핑크 커튼과 와인 컬러의 침구 세트 등을 보유한 '인더지'는 한순간에 방을 화사하게 업그레이드할 제품들을 착한 가격으로 판매한다. 드라마 〈스타일〉에 등장하는 싱글족의 방 소품들을 협찬해 유명해진 '디자인틴탑'에는 색깔 있는 소품들이 가득하다. 이미 많은 마니아를 확보한 '코즈니'에서는 찻잔, 휴지통, 슬리퍼 등 앙증맞은 데커레이션 상품은 물론 개성 있는 아티스트들의 작품도 만나볼 수 있다.

●● 그 외 알아두면 좋은 보너스 사이트

작은 공간이라 더더욱 인테리어하기 힘들다면 전문가의 도움을 받는 것도 좋은 방법이다. 여러 인테리어 스타일의 이미지를 보여주거나 홈 스타일링의 팁을 무료로 제공하는 사이트들이 적지 않다. '원디자인(www.iwondesign.co.kr)'은 다양한 인테리어 이미지를 통해 초보 싱글족이 인테리어에 대한 감을 익힐 수 있도록 도와준다. '인테리어즈(www.interieurs.com)'에서는 홈 스타일링에 관한 팁을 얻을 수 있는 것은 물론 미국의 유명한 가구 쇼룸까지 한눈에 감상할 수 있다.

마음을 사로잡는 '맛있는' 선물

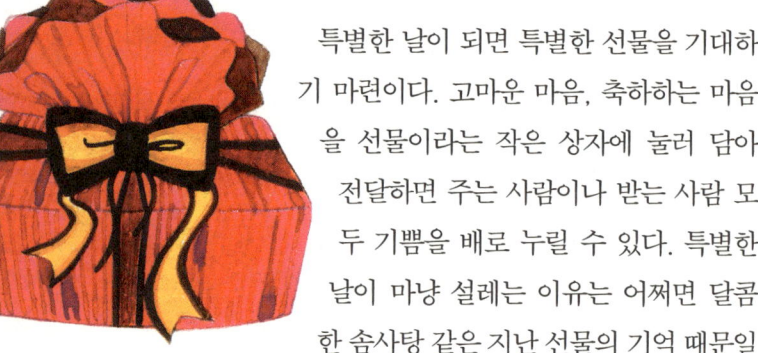

특별한 날이 되면 특별한 선물을 기대하기 마련이다. 고마운 마음, 축하하는 마음을 선물이라는 작은 상자에 눌러 담아 전달하면 주는 사람이나 받는 사람 모두 기쁨을 배로 누릴 수 있다. 특별한 날이 마냥 설레는 이유는 어쩌면 달콤한 솜사탕 같은 지난 선물의 기억 때문일지 모른다. 더구나 예상하지 못한 이로부터 선물을 받았을 경우 그 기억이 더욱 강렬하게 남기도 한다.

  신입 기자 시절 타 회사의 대기자를 인터뷰하라는 명령을 받았다. 주인공은 현재 〈경향신문〉의 유인경 선임 기자. 화려한 스타일의 의상과 개성 있는 메이크업을 선보이는 그녀의 패션을 분석하는 것이 미션이었다.

  땀이 '삐질' 나는 인터뷰를 마치고 헤어질 무렵 그녀가 내게 무언가를 불쑥 내밀었다.

"별거 아니에요. 펜 넣고 다니기에 편할 거예요. 좋은 글 많이 쓰세요."
언제 준비한 것인지 탁자 위엔 귀여운 파우치가 놓여 있었다.

"아! 너무 감사해요. 안 그래도 예쁜 필통 하나 장만하려고 했거든요."

그 후로 나는 그 파우치를 볼 때마다 유인경 기자를 떠올리게 됐고 그녀와 더욱 가까워지고 싶은 욕심이 들었다. 그녀는 나를 쉽게 잊었을지 몰라도 나는 그녀가 선물해준 그 작은 파우치 덕에 오랫동안 그녀를 기억할 수 있었다.

사회적으로 성공한 여자들을 살펴보면 선물로 대체할 수 있는 작은 소품들을 가방 안에 넣고 다님을 알 수 있다. 언제 어디서든 가까워지고픈 사람을 만날 수 있다는 걸 알기 때문이다. 단, 선물을 선택할 때는 반드시 기억해야 할 몇 가지 원칙이 있다.

첫째, 구입하기 전 상대방을 머릿속에 잠시 떠올릴 것.
둘째, 마음을 전달할 수 있는 선물을 고를 것.
셋째, 비싼 선물보다는 유쾌한 선물을 선사할 것.

선물 받을 상대방을 떠올릴 때는 나이, 직업, 취미, 관심사, 취향, 자신과의 관계 등을 모두 포함한다. 예를 들어 대학 은사가 대상이라면 스승과 제자 사이라는 데 초점을 맞춰 선물을 골라야 한다. 대부분의 스승들은 제자가 자신을 잊지 않고 찾아와줬다는 데 큰 기쁨과 자부심을 느낀다. 따라서 이왕이면 동료 교수나 다른 제자들도 알아차릴 수 있는 부피감 있는 선물이 좋다. 특히 '스승의 날'처럼 특별한 의미가 있는 날이라면 더더욱 선물의 목적을 부각시키는 것이 좋다. '교수님, 사랑해요. 감사합니다'라는 커다란 문구가 붙은 서양 난이나 동양 난은 선물 받은 사람이 제자들에게 사랑 받는 교수라는 사실을 타인에게 인지시키는 역할을 한다.

무엇보다 관건은 상대방의 마음까지 웃게 할 수 있는 '유쾌한 선물'을 고르는 일. 수많은 쇼핑몰이 있지만 실용성이 떨어지거나 어디서나 구입 가능한 평범한 물품들이 대부분이어서 선물을 선택하는 데 고민이 따른다. 이 경우 트렌디한 액세서리나 독특한 사무용품을 고르면 실패할 확률이 낮다.

편집국에서 취재 기자로 일할 때 내가 맡은 일 중 하나는 편집국 기자들의 생일 선물을 챙기는 것이었다. 매달 걷은 회비로 선물을 마련하는 역할이었는데, 처음엔 만만찮은 스트레스에 시달리기도 했지만 시간이 지날수록 'Best & Worst 선물'에 대한 안목이 생겨났다. 그 경험을 바탕으로 말하자면, 나이가 비슷한 동료나 친구에게 백화점 상품권과 구두 상품권 등은 달갑지 않은 선물이다. 특히 농산물과 축산물만을 구입할 수 있는 농협 상품권은 'Worst' 아이템 1순위이다. 상품권은 실용적이긴 하지만 금액이 아주 크지 않는 한 시시하고 성의 없게 느껴지기 쉽다. 상대가 개성 있는 스타일을 연출하는 패셔니스타라면 이태원이나 이대 거리 등에서 판매하는 큼지막한 에스닉 스타일의 천 가방 내지 귀고리가 최고의 선물이 될 수 있다. 반면 아기자기한 것을 좋아하는 사람이라면 한겨울 보습을 책임져줄 미니 가습기나 스타킹 전용 쇼핑몰에서 판매하는 컬러 스타킹 여러 개를 예쁜 박스에 넣어 선물하면 유쾌함까지 안겨줄 수 있다.

이처럼 상대방을 기쁘게 하는 기분 좋은 선물은 대상에 따라 달라진다. 아무리 비싼 선물이라 하더라도 상대방의 마음을 읽지 못하면 제 가치를 다 할 수 없다. 다음은 선물할 대상과 목적에 따른 '똑똑한 선물' 품목들이다.

특별한 날, 직장 상사나 은사에게 선물할 때

명절, 생일과 같은 날 직장 상사나 은사에게 선물할 때는 다른 사람들의 눈에 띌 만한 부피감 있는 것이 좋다. 남자라면 양주, 와인 등이 좋고, 여자라면 고급스런 난 종류의 화초가 적합하다. 여자가 남자에게 자주 선물하는 넥타이, 상품권, 와이셔츠는 만족도가 낮은 선물들로 가급적이면 피할 것. 상대가 기혼 남성이라면 '사모님'을 공략하는 것도 좋은 아이디어다. 스카프, 란제리, 귀고리 같은 여성용 제품을 포장해 '사모님께 사랑 받으시라고 준비했어요'라고 적은 카드를 내밀어보자. '사모님 선물'은 실제로 내가 덕을 톡톡히 봤던 방법이다.

결혼, 임신, 출산 등을 축하할 때

결혼과 동시에 예쁜 살림살이, 귀여운 아기 용품 등에 눈이 절로 가는 건 어쩔 수가 없다. 따라서 결혼 축하 선물이나 집들이 선물로 특별한 날 꺼내 쓰면 좋을 포크 세트나 부드러운 털실로 짠 슬리퍼, 커플 앞치마 등은 최고의 아이템이다. 특히 승무원들이 기내 서비스를 할 때 입는 예쁜 앞치마는 항공사 기내에서 판매하기 때문에 외국 여행에서 돌아올 때 구입하여 선물하면 인기 만점이다. 아기가 있는 집이라면 아기 용품 선물이 1순위! 버버리 아기 모자, 폴로 티 등은 젊은 엄마들 사이에서 필수 아이템으로 통한다.

사랑하는 남자에게 마음을 고백할 때

고가의 선물이 여의치 않다면 의미를 부여할 수 있는 재미 있는 선물이 좋다. 10만 원을 천 원짜리 신권으로 바꿔 예쁜 한지 봉투나 복주머니에 넣어 선물해보는 건 어떨까? '내가 생각날 때마다 한 장씩 꺼내 쓰세요'라는 카드와 함께 말이다. 바쁜 스케줄로 아침을 거르는 남자라면 직장이나 집 주소로 아침 배달 서비스를 주문하는 것도 깜찍한 선물. 4주 기준으로 과일 도시락, 국과 밥, 죽 등 다양한 메뉴를 5만 원부터 10만 원 선에서 선택할 수 있다. '죽사랑(www.juksarang.com)', '명가아침(emyungga.com)', '샌드랑(www.sandrang.co.kr)' 등이 간단한 아침 식사를 배달하는 전문 업체. 첫 배달 식사에는 '당신의 건강은 내가 책임질게요'라는 귀여운 유혹을 담은 카드도 잊지 말자.

친해지고픈 사람에게 선물할 때

가까워지고 싶은 사람을 발견했을 때는 립밤, 핸드크림 등 크게 부담스럽지 않은 선물을 전하는 게 좋다. 일명 '꿀벌 립밤'이라고 불리는 '버츠비 립밤'은 촉촉함과 예쁜 디자인이 입소문을 타 늘 베스트 상품으로 손꼽힌다. 가격도 만 원 미만으로 부담 없이 선물하기에 제격이다. 핸드크림으로는 록시땅 핸드크림이 대세이다. 개성 있는 레깅스나 스타킹은 여자들이 환호하는 아이템 중 하나로 친해지고 싶은 동료나 친구의 생일 선물로 딱이다. 다양한 패턴과 재질의 아이템들로 가득한 스타킹 전문 쇼핑몰 '디바퀸(www.divaqueen.co.kr)', 셀린느, 버벌, 안나수이 같은 명품 수입 스타킹을 저렴하게 구입할 수 있는 '카라몰(www.calamall.com)' 등을 참고하면 좋다.

아끼는 후배를 오랜만에 만났을 때

아끼는 후배에게 마음을 전달하고 싶을 때는 평소 자신이 아꼈던 물품을 선물해보자. 예를 들어 몇 번 신지 않은 가죽 구두, 좀 작아진 듯한 실크 스커트, 즐겨 메던 핸드백 등 한때는 애장품이었지만 지금은 좀 싫증이 난 물품을 깨끗하게 손질해 선물하면 상대방에게 의외로 큰 기쁨을 줄 수 있다. "내가 아끼던 것들인데 네 생각이 나서"라는 말과 함께 건네면 오랫동안 당신에게 충성을 맹세하는 후배로 남을지 모른다.

좋은 관계를 유지하고 싶은 거래처 직원을 만났을 때

거래처 직원 등 업무와 관련된 사람들과 사적인 관계를 맺고 싶을 땐 수제 초콜릿을 준비해보자. 초콜릿은 상대방에게 호감을 표현하는 은밀하고도 달콤한 선물이 될 수 있다. 미팅이 끝나고 헤어지기 전에 준비한 초콜릿을 살짝 내밀어보자. 다음번 당신의 전화를 받는 태도가 달라져 있을 것이다.

여행에 목숨 걸지 말자

다음 날 아침에는 지도를 보며 새로운 도시를 정복할 구두의 끈을 단단히 조였다.
길을 잃어본 자만이 다시 시작할 수 있다.

— 최영미 〈나의 여행〉 中

여행은 늘 설렘과 즐거움을 선사한다. 여행을 준비할 때면 소풍 전날 간식거리를 잔뜩 싸놓고 비가 오지 않기를 두 손 모아 기도했던 어린 시절의 설렘이 전해져온다. 스무 살에나 서른 살에나 여행이 주는 떨림은 변함이 없다.

직장 생활을 막 시작하여 늘 분주하고 여유 없던 그 시절, 나는 점점 더 여행에 집착하기 시작했다. 여행만이 삭막한 일상을 달래는 위로이자 그간의 삶을 보상할 수 있는 행위라고 여겼기 때문이다. 여행지를 결정하고 항공권과 호텔 등을 예약하고 나면, 몇 날 며칠 여행 일정을 짜기에 매진했다. 간만에 떠나는 여행인 만큼 많이 보고 많이

돌아다녀야 본전을 뽑을 수 있고 여행의 목적을 제대로 이룰 수 있다고 생각한 탓이었다. 때문에 한순간도 낭비하거나 방심할 수 없었다.

그 때문이었을까. 여행 중 나는 늘 피곤했다. 평소에는 '아침형 인간'과 거리가 멀었건만 여행을 하는 동안에는 새벽 5시면 기상했다. 몇 년 전 떠난 일본 여행에서는 하루에 세 개 도시를 여행하는 놀라운 체력을 자랑하기도 했고, 단짝 친구와 함께했던 중국 여행에서는 이른 새벽 태극권 구경부터 다음 날 새벽 클럽 탐방까지 꼬박 24시간을 거리에서 보낸 적도 있다. 당시 나에겐 무엇을 느꼈느냐보다 어디에 가봤는지가 무척이나 중요했다. 마치 여행이 끝난 뒤 방문한 곳들과 한 일에 대해 보고를 해야 하는 사람처럼 이곳저곳에서 사진을 찍어대기 바빴고 유명한 명소와 식당들을 방문하기에 급급했다. 그렇게 고단한 '관광'을 마치고 호텔 방으로 돌아오면 온몸이 천근만근 무겁고 힘들었지만 왠지 모르게 뿌듯함이 밀려왔다.

문화심리학자인 김정운 명지대학교 교수는 그의 저서 《나는 아내와의 결혼을 후회한다》에서 한국인들의 여행 습관을 담은 일화 하나를 소개했다. 독일 유학 시절 유럽 여행에 굶주린 친구들이나 친척들이 그를 찾아오면 렌터카를 빌려 여행을 하고는 했는데, 여행을 마치고 차를 반납할 때면 렌터카 회사 직원이 그에게 항상 물었다.

"한국인이죠?"

그가 깜짝 놀라 어떻게 알았느냐고 물으니, 직원은 "2주 동안 5000km를 달리는 사람은 한국 사람밖에 없다"라고 대답했단다. 이쯤 되면 자동차 경주이지 여행이라고 볼 수 없다. 나뿐만이 아니라 대부분의 한국인들이 무조건 많이 보고 많이 돌아다니는 여행에 집착한다는 뜻이다.

김정운 교수는 '왜들 그렇게 달리는 것일까?'라는 질문에 '보는 것에 굶주렸기 때문'이라고 설명한다. 일상과 전혀 다른 세상을 이 기회에 원 없이 보고 싶은 마음이 앞서기 때문이라는 것이다. 달리는 기차 여행이 좋은 이 유도 차창 밖의 풍경을 새로운 관점으로 즐길 수 있기 때문이고, 낯선 볼거리를 발견하면 카메라부터 꺼내 들이대는 것도 그 새로운 관점을 오랫동안 기록하고 싶은 마음에서 비롯되는 것이다.

사실, 다른 세상을 만나는 일만큼 흥분되는 것도 없다. 같은 듯하면서도 전혀 다른 모습으로 살아가는 사람들을 만날 때면 신기하다 못해 알 수 없는 감동까지 밀려온다. 그래서 사람들은 시련을 겪을 때나 방황을 할 때면 인생의 답을 찾기 위해 여행을 떠난다. 그곳에 가면 골치 아픈 것들을 떨쳐내고 새로운 답을 찾아 돌아올 수 있을 거라고 기대하기 때문이다.

하지만 그런 기대에도 불구하고 여행이 끝난 뒤 현실로 돌아왔을 때 달라지는 건 별반 없다. 털어버리고 싶던 크고 작은 마음의 짐들은 피곤한 육체에 그대로 달라붙어 있고, 대형 메모리 카드를 가득 채운 추억의 사진들은 블로그에 올리는 순간부터 허무하게 느껴질 뿐이다. 여행을 통해 도대체 뭘 얻은 것인지, 심지어 무엇 때문에 여행을 떠난 것인지조차 헷갈리는 순간들이 점점 늘어난다.

"이번 여행은 좀 달랐어. 가슴이 터져버릴 만큼 날 흥분시키던 뉴욕의 야경도, 뉴요커들의 화려한 패션도, 근사한 레스토랑들도 전만큼 매력적이지 않더라. 오히려 이번 여행에서 가장 기억에 남는 순간은 호젓한 카페에 앉아 지난날들을 돌아보며 앞으로 살아갈 날들을 떠올려본 몇 시간인 것 같아. 여유 있게 행복을 곱씹던 그 시간 말이야."

뉴요커가 꿈이라고 입버릇처럼 말하던 한 친구가 여행을 마치고 돌아왔다. 뉴욕의 공기를 마시고 나면 다시 일상을 살아갈 에너지가 충전되는 것

같다던 그녀가 무슨 까닭인지 이제 더 이상 뉴욕으로 떠나지 않아도 된다고 말했다. 매년 자신을 뉴욕으로 이끌던 진짜 이유를 작은 카페에서 찾은 그녀는 여행의 목적이란 자신 안에 있다는 것을 깨달은 것이다.

언제부터인가 나는 여행의 목적지에 집착하지 않게 됐다. 오랜 역사와 낭만이 살아 숨 쉬는 유럽도, 화려한 밤거리를 자랑하는 홍콩도, 그 자리에 있는 것만으로도 뉴요커가 된 것 같은 착각을 일으키는 뉴욕도 시간이 지나고 나니 '그저 그런 여행지'로만 남게 된다는 걸 경험하고부터다.

오히려 별다른 기대 없이 떠났던 캐나다의 변두리 마을에서 보낸 며칠, 강원도 한 사찰에서 경험한 템플 스테이, 달콤 씁쓸한 고독을 처음 맛봤던 독일 브레멘에서의 유학 생활이 두고두고 그립고 가슴 저리게 생각나곤 한다. 그곳에는 '완전한 쉼'이 있었고, 나 자신에게 온전히 몰두할 수 있는 '여유'가 존재했다. 신선한 아침 햇살을 가득 담은 산책, 너무 이르지 않은 부드러운 조식, 한산한 오후 책과 신문을 챙겨 들른 동네의 작은 카페, 사랑하는 사람들과 웃고 떠들며 나누는 소박한 식사……. 그냥 지나치고 말았을 사소한 일상들이 여행에서 누릴 수 있는 진정한 매력으로 다가오기 시작했다. 어디로 떠나느냐보다 중요한 것은 '어떻게 쉬는가'를 계획하는 일이다.

쉰다는 것은 내면의 나와 대화하는 것을 의미한다. 진정한 쉼이 있는 여행이란 나를 찾아 떠나는 길을 말한다. 자신을 돌아보고 그동안 모른 척했던 내면의 목소리에 귀를 기울이는 것, 안정적인 심리 상태를 찾고 내면의 나를 평화롭고 기분 좋게 만드는 것, 그래서 다시금 현실을 살아갈 희망과 꿈을 찾게 하는 것, 그런 여행이 가장 사치스럽고 고급스런 여행이 아닐까?

《길을 잃어야 진짜 여행이다》의 저자 최영미 씨는 길을 잃을 수 있을 때

비로소 여행의 의미를 찾을 수 있다고 말한다. 여행은 단순히 머무는 것이 아닌 '살기' 위한 과정이기 때문이다. 스스로를 '현실감각이 모자라는 낭만주의자'라고 일컫는 그녀는 길에서 만나 길에서 헤어진, 인생에서 단지 몇 시간을 공유한 사람들에게 자신의 속내를 털어놓기도 하고, 꽁꽁 싸매두었던 아픈 과거를 나누기도 한다. 그리고 그들로부터 '괜찮다, 다 지난 일이다, 너를 이해한다'라는 짧지만 강렬한 위로를 받으며 다시 살아갈 용기를 얻는다. 이렇게 그녀는 여행을 통해 길을 잃었던 자신을 만나는 것이다.

"그동안 내가 저지른 모든 실수들을 용서할 수 있었어요. 나와 화해함으로써 다시 살아갈 수 있다는 희망을 얻었죠."

길을 정하지 않고 떠난 그 여행이 그녀의 자아를 찾게 해주었고 삶을 다시 긍정적으로 바라볼 수 있는 새로운 희망을 선물한 셈이다.

여행은 여행을 떠나는 사람의 마음을 닮는다. 어떤 이에게는 지나온 자신의 삶에 의미를 부여하는 시간 여행이 되기도 하고, 어떤 이에게는 자기 내면의 목소리에 귀 기울이는 성찰의 여행이 되기도 하고, 또 다른 이에게는 잃어버린 삶의 재미와 자극을 찾는 탐험 여행이 되기도 한다. 진짜 여행의 매력을 느껴보고 싶다면 당신의 마음부터 들여다보라. 이제 곧 떠날 그 여행은 당신의 마음과 수준을 꼭 닮아 있을 테니 말이다.

내 사람, 수다로 지킨다

주말 아침 혼자 시간을 때울 만한 카페에 들러 폼을 잡고 있노라면 이른 오전임에도 유모차 부대 아줌마들을 쉽게 만날 수 있다. 간만의 외출에 들떠 보이는 초보 엄마들은 커다란 유모차에 아기를 태운 채 삼삼오오 모여 커피를 마시는데, 가끔씩 나는 가만히 숨을 죽이고 그들의 수다에 귀를 기울인다.

"아기가 밤에 통 잠을 안 자요. 요즘 밤낮이 뒤바뀐 것만 같아서 큰일이에요."

"우리 아기는 이번 주부터 이유식을 시작했는데 자꾸 토해요. 뭐가 문제일까요?"

아기 키우는 이야기, 이유식 만드는 방법, 아기 장난감 구입하기 좋은 사이트, 남편 귀가 시간 비교하기 등 주부의 일상을 둘러싼 소소한 대화들이 주를 이룬다. 그녀들의 이야기를 듣고 있자니 문득 궁금해졌다. 이유식과 장난감 이야기 외에 나누고픈 말들이 없는지, 속내를 터놓고 수다를 떨 만한 오랜 벗은 없는지, 그 많던 친구들은 다 어디로 갔는지 말이다.

나이가 들면서 인간관계가 좁아졌다고 생각하는 여자들이 적지 않다. 자신도 모르는 사이 남편, 아이, 친정, 시댁 식구들로 범위가 축소돼 심심한 어느 날 오후 특별히 만날 사람이 없는 것이다. 미혼 시절에는 한 달에 두세 번씩 만나던 친구들이 결혼 후엔 1년에 한 번 보는 것도 어렵고, 대학 선후배들과의 교류도 자연스레 끊겼으니 당연한 결과다. 생일 파티를 열고 싶어도, 아기 돌잔치에 초대하려고 해도 마땅히 부를 사람이 없다.

"점점 대화의 공통분모가 사라지는 기분이야. 만나도 특별히 할 이야기가 없어."

"이제 남편이 단짝 친구라니까. 모든 걸 남편과 상의하고 결정하게 돼. 고민 상담할 마땅한 사람도 없고 말이야."

외롭지 않으려면 사람이 필요하다. 나이가 들면 점점 더 많은 사람에게 도움 받을 일이 생기고, 마음을 주고받고 싶은 시간들도 늘어난다. 그뿐인가. 업무 능력만 인정받으면 무사히 사회생활을 할 수 있었던 사회 초년생 시절과 달리 사람을 통해 정보와 기회를 얻어야 하는 상황들이 많아진다. 조직에서 생존하기 위해 내 편을 만들어야 하는 경우도 생기고, 사람을 통해 위기를 관리해야 하는 환경에 놓이기도 한다. 혼자 사는 세상이 아니기에 사람들에게 빚을 지고 신세를 지며 살아갈 수밖에 없는 것이다. 더욱이 심리적으로 바닥을 쳐본 사람들은 안다. 감정적인 파산 상태에 이르렀을 때 혼자 힘으로는 도저히 일어설 수가 없다는 것을. 그렇기 때문에 더 이상 혼자 견딜 수 없는 고립 상태에서 벗어날 수 있도록 손을 잡아줄 '사람'

이 필요하다.

  하지만 내 사람을 지켜내는 일, 인맥을 관리하는 일은 하루아침에 이루어지는 것이 아니다. 화초에 물을 주듯 꾸준히 안부를 묻고 호감을 표시하며 '여전히 당신을 생각하고 있어요' 라는 메시지를 전달해야만 가능하다. 부모 자식과의 관계를 제외한 모든 인간관계는 서로 사랑을 확인하고 표현할 때 유지된다. 오랜 시간 함께한 남편, 애인, 친구도 다를 바 없다.

  내게도 '사람'들을 지켜내기 위한 몇 가지 노하우가 있다. 기존의 인간관계를 유지하고 새로운 사람들을 만나기 위해 하는 일은 일주일에 두세 번 지인들과 점심 약속 잡기, 고마운 사람들을 위해 작은 선물 챙기기, 생각날 때마다 문자로 안부 묻기, 명절 인사 제대로 하기 등이다. 그중 가장 좋은 애정 표현은 '스킨십'이다. 직접 만나 손을 잡고 팔짱을 끼고 눈을 마주치는 일만큼 굳건한 애정을 유지시키는 방법은 없다. 때문에 아무리 바쁘더라도 월요일 오전이면 한 주간 만날 사람들을 체크해 점심 약속을 잡는다. 관련 업계 사람들도 만나고, 마음을 터놓고 편한 수다를 떨 수 있는 친구와도 약속을 잡고, 요즘 관심을 두고 있는 분야에서 일하는 선배와도 연락을 취한다. 그리고 서로의 직장 중간 지점쯤의 장소에서 부담스럽지 않은 점심 메뉴를 미리 선택해 예약한다. 한 시간 남짓의 길지 않은 시간이지만 함께 점심을 먹고 눈빛을 교류하며 살아가는 이야기를 나누기에 충분하다. 이 시간을 통해 필요한 정보를 얻기도 하고, 인간적 신뢰와 감정적인 지지를 쌓을 수도 있다.

  특별히 호감을 표현하고 싶은 사람이 있다면 작은 선물을 준비한다. 홍대 거리에서 산 독특한 헤어 핀, 백화점 세일 기간에 장만한 스카프, 외국 여행에서 대량 구입한 초콜릿 등 부담스럽지 않은

'작은 선물'들 말이다. 여자들은 사소한 것에 감동 받고 행복을 느낀다. 별 것 아닌 물건이라 해도 자신을 살뜰히 챙긴 상대방의 마음이 전해지면 금세 친밀한 관계로 발전할 수 있다.

함께 식사를 하기 힘든 상황의 사람들에게는 생각날 때마다 문자를 보내거나 미니홈피 등에 글을 남긴다. 잘 살고 있는지, 별일은 없는지 등을 묻고 나의 크고 작은 일상 소식도 전한다. 글과 문자를 통해 계속 교류하다 보면 자주 만나지 못하더라도 얼마 전 만난 사이처럼 친근한 관계를 유지할 수 있다. 아무 목적이나 이유 없이 건네는 '당신이 보고 싶어서 연락했어요'라는 메시지는 군대 간 남자 친구에게서 온 반가운 편지처럼 커다란 설렘을 선사한다. 가까운 시일 내에 꼭 만나고 싶다는 마음이 불타게 하는 것이다.

인맥을 위한 투자에서 명절은 대목이다. 평소 크고 작은 도움을 줬던 대학 은사나 직장 상사, 선배들의 기호와 관심사 등을 고려해 부담스럽지 않은 명절 선물과 편지를 전달한다. 올해도 나는 동양난을 좋아하는 은사에겐 난 선물을, 이직을 준비할 때 도움을 준 선배에겐 향수와 립스틱을, 평소 많은 배려를 베풀어준 직장 상사에겐 독특한 디자인의 지갑을 선물했다. 비록 자주 찾아뵙지 못하고 고마운 마음을 충분히 전하지는 못하지만 여전히 내 마음속에 그들이 있다는 것을 알려주기 위해서다. 아무리 마음속으로 '감사해요!'를 수백 번 외친들 표현하지 않는다면 상대방은 알아챌 수 없다. 더욱이 제때 감사의 마음을 전하지 않으면 경우 없는 사람으로 찍혀 다시는 감사함을 느낄 일이 일어나지 않을 수도 있다.

많은 사람들이 지인들과 지속적으로 연락하며 지내기를 주저한다. 관계

가 유지되기를 바라면서도 불편하고 어색한 연락은 피하고 싶기 때문이다. 사실 뜬금없이 전화해서 '하하 호호' 떠들기란 쉽지 않은 일이다.

"나는 전화 공포증이 있거든. 별일 없이 전화하기가 왜 그리 어색한지 모르겠어. 인맥 관리를 위해서라도 이러면 안 되는데 말처럼 쉽지가 않네."

"먹고살기도 바쁜데 주변 사람들까지 챙기는 건 무리야. 잘 보이려고 애쓰는 듯한 인상을 주는 것 같기도 하고 말이지."

연락하며 지내는 것도 습관이다. 처음엔 좀 쑥스럽더라도 보고 싶은 사람, 계속 인연을 이어가며 친분을 쌓고 싶은 사람, 만나고 싶은 사람에게 잠깐씩 안부를 묻는 전화를 하고 문자를 보내자. 순수한 의미에서 자신을 잊지 않고 챙기는 사람에게 '무슨 일이냐' 고 냉대할 사람은 없다. 모든 인간관계는 투자이자 관리다. 시간을 투자한 만큼, 열정을 쏟은 만큼 당신 주변에는 여러 사람들이 남을 것이다. 좀 더 가까운 사람으로 남고 싶다면, 친밀한 사람으로 다가가고 싶다면 남들보다 두세 배의 노력을 기울여야 한다. 친한 친구일수록, 오랫동안 곁에 두고 싶은 사람일수록 시간을 쪼개 마음을 전하고 애정을 표현해야 한다. 몇 년 후, 유모차 부대의 아줌마들과 의미 없고 따분한 대화를 나누고 싶지 않다면 말이다.

| Tip. 간단한 처세술로 여우처럼 인맥 관리하기 |

◐◑ 만남 후의 느낌을 문자나 이메일로 보낸다

만남 후 반갑고 고마운 마음을 귀여운 이모티콘과 함께 문자나 이메일로 보내면, 그날의 만남이 상대에게 더욱 인상 깊게 남을 것이다.

◐◑ 이메일 한 귀퉁이에 감동적인 글귀, 나누고픈 이야기를 적어 보낸다

보고 싶은 사람들이나 주기적으로 만나는 사람들에게 책이나 신문 등에서 읽은 감동적인 글귀, 함께 나누고픈 이야기들을 이메일로 보내면 부담 없이 자신의 존재를 부각시킬 수 있다.

◐◑ 상대방이 알아두면 좋을 업계 정보나 좋아하는 음악 파일을 선물한다

감성을 자극하는 음악 파일이나 상대방의 커리어에 도움이 되는 정보를 이메일로 보내면 적잖은 감동을 선사할 수 있다.

◐◑ 함께 찍은 사진을 활용한다

다양한 인맥을 보유한 사람과 친분을 쌓고 싶은 경우 첫 만남에서 함께 찍은 사진과 짧은 인사말을 이메일로 보내면 좋다. 수많은 사람들 중 당신을 기억하는 데 도움이 된다.

◎◎ 상대방의 생일을 축하하는 카드를 챙긴다

생일이면 유독 외롭게 느끼는 사람들이 많다. 문자나 이메일 대신 예쁜 카드와 초콜릿 같은 작은 선물을 준비해 생일을 축하하면 오랫동안 당신에 대한 고마움을 잊지 못할 것이다.

◎◎ 상대가 기혼자라면 자녀를 챙긴다

인맥을 구축하고 싶은 상대가 기혼자일 경우 그들의 자녀를 챙기자. 아이들이 좋아할 만한 소품을 선물하면 효과 만점이다. 만약 해외여행 계획이 있다면 그 지역에서 생산하는 독특한 스타일의 아이 옷이나 신발, 모자 등을 미리 사뒀다가 특별한 날 선물하도록.

나 요리하는 여자야!

나는 요리하는 걸 좋아한다. 나만의 레시피로 맛을 낸 음식들을 식구들이 배불리 먹을 때 느끼는 묘한 쾌감과 성취감은 요리를 즐기는 사람만이 알 터. 재미있는 것은 이런저런 요리를 만들어 미니홈피에 올렸을 때 주변의 반응이다.

'얼굴 예쁘고 요리 못하는 여자랑은 못살아도 못생기고 요리 잘하는 여자랑은 사는 게 남자인데, 신랑은 좋겠네요.'

'대단한데! 일하면서 언제 요리까지 배웠니?'

즐겨 하는 요리 사진 몇 개를 미니홈피에 올렸을 뿐인데 어느 순간 나는 '못하는 게 없는 여자', 남편은 '장가 잘 간 남자'가 돼 있었다.

사실 음식 만드는 일은 어렵지 않다. 집안일 중 가장 쉽고 재미있으며 생

산적인 일이 아닐까 싶다. 물론 장을 보고 음식을 하고 식후 설거지까지 포함한다면 적지 않은 노동이지만, 음식을 만드는 태도나 방식에 따라 얼마든지 즐거운 놀이가 될 수 있다. 요리 책에 나오는 레시피대로 한 치의 오차 없이 따라 하다 보면 진땀이 날 만큼 스트레스를 받는다. 하지만 나만의 방식으로 재료들의 결합을 상상하며 요리하면 짜증은 어느새 즐거움으로 변한다. 그림을 그리듯, 예쁜 털모자를 짜듯 내 스타일과 내 입맛대로 요리를 디자인하는 재미를 알고 나니 스트레스를 받거나 주변 사람들에게 특별한 선물을 해주고 싶을 때 나도 모르게 앞치마를 꺼내 입게 된다. 냉장고에 들어 있는 재료들을 하나하나 떠올리고 그것들이 한데 어울릴 만한 메뉴를 짜낸 뒤 실행에 옮기는 작업은 일종의 예술처럼 느껴지기까지 한다.

나처럼 요리하기를 참신하고 즐거운 미술 발표회처럼 즐기려면 제일 먼저 요리에 대한 부담감부터 내려놓아야 한다. 요리를 매일 해야 하는 과제로 받아들이기보다 삶을 변화시킬 수 있는 작은 도전쯤으로 여기는 마음가짐이 필요하다는 뜻이다. 된장찌개에 꼭 된장, 호박, 두부가 들어가란 법은 없다. 기호에 따라 햄과 양파, 버섯으로 색다른 맛을 낼 수도 있다는 말씀! 장금이가 울고 갈 만한 내 요리 실력의 비결은 바로 이것이다. '내 맘대로 상상하고 내 멋대로 만들 것.'

예를 들면 이렇다. 냉장고를 뒤져보니 칵테일 새우, 두부 반쪽, 파프리카 한 개, 떡국 떡, 잡채 남은 것, 낙지 한 마리 등이 있다. 대부분의 사람들은 이런 재료가 남았다면 떡국을 끓이고 해물 된장찌개를 만드는 것으로 두 끼 식사를 때울 것이다. 하지만 조금만 더 발상을 달리해보면 어떨까?

칵테일 새우와 파프리카를 다져 으깬 두부와 함께 전을 부쳐내고, 데친 낙지에 먹다 남은 잡채와 떡국 떡을 굴 소스로 볶아내면 한 끼 식사로도 손색없는 '낙지 잡채 떡볶이'라는 새로운 요리가 탄생한다. 일찍 들어온 남편과 막걸리 한 잔을 하며 먹기에도 좋고, 가까이 사는 친구와 수다를 떨며 나누는 간식으로도 손색이 없다. 찌개를 끓이고 몇 개의 밑반찬을 만드는 정성과 시간의 4분의 1만으로도 가능한 일이다.

제대로 장을 봐서 한 상 푸짐하게 차려야 한다는 부담감을 가지면 요리 자체를 즐기기 힘들다. 빠르고 간단하게 만들고, 맛있고 즐겁게 먹을 수 있는 행복한 요리법 몇 가지만 알아두면 보다 맛있는 삶을 조리할 수 있다. 여기, '나 요리하는 여자야!' 라고 당당히 외칠 수 있는 몇 가지 레시피를 공개한다. 단, 이 레시피를 바탕으로 자신만의 요리법을 차차 개발해나가기를 바란다.

나른한 일요일 오전을 위한 뚝딱 브런치

● 모듬 샐러드

1. 양상추, 오이, 방울토마토, 시금치 등 좋아하는 과일과 야채를 먹기 좋게 손질한다.
2. 바삭하게 구운 토스트와 햄을 네모꼴로 작게 잘라 샐러드 위에 올려놓는다.
3. 유자 소스나 오리엔탈 소스를 곁들여 세팅한다.

● 치즈 허니 토스트

1. 식빵에 허니 버터를 바른 뒤 치즈를 깔고 전자레인지에 1분간 돌린다. 허니 버터가 없다면 마요네즈를 발라도 좋다. (허니 버터 만드는 법: 버터를 전자레인지를 이용해 녹인 뒤 꿀과 마늘 다진 것을 넣어 다시 얼린다.)
2. 냉장고 야채 칸에 남은 각종 야채와 찐 감자를 썰어 좋아하는 스타일의 드레싱을 넣고 버무린다.
3. 식빵에 야채를 올리고 허니 버터를 바른 또 다른 식빵으로 덮는다.

● 감자 스프

1. 잘게 썬 양파를 기름에 볶다가 으깬 감자를 넣고 물을 붓는다.
2. 중불에서 질감이 좋을 정도로 끓이다가 소금 간을 하고 살짝 식힌 뒤 우유와 달걀노른자를 조금 넣고 젓는다.
3. 기호에 따라 슬라이스 치즈를 잘게 썰어 뿌려 먹어도 좋다.

친구들과 함께하는 로맨틱 런치

● 해산물 리조또

1. 양파를 잘게 다져 버터를 넣고 약한 불에서 볶은 뒤 화이트 와인을 한 컵 넣고 센 불에 끓인다.
2. 육수(없으면 생수로 대체)와 쌀을 넣고 볶다

가 어느 정도 쌀이 익으면 좋아하는 해산물을 넣고 볶는다. 중간 중간 육수나 물을 넣으며 촉촉한 밥을 만드는 것이 키포인트.
3. 먹기 직전에 파마산 치즈와 야채로 장식한다.

● 바나나 샐러드

1. 바나나를 먹기 좋게 잘라 그릇에 담아낸 뒤 생크림과 꿀을 섞어 드레싱으로 올린다.
2. 잣, 호두, 땅콩과 같은 견과류를 잘게 부숴 뿌리면 금상첨화. 생크림이 없다면 요거트로 대체해도 좋다.

초간단 집들이 음식

● 피망밥

1. 모양이 예쁜 피망을 고른다. (식탁 위에 세워놔야 하기 때문에 밑바닥이 평평한 것이 좋다.) 피망의 꼬리 부분을 잘라 뚜껑으로 만든 뒤 피망 안의 내용물을 파낸다.
2. 각종 야채를 넣어 밥을 볶은 뒤 알맞게 식었을 때 피망에 넣고 뚜껑을 닫는다.

● 돌문어 멍게 숙회

마트에서 파는 돌문어를 사서 살짝 데친 뒤 적당한 크기로 썬 멍게와 초고추장을 넣고 무치면 끝! 초고추장의 새콤달콤한 맛과 돌문어의 쫀득한 질감이 어우러져 가벼운 술안주로 좋다.

● 바비큐 립

1. 립에 굵은 소금을 뿌려 예열된 오븐에서 30분간 굽는다.
2. 립이 노릇하게 구워지면 각종 소스(바비큐, 허니 머스터드, 케첩)와 감자 칩을 함께 곁들인다. 단, 등갈비용 립을 구입할 때는 칼집을 넣어 손질해달라고 말해야 바비큐용으로 적합하다.

남자 친구를 위한 나들이 도시락

● 여친표 특제 충무김밥

1. 살짝 구운 김에 밥을 넣고 손으로 돌돌 말아서 큼지막하게 썬다.
2. 오징어를 살짝 데친 뒤 양파, 잘게 썬 깍두기 등과 함께 양념장에 무쳐서 도시락에 담는다. 단, 오징어에서 물이 생기므로 반드시 랩으로 쌀 것.

집에 있는 재료로 가볍게 즐기는 야식

● 바지락 새우볶음

1. 칵테일 새우와 바지락을 찬물에 몇 분간 담근 뒤 각종 양념(고추장, 설탕, 간장, 마늘, 파 다진 것)과 함께 센 불에 볶아낸다. 토마토케첩을 살짝 곁들여도 좋다.
2. 바지락이 입을 열며 익으면 잘게 부순 땅콩을 뿌려서 그릇에 담아낸다.
3. 레몬즙을 뿌려 새콤한 향을 더한다.

● 계란 샐러드

1. 계란을 완숙으로 삶아 여섯 등분한다.
2. 발사믹 양파 소스를 만든다. 양파를 잘게 다진 뒤 발사믹 식초와 꿀을 섞어 10분간 숙성시킨다.
3. 양상추, 방울토마토, 당근 등 냉장실에 있는 재료를 그릇에 담고 삶은 계란을 올린 뒤 만들어둔 발사믹 양파 소스를 뿌린다.

남편을 위한 얼렁뚱땅 술안주

● 낙지 들깨소스 볶음

1. 간장과 물을 2:1 비율로 섞은 뒤 참기름, 마늘, 들깨가루를 넣어 소스를 만든다.
2. 밀가루와 소금으로 잘 손질한 낙지를 살짝 데친 뒤 양배추, 파프리카 등 구비된 야채를 소스와 함께 볶아낸다. 짜거나 맵지 않아 술안주로 제격이다.

● 치킨 데리야끼 구이

1. 시중에 판매되는 데리야끼 소스를 사용하거나, 굴 소스에 간장, 꿀, 레몬즙, 양파즙 등을 넣어 데리야끼 소스와 비슷한 맛으로 만든다.
2. 닭고기에 데리야끼 소스를 바른 뒤 오븐에 10분간 굽는다. 닭봉, 닭날개, 닭가슴 등 어느 부위를 사용해도 무방하다.

서른, 관계의 필터링이 필요한 때

여자는 결혼을 하고 나서, 남자는 군대를 제대한 뒤 인간관계의 '재편성'을 경험한다고 한다. 커다란 삶의 변화를 겪으면서 떠나고 남는 이들이 보다 또렷하게 보이기 때문이다. 결혼식 첫날밤, 나는 결혼식에 참석한 사람들의 명단을 확인하고 축의금으로 들어온 두둑한 돈다발을 정산하느라 새벽녘까지 잠자리에 들지 못했다.

"어라, 아까 분명 그 지지배 온 거 봤는데 왜 축의금 봉투가 없지?"

"어머, 얘 시집갈 때는 축의금 10만 원이나 했는데 나한텐 5만 원 했네!"

"얘 봐라, 나는 지 결혼식은 물론이고 딸 돌잔치까지 갔는데 내 결혼식에 안 왔다 이거지?"

신랑은 '이제 그만 자자'고 계속 보챘지만, 나는 고마운 사람과 서운한 사람을 가려내느라 잠을 청할 수가 없었다. 당연히 왔어야 하는 사람이 참석하지 않았다는 사실을 알고는 씩씩거리며 혼자 호텔 방 안을 서성거리기도 했다. 배신감에 제대로 몸을 떤 덕분에 우리의 첫날밤은 로맨틱한 이벤트 하나 없이 그렇게 끝이 났다.

다음 날 아침, 날이 밝자마자 가장 친한 친구에게 전화를 걸었다. 밤새 삭이지 못한 분을 쏟아내기 위해서였다. 축하 인사도 없이 밥만 먹고 가버린 친구부터 참석조차 하지 않은 몇몇 친구들을 지목하며 '경우 없는 것들'에 대한 비난을 해댔다.

"축의금을 안 냈다고? 남자 친구까지 데려와서 밥 먹던데? 진짜 웃긴다. 하긴, 걔 내 결혼식 때도 청바지에 티셔츠 달랑 입고 맨 앞자리에서 사진 찍었잖아. 남의 결혼식에 그렇게 성의 없게 하고 나타나도 되는 거니?"

"괜찮아. 걔 결혼할 때 안 가면 되니까."

결혼식을 마친 뒤 내 인간관계에는 큰 변화가 일어났다. 휴대폰에 저장돼 있던 수백 개의 이름 중 상당수가 삭제되거나 단축키의 우선순위가 뒤바뀌는, 이른바 '관계의 지각변동'이 발생한 것이었다. 앞에서는 간이고 쓸개고 다 내줄 것처럼 굴더니 막상 결혼식 당일에는 전화 한 통 없이 참석하지 않은 친구, 나는 결혼식은 물론 부모님 장례식까지 다 참석했음에도 정작 자신은 바쁘다는 핑계로 축의금만 전달한 친구, 오자마자 축하 인사도 없이 식당으로 직행한 친구……. 큰일을 치르기 전까지는 몰랐는데 그동안 내가 쌓은 관계의 진정한 깊이가 보였다. 그들은 겉모양만 친했던 사람들이었다. 새로운 인생을 시작하는 뜻 깊은 날, 제대로 된 축하 인사조차 건넬 줄 모르는 '있으나 마나 한' 사람들 말이다.

'미안하지만, 안녕!'

나는 단칼에 그 친구들을 잘라냈다. 물론 절교 편지를 보내거나 이별을 통보하는 문자 메시지를 보낸 건 아니다. 결혼식이 시작되기 몇 시간 전부터 미용실과 신부 대기실을 방문해 그날의 떨림을 함께해준 친구들, 몇 날 며칠 축가 연습을 하느라 피폐해진 친구들과 비교해 너무나 다른 마음으로 나를 대하는 사람들이라는 확신이 들었기 때문이다.

그 뒤로도 나의 인간관계 필터링은 계속됐다. 결혼 전에는 늦은 밤까지 함께 술잔을 기울이며 울고 웃고 떠드는 사람들이 많았다. 워낙 사람을 좋아하고 정이 많은 나의 성격 탓이기도 했다. 하지만 결혼 이후 아들처럼 챙겨야 할 남자가 생기고 일과 가사를 병행하다 보니 예전처럼 많은 사람들과 어울리기는 힘들었다. 자연스런 결과겠지만, 시간이 지난 지금은 함께 술잔을 기울였던 사람들 중 일부만이 내 사람들로 남아 있다. 상당수는 술자리가 끊기면서 관계도 같이 끊겼다. 이름도 가물가물한, 연락 한 번 하지 않는 사이가 됐다. 얼굴 보면 좋고 안 봐도 그만인 일회용 친구였던 셈이다.

구조조정 하듯 지인들의 상당수를 필터링하고 난 뒤 가장 먼저 찾아온 건 외로움이었다. 도대체 지금까지 어떻게 산 것인가 뒤돌아보게 됐고, 내 인간관계에 어떤 문제점이 있는지도 고민하게 됐다. 처음엔 내 손가락, 발가락을 하나씩 잘라내는 것처럼 사람들과 멀어진 것에 대한 아픔과 아쉬움이 컸다. 하지만 시간이 지나면서 깨달았다. 언젠가는 꼭 한 번 필터링이 필요했던 사람들이라는 것을 말이다.

결혼을 준비하던 무렵, 그러니까 나이 서른에 나는 관계의 딜레마에 빠져 있었다. 많은 사람들을 알아갈수록 사람에 의해 마음을 다치는 일들이 많았기 때문이다. 앞에서는 "언니가 참 좋아요. 우리 친하게 지내요"라며 호들갑을 떨던 친한 후배가 내 남자 친구를 유혹하는 경우가 발생하기도 했고, 평생 언니, 동생 사이로 지낼 것 같던 선배는 내 아이디어를 도용해

자신의 프로젝트에 이용했다. 언제나 과한 친절과 관심으로 몸 둘 바를 모르게 했던 사회 친구에겐 뭔가 다른 꿍꿍이가 있다는 걸 알게 됐고, 아무 목적 없이 도와주고 밀어줬던 동료는 위기의 순간 나를 모함하는 세력의 중심에 서 있었다. 그야말로 사람에게 치이고 다치는 시간들이었다.

'과연 이대로 좋은 것인가'를 심각하게 고민하던 때, 우연히도 결혼을 하게 됐고 이를 계기로 자연스럽게 상당수의 사람들을 필터링할 수 있었다. 가장 기쁘고 행복한 순간을 경험하면서 앞으로 남은 인생을 함께할 사람들을 가려내는 눈이 생기기 시작했다. 나무가 잘 자라기 위해서는 잔가지들을 정리해야 한다는 것을 몸소 터득한 것이었다.

서른 무렵에 이르면 인간관계에 '리셋'이 필요하다. 과거에는 사이좋던 사이였지만 언젠가부터 만나면 불편하고 어색해진 사람은 없는지, 반복적으로 실망감을 안겨주는 사람은 없는지, 뭔가 다른 의도를 숨기고 다가온 사람은 없는지, 말만 번지르르할 뿐 실속 없는 사람은 아닌지 관찰해봐야 한다. 세상에 대한 열정과 호기심 하나로 인생을 살아가던 20대를 벗어나 30대에 진입할 즈음에는 가치관과 삶의 태도가 달라지기 때문이다. 주변 사람을 한 명, 한 명 최고의 재산으로 대하는 사람이 있는가 하면, 사람을 자신의 이익을 위한 이용 수단으로 여기는 사람도 있다. 달면 삼키고 쓰면 뱉는 방식으로 사람들을 대하는 사람도 있고, 어려울 때 더 힘이 되어주고자 노력하는 사람도 있다. 그러므로 지금 자신의 곁에 어떤 사람들이 있는지, 어떤 마음으로 존재하는지 확인해봐야 한다.

모든 일에는 '선택'과 '집중'이 필요하다. 사람의 에너지는 한정적이기 때문에 너무 여러 곳에 분산시킬 경우 정작 꼭 해야 하는 일, 하고 싶은 일에 적은 에너지가 투입될 수밖에 없다. 때문에 해야 할 수많은 일들 중에서 몇 가지를 선택하고 그것들에 집중해야 한다. 인간관계도 마찬가지다.

학창 시절과 사회생활을 통해 만난 수많은 사람들 가운데 자신에게 꼭 필요한 사람, 존재만으로도 힘이 되는 사람을 가려낼 줄 알아야 한다. 아픈 일이 있을 때 나의 손을 잡고 위로해줄 수 있는 사람, 아무 조건 없이 마음을 주고받을 수 있는 사람, 기쁜 일이 생기면 가장 먼저 생각나는 사람, 오래전부터 지금까지 한결같은 사람, 그런 사람들에게 집중해야 하는 것이다. 모양만 친구인 사람, 도움이 필요할 때만 연락하는 사람, 어떻게든 자신의 영리에 이용하려는 사람, 남이 잘되면 배 아파하는 사람들까지 끌어안고 가기엔 에너지가 부족하다. 좋은 에너지를 가진 사람들만을 만나도 짧은 인생이 아닌가!

세상에 사람만큼 중요한 자산은 없다. 하지만 어떤 사람을 자산으로 삼을지는 스스로 판단해야 한다. 아직 사람 보는 눈이 없다고 조바심을 낼 필요는 없다. 이름만 친구인 수십 명의 사람보다 나와 같은 온도를 지닌 단 몇 사람이 인생의 희로애락을 함께할 보물들이란 사실을 곧 깨닫는 날이 올 테니까 말이다.

책 읽는 여자 VS 책 안 읽는 여자

《책 읽는 여자는 위험하다》라는 제목의 책을 읽었다. 다소 도발적인 타이틀로 내 눈길을 사로잡은 이 책은 책 읽는 여자들의 다양한 모습을 담은 그림과 함께 시대별 여성의 지위가 책과 함께 어떻게 변화했는지 설명한다. 이 책에 따르면, 18세기 이후 문맹이 퇴치되고 여자들에게도 책이 보급되면서 그녀들이 변해갔다고 한다. 뜨개질을 하고 쿠키를 구우며 하루하루를 보내던 여자들이 책에 빠져 무언가를 골똘히 생각하기 시작했고, 더 이상 남자들을 우러러보지 않게 된 것이었다. 위협을 느낀 일부 남자들은 책에 빠져서 꿈과 현실을 혼동하는 《마담 보바리》, 《돈키호테》 등의 주인공을 예로 들며 '책은 현실감각을 잃게 하고 몸을 허약하게 하며 여자들의 경우 생식기에 치명적인 영향을 줄 수 있다'는 주장으로 독서에 몰두하는 여자들을 일종의 정신병자로 취급하기도 했다.

이 책은 그림 속 책 읽는 여자들을 통해 다시금 강조한다. 여자들이 책을 읽기 시작하고부터 똑똑해졌고, 용감해졌고, 그래서 '위험해졌다'고. 하지만 책 읽는 여자들을 향한 남자들의 경계는 수백 년이 지난 지금도 여전한 것 같다. 나는 이외수 씨가 진행하는 〈언중유쾌〉라는 라디오 프로를 즐겨 듣는다. 그만의 독특한 입담과 허를 찌르는 비판들이 이 프로그램의 묘미인데, 하루는 그에게 재미있는 사연이 도착했다.

"저는 책 읽는 걸 좋아하는 주부입니다. 퇴근 후 남편이 TV를 보고 있을 때에도 저는 책을 읽어요. 그런데 문제는 남편이 제가 책 읽는 걸 싫어한다는 겁니다. 급기가 책을 읽지 말라고까지 하네요. 책을 둘러싼 갈등이 점점 심해지고 있어요. 남편은 왜 제가 책 읽는 걸 싫어할까요? 어떻게 하면 좋죠?"

독서가 부부 갈등의 원인이라니 참 재미있는 사연이다. 이에 대한 이외수 씨의 답변 또한 흥미롭다.

"먼저 남편과 같이 드라마를 시청하고, 책을 읽는 것에 대해 양해를 구하세요."

책 읽는 게 무슨 죄라고 양해까지 구해야 한단 말인가. 책 읽는 여자가 무슨 잘못이라고 남편에게 구박을 받아야 한단 말인가. 도대체 왜 남자들은 책에 빠져 있는 여자들에게 겁을 내는 것일까?

책은 여자에게 또 다른 권력과도 같다. 책을 즐겨 읽는 여자에겐 감히 범접할 수 없는 힘이 존재한다. 미처 경험하지 못한 세상과의 만남, 앎이 주는 즐거움, 사고의 확장이 불러일으키는 가슴 떨림, 정서적 교감이 가져다 주는 풍요로움, 상대방을 꿰뚫어 보는 직관력, 좋은 사람을 알아볼 수 있는 능력……. 이 모든 것을 선사하는 책을 통해 여자는 더욱 당당해질 수 있고, 더욱 행복해질 수 있고, 남자보다 우위에 설 수 있다. 정보의 시대에서 정보가 힘인 것처럼, 지식 기반의 사회를 살아가는 여성들에게 책은

자신을 지키는 힘이자 권력인 셈이다. 그러니 남자들이 겁을 내는 건 당연하다. "우와! 우리 남편 그런 것도 알아? 정말 멋있다"가 아니라 "그것도 몰라?"라고 반응하는 여자를 상대하려니 위협을 느끼고 주눅이 드는 것이다.

책을 통해 권력을 손에 쥔 여자는 참으로 멋있다. 어느 자리에 있든, 어떤 화제로든 자신의 생각을 막힘없이 풀어낼 수 있는 여자, 무한한 상상력과 해박한 지식으로 상대를 제압하는 여자, 짧은 대화에서도 깊이가 묻어나는 여자, 그런 여자들은 분명 매력적이다. 그녀들이 지닌 남다른 안목과 교양에 사람들은 쉽게 마음을 빼앗긴다. 그뿐인가. 책을 통해 얻은 아이디어로 남보다 훌륭한 사업 계획서를 쓸 수 있고, 조직 내에서 발생하는 갈등도 현명하게 극복해나간다. 때문에 독서는 성공적인 리더를 꿈꾸는 여자라면 반드시 갖춰야 할 경쟁력이나 다름없다.

독서를 즐길 줄 아는 여자가 매력적인 또 다른 이유는 많은 시간과 노력을 할애하기 때문이다. 누구나 책을 구입할 수는 있지만 아무나 책을 즐겨 읽지는 못한다. 주변을 둘러보면 책 읽는 여자가 주는 환상에 젖어 책을 읽어야 한다는 강박관념에 시달리는 여자들이 꽤 있다. 한 달에 한 번쯤 의무적으로 서점에 들러 신간을 확인하고 베스트셀러 동향에 대해 조사한다. 그러나 결국 이들이 집어 드는 책이란 칙릿 류의 소설이나 유명 연예인이 쓴 미용 서적에 불과하다. 어떤 책을 읽어야 할지 감도 없고 특별히 구입하고 싶은 책도 없는, 그야말로 '책과 친하지 않은' 여자들이다. 베스트셀러 몇 권 읽었다고 해서, '이 주의 추천 도서' 몇 권 구입했다고 해서 책을 보는 안목이 생기지는 않는다. 독서에 대한 즐거움을 접하기는 더욱 어렵다. 적잖은 시간을 투자해 책을 읽으며 자신만의 관심 분야를 찾고 좋아하는 분야에 대한 지식이 쌓여야 비로소 책 읽는 즐거움을 맛볼 수 있는 것이다.

　아직 많은 책을 읽지는 못했어도 책을 가까이하려고 노력하는 여자는 참 예쁘다. 비록 지금은 쉽고 재밌는 책들로만 눈길이 가겠지만 언젠가는 그 책들과 함께한 시간들을 토대로 좋아하는 작가가 생기고, 전문가적 식견을 자랑하는 분야도 생길 것이다. 문제는 도통 책 읽을 생각을 하지 않는 여자들이다. 이런 부류의 여자들은 친구들과 만나면 연예계 숨은 비화나 타인의 뒷담화에만 열을 올린다. 공통의 관심사를 공유할 만한 지적 수준이 형성되지도 않았고 나누고 싶은 문화적 코드도 없으니 그 나물의 그 밥처럼 시시한 이야기들만 나열하게 되는 것이다. 간혹 공식적인 미팅에 참여하게 될 때면 괜히 주눅이 들어 꿀 먹은 벙어리처럼 침묵만 지킬 뿐이다. 혹시라도 모르는 주제가 나올까 봐, 모르는 분야에 대한 토론이 이어질까 봐 두려워한다. 책이 주는 권력의 맛을 알지 못하는 여자는 이처럼 힘을 쓰지 못하고, 어떤 사람에게도 '위험한 여자'가 되지 못하는 것이다.

　책을 읽지 않는 여자는 만만하고 시시하다. 아무리 뛰어난 미모의 소유자라도, 훌륭한 스펙을 자랑하더라도, 모두가 탐내는 명품 백과 옷으로 치장하더라도 말이다. 작가가 만들어놓은 또 다른 세계를 통해 짜릿한 흥분과 쾌감을 경험하지 못한 여자는 날개 잃은 천사처럼 비상을 꿈꿀 수 없는 안쓰러운 존재이다. 책 읽는 여자와 읽지 않는 여자, 그 둘의 차이점을 주변 사람들을 통해 하나씩 찾아보자. 서둘러 어떤 책이라도 읽고 싶은 열망에 사로잡히게 될 것이다.

| Tip. 20대 여자가 읽으면 좋은 책들 |

●● 《잘 지내나요, 청춘》 by 장은석, 목영교, 마이큐

불안과 방황 그리고 사랑이라는 청춘의 화두를 도쿄 여행을 떠난 세 명의 아티스트를 통해 자전적으로 그린 책. 비주류의 삶을 선택한 이들이 도쿄에서 경험하고 느낀 점을 에세이 형식으로 책 곳곳에 녹여냈다. 삶은 그 자체로 의미 있는 것이라는 희망의 메시지가 방황하는 20대에게 따뜻한 위로를 건넨다.

●● 《시네필 다이어리》 by 정여울

영화와 철학적 사색을 좋아하는 20대 여성이라면 충분히 열광할 만한 책. 일상에 철학의 메시지가 직접 말을 걸어오는 순간을 영화를 통해 포착한다. 철학자와 함께 영화를 보며 그의 감상을 듣는다는 상상에서 출발한 책이다. 이 책에 언급된 영화를 모두 본 사람이라면, 미처 발견하지 못했던 영화 속 숨겨진 메시지를 재발견하게 될 것이다.

●● 《남자는 초콜릿이다》 by 정박미경

페미니스트 저널리스트로 이름을 날리고 있는 저자는 B급 연애 경험이 있는 여자 일곱 명의 고백을 통해 연애 속에 숨겨진 자신의 내면에 대해 이야기한다. 자기 자신을 진정 사랑해야 타인을 사랑할 수 있다는 평범한 진리를 여성주의적 시각으로 흥미진진하게

서술하는 이 책은 각 장마다 '후진 남자 판별법', '남성 혐오증 치유법', '나만의 연애 규칙 만들기', '나쁜 남자와 진보 마초 구별법' 등 여자들을 위한 조언을 조목조목 전한다. 서른을 바라보는 20대 후반의 여자들이 읽으면 더더욱 좋은 책.

●● 《혼자 살기 1》 by 박지영 & 《혼자 살기 2》 by 홍시야

결혼하기보다 혼자 '제대로' 잘 살기를 꿈꾸는 여성들이 당당한 싱글 라이프를 그려볼 수 있도록 돕는 책. 혼자 산다는 것이 무엇을 의미하는지, 어떤 준비가 필요한지 감각적인 언어와 스타일로 보여주고 있다. 저자의 살림살이와 싱글 여성들의 기분 좋은 어울림을 엿보는 재미도 선사한다.

●● 《죽이는 한마디》 by 탁정언

카피라이터로 유명세를 떨친 저자는 이 책을 통해 '사람(소비자)의 마음을 사로잡는 콘셉트 라이팅 비결'을 소개한다. 각종 기획안, 제안서, 심지어 이메일을 보낼 때에도 참신한 제목과 문장이 떠오르지 않아 고민하는 오피스 걸에게 추천하고 싶은 책.

블링블링 다이어리 고수 되기

누구에게나 최고의 전성기가 존재하기 마련이다. 그 시기에는 세상의 모든 행운이 자기에게만 주어지는 것처럼 연신 좋은 일이 터지고, 조직 내에서도 최고의 능력자로 인정받고, 심지어 연애까지 술술 풀린다. 과거 힘들었던 시간에 대한 보상인 듯, 혹은 앞으로 비상하게 될 인생을 암시라도 하듯 노력한 만큼의 대가와 결과물이 쏟아지는 것이다. 나에게는 서른 무렵의 시간들이 바로 그 전성기가 아니었나 싶다. 내 커리어의 절반 이상이 이때 만들어졌고, 현재 맺고 있는 인간관계의 상당수가 이 시기에 형성됐다. 난생처음 출간한 책도 5쇄 이상을 찍으며 주변의 놀라움을 샀고, 어쩌다 만난 남자와 사랑에 빠져 결혼까지 했으니 나의 서른 살은 내 인생 최고의 시기였다고 할 만하다.

그러나 그런 시기일수록 골머리 썩는 문제가 있으니 바로 효율적인 시간 관리다. 갑작스레 바빠지고 업무량이 늘어나면 하루 일과를 어떻게 짜고 1분, 1초를 어떻게 보내느냐가 중요한 화두로 떠오른다. 어린 시절 방학 때 만든 시간표 짜기와는 차원이 다른 스케줄 관리가 필요한 셈이다.
　'큼직한 다이어리부터 사야겠어. 스케줄을 꼼꼼히 적어두려면 말이지.'
　그 무렵 내가 가장 서두른 일은 두툼한 다이어리를 장만하는 것이었다. 하루 일과를 상세히 기록하는 것은 물론 만날 사람, 입을 옷, 지출 내역까지 세세하게 적기 시작했다. 얼마 지나지 않아 내 다이어리 스케줄 표는 깨알 같은 글씨들로 빼곡해졌고 성취감도 갈수록 커져갔다.
　그러나 시간이 지나면서 다이어리를 쓰는 게 피곤하고 지겨워졌다. 책 한 권과 맞먹는 두툼한 다이어리를 가방에 넣어 다니는 것도 무거웠고, 커다란 스케줄 란을 채워야 한다는 강박도 부담스러웠다. 별다른 스케줄이 없는 날엔 그날 먹은 점심 메뉴라도 적어 넣어야 할 것 같은 이상한 압박감에 시달렸다. 그러면서 포스트잇에 그날 할 일을 대충 적어 모니터에 붙이는 경우가 많아졌고, 다이어리를 한 번도 펴보지 않는 날들도 점점 늘어났다. 결국 야심 차게 시작했던 다이어리 쓰기는 두 달 반 만에 끝이 났다. 한때는 애지중지하던 다이어리를 서랍 한쪽 어딘가에 내동댕이친 채로 말이다.
　"언니, 다이어리 안 써요? 다이어리를 쓰다 보면 하루가 얼마나 알차게 변하는데요!"
　오랜만에 만난 대학 후배는 자신의 다이어리를 펼쳐 보였다. 수첩 한 권 크기의 작은 다이어리 속은 알록달록한 스티커와 포스트잇으로 한껏 치장돼 있었다.
　"쓰다 포기했어. 귀찮더라고. 무겁기도 하고 말이야."

"다이어리도 없이 스케줄을 어떻게 관리해요?"

"달력에다 대충 중요한 약속을 표시해두고, 당일 할 일은 메모지에 표시하면 돼."

"에이, 다이어리에 숨겨진 기능들이 얼마나 많은데 그걸 다 포기해요?"

그녀의 블링블링한 다이어리에는 다양한 비밀들이 숨겨져 있다고 했다. 바이오리듬과 하루의 업무 성취도, 한 주간의 문화 지수, 한 달 동안의 대인 관계 점수 등이 그 작은 다이어리에 녹아 있다는 것!

"월별 스케줄 표 앞쪽에 보면 빈 공간이 있잖아요. 거기에 이달 꼭 이뤄야 하는 목표를 적으세요. 한두 개면 적당해요. 잘 보이게 별표를 쳐서 다이어리를 펼 때마다 상기하게끔 만들고, 한 달 뒤 그 목표를 이루면 이중선을 그어요. 완성했다는 뜻이죠. 매일, 매주 해야 할 일을 기록할 때는 각 항목 앞부분에 네모 칸을 그려두는 습관을 들이면 좋아요. 일이나 미팅이 잘 진행되면 네모 칸에 동그라미를 그리고 결과가 그저 그렇다면 엑스 표시를 해둬요. 이렇게 하면 일주일 단위로 스스로 업무 성과를 체크할 수 있어요. 엑스 표시가 많을 경우 '더 긴장해야겠다' 하는 마음도 절로 생기고요. 가능하면 일주일을 마무리할 때마다 업무 만족도를 표시해두는 게 좋아요. 예를 들어 상사에게 특별히 칭찬을 받았거나 중요한 프로젝트를 성공적으로 마무리한 날엔 큼지막하게 동그라미 표시를 해두는 거죠. 한 달간 본인의 스케줄과 행적을 한눈에 파악할 수 있거든요."

후배는 단순히 할 일을 나열하는 수준에서 벗어나 본인 스스로 업무에 대한 평가를 하고 자기 진단을 내리는 방법을 취하고 있었다. 그뿐만이 아니었다. 수첩을 가득 채운 알록달록한 스티커에도 각각의 의미가 숨겨져 있었다.

"쇼핑한 날엔 노란색 스티커를 붙이고 영화나 공연을 관람한 날엔 핑크

색 스티커를 붙여요. 남자 친구와 데이트한 날엔 빨간색 스티커를 붙이고요. 이렇게 하면 한 달 동안 문화생활을 얼마나 했는지, 지출은 어느 정도 했는지 대략 파악할 수 있지요. 저 혼자만 아는 신호로 말이에요."

사회에서 인정받는 사람들은 대개 플래너나 다이어리를 항상 소지한다. 회의실에서도 책상 앞에서도 수시로 다이어리를 들춰 보며 뭔가를 찾고 메모한다. 업무 일정과 중요한 마감일 등을 기록하여 스스로를 상기시키고 아이디어가 떠오를 때마다 잊지 않고 기록하는 것이다. 빌 게이츠가 《생각의 속도》에서 지적했듯 현대인의 삶의 속도는 과거에 비해 세 배 이상 빠르게 돌아가고 있으니, 이런 습관 없이는 고작 8~10시간만으로 업무와 일과를 성공적으로 해내기란 무리이다.

> 나는 50년 이상 수첩에 항상 열세 가지 항목을 기록해왔다. 그리고 이 항목들을 실행했는가 하지 못했는가를 수시로 점검했다. 게다가 일주일마다 열세 가지 항목들 중 한 가지를 집중적으로 실천하려고 노력했다. 내가 항상 행복한 인생을 걸어올 수 있었던 것은 이 수첩 덕분이었다. 후손들에게도 알려주고 싶다.
>
> _《프랭클린 자서전》中

정치가이자 발명가였던 프랭클린은 자서전을 통해 자신의 성공과 행복의 비밀은 바로 '수첩' 안에 있다고 밝혔다. 평범해 보이는 그 안엔 효율과 자기 진단이라는 비밀 기능이 존재하기 때문이다.

잘만 활용하면 성공의 열쇠가 되지만 자칫하다가는 가방의 무게만을 더하는 다이어리! 다이어리 고수들이 전하는 노하우를 통해 오늘의 일정과 목표부터 리모델링 해보자.

| **Tip.** 일석이조 다이어리 똑 부러지게 활용하기 |

●● 일의 우선순위를 정한다

대부분의 다이어리엔 그날의 할 일 리스트만 적혀 있을 뿐 우선순위는 표기돼 있지 않다. 하지만 여러 가지 일 중 가장 먼저 해야 하는 일, 나중에 해도 무방한 일을 구분 지어 순차적으로 진행해야 마감 기한 안에 일을 마칠 수 있다. 따라서 하루 일과를 짤 때 '어떤 일이 가장 중요한가'를 따져보고 우선순위를 정하는 것이 필수이다.

●● 연간 계획부터 세운다

다이어리 스케줄 표에 가족과 친구들의 생일, 보너스 지급일 등 개인적으로 중요한 일정을 표기하고 올해 꼭 이뤄야 할 목표와 결의 사항을 적어둔다. 그리고 그 계획을 실현하기 위해 필요한 시간을 배분하는데, 예를 들어 1월부터 3월까지는 준비 단계, 4월부터 7월까지는 도전 단계, 8월부터 11월까지는 성과 내기 단계 식으로 목표를 이루는 데 필요한 기간과 일정을 그려보도록 한다.

●● 초보자는 스티커를 100% 활용한다

사적인 미팅은 키티 스티커, 업무 차 미팅이나 자기 계발을 위한 시간에는 리본 스티커, 남자 친구와의 데이트에는 하트 스티커 등을 붙여 다이어리를 꾸며보자. 어디에 시간을 가장 많이 쓰고 있는지 한눈에 알아볼 수 있을 뿐만 아니라 다이어리 꾸미는 재미로 인해 기분 전환 또한 가능하다.

○○ 가끔은 스케줄 제로의 다이어리를 만든다

형형색색의 펜과 각종 일정으로 빽빽하게 표기된 다이어리를 보며 뿌듯해하는 사람들이 있다. 하지만 이런 식으로 계속 다이어리를 쓰다 보면 늘 스케줄이 빼곡하게 적혀 있어야 한다는 강박관념에 사로잡히게 되고 아무런 일정이 표기되지 않는 공란을 보고 스트레스를 받기도 한다. 이 경우 압박감 때문에 되레 일에 대한 사기가 저하될 뿐만 아니라 무엇을 하는지도 모른 채 무조건 바쁜 일정에 시달리기 십상이다. 빠듯한 일정으로 심신이 지쳐 있다면 며칠간은 공란으로 비워두자. 비로소 해방감과 자유를 느낄 것이다.

○○ 한 권의 다이어리만 쓴다

연말과 연초에 받은 무료 다이어리를 한창 쓰다가 팬시점에 출시된 신상 다이어리에 반해 새로 구입하고, 이내 친구에게서 선물 받은 가죽 다이어리로 갈아타는 짓은 하지 말자. 다이어리를 쓰는 진짜 이유를 상실하게 된다.

○○ 메모장을 적극 활용한다

거래처 직원을 만날 때, 사내 회의가 있을 때, 친구들과 수다를 떨 때도 항상 다이어리를 곁에 두자. 대화 도중 중요한 내용이 언급되거나 좋은 아이디어가 떠오르면 즉시 다이어리에 메모하도록 한다. 다양한 기록과 정보가 축적돼 있는 아이디어 뱅크로 활용할 수 있다.

참고 도서

《길을 잃어야 진짜 여행이다》 최영미_문학동네

《나는 아내와의 결혼을 후회한다》 김정운_쌤앤파커스

《내 통장 사용 설명서》 이 천_웅진윙스

《서른 살에 다시 쓰는 성공 다이어리》 황소영, 유용미_랜덤하우스코리아

《세상 모든 왕비를 위한 재테크》 권선영_길벗

《싱글도 습관이다》 이선배_나무수

《앨리스의 비밀통장》 차시현_크레듀

《여자가 꼭 알아야 할 재테크의 모든 것》 정지영_눈과마음

《여자 공감》 안은영_해냄

《여자, 결혼은 안 해도 집은 사라》 천 명_다산북스

《이혜영의 패션 바이블》 이혜영_살림Life

《잇 스타일》 이선배_넥서스

《천 개의 공감》 김형경_한겨레출판

《피부가 예뻐지는 화장품 이야기》 이영현_21세기북스

《30대, 다시 공부에 미쳐라》 니시야마 아키히코_예문

《잘 지내나요, 청춘》 장은석, 목영교, 마이큐_나무수

《시네필 다이어리》 정여울_자음과모음

《남자는 초콜릿이다》 정박미경_레드박스

《혼자살기 1》 박지영_브이북

《혼자살기 2》 홍시야_브이북

《죽이는 한마디》 탁정언_위즈덤하우스
《악마는 프라다를 싸게 입는다》 배정현_한스미디어
《메이크업 생활자》 이경선_이지북
《책 읽는 여자는 위험하다》 슈테판 볼만_웅진지식하우스
《피부가 예뻐지는 화장품 이야기》 이영현_21세기북스
《빌 게이츠@생각의 속도》 빌 게이츠_청림출판
《프랭클린 자서전》 벤저민 프랭클린_김영사

여자 Life 사전

1판 10쇄 발행 2013년 7월 10일
지은이 이재은 **저자 이메일** jajagirl@naver.com
기획편집 조윤지 **디자인** 최영진

펴낸곳 책비 **펴낸이** 조윤지 **등록번호** 215-92-69299
주 소 경기도 성남시 분당구 야탑동 시그마3 918호
전 화 031-707-3536 **팩 스** 031-708-3577
블로그 blog.naver.com/readerb

'책비' 페이스북
www.facebook.com/TheReaderPress

Copyright ⓒ 2010 이재은
ISBN 978-89-965065-1-5

책값은 뒤표지에 있습니다. 잘못된 책은 구입처에서 교환해 드립니다.

책비(TheReaderPress)는 여러분의 기발한 아이디어와 양질의 원고를 설레는 마음으로 기다립니다. 출간을 원하는 원고의 구체적인 기획안과 연락처를 기재해 투고해 주세요. 다양한 아이디어와 실력을 갖춘 필자와 기획자 여러분에게 책비의 문은 언제나 열려 있습니다.
이메일 readerb@naver.com